国家社科基金
GUOJIA SHEKE JIJIN HOUQI ZIZHU XIANGMU
后期资助项目

明理与敬义：
康德道德哲学研究

Mingli and Jingyi：
A Study on Kant's Moral Philosophy

戴兆国　著

中国社会科学出版社

图书在版编目(CIP)数据

明理与敬义／戴兆国著．—北京：中国社会科学出版社，
2012.8
ISBN 978-7-5161-0578-8

Ⅰ.①明⋯　Ⅱ.①戴⋯　Ⅲ.①康德，I.(1724～1804)—
伦理学—研究　Ⅳ.①B516.31②B82-095.16

中国版本图书馆 CIP 数据核字(2012)第 031893 号

出 版 人	赵剑英
责任编辑	冯春凤
责任校对	韩天炜
责任印制	王　超

出　　版	中国社会科学出版社
社　　址	北京鼓楼西大街甲 158 号（邮编 100720）
网　　址	http：//www.csspw.cn
	中文域名：中国社科网　010-64070619
发 行 部	010-84083685
门 市 部	010-84029450
经　　销	新华书店及其他书店

印　　刷	北京君升印刷有限公司
装　　订	廊坊市广阳区广增装订厂
版　　次	2012 年 8 月第 1 版
印　　次	2012 年 8 月第 1 次印刷

开　　本	710×1000　1/16
印　　张	20.75
插　　页	2
字　　数	368 千字
定　　价	59.00 元

国家社科基金后期资助项目

出 版 说 明

　　后期资助项目是国家社科基金设立的一类重要项目，旨在鼓励广大社科研究者潜心治学，支持基础研究多出优秀成果。它是经过严格评审，从接近完成的科研成果中遴选立项的。为扩大后期资助项目的影响，更好地推动学术发展，促进成果转化，全国哲学社会科学规划办公室按照"统一设计、统一标识、统一版式、形成系列"的总体要求，组织出版国家社科基金后期资助项目成果。

全国哲学社会科学规划办公室

目 录

Contents

序　言

　　康德是近代哲学的重镇，甚至可以说是一个主要的入口。他常被人认为是开启了近代哲学史上的"哥白尼革命"。有人说，在今天的西方，在几乎所有重要大学的哲学系里，差不多都有一个教授在专门研究康德，或至少有人曾长期研究过康德乃至有过专著。其他不专门研究康德的哲学家，也多认真研读过他的著作。要想进入近现代哲学的思想空间，康德绝对是绕不过去的。康德也一直是近现代中国哲学，尤其是中国的道德哲学发展的一个宝贵资源。当代中国哲学界分别长期生活在我国台港和大陆的两位最有哲学思考力和影响力的两位：牟宗三和李泽厚，都有专门的厚重之作来研究康德。

　　但康德的理论又是一个巨大的、著名"难啃"的思想之果。他横跨哲学的认识论、本体论、伦理学、美学，乃至宗教、法学、人类学、自然科学等诸多领域，而你即便是研究其中一个领域，也不能不旁涉其他领域，尤其是其基本的哲学原理。而他的哲学不仅有一个异常宽广的维度，其纵深的根须也伸展得非常深远和隐秘，其中还包含着许多复杂的悖论或者说可以做多种分析和解读的观点。

　　这就意味着，一个思想者要真正进入研究康德的领域，必须准备一段长期的时间，一段清冷，很可能是坐冷板凳的时间，必须下决心摈除许多事务性的工作，而专心致志于思想。

　　康德又绝对是值得热爱思想与智慧的人们这样投入的。一个人如果有过一段专门研究康德的经历，他就可能不会太肤浅了，或者不会太自傲了。而康德的伦理学或者说道德哲学还尤其有意义。或许可以这样通俗地说，近代以来，我们在神学、在哲学本体论和认识论领域中所感受到的失望的火星，经由康德，在实践哲学和伦理学中又重新燃起，又重新化为希望。

　　所以，兆国从事研究康德伦理学的工作，我以为是一件虽然艰巨，但很有意义的事情。兆国数年前到北京大学哲学系访学，我们一起度过了一些学术分享和交流的时光。他原来是研究孟子的，有很好的中国学问的功底和扎实的文献功夫，又不可遏制地被康德思想吸引，进入西方哲学的殿堂，在这后面，是有一种内在的理路和动力的。他以"明理"与"敬义"来概括和分析康德道德哲学作为一种现代理性主义伦理学和义务论的特征，也是相当中肯的。

在康德那里，这种理性主义又不是僭越的，而是有限的。所以，"明理"即是明"理"的某种绝对性，也是明"理"的某种局限性。而"敬义"也是如此，这里的"义"从性质上说既有某种至高无上的意义而不能不"敬"，又有某种在内容上至为朴实基本的意义而不能不"重"。最近有英美学者对其道德哲学是否属于义务论也还有质疑，但我以为一个基本的对照还是存在的：康德的道德哲学和在他以前占主流的目的论，也和他以后特别流行的功利主义有着截然不同的特征。所以，现代伦理学的义务论与目的论的分野，大致还是可以根据康德的伦理学和与之对峙的理论来作出区分的。

当然，以康德为代表的义务论、以功利主义为代表的目的论或结果论，都深刻反映，或也在某种程度上先导和推动了人类社会进入现代的变化。从其思想资源来说，功利主义从一种精致的自我的快乐主义走向利益的可衡量的普遍化，义务论从过去包含在一种全面和崇高的自我完善论内部而现今走向了一种独立性和普遍化，除了其作为思想本身的意义和逻辑之外，也表征了时代社会向平等的变化，它们也都将多数人纳入了考虑，也就是说，面向了包括过去的少数和多数的所有社会成员。伦理学于此成为了一种真正全社会的伦理，而新的与旧的思想争论和选择也将在这一平台上发生或继续。

对兆国的研究，我还难测其深。虽然我也曾专门研究过康德，甚至可以说，我后来形成的伦理学观点深受康德的影响。但我现在的确有很长的一段时间没有专门做这种研究了。所以，我一直犹豫自己是否有资格写这篇序言，想找出一些时间来重新仔细阅读康德却又因紧迫的任务和精力的有限而一时无法措手，而有感于兆国的诚邀和信任，也不忍让兆国耐心的默默等待无休止地延续下去，最后就只是写了上面这样一些简单的感想性文字，惭愧。

何怀宏
2011 年 9 月 30 日于碣石

"真正的德性只能植根于原则之上，原则越普遍，就越是崇高和高贵。这些原则不是思辨主义的规则，而是一种活在每个人心中并且远远不止扩展到同情和取悦的特殊根据之上的情感的意识。"（2：217）

"人类的最终命运就是道德的最大程度的完善，并且通过人的自由来实现，因此惟有人能够得到最大的幸福。……人类的普遍目的就是最高的道德上的完善。"（LE：252）

第一章　康德道德哲学的产生和理论转向

康德哲学思想的发展一般被划分成两个时期，以 1770 年的就职论文为标志分成前后两个时期：前批判时期和批判时期。与此相关，康德道德哲学①的产生与发展也呈现出一定的阶段性。② 康德道德哲学的最初兴趣何时产生？其道德哲学思考有没有发生根本性的变化？批判时期的成熟的道德哲学著作是否有理论先导？为了搞清楚这些问题，就必须深入到康德思想发展的深处，揭示其发展脉络和变化特征。以下我们分两个主要部分对此加以探讨。③

---

① 伦理学和道德［道德学］作为哲学研究的内容，伦理学也可称为"伦理理论"，道德学也可称为"道德哲学"或"道德理论"。从 20 世纪中叶开始，有一种把伦理学和道德区分开来的倾向（尼古拉·布宁、余纪元编著：《西方哲学英汉对照辞典》，北京：人民出版社 2001 年版，第 331 页）。道德哲学有两方面含义，一是指伦理学，二是指对道德作本源探讨的学科（朱贻庭主编：《伦理学大辞典》，上海：上海辞书出版社 2002 年版，第 7 页）。本著使用这两个概念不做严格区分。

② 关于康德思想的分期，可以参见日本学者桑目严翼著：《康德与现代哲学》，余又荪译，上海：商务印书馆 1935 年版，"第二章 康德思想的发展"。

③ 对康德前批判时期道德哲学思想以及哲学思想的探讨大陆学术界尚无系统的研究。外国哲学界的研究从 19 世纪末就已经展开。在德国，关于这一主题的研究是不缺乏的。19 世纪最后的 6 年中，有大量的关于康德前批判时期伦理思想的研究。特别是保罗·门策尔（Paul Menzer）出版的著作《1760—1785 康德伦理学思想的发展》，发表在《康德研究》1898 年第 2 期和 1899 年第 3 期上。（Kant's Pre‐Critical Ethics, "the Preface" Second Edition, by Paul Arthur Schilpp, Garland Publishing, Inc., New York & London.）

一 康德追寻道德哲学问题缘起

康德所处时代沐浴着启蒙的阳光。在启蒙的时代里，理性的精神力量被当作是无限的。理性能力的信心注定导致这样的设想，即建立一个最终的和毫无疑问的基础不仅对道德而且对形而上学和美学都是可能的。休谟对康德的影响，也促使他思考哲学的原则和基础。这一切促使着康德去探寻哲学的永恒基础，从而使他改变了对待莱布尼茨和沃尔夫哲学的态度，最早在 1759 年 7 月 27 日的一封通信中就已经表达了。①

事实表明，康德早在 1756 年就开始了伦理学的讲演，并且在其学术生涯的终结之前一直在研究伦理学。这说明康德对于伦理学研究的兴趣并不是在认识论和形而上学之后。有大量的证据表明康德早就对道德哲学产生了兴趣，无论在他的著作里还是在其大量通信当中。根据希尔普的研究，至少在 1755—1756 年冬季学期的课程预告中就已经包括了伦理学。②其成熟的文字应当是 1759 年写的《试论乐观主义》一篇文章。③ 从康德对道德问题兴趣的产生过程来看，与其说康德的伦理学著作是他的认识论和形而上学研究的结果，不如说第一批判和《导论》是康德伦理研究兴趣的生长点。

除此之外，生活本身也是哲学思考特别是道德问题思考的源泉。康德早年的教养和环境对康德以后工作是一种有利的影响。传统的虔敬派宗教对他有很大的影响。这使得康德对沃尔夫学派保持了很长时间的兴趣。沃尔夫是一个神学道德学家，其自我实现的哲学来源于莱布尼茨。按照沃尔夫的观点，善的道德行为是理性存在物能力的充分表现，而理性存在物是被证明为无限的和绝对的目的王国的成员。虔敬派则要求一个人要让自己的行为在爱的态度控制之下。二者的基本不同是，一个要求神学的绝对安静的行为，一个是在每天处境中的道德的自由反映。这种冲突使康德开始追问道德哲学的基本问题。

康德的性格对于其学术发展的进程也产生了很大的影响。康德似乎给

---

① Kant's Pre – Critical Ethics, Second Edition, by Paul Arthur Schilpp, Garland Publishing, Inc., New York & London, p. 1.

② Ibid., pp. 7 – 8.

③ 有学者则把 1762 年的征文当做康德最早的道德哲学的文献 (Allen W. Wood, Kant's *Ethical Thought*, Cambridge University Press, 1999, p. 11)。

人一种严格而冷峻的印象，实际上并非如此。康德在任何时候都不是一种原始的冷酷和无感情的理智的形象。不仅如此，康德的著作也始终充满着激情和智慧。

在 1764 年的《关于美感和崇高感》的著作中，康德对黑胆汁质的人进行评论，指出"能言善辩是美的，而充满思想的沉默则是崇高的。他是他自己和他人的秘密的良好守护者。真诚是崇高的，他痛恨谎言和虚伪。他对人性的尊严有一种高度的感情。他尊重自己，认为一个人是一个应予尊敬的造物。他不能容忍任何下贱的卑躬屈膝，以一个高贵的胸怀呼吸着自由"。(2：221)①

一个听过康德伦理学课程的人这样写道："康德不只是一个推理的哲学家也是一个充满激情的演讲者，就像与理智的满意一样，他带着自己的心和情感。是的，听到这样的纯粹的和崇高的德性理论而且是从其创作者的富有哲学的雄辩的口中说出来，简直让人狂喜不已。啊！多少次感动得让我们流泪；又如此猛烈地刺激我们的心灵；多少次地提撕我们的精神和情感，使我们从自私的幸福主义的束缚中提升到纯粹的自由意志的自我良知中，进而无条件地去服从理性的法则和充满义务的无私的高贵情感。这个不朽的圣人出现了，被巨大的力量激发了，我们带着惊奇聆听着他的话，也被他激发了。他的听众如果没有变成好人，那就肯定无法摆脱他的道德哲学的片刻的影响。"②

总的来说，康德从他研究哲学的第一天开始，就从来没有背离过自己的出发点，即为所有的哲学原则确立一个有限的和普遍有效的基础。

在对哲学有效基础研究的过程中，道德哲学一直是康德关注的重点。

当康德还是一个哥尼斯堡大学的编外讲师时就已经开始了教学活动，在 1755—1756 年的冬季学期他作了关于伦理学的演讲。后来在他的教学生涯中就一直持续着伦理学课程的教学。这门课程大纲是在 1765—1766 年的冬季学期中宣布的。康德写道：

"道德的世俗智慧具有这种特殊的命运，即它比形而上学还要早就得到了科学的外观和缜密的声誉，尽管这二者在它那里一个也遇不到；原因在于：行动中善与恶的区分和关于道德上合法性的判断，直接地、无须绕道借助人们称之为感情的东西证明人的心灵，就能够轻而易举地并且正确

---

① 本书使用的康德著作引文均根据学术界通用的普鲁士科学院《康德全集》版的页码，个别引用单行本的除外，文中另有说明。

② Kant's Pre - Critical Ethics, Second Edition, by Paul Arthur Schilpp, Garland Publishing, Inc., New York & London, p. 6.

地认识到；由于问题绝大多数在找到理性根据之前就已经得到裁定，而在形而上学中就不是这个样子，所以毫不奇怪，让只有一些出色外观的根据作为适用的而通行无阻，人们并不认为这特别的困难。因此，再也没有比一个道德哲学家的头衔更平常的了，再也没有比配享这样一个名称更罕见的了。

现在，我将按照鲍姆嘉登来讲授一般的实践世俗智慧和德性学说这二者。莎夫茨伯利、哈奇森和休谟的常识虽然是未完成的和有缺陷的，但仍然在探索所有道德的最初根据方面走得最远，他们将获得自己所缺乏的那种精确性和补充；由于在德性学说（伦理学）中，任何时候我都将在指出应当发生的事情之前以历史的和哲学的方式思考所发生的事情，所以我将阐明人们研究人所必须遵循的方法：不仅是被他的偶然状态加给他的可变形态所歪曲的、作为这样一个人被哲学家们几乎在任何时候都认错的人；而且是人的常驻不变的本性，以及它在创造中的地位，以便人们知道，对他来说什么完善性在原始的淳朴中是合适的，什么完善性在睿智的淳朴中是合适的，以及与此相反，如果他力图通过走出两种界限而触及自然的或者道德的杰出性，但却或多或少地偏离了这两者，那么这将是他的行事方式的规定。伦理学的这种研究方法是我们这个时代的美好发现，而且就其完整的规划来说，对于古人是完全未知的。"（2：311—312）

由此可见，康德把人的常驻不变的人性作为自己的研究对象，这基本点明了他将来道德哲学研究的方向。这一点也是后来卢梭和英国道德学家所以能够对他产生巨大影响的原因所在。

通过以上分析介绍，我们可以看出影响康德伦理学观点的产生和形成主要有三种因素：一是当时新教伦理的社会背景；二是启蒙运动的政治背景；三是来自理性主义与经验主义的争论。①

为了全面把握康德对人生的态度以及他思考道德问题的出发点，我们对康德前批判时期的自然科学研究中的人生态度进行一点分析，从而探索康德对人的最初态度。

康德早期的几种著作直接或间接地与道德问题相关，如1755年的《一般自然史和天体理论》，1757年的《自然地理学课程》，1759年的《试对乐观主义的若干考察》，1763年的《将负值概念引入世俗智慧的尝试》，1764年的《关于自然神学与道德原则之明晰性的研究》、《1765—

---

① 徐向东著：《自我、他人与道德——道德哲学导论》上册，北京：商务印书馆2007年版，第369页。

1766 年冬季学期课程安排的通告》，1766 年的《一位视灵者之梦》、逻辑学和形而上学教授的就职演讲《论可感世界与理知世界的形式及其原则》，还有其他一些演讲的记录。

人们可能会有这样的疑问，既然康德对道德问题如此之关注，为何其成熟的道德哲学著作只到 1785 年才出现呢？我们的看法是，因为康德认为道德哲学的根据是来源于对形而上学特别是认识论问题研究的结果。只有把握了知识的本质，一个人才有可能回答道德的问题。在《纯粹理性批判》中，康德写道：

"根本的目的不是最高的目的，它们中间（就理性完全的系统统一性而言）只能有一个惟一的最高的目的。因此，它们要么是终极目的，要么是作为手段必然属于终极目的的从属目的。前者不是别的，就是人的全部天职，而探讨这种规定的哲学就叫做道德哲学。由于道德哲学与其他哲学相比所拥有的这种优越性，在古人那里，人们在任何时候都把哲学家特别理解为道德学家。"① 为了达到最高目的，不能回避根本的目的。康德的思考历程是值得深思的。为了一个人生的最高目的，我们必须准备好许多必须要做的事情，只有真正完成了前提性的工作，后续任务才有可能实现和完成。这不仅是一种真诚的学术态度，更是一种健康的人生态度。尽管第一批判远远超出了第二批判的影响，但康德早期就有对道德哲学的兴趣是毫无疑问的。

从 1755 年到 1759 年之间，康德发表了 11 篇论文，9 篇都是研究物理学的。尽管这些论文表明康德开始关注人的问题，但是没有一个是直接与道德事件、道德问题相关的。但变化很快出现了，几乎 18 世纪 60 年代的所有著作都表明了康德对道德研究的潜在兴趣。在 1759 年的《试对乐观主义做若干考察》论文末尾，预告了当年的冬季课程，就开始包括伦理学了。

不过，我们尽管不清楚康德对于人的问题尤其是伦理学问题的兴趣确切产生自何时，但从他研究、讲授物理学、自然地理学、形而上学等都可以发现康德始终没有把自己的目光仅仅停留在自然那里，相反，人倒是他常常关注的重点。如他在 1755 年《一般自然史与天体理论——或根据牛顿理论试论整个世界大厦的状态和力学起源》中指出："事实上，如果人们让自己的心灵对这样的考察和上述的东西思索一番，那么，在晴朗的夜

---

① A841/B869, *Immanuel Kant's Critique of Pure Reason*, translated by Norman Kemp Smith, Macmillan and Co. Limited St. Martin's Street, London, p. 658.

晚遥望繁星密布的天穹，就会是只有高贵的灵魂才能感到一种享受。在大自然万籁俱寂、感官歇息的时候，不朽精神的隐秘认识能力就会说出一种无法名状的语言，给出一些未展开的概念，这些概念只能感受，却无法描述。如果在这些行星上能思维的存在物之间有一些低贱的存在物，他们不顾一个如此伟大的对象能够用来吸引他们的所有魅力，依然能够顽固地受虚荣心役使，那么，这颗行星既然培育出这样的可怜虫，该是多么不幸啊！但另一方面，由于在一切最值得设想的条件下，为它开启了一条通达幸福和崇高的道路，这种幸福和崇高远远超过了大自然在所有天体中最有利的安排所能达到的优越性，它又是多么幸运啊！"（1：367—368）

在紧随其后的一封信中，即1760年给丰克先生母亲的信，《因尊贵的约翰·弗里德里希·冯·丰克先生的夭亡而产生的一些想法》中，康德表达了对生活和命运的一种看法。在生活的际遇中，不确定性往往打断人们对于自己将来的安排，这是彼岸世界对于人们产生影响的根源。康德说："拥有技巧、功绩、财富的人并不总是神意为他设定最远大的生活目标以便他公正地享有这一切的果实的人。最亲切的友谊、许诺了大多数幸福的婚姻，经常由于夭亡而被无情地撕裂。然而，贫穷和不幸通常却在命运女神的纺锤上牵了一根长线，许多人好像只是为自己或者为他人而辛苦劳累的长寿。在这种表面上的矛盾中，那最高统治者仍然用智慧的手分配给每一个人自己命运的份额。他把我们在这个世界上的使命的终点隐藏在无法探明的晦暗之中，使我们由于欲望而忙忙碌碌，由于希望而信心十足，由于对未来事物幸运的无知而努力地寻思各种意图和计划，尽管早在我们还仅仅处在它们的开端时，它们就可能已经结束了。"（2：41—42）

不过此时康德对于自己研究领域的关注还只是一种自发的状态，并且通过身边的事件和自己的生活变迁来观察、理解社会和道德问题。当时，世界性的启蒙思潮已经潜在地埋下了影响康德思想变化的种子，这就是来自法国和英国道德哲学思想对康德产生的直接刺激。

从18世纪中叶开始，两场伟大的伦理学运动在欧洲开始产生巨大的影响。一个是英国道德学家的理论，另一个是卢梭的理论。可以说，康德在60年代对道德哲学主题的关注，都受着这些理论的影响。

这些思想对康德产生了多方面影响。与启蒙运动单方面强调理性不同，英国道德学家注重于道德情感理论，他们的各自主张可能有些差异，但都认为存在大量的道德情感和事实。卢梭的自然人理论强调回归到人的自然状态，并希望通过一种遵循自然的教育活动培养人类的道德情操。二者的共同点就是都把人的感性存在作为人的道德生活前提，并且强调人的道德情感的自然本质对于人的生活的巨大影响。这些思想对于康德来说是双重的，也就是说，康德不是单方面接受这些思想，而是在理解和接受的过程中悄悄开始了自己关于道德问题的反思。这种反思是以对道德形式原则的反思为起点，也是康德开启未来道德哲学之路的发端。

这首先表现在康德1763年应柏林皇家科学院提出的问题而写的论文当中，即《关于神学与道德原则之明晰性的研究》。① 在这篇著作的最后三到四页当中康德直接讨论了伦理学。

康德从责任概念开始讨论道德问题，这是他后来成熟时期伦理学的核心概念之一。康德指出，责任这一概念在实践哲学中还鲜为人知，必须予以指明。康德说："人们应该做这件事情或那件事情而放弃别的事情，这就是道出每一种责任所遵循的公式。"（2：298）在紧随其后的一段表达中，我们可以看到康德已经区分了假言命令和绝对命令。康德指出每一种应该都表达了一种行动的必然性，并且有双重的含义：一是说，当我期望某种别的东西作为一种目的时，我应该做某事，这是作为一种手段，是手段的必然性；一是说我直接做某件别的事情，作为一种目的并且使之成为现实，这是目的的必然性。前一种必然性根本没有说明一种责任，而只是说明了一个问题作为解决方案的准则，即就我想达到某个目的而言，什么手段是我所必须采用的。谁规定另一个人如果想促成自己的幸福就必须采取或者放弃什么行动，他虽然可以把所有的道德说教纳入其中，但它们已经不再是责任了，而是某种就像我在想把一条直线分为相等的两部分时画两个交叉弧的责任那样的东西，也就是说，它根本不是责任，而只是对人们在想达到一个目的时要采取精明举动的指示。由于手段的使用除了从属于目的的必然性之外不具有任何别的必然性，所以，只要道德在某种目的的条件下规定的所有行动不附属于一个自在必然的目的，它们就是偶然的，就不能叫做责任。

进而康德提出了近乎命令式规则根据的表达形式，"做通过你而成为可能的最完美的事，这个规则是所有行动的责任的形式根据；放弃那阻碍由于你而极有可能的完美性的事，这个命题则是就放弃的责任来说的第一个形式根据"（2：299）。康德的用意在于提出对道德规则的认识不同于对道德规则的认同，因为"表象真东西的能力就是认识，但感受善的能力却是情感，二者并不必然地相互混淆"（2：299）。如何分析善的复合的、含混

---

① 根据赫费的观点这是1762年完稿的（［德］奥特弗里德·赫费著：《康德生平著作与影响》，郑伊倩译，北京：人民出版社2007年版，第283页）。

不清的概念从简单的感受中产生出来是知性的事，但对于这是善的这个判断的证明则是快乐的感觉意识连同对象的表象的一个直接结果。康德似乎触及了事实与价值的分立问题，但他明言这样的篇幅是不足以说清这个问题的。这可能就是他以后从事道德哲学理论创造的重要原因吧。

康德这里还有一个重要的思想，即行为的目的作为必要性不等于责任。这与康德的另一个观点是相应的，康德是把一些基本的道德原则建立在认识论原则之上，也就是说既包括形式的也包括实质的概念都超越于简单的论证和推理。"在此我们发现，所有的责任的这样一个直接的最高规则必然是绝对无法证明的。因为无论从对哪一个事物或者概念的考察中都不可能认识到和推论出，人们应该怎么做，除非前提条件的那种东西是一个目的，行动是一种手段。但事实必然不是如此，因为那样的话，它就不是责任的公式，而是仅仅作为需要的被使用的技巧的公式了"。（2：298—299）

按照康德的理解，最高规则是不容易被轻易证明的，或者说不存在能够证明的最高原则和规则。对康德来说，原则的意义就在于与结果不相关，就是目的自身。上文已经引用了康德对这种命令式的描述，分析地看，这一近乎命令式的表述包含着肯定和否定的两种表达方式。这不仅显示了沃尔夫思想对康德的影响，同时，也有康德自己最初思想的产生。由此可以看出，康德开始摆脱沃尔夫的至善观念的影响，有限度的超越沃尔夫。沃尔夫追求道德主体的完满性，而康德则明确讨论行为的完善性。沃尔夫的自我实现的伦理不是建立在形式原则之上的，康德则宣布原则是作为所有行动责任的形式根据。用今天的话说就是按照你能够做出最好的去做。

随后康德对道德情感在道德认识中的作用进行了分析，这是指哈奇森的理论。尽管康德对道德情感作了一些分析，并且提出了对善的不可缺少的感情，但他并没有把感情看作是判断好和坏的标准。所以我们不能说，康德同意情感主义的立场。事实上，康德这时所表达的全部关于"质料原则"的想法是经验的总体感觉和有效本质。这就表明康德并非是无条件的接受了英国道德学家的理论。如其说他承认在特殊道德责任的决定中道德情感作为"质料原则"具有必要性，不如说他引申出了强调在确定善的概念的精确本质时使用反思的理性的必要性。① "通过指出善的复合的、含混不清的概念是如何从善的简单感受中产生出来的，来对它做出分

① Kant's Pre - Critical Ethics, Second Edition, by Paul Arthur Schilpp, Garland Publishing, Inc. New York & London, p. 35.

解和澄清，这是理性的事情"。（2：299）也就是说，善的概念是反思的。

"然而，如果这是轻而易举的，那么，这是善的这个判断就是完全无法证明的，是快乐的感觉的意识连同对象的表象的一个直接结果。由于我们肯定有许多善的简单感受，因而也就有许多诸如此类的无法分解的表象。据此，如果一个行动直接被表象为善的，它并不以一种隐秘的方式包含通过解析可以在其中认识到的某种别的善，以及为什么它叫做完美之原因，那么，这个行动的必然性就是责任的一个无法证明的质料原则。例如，爱那爱你的人，这是一个实践命题，它虽然处在责任的最高形式的肯定规则之下，但却是直接的。由于不能进一步借助解析说明为什么在回报的爱中蕴涵这一种特殊的完满性，这个规则不是以实践的方式，即借助追溯到另一个完美行动的必然性而得到证明的，而是直接被归摄在善的行动的一般规则之下的。"（2：300）任何直接导向善的行为必然性的绝对判断就在于许多善的简单感受的存在。无须证明的"道德质料原则"就是一个实践准则。

根据笔者的分析，此时，康德已经开始对如何确立实践的最高道德原则提出了反思，隐含着推向这一原则的契机。康德在认识能力和感情之间犹疑，所以最后他说："由此可见，尽管在道德的最初根据中达到最高程度的哲学自明性必然是可能的，但责任的最高原则还是必须首先得到更可靠的规定。就此来说，实践哲学的缺陷要比思辨哲学更为严重，因为首先必须澄清仅仅是认识能力还是情感（欲望能力的最初的、内在的根据）决定着这方面的最初原则。"（2：300）

这篇征文总的结论是：形而上学和道德基本原则的建立要依靠对实际经验的混乱和复杂概念的分析来达到，这种分析要一直进到不可再小的因素那里。在这种分析中，形而上学和伦理学都揭示了两种不可再分的最小原则：一个是形式的，一个是质料的。形而上学的形式的第一原则是同一律和矛盾律。相应的道德原则是责任形式原则的积极的和消极的表达（责任对于行为的完全表达也是积极的和消极的）。形而上学和道德也有大量的不可再分的实质概念，在形而上学中，真理的构成是自明的，在伦理学中，构成我们选择善的因素是感情。也就是说，认识与形而上学相关，感情与道德相关。①

对于道德来说，情感作为质料如何与形式的原则取得统一呢？直接的

---

① Kant's Pre – Critical Ethics, Second Edition, by Paul Arthur Schilpp, Garland Publishing, Inc., New York & London, pp. 38 – 39.

感情如何体现在责任当中？单纯形式的责任原则如何能够成为行为的动力？这是康德伦理学面临的直接问题，同时也反映了康德道德哲学思考的一种自觉的转向。为此，康德在《将负值概念引入实践哲学的尝试》和《关于美感和崇高感的考察》两篇著作中对此进行了分析。

《将负值概念引入实践哲学的尝试》一文于1763年发表。在此，康德不仅讨论了道德情感，还讨论了"内在法则"（无论是作为良知还是确定法则的意识）的问题。

康德此处的分析近乎元伦理学的方法，把快乐与不快作为对立的方式加以论述。不快并非仅仅是一种阙失，而是一种肯定的感受，但是又与某种肯定的东西而与快乐实际地对立。康德举例作了说明。人们给一个斯巴达的母亲带来消息，说她的儿子在战斗中为国英勇杀敌。她的心中充满了快乐的惬意情感。然后再补充说他在战斗中光荣牺牲了。这必然降低了那种快乐，使它降到较小的程度。如果出自第一个理由的快乐程度是4a，不快单纯是一种否定＝0，那么二者相加，愉悦的值是4a＋0＝4a，因此快乐并没有因为牺牲的消息而减少，但这种判断是错误的。据此，出自英勇得到证实的快乐＝4a，而在出自另一个原因的不快也参加进来之后还剩下3a，所以，不快≠0，它是快乐的负面，即－a，所以4a－a＝3a。①

康德对此种快乐的计算是持否定态度的，他认为人类的情感生活错综复杂、感受多样，试图依照这样的方式测算人类生活幸福的总量，只会给想测算的人以负面的结果（2：181）。

实际对立的概念在实践的世俗智慧中也有有益的运用。缺德不仅仅是一种否定，也是一种负的德性。因为缺德只有当在一个存在物里面有一种内在的法则（要么是良知，要么是对一种实证法则的意识）被违背时才成立。这个内在的法则是一个善的行为的肯定性理由，只是由于仅仅出自法则意识的行动被取消，结果才可能是零。康德认为"一个无理性的动物并不履行任何德性"（2：183）。康德在后面还提出了意志与欲望的关系，认为二者不是必然的对立。意志的意向不是欲望的简单对立面，实际的矛盾（嫌恶）倒是肯定性不快的结果。因为人们如果像斯多亚学派那样主张消除一切巨大感性快乐的冲动，为了防止引起更大的不满和不快，但是后者却有可能取消前者的全部价值（2：197脚注）。

1763年10月康德写作了《关于美感和崇高感的考察》，1764年发

---

① 这一点在康德晚期的著作《道德形而上学》中也进行了论述（6：384）。

表。这是康德前批判时期最直接讨论和分析感情的一篇著作。这篇著作也集中和充分显示了英国道德学家和卢梭的影响，对于分析和理解康德道德哲学思想的发展具有非常重要的意义。

康德开篇就说："关于愉悦和烦恼的不同感受以激起这些感受的外部事物的性质为基础，而不是像以每个人自己愉快地或不愉快地被打动的情感为基础的那样。"（2：207）也就是说，一些特殊的情感依靠的不是外在事物的不同性质，而是一个人的情感能力。所有的人对这样的价值经验都是敏感的。康德在此充分吸取英国情感主义的方法并运用心理主义作出分析。

在《关于美感和崇高感的考察》中，康德首次明确地提到卢梭的影响。在《将负值概念引入实践哲学的尝试》一文中，康德认为普通的民众他们什么也不知道，什么也不懂，但却谈论一切，并吹嘘自己所谈论的东西。康德认为卢梭使他改变了这一看法，年届四旬的康德就曾经写道："我自以为爱好探求真理，我感到一种对知识的贪婪渴求，一种对推动知识进展的不倦热情，以及对每个进步的心满意足。我一度认为，这一切足以给人类带来荣光，由此我鄙夷那班一无所知的芸芸众生。是卢梭纠正了我。盲目的偏见消失了，我学会了尊重人性，而且假如我不是相信这种见解能够有助于所有其他人去确立人权的话，我便应把自己看得比普通劳工还不如。"① 在《关于美感和崇高感的考察》中，康德也写道，人感受到他自己本性的尊严（2：212）。人性的尊严被一再的提到。康德对人类历史的发展抱着一种批评的态度，"人类的天才为升华到崇高所作的最高飞跃就在于冒险"（2：255）。在这种冒险之后，人类一次又一次地陷入到暴力和犯罪的活动中。康德认为只有通过美和高贵的正确情趣在艺术、科学和道德活动中都活跃起来，就可以在每一个年轻的公民心中及早地把道德情感升华为积极的感受，以免所有的文雅仅仅以转瞬即逝的、休闲的愉悦为目的，用或多或少的情趣判断我们之外发生的事情（2：256）。康德认为教育的尚未揭示的秘密就是要摆脱这些神秘感，由此可见《爱弥尔》对康德的影响。

希尔普认为在《关于美感和崇高感的考察》中并没有像门策尔论证的那样显示康德对描述的和规范的伦理学的严格对立，康德开始对理性和感情的因素都予以关注。康德希望通过培养年轻的世界公民来达到自己的道德理想。最终还是要建立自己道德哲学的普遍的和必然的原则，为人性

---

① 转引自［德］卡西尔《卢梭 康德 歌德》，刘东译，北京：生活·读书·新知三联书店2002年版，第2页。

的尊严和美感寻找物质的基础。① 这一观点在随后写作的《通灵者之梦》中得到了进一步的强调，这也是引向康德就职论文的最直接的思想契机。②

《通灵者之梦》是康德曾经写作过的最浪漫的一篇文章，包括了许多非常有意义的对道德哲学的评论，达到一种清晰而相当重要的新结论。康德首先提出："哲学的自负使得它给自己提出的全是些空洞的问题，它常常发现自己因某些事故而陷入严重的尴尬，要么因怀疑这些故事中的一些东西而受到惩罚，要么因相信其中的某些东西而受到嘲笑。两种困难在某种程度上由于流传的灵神故事而汇合在一起。……对哲学家来说，没有任何指责比轻信和顺从平庸的妄想的指责更严厉的了。"（2：353）

康德指出，对于科学来说总是不满地认为：我不了解的事物真多啊！而对于通过经验而成熟起来的成为智慧的理性，则是老练和知足的。康德提出应该这样看待这个问题，即：我一概不需要的事物真多啊！这大概是康德后来乐道的形而上学的界限，也是他对人类智慧能力的最好说明。"真正的智慧是淳朴的女伴；而且既然对于真正的智慧来说，心灵为知性提供规范，那么，这种智慧也就往往使庞大的博学装备成为多余，它的目的并不需要这样的绝非所有人能掌握的手段"。（2：372）最终，关于未来世界的观念与人类道德目的之间的关系就是：对未来世界的期待建立在一个高贵灵魂的感觉之上，而不是将良好品行建立在另一个世界的希望之上，这是更为合乎人性和道德的纯粹性。道德的信仰不是以来世为目的，相反，而是以道德的高贵为前提。

最后康德引用了伏尔泰的一句话：让我们关照自己的幸福，走进花园工作吧！

希尔普对康德这一时期的道德哲学的思考进行了自己的总结，提出了

---

① Kant's Pre - Critical Ethics, Second Edition, by Paul Arthur Schilpp, Garland Publishing, Inc. , New York & London, p. 61.

② 康德在1764年或者1765年间有些片段的笔记，通过这些笔记可以发现康德仍然对英国道德学家和卢梭感兴趣，但是不可否认的是这些片段表达了一种变化的观点。道德冲动、感情和倾向继续被讨论，而且比在《关于美感和崇高感的考察》一文中的讨论更加严肃。康德认为自然的单纯道德冲动不能给出足够的力量，康德在《片断》中更加多的提到卢梭。而且他还确信由于内在道德基础的软弱，人们需要对于未来生活的宗教承诺的回报来激活人。康德一方面关心如何实际地运用道德感情对年轻人进行灌输，使他们有所感受不会轻易逃避这些，另一方面也关心这样的问题，道德感情与其他感情的关系以及如何判断的问题（Kant's Pre - Critical Ethics, Second Edition, by Paul Arthur Schilpp, Garland Publishing, Inc. , New York & London, p. 65）。

6 条结论。我们将之概括为以下三点：

（1）康德毫无疑问受到了卢梭和英国道德学家的影响，但却从未毫无保留地接受他们的学说。康德对这些人的理论心存感激，尤其是非常注意他们道德生活的影响，但是康德仍然以自己的方式解释"道德情感"。

（2）康德确信研究道德行为问题的基本方面必须通过研究一个人实际的表现。从康德早期的虔敬主义的教育到他开始发展出许多有成果的伦理学思想，我们发现康德作为一个有自我良知和负责任的道德主体，很大程度反映了康德人格的价值，以及他对于人性尊严的社会认同的把握。

（3）康德这一时期的伦理思想并没有太大的发展和变化，更不要说从一种理论转向它的反面。①

希尔普的概括基本反映了康德这一时期道德哲学思想发展的形式特征。但是，根据笔者的理解，似乎还存在一些不足。观察思想家思想的进程不能仅仅靠结论性的东西，相反，有些并未成型的理论成果往往潜在地蕴涵着思想家思想转变的契机和方向。至少在康德的思想发展过程中就是如此。如果我们从形式上看，康德 60 年代的思想没有根本性的变化，是可存一说的。但实际情况并非如此，1763 年的征文对于道德形式原则的探寻就表明康德反思问题的方向开始发生转变。这一转变与 1770 年的就职论文相比，虽然没有提供一个完整的思考框架，但反思的明确方向则基本确定。因而，我们认为，卢梭和英国道德学家的双重影响促使康德走上了自己的哲学之路。

康德从对道德经验的关注自觉转向对道德原则的研究集中体现在就职论文中，可以说这是康德道德哲学体系奠基的端倪，也是我们探寻康德道德哲学思考转向基本完成的标志之一。

1770 年，做了 15 年的私人讲师之后，康德最终被任命为哥尼斯堡大学的逻辑学和形而上学的编内教授。1770 年 8 月 20 日，康德宣布他的就职论文《论可感世界和理智世界的形式及其原则》。这篇论文是讨论感性经验的形式方面和理智的原则，康德的主要兴趣主要在于认识论，因此希尔普认为就职论文不过是康德对伦理学问题兴趣增长的表现。

实际情况可能不止如此。因为即使康德在就职论文中主要讨论的东西属于认识论的范畴，但应该清楚的是，康德讨论认识论和形而上学的最终目的还是为了回答人的问题。我们如果换一个角度也许可以这样

---

① Kant's Pre‐Critical Ethics, Second Edition, by Paul Arthur Schilpp, Garland Publishing, Inc. New York & London, p. 65, pp. 87 – 88.

说，就职论文虽然是以探讨认识的形式原则为目的，但其深蕴的意旨则是为了寻求道德哲学的基础而发的，也就是康德转向道德哲学形式原则思考的标志。康德对这一问题的思考一直没有停止，在 1783 年的《未来形而上学导论》和 1786 年的《自然科学的形而上学基础》两著中，康德一再对形而上学知识、自然科学的基础进行了系统而深入的反思。从这一探索历程来看，康德为人类知识寻求基础的努力一直没有中断，道德哲学也不例外。

康德在就职论文中谈到道德的问题时，指出理论意义上的完善属于最高的存在者，即上帝，实践意义上的完善则是道德上的完善。"因此，就道德哲学提供了首要的判断原则而言，它只有凭借纯粹的理性认识才能认识，因而属于纯粹的哲学"（2：396）。而伊壁鸠鲁以及莎夫茨伯利的支持者把道德的标准引入快乐和不快乐当中，则必然应该遭到批评。这里纯粹的意义就是绝对先验的意思。康德强调了两点：一是道德概念不是通过经验获知的，二是道德的状态属于纯粹哲学讨论的范围。这是就职论文当中直接涉及道德哲学的主要表述。

在 1765 年 12 月 31 日《致约翰·亨利希·兰贝特》的信中就提到，他的哲学思考曾经转向一切可能的方面，最后确立了那种为了避免认识的幻象必须遵循的方法，这是为了寻求形而上学乃至整个哲学的独特方法。所以《世界自然智慧的形而上学原理》① 和《世界实践智慧的形而上学原理》① 就是首先需要阐述的东西。②

在 1768 年 5 月 9 日《致约翰·戈特弗里德·赫尔德》的信中，康德又一次提到这一点，"我的注意力主要集中在认识人类的能力和爱好的真正规定性和局限性之上，我相信，在涉及到道德的地方，我终于取得了相当的成功。目前，我正在研究道德形而上学。在这个领域，我相信自己能够提出显明的、蕴意丰富的基本原理和能够说明问题的方法"。③

不过康德在确立纯粹原则之前，他还是对道德的其他因素做过论证。在 1764 年的《关于美感和崇高感的考察》一文中，他甚至认为原则也存在很大的问题，"在人们中间，按照原则行事的人寥寥无几，这也绝对是好事，因为人们就这些原则而言犯错误，是极容易发生的事情；在这种情

---

① 英译作《实践哲学的形而上学基础》（Kant's Pre‑Critical Ethics, Second Edition, by Paul Arthur Schilpp, Garland Publishing, Inc., New York & London, p. 91）。

② 《康德书信百封》，李秋零编译，上海：上海人民出版社 1992 年版，第 17 页。

③ 同上书，第 24 页。

况下，原则越普遍，为自己确立原则的人越坚定，由此产生的害处也就牵涉面越广"（2：227）。康德以自利原则为例指出，这样的人是最多的，自利、自我作为旋转的轴心，为许多行为和人的灵魂提供了支撑，还有对荣誉的爱，也能够赋予整体一种引人入胜乃至令人惊赞的美。尽管康德此处是从德性整体的美和尊严来阐释道德的某些原则，但与他后来寻求道德基础的想法还是有差距的。

整个 60 年代，康德一直致力于寻求形而上学和道德哲学的正确方法，同时对于伦理学问题的兴趣也与日俱增，尤其是他试图确立纯粹的、形式的和最高的道德原则，为实践哲学奠定基础。所以在就职论文中，康德一再强调理性认识的批评性作用，正是排除了感性想象在本体领域中的运用，从而保证科学不受错误的影响。

基于康德这样的理论，希尔普指出在就职论文中，康德显示了一种伦理学的转向，就像门策尔指出的那样，在就职论文中，康德伦理学的最有意义的转向发生了，就是从一种道德感情为基础的伦理学转向理性中心的伦理学。① 这也是康德就职论文的主要目的之所在。根据本书的分析，我们认为 1763 年的征文就开始了这种转向，就职论文应当是这一转向的基本完成。

在经过长达 10 年的对于道德问题的思考之后，康德并没有急于创作道德哲学的著作，而是又经历 10 年多的沉思和讲学实践，对自己思考的问题一再地做出反思和论辩，从而最终实现思想的转向。无疑这一过程也是非常艰难和复杂的，对于从事哲学思考的人来说这是极其富有借鉴意义的。以下我们就来分析这一复杂的进程。

二　道德哲学的形式主义初步确立

理论的创制不会是空穴来风，先在的理论总是给后起的观点提供一种资源性的前提，康德的道德哲学理论的创造过程也是这样。康德在对以往道德哲学理论的分析研究中发现各种理论的问题和不足，提出自己的不满和批判性的意见，这通过一些通信和手稿被保存了下来。我们就 70 年代早期的几封通信以及贯穿于 70 年代康德沉思录手稿的内容分别

---

① Kant's Pre – Critical Ethics, Second Edition, by Paul Arthur Schilpp, Garland Publishing, Inc., New York & London, p. 104.

进行分析。

在 1770 年 9 月 2 日给兰贝特的信中，康德提出自己并不满足于就职论文的观点。"第一部分和第四部分可以看作是微不足道的而忽略不计，但在第二、三和第五部分中，尽管由于小疾，写得连我自己也不满意，但是，我认为它们还是包含了一个值得仔细地、详尽地阐述的题材。感性的普遍法则在形而上学中不适宜地扮演了一个重要的角色。然而，形而上学的关键，却仅仅在于纯粹理性的概念和基本原理。"① 纯粹道德实践哲学也找不到任何经验原则，需要借助于形而上学的形式加以改变。

9 个月之后，在 1771 年 6 月 7 日给赫茨的信中康德仍然表达了自己的失望和不满。康德认为门德尔松和兰贝特教授的判断是有意义的，即确定地、清晰地认识到建立在人类心灵力量的主观原则之上的东西与涉及到对象的东西之间的区别，在整个世界智慧中，甚至对于人类最重大的目的具有多么大的影响。为此，康德说他正在详细写作一部作品，标题是《感性和理性的界限》。"它包括了为感性世界规定的基本概念和法则的关系，以及对鉴赏力学说、形而上学和道德的本性的构思。"② 由此可见，康德试图寻找形而上学和伦理学之间的关系，至少在方法上二者有相互切近的关系。

在 1772 年 2 月 21 日给赫茨的信中，康德再次提到这一点。康德指出他对于把道德以及由此产生的道德基本原则中的感性与理智区分开来这个问题，已经进行过相当多的研究，从而使哲学的整个知识相互和谐，并掌握其范围和界限。而且此时康德设想的《纯粹理性批判》包括两部分内容，即理性认识的本性和实践认识的本性。第一部分包括形而上学的本源、方法及其界限，第二部分是德性的纯粹原则。③ 伦理学和形而上学都依靠于纯粹理性，因为它们都和形式原则相关。

从这些表述能够看出，康德已经开始构筑自己哲学大厦的根基，把人类的一切知识都纳入到自己思考的领域，尤其是实践哲学的理论——道德哲学必须要确立非常纯粹的、形式的原则。

不过，康德的思考还是有些犹疑和徘徊，形式原则如何确立，经验的情感生活又如何处置，这是一个不得不解决的问题。

康德在 1773 年的一封通信中写道："道德的最高理由必须不仅仅推论

① 《康德书信百封》，李秋零编译，上海：上海人民出版社 1992 年版，第 27 页。
② 同上书，第 30 页。
③ 同上书，第 32—34 页。

到满足，它必须自身就在最高程度上感到满足。因为它不是一个单纯思辨的表象，它必须具有推动力。因此，尽管它是理智的，却必须与意志的最初动机有一个直接的关系。如果我的先验哲学得以完成，我将非常高兴。它本来就是对纯粹理性的一个批判。在这之后，我将转向形而上学。形而上学只有两个部分，即自然的形而上学和道德的形而上学，其中，我将首先发表道德的形而上学。现在，我已经在为它的即将出现而高兴不已了。"①

康德想在第一批判中就解决认识论和形而上学的问题，并且为实践哲学或者叫道德哲学寻找基础，但实际上，康德直至 1785 年才出版《道德形而上学基础》一著。其中，康德遇到的最大问题就是：作为理智的道德的最高基础和经验的快乐的和不快乐的实践生活的最高物质因素之间的矛盾如何处理，康德还一时未予以解决。可见，康德此时还没有完全从道德行为的经验中抽象出道德哲学，相反，他倒是认为没有情感内容的道德行为完全是"空的"。康德试图在第一批判当中就解决两个问题是不可能的，这大概是他后来著作形式改变的原因，也是他一再推迟自己著作发表的原因。

思考是艰辛的，但只有艰辛的思考才能够激起真正的火花，从而燃烧起理论创造的热情。这一时期康德写下了大量的沉思录手稿。

据希尔普介绍，1934 年的《康德著作全集》第 19 卷（普鲁士科学院版）收录了康德大量有趣的关于伦理学领域的手稿。它们被编辑在至少1064 页的"道德哲学"之下，其中 739 页来自于前批判时期。这是康德 70 年代沉思录的最重要部分。希尔普提出这些沉思录大致又可以分成两个主要的思考阶段。

一是康德对古代和现代伦理学的看法，这些基本上都是 1769 年到1770 年秋天之间的记录。在这些评述中，康德对古代的和现代的道德学家表示了自己的尊敬，如第欧根尼、芝诺、沃尔夫和哈奇森。康德对每个人的道德哲学都进行了反思和批判。康德认为古代的哲学家理论都试图统一幸福和道德，这是它们的主要目的。对于最近的理论研究集中于道德判断的原则上，尽管他发现了许多回答，如经验主义的、理性主义的、支持道德感的，康德明确表示他不能接受其中的任何一种。②

对于伊壁鸠鲁的伦理学，康德批判他混淆主观动机和客观的判断进

---

① 《康德书信百封》，李秋零编译，上海：上海人民出版社 1992 年版，第 40 页。

② Kant's Pre-Critical Ethics, Second Edition, by Paul Arthur Schilpp, Garland Publishing, Inc., New York & London, pp. 111 – 112.

程，同时康德也提出，即使是最大的理智快乐也是有感性—情感的部分。而第欧根尼的伦理学强调人的自然本性则与卢梭的理论相近。芝诺和斯多亚派则为了道德的自我满足而减少幸福。

对于沃尔夫以来的现代伦理学，康德则给予坚决的批判，尽管这是他学生时代学习过的。康德反对沃尔夫在没有任何解释和定义的基础上使用"完善"一词，在这样的基础上，无法区分德性和幸福。康德并不认为二者是对立的，需要对它们进行合理的理解。使用完善性只能得到字面的解决，不能获得真正的实际解决。对于道德情感主义者，康德提出情感是一种日常经验的事实，并不等同于道德判断。

这一时期的沉思录还对道德判断、辅助性动机、自由的本性和功能、道德戒律以及伦理和正义等问题进行了论述。

二是 1773 年之后，康德的沉思录开始对应当、自由意志、自由的普遍法则等问题进行了反思。有一段提纲是这样写的：道德的形而上学概念。A. 内在的意志选择。内在的道德感的形式。1. ……2. 自由意志的选择是单一的。在一定的条件下，我以任何方式去愿望总是一个问题，然而，普遍的东西是不能由经验给出的。3. 根据我的所有的目的，我只能有一种自由意志的选择，这是单一的。4. ……B. 意志选择是社会的。1. 社会的自由的条件不是从经验中抽象出来的。2. 根据理性这是一种外在意志选择的统一，自由的另外一种概念在于它自身的非理性。3. 先验的绝对规则是被给予的。①

这段时期的反思证明康德更加清楚地迈向伦理学的形式主义。康德为了彻底地和完全地达到伦理学的形式主义，开始清除自己著作中对于实体性东西的观念存留。

康德试图从纯粹哲学的角度对道德哲学问题加以研究不是没有理论准备和反思的。这一时期他思考道德问题的主要倾向有两个，一是确立探究人的问题的理论图景和模式，二是自觉寻找道德哲学问题的形式特征的论证根据。

先看第一点，康德在《论人的不同种族》（1775）这篇著作中把自然地理学称为世界知识的预习。世界知识包括双重的领域，即自然和人，二者必须以宇宙论的方式来考虑，不是按照它们的对象各自包含值得注意的东西（物理学和经验心理学），而是按照它们处身于其中每一个都在其中

---

① Kant's Pre‐Critical Ethics, Second Edition, by Paul Arthur Schilpp, Garland Publishing, Inc., New York & London, pp. 123-124. 引文系节录。

获得自己位置的关系使我们注意的东西来考虑。第一门课就是自然地理学，第二门课就是人类学。

这显示了康德对人的问题考虑的健全路径，不是单独从人的角度来思考人，而是从宇宙知识的角度判断人以及自然的特性，从而为正确处理人的问题提供了较为全面的基础。在后来的《道德形而上学》（1797）中，康德也涉及到一些人与自然关系的伦理思考。

由此可见，康德并非仅仅以某种具体问题作为自己思考的对象，而是在确立一种反思的理论图景中安排自己思考的进程。从康德一生的理论建构来看，这一倾向非常明显，康德从来不是为了某个具体问题而设定自己理论发展的进程，而是从以人的问题为核心的基础出发，全盘考虑自己反思的理论进路。

再看第二点。根据希尔普的研究，康德有一个很重要的手稿片段，即《1775 年片断》，当中记录了康德对道德问题的形式特征的反思。① 如，其中一条这样写道：

"道德是作为幸福原则（一种先验幸福的有规则的原则）的自由的观念。（一般来说）根据自由的法则必须包含一种先验的幸福的形式条件，这些条件是无关于我们自己的直接的考虑的。"② 由此我们可以看出，康德开始对道德的形式原则予以很大的关注，如何确立形式原则的基础成了他思考的中心问题。

希尔普总结认为这些片段的重要性是显而易见的。首先，强调伦理学问题的形式特征。第二，解释在正式的进程中"理智自由"的地位和功能。最后，不仅指出按照理性的（反思的）定义在道德生活中作为必要的物质要素的幸福的突出地位，而且还发现幸福观念是直接与形式的命令相联系的。③

康德的反思尽管不成系统，但康德在讲学活动中却开始系统阐述自己的理论，尤其是从实践哲学角度建构自己的伦理学，其中当然也包括大量

---

① 《1775 年片断》是一段很重要的必须加以考虑的关于伦理学的理论片段。这些片段经常用的是不连贯的符号，但却表明经过了很认真的思考，甚至于最初想加以发表。现在看上去是"未完成的"，但却是"综合的"。尽管写作的时期是从 1771 年到 1784 年间，但主要的部分可能是在 70 年代中期。（Kant's Pre-Critical Ethics, Second Edition, by Paul Arthur Schilpp, Garland Publishing, Inc., New York & London, p. 127）.

② Kant's Pre-Critical Ethics, Second Edition, by Paul Arthur Schilpp, Garland Publishing, Inc., New York & London, p. 129.

③ Kant's Pre-Critical Ethics, Second Edition, by Paul Arthur Schilpp, Garland Publishing, Inc., New York & London, pp. 130 – 131.

关于道德形而上学基本问题的思考和理论的推进。这一部分讨论依托的材料是根据康德的《伦理学讲演录》①进行的。

康德从 1755 年就开始自己的教学生涯，其中包括逻辑学、数学、自然地理学、人类学以及其他学科，其中伦理学的讲演，一生大概有 30 次之多。1924 年康德生日的那一天，这些笔记被德国学者保罗·门策尔 (Paul Menzer) 教授编辑成系统的材料，其目的是为了纪念康德诞辰 200 周年。门策尔教授提醒读者由于康德本人材料的缺乏，这些记录不可能是对康德思想的准确反映。但无论如何，这为我们研究康德 70 年代后半期的思想提供了有用的素材。至少用康德自己的话说，他是不会把自己不相信的东西教授给学生的，他所讲授的一定是最清楚和让他最满意的。"尽管我对自己思索的许多东西怀有最清晰的信念和极度的满意，却永远没有勇气说出来，但是，我永远不会说出我没有思索过的东西。"②

康德在其关于伦理学的演讲当中区分了"一般实践哲学"和"伦理学"两个部分。伦理学部分基本是围绕应用伦理学问题做出讨论，为此我们只分析其一般实践哲学阐述的内容。

在小引当中，康德是从理论和实践哲学的区分开始自己的普通实践哲学的演讲。前者是与它自身的知识相关的，另外则是与拥有自由意志的存在的行为相关。实践哲学则不只是通过它的形式，而是指向它的对象，一个自由存在的自愿行为。

康德认为："作为行为的哲学，实践哲学是为我们自由的恰当运用提供规则的哲学，不涉及我们自由的特殊情况下的运用。就像逻辑处理的是一般而非特殊情况下的理智运用。实践哲学也是处理自由意志在独立于特

---

①　本文引用的康德《伦理学讲演录》是由门策尔编辑的，英文本是由路易斯·英菲尔德 (Louis Infield) 翻译的，即 *Lectures of Ethics*, Translated by Louis Infield, Methuen & Co. Ltd, 1979。尽管康德并不喜欢自己的学生记录讲课笔记，但还是有很多笔记被记录了下来。由于记录康德的伦理学演讲的笔记很多，根据最近编辑的剑桥版英译本，至少有以下几个主要的《伦理学讲演录笔记》：(1) 赫德尔 (Heder) 1762—1764 年间记录的康德伦理学笔记。这本笔记很全面，但由于康德早年讲课很少板书，因而赫德尔的加工成分较多。(2) 柯林斯 (Collins) 的笔记，这本笔记表明康德的观点接近成熟时期的思想。这本笔记和门策尔编辑的笔记基本内容是相同的，可能出自不同的英译，故而在一些语言表达上存在一些差异。(3) 蒙格维尔 (Mrongovius) 的第二套笔记，基本内容是关于道德形而上学原理。(4) 维京那托斯 (Vigilantius) 的笔记，这本笔记反映了康德怎样阐述自己成熟的理论。(Imanuel Kant, Lectures on Ethics, "Introduction", translated by Peter Heath, Cambridge University Press, 1997.)

②　《康德书信百封》，李秋零编译，上海：上海人民出版社 1992 年版，第 19 页。

殊情况下的而非特殊环境中的运用。逻辑提供的是有关理智使用的规则，实践哲学提供的则是意志使用的规则。……我们设定的存在是有自由意志的，不仅包括人，也包括任何理性的存在，我们这里讨论的就是自由使用的原则或者规则。这就是一般的实践哲学。"（LE：2）这就是康德界定的实践哲学的主旨和任务，即如何保证人获得实践的自由，并且是在一般运用的过程中，而非特殊情况下。这是康德道德哲学理论的出发点和最终归宿，也是康德孜孜不倦寻求道德法则普遍性的原因所在。

什么样的规则是实践哲学的呢？康德说："它的规则是客观的。主观的实践规则是与人类学相关的。① 一个客观的规则在于应当去做什么，即使它从未发生过。但是主观规则处理的是实际正在发生的，即使不道德的行为也有自己的规则。人类学观察的是人类实际行为和实践的方式，主观规则是行为服从的，但道德哲学单独寻求正确行为的规则和方式，也就是应该发生的，就像逻辑包含正确使用思维的方法。当我们说什么东西应当出现，我们是指一种可能的行为能够成为善的，它包含着意志正确运用的规则。"（LE：2）

康德接着说："就像一门人类学是关于自由意志的主观法则的科学，因而实践哲学是客观法则的科学。它是一种自由行为的客观必然性的哲学，是关于应当，也就是所有可能善的行为的哲学。"（LE：3）在康德看来，应该去做的行为是一种可能具备善的特性的可能行为，是人的一种行为。这种行为的客观必然性似乎有些语言表达上的不一致，值得注意的是康德所指的是道德原则的客观的或者命令的特点，这是康德一再强调的。

以下康德从目的和手段的关系区分三种命令，即技术的、明智的和道德的。这在《道德形而上学基础》第二大部分也有详细的论述。从这里的表述可以看出，技术的命令是不能预知的，在于它的手段性，目的是无法掌控的。明智的命令则是实用的，是运用手段达到人的普遍目的，也就是幸福。道德的命令不是由目的决定的，与目的无关，仅仅来自于自由意志，道德命令的主宰是绝对的并且不考虑目的，道德的目的赋予人直接的、内在的、绝对的道德价值（LE：4—5）。

由此可以看出，康德给出比较容易理解的自由概念，尽管康德从未使用这一概念。在其他地方康德是把负责任与自由相联系，负责任的行为是由自由的主体做出的，无论作恶或者行善都是一种自由行为。"在一个人

---

① 我们发现康德讲课非常注意比较，前面借助实践哲学与逻辑学的区别来进行论述，这里又借助实践哲学与人类学的不同来进行分析，讲课思路清晰。

的道德行为中，人是自由的当事人，因此对于做出的行为结果是应负责任的，但是对于未做出的行为结果则是无须负责任的。因为在后一种情况下，会留下一些不要求他去做的一些事情，这是不能算作一种行为的"（LE：60）。

为此康德又一次引入了比较的方法，他指出道德活动的阙失和结果是不被追究的，但法律的行为则能够被问责。也就是说，法律能够强迫要求去做的，我的行为是不自由的。在"负责任的程度"一节中，康德说道："负责任的程度取决于自由的程度。自由包括行为的能力，以及对行为客观特征和冲动基础的认识。这是自由的主观条件，没有责任的行为也就不能被归咎于什么。"（LE：62）

讲演录从开始一直到最后，康德始终没有改变自己的观点。① 在讲演录的最后一篇"人类的最终命运"中，康德说道："人类的最终命运就是道德的最大程度完善，并且通过人的自由来实现，因此惟有人能够得到最大幸福。……人类的普遍目的就是最高道德上的完善。"（LE：252）如何实现这种道德上的完善，康德认为只有通过教育，经过很长的时间才有可能。因为实践的自由必须经过认识的自由才能通达，认识的自由又只有经过教育才能获得。

康德对道德原则的理智特征也做了自己的论证，他认为道德责任包含着必然性的要素是因为它是从"我自己的反思"中得出的，而不是从任何外在于我自己的东西获得的。这是一种理性的必然性。康德是从区分两种道德原则来进行分析的，一种是以满足我们所有的爱好为目的的，一种是以满足一种特殊的爱好为目的的，也就是以道德爱好为目的。第一种目的仅仅在于自然的感情，第二种则是以理智的爱好为基础。道德就是独立于所有的爱好，不是以实用的原则为基础。如果道德是这样的话，那么，就道德而言人们是无法达成一致意见的，因为每一个人都想实现自己的爱好。道德也不能以人们爱好的主观法则为基础，否则就是实用的原则。道德必然是纯粹的、理智的，而不是依靠中介的。伦理学的原则是纯粹理性的决然的理智原则（LE：37—39）。

由此可见，康德强调最终的道德原则必须是客观的、绝对的，就是认为道德的本性是完全独立于任何爱好和感情，因为这些都是主观的、因人而异的。最后道德原则只能是理智的，通过理性被认识和理解。作为普遍

① Kant's Pre–Critical Ethics, Second Edition, by Paul Arthur Schilpp, Garland Publishing, Inc., New York & London, p.150.

有效的法则，也应该是在任何时候对任何人都适用的，因而只有作为普遍的法则才能够被判断为道德的。对我们自身的义务也就不能依靠行为与幸福目的的关系，而只能是独立于爱好的，否则就受明智的原则支配。

由此可以看出，康德在阐述自己关于一般实践哲学的理论时，就基本上奠定了道德哲学的基础，这些内容在后来的《道德形而上学基础》一书中得到了完整而集中的表述。

总之，形式主义的倾向在讲演录中进一步发展。康德不仅认为道德法则必须在自身合法的形式上有清晰表达，而且道德法则神圣性就在于其纯粹性，这是 1770 年就职演说就已经表达过的。理性的反思、理性、知性都能够提供建构的方法，经验则只是中介。同时掌握了纯粹道德理念的人会发现这是非常有效的，这会比其他任何感性的刺激更能够激发他去从事道德的行为。

不过，就像希尔普指出的那样，在讲演录中并没有特殊新的和让人激动的东西。实际上，如果我们仅仅靠这些演讲录来判断康德 70 年代的伦理学思想的发展，我们是很难获得一张清晰的思想演进地图。然而作为支撑性的材料，这些演讲录也不是没有价值的。至少其中包含康德试图通过形式主义的方法解决伦理学问题的尝试。康德在演讲录中向他的听众讲述了理性反思的综合方法，以及一个人作为理性存在物能够建构纯粹实践理性的对象，从而满足我们自己理性本质的需要。可见，在前批判时期的后期，康德越来越根据形式主义的逻辑方法来解决伦理学问题。①

从以上的分析我们可以看出，康德早期道德哲学理论的建树不仅有自己的理论来源，也有其反思的理论转向。归结起来我们认为至少可以得出以下结论：

（1）康德从自然科学的问题转向对人的问题的研究不是某种外在的刺激造成的，而是与康德密切关注时代变化相关的。其中不仅包括其早期接受的虔敬主义教育，也与康德始终对人性问题的思考相联系。可以说，是人的问题引导康德一步步走上道德哲学的沉思之路。康德的生平虽然简单，但孕育在其内心中的问题却非常激烈而突出。这是一个划时代哲学家所应该具有的理论和人格品质。

（2）早年的康德虽然受到卢梭和英国道德学家理论的影响，但这种影响不是单方面的，而是双重的。康德不是无条件地接受这些观点。在康

---

① Kant's Pre-Critical Ethics, Second Edition, by Paul Arthur Schilpp, Garland Publishing, Inc., New York & London, p. 168.

德的理论中，一方面人的感性存在是思考人的问题的出发点，另一方面人的理性存在又是理论反思不可绕过的重要环节，在二者的权衡和掂量中，康德对自己解决问题的方案一再地推迟，这就是第一批判理论所蕴涵的意义。也是我们理解康德后期道德哲学理论创制的前提。

（3）从感性的、经验的向理性的、形式的方向的转变是康德道德思考的基本路径，据此，我们提出简单地以 1770 年的就职论文作为康德前批判和批判时期哲学的分界线是值得商榷的。通过前文的分析论证，我们认为 1763 年的获奖征文《关于神学与道德原则之明晰性的研究》是康德理论反思路径转向的开始。或者说，康德早在 18 世纪 60 年代早期就开始从形式原则的角度反思解决人的问题的基础。①

（4）最为重要的是，通过以上的研究表明：康德哲学的真正秘密在于其道德哲学问题的指向，即人的问题，而人的问题又是其整个哲学思考的核心。从某种意义上，我们可以说，康德对人的问题反思的转向，其理论创制的先后顺序，等等，都是经过长期理论沉思和大量演讲实践得出的。这种哲学的秘密又揭示康德对于理论理性和实践理性关系的最终安排，体现了其整个哲学的目的。正如有学者指出的那样："康德即以意志的自由为他哲学的中心问题，以'理论的理性'与'实践的理性'比较，后者优越；因为道德是人类的故乡，真理之实在性所表现于自由者，实较表现于自然者，明显，亲切，多多也。"②

为了更好探寻康德道德哲学理论的秘密，我们还要深入到其哲学理论内部，一一解析其理论基础和构成，以及其理论指向和运用。这就是以下要讨论的内容。

---

① 希尔普也指出通常认为从 1770 年开始，康德伦理学的思考才发生转向，但研究证明，至少早在 1762 年，我们就发现康德已经把目光转向运用一种方法论的形式主义观点来分析伦理学问题。（Kant's Pre-Critical Ethics, Second Edition, by Paul Arthur Schilpp, Garland Publishing, Inc., New York & London, p. 170.）

② 郑昕著：《康德学述》，北京：商务印书馆 1984 年版，第 66 页。

"纯粹理性概念不能在任何可能经验里提供，因而其客观实在性（即它们之不是纯粹虚构的）和［形而上学］论断的真伪都不能通过任何经验来证明或揭露。"（4：327）

"一个道德的形而上学是不可或缺的必要的，并非仅仅出于思辨的动因，以便探究先天地存在于我们的理性中的实践原理之根源，而且还因为倘若我们欠缺这项引导以及用以正确的评价道德的最高规范，道德本身就会受到各种各样的败坏。"（4：389—390）

"任何道德原则都是由内在于每个人的理性推理能力之中隐在的形而上学的思考所引发的。"（6：376）

第二章　康德道德哲学的基础

经过早期的思想沉潜，康德开始对自己的道德哲学理论进行全面奠基。这项工作不是在某一阶段完成的，直至 1797 年的《道德形而上学》，康德还在为道德哲学的基础殚精竭虑，深思不已。纵观康德为道德哲学奠基的整个历程，我们可以发现康德为自己的道德理论奠定了知识论、理性和人性的基础。知识论基础明确道德哲学的界限和可能性，理性基础则为道德哲学的建构提供了理性必然性的论证，人性基础从实践哲学的角度阐述了道德形而上学如何得到落实。

一　道德哲学的知识论基础

康德追问和思考哲学问题的方式是很独特的，其理性主义①的态度使他总是从可能性的角度对问题展开自己的讨论。在道德哲学领域

---

① 康德的理性主义实际上包含着双重的功能，一是反对经验主义，一是反对教条的理性主义。所以理性对于康德成了文化体系的核心（［法］吉尔·德勒兹著：《康德与柏格森解读》，张宇凌、关群德译，北京：社会科学文献出版社 2002 年版，第 3 页）。这种观点对于理解康德的理性有很大的启发作用。

中，要想弄清楚道德哲学的基础，就必须要回到最根本的问题之上，在康德看来这就是道德哲学的知识论基础所在。这不仅涉及到道德哲学的奠基问题，也是拷问道德哲学的可能性和探寻其限度何在的前提。康德认为形而上学的知识是一种纯粹哲学的知识，"既不能根据作为真正物理学的源泉的外经验，也不能根据作为经验心理学的基础的内经验。所以它是先天的知识，或者是处于纯粹理智和纯粹理性的知识"（4：265）。

康德通过追问这一问题一步步展开自己对知识大厦根基的看法。在一系列的追问中，康德为我们逐步构筑起纯粹哲学知识的基石，进而论证了纯粹道德哲学的知识论基础。康德分别对纯直观知识、经验的自然知识、形而上学知识、科学的形而上学知识进行了分析，对道德哲学的知识论基础作出了系统的阐述。

（一）纯直观的知识

"数学的判断永远是直观的判断；而哲学却要以仅仅是从概念中绌绎出来的论证性判断为满足，因为哲学的无可置疑的学说虽然可以通过直观来说明，却永远不能从直观推论出来。"（4：281）数学是根据纯粹直观先天地把它的一切概念提供出来，或者是把这些概念构造出来。纯直观和经验直观都能够扩大概念，所不同的是在纯直观中，先天综合判断是可靠的，毫无疑问的；在经验直观下，却只是后天的，经验的可靠性，是包含偶然的直观的东西。纯直观则包括纯直观里所必然有的东西，它是在一切经验或个别直觉之先就已经同概念不可分割地结合在一起了。

康德区分经验直观和纯直观，意义很大，是对人的认识能力很重要的把握和深刻揭示。

但是，概念的直观如何实现呢？任何概念就像大小、原因等，若要使它们有意义就必须结合到某种直观上去，通过直观，这些概念的对象才提供给我们。"然而，对象的直观怎样能先于对象本身而存在？"（4：282）

康德推论说：如果直观一定要按对象，按事物本身来进行表象，那就不可能存在先天的直观，而只有经验的直观。如果对象不提供给我，我的表象与对象之间的关系就没有根据，除非是灵感的作用。因此，我的直观有按照一种方式能够先行于对象的实在并且成为先天知识，那就是它只包含感性的形式，这种感性的形式在我的主观里先行于我被对象所感染的一切实在印象。哪些形式可作为先天直观的感性形式呢？

这就是空间和时间。几何学根据空间进行纯直观，算学是在时间里的纯直观，纯粹力学也是。时空作为纯粹直观形式，是先天地给经验做基础的，是永远无法去掉的形式。它并且是先行于一切的，先行于经验直观，先行于实在对象的知觉，因而对象只有符合这些感性的形式才能被先天地认识，仅仅按照对象表现的样子被我们认识。

康德的理论很有说服力。但是此处有一个问题。先天直观的感性形式存在于哪里呢？因为任何认识都是人的认识，从人类认识发生的角度，或儿童认识发生的角度，此种感性的直观形式是先天的还是后天习得的？康德的体系似乎不需要涉及这个问题，但这却是一个问题，一个非常重要的问题。因为除去时空这些直观形式之外，人性、善恶之类的概念也是一种直观，尽管这种直观要比时空的直观低一个层级。但对于此类直观形式的把握和获得过程无疑需要做出说明和论证。而且康德所论证的直观问题，与后来摩尔提出的自然主义谬误之间有着某种相似性，分析善的概念所犯的自然主义谬误，在某种程度上是对认识直观能力的忽视。

对此我们可以比较金岳霖在《知识论》中提出的观点展开分析。金岳霖认为"时空意念，时空单位及秩序意念和别的意念一样，有摹状也有规律。就摹状说，它们是后验的，就规律说，它们都是先验的。以上已经表示时空意念不是先天的。先天的意念非完全消极的不可，稍有积极性的意念就不是先天的。时空意念是积极的，它们当然不是先天的。"[1] 在金岳霖看来，时空是摹状得来的，摹状尽管不同于直观，但却有直观因素在内。依照笔者的看法，从形而上学终极性反思出发，时空作为一种既包括先天直观又具有后天经验成分的认识形式，不是金岳霖所说的一种纯粹的架子，而是人类从本然世界角度来把握世界的一种方式。而像人性、善恶这一类的概念则已经进入到事实世界的领域，此时的时空存在方式已经发生变化，根据金岳霖的说法就是一种个体的时空架子。而比事实世界更进一步的价值（意义）世界中，时空是既有个体的先天直观，又有后天经验的参与，是一种非常实在的时空，是掺杂个体生命体验要素的时空样式。不过，此时非个体的时空是难以探知的，故而金岳霖认为非个体的时空是否存在于自然界是很难回答的问题。[2] 不过摩尔所提示的自然主义谬

---

① 金岳霖著：《知识论》，北京：商务印书馆 1983 年版，第 569 页。

② 同上书，第 522 页。

误问题与此也是相关的。因为按照笔者的看法，自然主义谬误的实质乃在于人们混淆道德直观的对象，把不同时空境遇中的概念相互等同，从而发生错误，这是后文所要进一步论述的。

回到康德的话题，纯粹数学的知识之所以可能，在于感官对象的经验直观其基础是纯直观，即时空的先天直观。

不过康德没有忘记自己的哲学立场，指出，把时空归结为属于自在之物的实在性质是没有道理的，而仅仅是感性直观形式。康德的论证非常小心，为了避免被他人误解，他又对自己的观点做了三点说明。

（1）康德强调"我们的感官表象决不是自在之物的表象，而是物由之而向我们表现的样式的表象"（4：287）。其意在于表明，我们不能凭借时空的感性先天形式，来否认科学知识的客观现实性。康德以几何学为例说明：感性形式的空间并不是自在之物的属性，而只是我们的感官表象能力的形式，空间里的对象不是自在之物本身，而是我们感性直观的对象。因而几何学的命题不是概念虚构，而是由感性本身得出的。其客观性就是基于这样一种结合，而非简单的对号入座。这是反对各种浅薄的形而上学的无理取闹的基础。几何命题概念是有其根源的，就是此种先天的感性直观形式与对象的结合，而非对自在之物本身的直接反映。在康德那里，自在之物是无法认识和把握的。

（2）康德竭力否认自己是唯心主义者。在他看来，唯心主义"在于主张除了能思的存在之外没有别的东西，我们以为是在直观里所感知的其他东西都不过是存在体之内的表象，实际上在外界没有任何对象同它相对应"（4：288—289）。相反，康德认为作为我们的感官对象而存在于我们之外的物是已有的，至于这些物体本身是什么样子，我并不知道，我们知道的只是现象，是它们作用于我们的感官时在我们之内产生的表象。他把这些外在于我们的东西称作"物体"。

这种理解在康德看来自洛克开始就已经如此了，即认为外物的属性不属于自在之物本身，而仅仅属于自在之物的现象，这些属性离开了我们的表象（在我们表象之外）没有单独的存在性。但这不否认外在物的客观实在性。所以那些不愿意把颜色当做客体本身属性而仅仅把它当做属于视觉变化的人，也被称为唯心主义就是错误的。

康德坚持认为自己不是唯心主义，其所说的空间表象也不是感性与客体关系一致的东西，而只是认识的形式。由此可见，真正的唯物主义在这一点上倒是与唯心主义是没有差别的。因为把外物的存在当成客观的，只有对之进行认识才能产生外物的形象，而且这种认识是受外物决定的。但外物又如何决定人的认识方向呢？外物岂不成了一个幽灵，一个能够刺激甚至走入我们认识中的幽灵，这倒是更彻底的唯心主义。在此，康德的理论也存在问题，即自在之物是不可认识和把握的，那么自在之物的现象与自在之物是什么关系呢？我们又是何以得知此种关系的呢？康德在下文做了说明。

（3）康德明确指出，"感性并不在于清晰和模糊的这种逻辑区别，而是在于知识本身的起源的发生学区别"（4：290）。感性只是按照物感染我们感官的样子去表象物，由此提供给理智思考的只是物的现象而非物自身。这同恩格斯的唯物主义论调几乎是一致的。

在此，康德指出存在一个极大的误解，感性作为认识来源提供的是现象的知识，而非物本身的知识，因为现象是根据感官的，而判断则是根据理智的。判断的正确与否与感性无关，只与理智相关。人们把感性提供的现象认做真或假，是错误地混淆感性和理智能力的界限，任何客观的判断都是理智所下的。感性直观的形式——时空因此也就只能被当成对感官经验的对象有效，但不属于物本身，必须限制在经验领域当中，一旦超出此经验的范围必然引起混乱。

康德认为，他的时空唯心论，没有把世界变成假象，而是保证人类知识不要陷入假象的唯一方法。同时，也避免了一切先验的假象，仅仅使感官的表象成了现象。而这又是防止理性冲突的根本办法。因为现象一旦超出经验的界限，变成超验的，它就只能产生假象。故而康德把自己的唯心主义称为先验的唯心主义，区别于笛卡尔的经验唯心主义，以及贝克莱的神秘的、幻想的唯心主义。其特征是不涉及事物的存在，只涉及事物的感性表象，时空属于此表象，但不属于物本身的规定。

康德还不放心，又改称自己的主张为批判唯心主义。依照笔者的理解，倒不如叫感性的现象唯心主义，强调认识之发生的意义。在康德的理论中，时空是先天的直观形式，是一种"客观"存在，只要人类认识开始涉及这个外在的世界，那么就必然会产生纯粹数学的知识，因为数学的判断永远都只是直观的判断，这也说明了纯粹数学知识是怎样可能的。这是人类迈上形而上学知识的第一步。

（二）经验的自然知识

纯粹自然科学已经存在，问题是它是如何可能的？纯粹的自然科学，已经先天地提供了自然所遵循的法则和无可置疑的命题所必备的全部必然性。这是普通自然科学，或自然课入门中就有的，如实体常住不变等反映普遍自然法则的命题，都完全是先天存在的。剩下的问题是：它是怎样可能的？

康德区分自然概念的两种意义：（1）规定客体的意义；（2）一般物存在的各种规定的合乎法则性。① "因此从质料方面来说，自然就是经验之一切对象的总和"（4：295）。人的认识只能考虑与经验相关的自然知识，其实在性由经验证实，它是先天可能的，并且先于一切经验而存在。康德在1786年的《自然科学的形而上学基础》中又对自然的含义进行了辨析。他根据感官分为外感官和内感官，将自然学说分为物体学说和灵魂学说，前者考察的是有广延的自然，后者考察的是能思维的自然。自然是在感官面前显现的整体（4：467）。

比较一下前人对自然的定义，可以发现康德的理解更多停留于对自然经验本质的规定上。罗尔斯曾经对休谟的自然概念进行了总结，认为有三种不同的意义，并且在这三种意义上与人为的德性观念相使用。这三种含义是：（1）与神迹相对立，在此所有的德性都是自然的德性；（2）存在着与非同寻常之事相对立的自然概念；（3）自然与人为相对立：行为自身是人为的，是根据某种筹划和意向做出的。②

康德指出对自然本质的理解在于它"是经验的一切对象的合乎法则性，而就其先天地被认识来说，它又是经验的一切对象的必然的合乎法则性"（4：296）。自然因而不再是在自在之物的意义上被讨论，而只是作为经验对象的总和。因而先天认识自然的可能性就变成了：经验对象的物的必然合乎法则性怎么可能先天地被认识？康德认为恰当的选择方式是探讨唯一使这样的一种只是作为经验而成为可能（仅仅就形式来说）的那些条件和普遍的（虽然是主观的）法则，并且由之而规定作为经验之对象的物的可能性。相反，如果只去寻找使自然作为经验的对象而成为可能的那些先天条件，那就会造成误解，以为把自然当成自在之物，最终无路可走，为没有进入经验之中的物寻找法则。

这样追寻的目的在于要讨论的是经验的、可能性的、普遍的先天条

---

① 亚里士多德在《形而上学》中曾经区分了自然的六种意思：（1）生长的事物的生成；（2）一个生长的事物的内在部分，该事物的生长首先是从这个部分进行的；（3）每一个自然的对象中的基本运动的源泉，这种运动是由该事物的本质所决定的；（4）基本质料，任何对象由它组成或由它构成，它是无形状的并且不能由自己的潜能而发生变化；（5）意味着自然的东西的本质；（6）自然的意义的引申，一般指每一个已经生成的本质也叫自然（本性），一个事物的本性就是一种本质（1014b16—1015a15）。

② ［美］罗尔斯著：《道德哲学史讲义》，张国清译，上海：上海三联书店2003年版，第71页。

件，而非观察的规则，也非自然法则本身。笔者认为人从自然派生出来的前提，决定了人能够从主观上有对自然认识的可能性。在人的认识的基本意识图像中就已经先在地存留和积淀了宇宙演化的所有图像，这是无须证明的本体事实。而康德的用意也是着眼于认识的主观法则，以方便认识，减少探讨认识如何发生的困难。康德所以这样提问，也是限定认识的进路，并且要确保认识能够在一种法则、规则或范式的支配下获得良好的开展。

为此康德对经验的判断与经验判断做出了区分。

一切经验判断都是经验的判断，但不能反过来由此推论。只有"经验的判断，在其有客观有效性时，就是经验判断；但是，那些只有在主观上才有效的判断，我仅仅把它们叫做知觉判断"（4：298）。后者无须纯粹理智概念，只需要在能思的主体内部进行逻辑的知觉联结。但前者除感性直观的表象之外，还要求来源于理智的特殊概念，从而使经验判断具有客观有效性，这是必然的普遍有效性。

知觉判断在先，是纯粹的知觉联结。当判断不仅涉及知觉与主体的关系，还涉及对象的性质，此种判断就是客观的、普遍的、必然的。在此康德改变了对于经验判断的看法，这是他独特的理解，已经超出经验主义理解的范围，也不纯粹是主观的理性主义，而是一种追求具有客观有效普遍性的认识，是融合经验和理智的一种尝试。

经验判断的特征是客观有效性和普遍有效性，二者可以互换。

客观有效性是从经验判断的普遍有效性条件中获得的，这是根据于纯粹理智概念的。其过程是：客体给我们的感性提供表象，表象的联结被理智概念规定为普遍有效性时，它就通过这种关系而被规定成为对象，判断就是客观的了。所以经验判断的特征是"经验在某些情况下告诉我的东西，也必须在任何时候告诉我和任何人；它的有效性不局限于主体，也不局限于主体的当时情态"（4：299），而是客观性、普遍性、有效性的统一。故而康德要求"我在任何时候，以及任何别人，在同样的情况下，必须把同样的知觉必然地联结起来"（4：299）。那么如何实现这种联结呢？

前提就是知觉变为经验需要一种先天的纯粹理智概念。康德指出经验的基础是我意识到的直观，即知觉，是感官的心理情态中的知觉联结，不涉及对象。此时是知觉判断，只具有主观有效性。当知觉被包摄在一个纯粹理智概念之下的时候，就可以规定直观判断的形式，把直观经验的意识联结在一个一般意识里，从而使经验的判断得到普遍有效性。康德举例说："太阳晒石头，石头热了。"这是一个知觉判断，但没有包含必然性。
但是如果说"太阳晒热了石头"，就加进了因果性的理智概念，就是一种
普遍必然有效的客观经验判断。为此康德列举出了十二个逻辑判断和先天
理智概念，为了方便起见，我们将之合并在一起，以供参考。

逻辑判断和先验理智概念表

一、量	二、质
全称的 单一性（度）	肯定的 实在性
特称的 复多性（量）	否定的 否定性
单称的 总体性（全）	不定的 限定性
三、关系	四、样式（模态）
直言的 实体性	或然的 可能性
假言的 因果性	实然的 存在性（现实性）
选言的 共存性（交互性）	必然的 必然性

由于经验判断的诸直观的综合统一性是通过制定的既定逻辑功能表现
出来的，因而经验判断的知觉综合统一性是必然的、普遍有效的。可见康
德对经验的理解已经超出经验主义的范围，"感官之所司是直观，理智
（知性）之所司是思维"（4：304）。思维可以把诸表象在一个意识里结合
起来。在康德这里，思维、判断就是把表象联系到判断上去。所以如果表
象仅仅在主体里联系到意识上去，并在主体里结合起来，就仅仅是主观
的；如果表象必然地结合在一个意识里，它就是客观的。这种结合，如果
是同一性的，就是分析的；如果由于不同表象的相互连接和补充，就是综
合的。所以康德认为"经验就是现象（知觉）在一个意识里的综合的联
结，仅就这种联结是必然的而言"（4：305）。没有对知觉、现象的综合，
是构不成经验的，在进入经验判断之时，理智的先天范畴加了进来，才形
成普遍有效的判断。

我们的传统哲学教科书对经验的理解只是经验主义的，只停留于感觉
的层次，并没有像康德这样如此严格的加以界定。

康德进而认为一般判断的全部形式条件为形而下的自然科学知识体系
提供了可能的前提。康德区分了规则、先天规则和原则。判断在视为提供
出来的表象在意识里结合的条件就是规则，规则将此种结合表现为必然的
时，就是先天规则，之上再没有可以由之推出的就是原则。经验的可能性
从思维形式上讲，是靠纯粹理智概念对现象的形式安排，故而"纯粹理
智概念"就是可能经验的先天原则。"可能经验的原则，同时也是自然界
的普遍法则，这些法则是能够先天认识的"（4：306）。而纯粹自然科学

的形式的体系就依靠此种判断的全部形式条件而成为可能的了。自然科学的可能问题就解决了。

其推理如下：判断的形式条件提供逻辑规则的全部形式条件，形成一个逻辑体系。建筑在此体系之上的概念构成一个先验的体系，把一切现象包摄在这些概念之下的诸规则，就构成一个形而下的体系，也就是自然界体系，这个体系先在于全部经验的自然界知识，首先使自然界知识成为可能，然后使它能够被叫做真正普遍、纯粹的自然科学。

最后康德点出了他的意旨："我谨奉告读者们，他们由于长期习惯于把经验仅仅当作经验上的知觉的积累，决想不到经验远远超过知觉。比如经验给经验上的判断以普遍有效性，这就说明经验一定具有先天存在于经验之先的纯粹的理智统一性。我谨奉告读者们千万要注意经验同单纯是知觉的积累之间的区别，而且要从这一角度上来判断证明的方式。"（4：310）

可以说康德对自然知识可能性的判定就是源于他对经验的重新理解，这区别于经验主义，也不同于唯理主义。前者认为经验是原始的感性杂多，后者认为经验无法达到理性的丰富统一。康德则揭示了在经验判断中的综合统一性。经验的直观能力，使得自然界就是通过感性直观提供给我们的。由此推论道德形而上学也当属于形而上学的范围，其可能性是否也包括对经验判断的特殊界定和说明呢？这非常值得探究。因为在人的实践经验生活中是否包含可以提升为道德普遍法则的根源性因素，道德形而上学的建立是一种由经验到知性再到理性的反思过程，还是相反，这是任何哲学所无法回避的问题，对此后文将做出论证。

由于康德是从认识的发生意义上来探讨科学的可能性问题，所以对于经验和理智的区分以及这两者之间存在什么样关系，我们能不能够保证经验不作超验的使用都成了进一步追问的问题，或者说人类知识的基础会不会陷入形而上学迷雾之中，而没有真正的根基可言。这就进入到对形而上学知识的讨论当中。

（三）一般形而上学的知识

对纯粹数学和纯粹自然科学进行研究，不是为了它们自身，而是为了形而上学。康德认为形而上学除了要对待经验之内的自然概念以外，还要对待纯粹理性概念。"纯粹理性概念不能在任何可能经验里提供，因而其客观实在性（即它们之不是纯粹虚构的）和［形而上学］论断的真伪都不能通过任何经验来证明或揭露"（4：327）。这是形而上学基本目的的部分，涉及到形而上学的实质和特点，也就是运用它自身上的问题。

这个问题不解决，理性本身永远不能满足。限制纯粹理智（知性）到经验之使用上，不是理性本身的目的。个别经验只是全部经验的一部分，全部可能经验的绝对整体不是一个经验，这是理性要求的问题，是纯粹理智（知性）概念把握不了的。理性概念是关于完整性的，是关于全部可能经验之集合的统一性的，这样一来，它就超出任何既定的经验而变成超验的。

因此，理智需要经验使用的范畴，理性也含有理念的根据。"理念，我是指其对象不能在任何经验中表现出来的那些必然的概念来说的"（4：308）。范畴容易带有让人迷惑的假象，理念也是不可避免的。

康德认为把理念和范畴区别开来，作为在种类、来源和使用上完全不同的知识，对于建立一种包括所有这些先天知识体系的科学非常重要。这正是《纯粹理性批判》第一次做出的澄清，避免理智概念长期的误用。

纯粹的理智认识概念是在经验里提供的，并通过经验证实。但是理性认识的理念则不是。而且纯粹理性要想发现错误也很困难。理性理念自身的辩证法是不可避免的假象，不能把事物看成自在之物，做客观的、教条式的探讨，只能将之看成现象，做主观的探讨，才能对它加以限制。我们可以看出，在康德的理论中，感性是属于知觉的，知性［理智］是属于经验的，那么理性是属于什么呢？理性主要是对事物的现象，对事物的主观探讨，是一种先天的结构图式，是借助于理念的完整推理表现出来的。

不过，康德认为，区分几种知识的来源，还是为了把各自所属的概念推演出来，从而使形而上学的知识得到完整体现。但在理性理念的推理过程中，理念的使用和范畴的使用是完全不同的。

与理智（知性）的范畴不同，"理性理念对我们的理智在经验上的使用毫无用处，我们在这方面甚至可以完全抛开它不管"（4：331）。如关于灵魂是否是一个实体，对于解释灵魂现象就无关紧要。关于世界的有始或永恒的宇宙学理念，对于说明世界本身，也无用处。自然界是出于一个至上存在体的安排，也要避免做任何解释，若解释就是自然哲学的破产。由此康德引出了对三种理性理念的分析。需要说明的是，康德此处的论证是站在形而上学立场之上，其目的在于搞清理性理念一旦出现对理智的超验使用就会出现辩证的困难。这是不同于《实践理性批判》当中对三个公设的说明。① 这在后文还将详细加以论证。

———————————

① 作为理性理念的三个公设分别指：作为外感觉的总体，它是世界；作为内感觉的总体，它是灵魂；作为内外综合感觉的整体，它是上帝（苗力田著：《哲学的开普勒改革》，载李秋零主编《康德著作全集》第 1 卷，"中译本序"，北京：中国人民大学出版社2003 年版）。

其实，康德在此担心的并不是理智逾越自己的界限跑到纯粹思维存在体的领域里去。由于理性不满足于理智规则的任何经验使用，只有把理智推出它的领域，一方面使经验的对象表现在经验捉摸不到的系列里，另一方面则在经验系列之外寻找一个本体，并摆脱经验条件的限制，理性就终于功德圆满了。

在康德看来，他所要分析的三种理性理念都属于本体概念。这些本体概念是先验的理念，这些理念不是为了夸大概念，而是扩大这些概念的经验使用，但这些理念却会引诱理智去做超验的使用。由于这种诱骗，要想把理智（知性）限制在经验范围内非常困难，即使有科学的训练也只能勉强地做到。

这一理论的确揭示了一条非常重要的真理，即在人类对自身认识能力研究和探讨的过程中，总会有意无意地涉足于先验的甚至超验的领域，企求在一种本体的层面去挖掘人类认识之根。在人类自我认识和反思的历史上，不乏此类理性之光的闪烁，但到头来只不过是昙花一现，人类自我解放（救）的道路不可能通过本体的澄明一下子就进入真理和自由的王国。这可能是深藏于人类发展史上一种内敛的、幽暗的、自我解救意识的突出体现，越是想从根本上一次性地解决问题，便越是可能离开出发点、初衷越远。用康德的话说，这是理性能力的一种辩证途径。人类可能永远行进在这样的道路上。从另外一种角度说，这也是人类自我认识、自我发展、自我解救的本来意义之所在。

如果没有对于康德这种理论的洞见，就会对其产生误解。如黑格尔曾经认为，康德"认识到简单的思维在自身内具有区别，但是还没有认识到一切实在性正包含在这个区别里；他不知道如何去克服自我意识的个别性，他对于理性描写得很好，但却在无思想性的、经验的方式下去描写理性，这反而剥夺了理性本身的真理性"。① 黑格尔批评康德理性缺乏实在性，是由于没有从康德理论的整体去把握。根据上文的分析，康德论证的理性并非是没有实在性的，只是不同于传统哲学的实在性罢了。

还是回到康德对理性的三种理念的分析上来，看看他究竟怎样论证那些理念的辩证运用。

第一，心理学的理念。

康德首先指出自我作为主体不仅是一个理念也是一个对象。

---

① ［德］黑格尔著：《哲学史讲演录》第四卷，贺麟、王太庆译，北京：商务印书馆1997年版，第258页。

主体对于属性而言就是实体性东西本身，纯粹理性要求给一事物的属性寻找属于它的主体，会陷入到一个无穷进程中。对于我们自己的一时作为能思的主体里此种实体性对象就是自我。"这个主体不仅仅是一个理念，而且是一个对象，即绝对的主体本身"（4：334）。康德称自我是统觉的表象，是一种能思、纯思，一种自我意识。

但自我又仅仅是内感官的对象的标记，因为我们没有任何属性用来进一步认识它，所以它本身当然不能是任何别的东西的属性，不过它也并不是一个绝对主体对一个确定概念，而是如同在别的情况下一样，仅仅是内部现象对它不知道的主体的关系而已。在自我之上再也无法寻找其主体，但自我又并非一个绝对概念，只代表内感官对主体的一种关系而已。所以这样一个理念在遭到误解之后，就产生一种不像样的论证，把能思的存在体当成了实体，进而推出此实体性东西的性质，"这样一来，对于这个实体性的东西的认识就完全落在经验总和之外去了"（4：335）。

其次，只有证明自我有常住性才能证明自我是实体。

康德指出，人们虽然可以把那能思的自我（灵魂）称为实体，当作思维的最终主体。但是如果不能证明能思的自我有常住性，那么自我就是空洞、无意义的。但是常住性并不能在自在之物的实体概念中，而只能在经验中才能得到证明。

如果想从实体的灵魂概念推论出它的常住性，只有在可能经验中才是有效的。"在把灵魂当作自在之物而超出一切可能经验时就无效"（4：335）。死亡是全部经验的结束。如果灵魂的实体被看作是必然与常住性概念相结合的，那么只有根据可能经验的原则，才能成立。"实体常住性的法则只有用在经验中才能站得住脚，因此对于事物来说，只有当事物在经验中被认识和被联结到别的事物上时才有效；它们一旦独立于一切可能经验，就决不能有效。死后灵魂就是这样。"（4：336 脚注一）

康德的意思很清楚，如果灵魂的概念想通过实体性、常住性来得到证明，那么就只能根据可能经验的原则，因为对于能思的主体自我来说，他是无法从自身的经验出发去证明灵魂的存在。自我的经验不能提供常住性的说明，同样自我的反思、能思、纯思，或者意识相对于自我来说都难以找到其常住性的根据。因为这些意识活动都存在于特定时空，正如前文提到的金岳霖所说的个体时空架子一样，在事实界或自然界都难以有自己的常住性的根据。不过康德想出了自己的办法，这就是他提出的最后一点证明。

最后，他指出外部经验意识外在现象的物体的实在性，内经验意识到灵魂存在。

我们通过外知觉认识的实在东西只有在经验中才能得到证明，不能从自在之物的联结上得到证明。经验地存在于我之外的东西就是在空间里被直观的东西。表象按照经验法则的联结证明了表象的客观实在性，内感官的现象联结证明了我的灵魂的实在性。可以通过现象把我的灵魂认识成为内感官的对象，但灵魂的自在本质（灵魂现象的基础），对我来说则是不知道的。

"在'我存在'这一命题里的'我'并不仅仅意味着（在时间里的）内直观的对象，同时也意味着意识的主体，正如同物体不仅仅意味着（在空间的）外直观，同时也意味着作为这一现象的基础的自在之物一样。"（4：337）这样一来，对于作为外感官的现象的物体是否在我的思维之外存在这一问题，应当在自然界给予否定的答复，在我自己作为内感官的现象是否在时间里存在于我的表象力之外，也是否定的。由此可见康德并不否认唯物主义的基本原则，倒是相当的"唯物主义"。而且康德已经意识到我不仅仅是对象，也是主体。但需要做一种层次的分别，即属性总是实体的属性，思维总是自我的属性。思维的指向可以向外，也可以向内。思维思维对象时，就得到关于对象的知识，思维思维自我时，就是反思。但这种作为属性的思维只能反思自我，不能正面观自我，因为思维毕竟只是属性，只能思，不能思思本身。而且思本身，我是不必去思的，思只证明我的存在，而不证明我何以存在，我存在已是一个事实，一个不变的事实，拷问这样的事实毫无意义，常住性是不要证明的。

康德的做法很巧妙，他通过对意识活动方向的区分，指出了自我反思的本质特征，即反思活动的实在性确证了主体存在的基础。不过康德还是自留了退路，即认为对于灵魂存在的基础是否实在的问题，还是应当存疑的。可以说，自我作为主体，反思作为属性，二者是相互统一的。这种统一性证明作为内经验的灵魂相对于自我而言是有常住性的，但离开了自我以及反思活动本身，灵魂这种意识是否存在，或者以什么样的方式存在的确是难以把握的。这可能只有到信仰中去寻找答案。

第二，宇宙学的理念。

康德指出宇宙学的理念永远不能在任何经验里相应地表现出来。

一般认为，经验的自然界是必然的，那么理性之自由又从何而来呢？康德认为，自然界的必然性和自在之物的自由不可混淆，自然界的必然性仅仅指现象的必然性，自由仅仅指自在之物的自由。承认两种因果性，就不会产生矛盾。康德认为我们所有的理性能力，一方面可以同自己的主观规定根据相联结，这是其行动的自然界原因，是现象的；另一方面，这种能力又与客观的根据（仅仅是理念）相联结。"理性的因果性，对感性世界里结果来说，必须是自由，就客观的根据（它们本身是理念）之被视为结果的规定者而言"（4：345）。理性的根据是普遍地按照原则给行动以规则，并不受时空条件的限制。所以理性存在体的一切行动，若是发生在经验里，是现象的缘故，受自然界必然性支配，若是就理性的主体完全按照理性而行动的努力来说，又是自由的。

对于感性世界的现象的必然法则，无论理性存在体是否为各种结果的原因，都不妨碍自然界法则的持久性。如果理性存在体是结果的原因，行动就具有合理性，其结果一定符合不变法则；如果不是，行动就会受感性的经验法则支配。两种情况下结果都是按照不变法则来联结的。在第一种情况下，理性是自然法则的原因，因此是自由的，在第二种情况下，结果按照感性法则行事，理性并不受感性法则支配，理性仍旧是自由的。"所以自由并不妨碍现象的自然界法则，同时自然界法则也并不妨碍理性在实践使用上的自由，而这种使用是与作为规定之根据的自在之物相关联的"（4：346）。

康德追求的是实践的自由，即理性按照客观规定的根据，有其因果性的自由，同时，就作为现象的那些结果来说，也毫不妨碍自然界的必然性。

第三，神学的理念。

康德认为神学的理念是纯粹理性的设想。

神学的理念是给理性的使用提供素材。"然而这种最重要的理性使用如果在思辨上就成为越界的（超验的），从而成为辨证的。心理学的理念和宇宙学的理念是从经验出发，通过诸根据的上升被诱使去追寻（如果可能的话）这些根据的系列的绝对完整性，而在神学的理念这里则不然，理性同经验完全断绝，从似乎使可以用来做成一个一般事物的绝对完整性的那些仅仅是概念的东西，然后借助于一个最完满的原始存在体这样的理念，下降到规定它们的实在性"（4：348）。康德说，这些论断是非常清楚的。

如果我们把康德对神学理念的分析引申出去，似乎可以与德里达提出的幽灵本体相提并论。德里达在《马克思的幽灵》一著中，试图通过对马克思的意识形态理论批判，来解构马克思的一系列理念以及对资本主义的批判方式，甚至在某种程度上把人类自身认识和批判的历史归结为一种幽灵本体论的循环过程。在德里达看来，从柏拉图到马克思，始终是对幽灵活动的一种现象学的"花招"①，尽管康德的神学理念不在其批判之列，但依照德里达的立场，康德的神学理念也不过是一种幽灵现象学的显现。康德把神学理念与心理学、宇宙学理念截然分开，提示我们理性设想出神学理念不过是为更好地对经验世界加以把握。由此也就引出康德对以上理念的形而上运用的最终意图。

在康德看来形而上学是人类理性的一种自然趋向，但需要科学的批判来加以限制，使我们免于越界的辩证推论。对于自然界的目的一类问题，不是形而上学能够解决的，在人类学范围之内。康德认为，这种人类学的运用首先就是道德的实践，形而上学试图突破经验的限制，达到感性所达不到的、理智（知性）的对象的境界。"这样做当然不是为了对这些对象去做思辨的研究，而是因为实践的原则；如果面前没有像这样的一个境界来满足其必要的期待和希望，就不能达到理性为了道德的目的所绝对需要的普遍性"（4：363）。

康德的用意暴露了，即理性对形而上的追求不是为自己，而是为人类学的实践，为道德普遍性的目的。心理学的理念可以指出经验概念之不足，不至于陷入唯物主义，唯物主义把理性限制在实践目的上。宇宙学的理念避免我们陷入自然主义，自然主义把自然界说成是本身自足的。神学的理念可以帮助理性摆脱宿命论，引导理性到出于自由的原因概念，直至到一个至上智慧的概念之上。宿命论是自然的、盲目的必然性。

因而这些理念可以在思辨领域之外给道德观念提供地盘，使理性在形而上学方面的思辨使用必然同理性在道德方面的实践使用统一起来。可见，康德追求的理性的思辨使用和实践运用希望在道德领域里得到统一，这就可以看出其哲学理论的目的所在，这也是我们不惜笔墨铺陈其对道德的知识论基础追问的理由所在。

康德在此提出的一般形而上学何以可能的问题，似乎与我们讨论的道德哲学毫不相干。但是，如果从人类自身存在的本性出发，并且能够充分认识到人类理性的有限性（这也是康德批判理性的很重要的目的），那么，就可以看出康德喋喋不休是有道理的。"为了同时突出人的有限性，对良心、罪责和死的生存论阐释就成为必要的了"。"'形而上学'，在与

---

① Jacques Derrida, *Specter of Marx*, translated by Peggy Kamuf, Routledge, New York and London, 1994, p. 126.

人这类东西的实际生存完全同时发生的突入存在者事件那里，它是基本的事件。"① 据此，海德格尔提出对形而上学的追问并不是要求成为一门与现代各门科学相并列的新的科学，它只是唤起人们的一种意愿，一种洞见，让人们知道哲学的思考是作为此在的坚决的超越性而发生的。而寻求超越性的根源乃在于形而上学问题的特殊性。形而上学问题有着双重特殊性：首先，每个形而上学问题总是包括形而上学问题的整体，是这个整体自身。其次，每个形而上学的问题都只能这样被追问，即：发问者本身包括在问题里面，也就是说，已经被摆到问题中去了。② 这就决定了形而上学问题必须从人的整体性出发来加以解决。这也呼应了上文的观点，即康德提出的四个问题实质上可以归结为最后一个问题，这就是康德批判哲学体系的核心理论指向。

问题并没有结束，康德的哲学是近代向现代转换的"曙光哲学"，所以他又对科学的形而上学知识进行了阐述。

（四）科学的形而上学知识

康德指出作为理性的自然趋向，形而上学是实在的，但其本身又是辨证的、虚假的，不是科学的，只是一种空虚的辨证艺术。所以任何一个学派不会受到合理的持久的赞成。为了达到科学的形而上学，理性批判本身就要把先天概念的全部内容，按照不同源泉的类别，连同完整的概念表，以及所有概念分析的结果，概念演绎的先天综合知识的可能性，使用原则以及使用界限等，完整地容纳到一个体系中。这一切只有通过理性的批判才可能做到，也就是说形而上学希望达到的稳定的、完满的状态，要通过理性自身的能力才能得以实现。对此种知识的期望是一种特殊的引诱力。

现时代形而上学已经开始衰落了。但是形而上学通过彻底的、全面的理性批判而获得重生的时刻已经到来。人类精神不会放弃形而上学，任何时候，任何善于思考的人都需要形而上学。但真正好的形而上学作品是阙如的。原因是批判的工作还未做，这门科学只有在批判中培育出它的幼芽来。这项工作停留在亚里士多德的时代的水平。

直到现在形而上学还未作为科学而存在过。不能玩弄盖然性和假定，

---

① ［德］海德格尔著：《康德和形而上学问题》，载《海德格尔选集》，孙周兴选编，上海：上海三联书店1996年版，第130页。

② ［德］海德格尔著：《形而上学是什么》，载《海德格尔选集》，孙周兴选编，上海：上海三联书店1996年版，第136页。

也不能使用良知这一魔术棒，这只适合个别人。假定只能在经验的自然科学中使用。"良知就是判断正确时的普通理智。什么是普通理智？普通理智就是具体认识和使用规则的努力，和思辨理智不同。思辨理智是抽象认识规则的能力"（4：369）。形而上学只管思辨理智的知识，良知则没有插言的余地。良知只能在经验的范围内使用。

这一观点对于我们反思儒家的良知理论富有助益。从孟子提出的"良知良能"到王阳明的"致良知"，都缺少一种经验和理性的分疏。所以即使有学者将儒家学说归结为一种理性①或实用理性②，也是难以消除良知概念的经验性基础。儒家的良知理论因为缺少理性批判，没有对良知的经验基础进行全面的反思和拷问，也就造成了儒家道德在实践层面上规范性的缺失。

盖然性和良知尽管在形而上学以外，有其有益的合理的使用，但只是根据一些完全不同的原则，这些原则的权威有多大，取决于它们对实践的关系上。

这就是康德要求的东西，即科学的形而上学知识体系只有依靠批判的力量才有可能，批判的目的就是对盖然性和良知的误用加以限制，使形而上学体系真正获得建立。批评者认为康德的这种努力是徒然的，如普特南就把康德追求的形而上学称为"膨胀的本体论"，最终导致了康德伦理学是空洞的和形式化的。③ 历史地看，康德试图通过理性自身的演绎来确立一种理性形而上学，将感性、知性和理性能力加以沟通，以批判的力量重建形而上学的科学形态。这种努力已经摆脱了传统抽象形而上学的局限，开始把抽象的形而上学与具体形态的形而上学加以沟通。从世界存在的本来状态来说，形而上学希望解释的世界与具体科学解释的世界是同一的。出现抽象的和具体的形而上学形态的区分也是人类对自身所处世界的一种分别的认识和看法。人们之所以在认识的过程中发生"形而上学之导向形上与形下相分离的形态，似乎可以看作是形而上学的异化。扬弃上述抽

---

① 儒家所谓理性不是西方式的理智能力，而是指人之所以为人的性理，这性理又是以情感为内容的，因此它是一种"具体理性"而非"形式理性"、"抽象理性"，是"情理"而非纯粹的理智、智性（蒙培元著：《情感与理性》，北京：中国社会科学出版社2002年版，第22页）。

② "实用理性作为中国文化心理活动的结构原则，并非静止的、一成不变的形式，它重视的正是变化、扩展、更新和发展。"（李泽厚著：《再谈"实用理性"》，《李泽厚哲学文存》下编，合肥：安徽文艺出版社1999年版，第736页。）

③ ［美］希拉里·普特南著：《无本体论的伦理学》，孙小龙译，伯泉校，上海：上海译文出版社2008年版，第21—24页。

象性，达到形而上学具体形态，显然离不开形上与形下之间的沟通。"①
这种沟通在某种意义上说是向世界本来存在和本来意义的某种回归。

　　所以说，无论是抽象形态的形而上学，还是具体形态的形而上学，在
追求对现实世界把握过程中，都各有其弊，又各有其利。追求存在的具体
性、现实性、多样性、统一性、整体性等不只是存在的具体理论所能够解
决的。最真实的最接近存在本质的应该是存在本身的自我敞开和显现。当
然此种显现和敞开不仅是对存在本然状态的自觉认识和理解，更是对存在
自我状态实质性的把握和运用。与此同时，世界之存在的方方面面，与此
存在相关的事事物物也都要自我敞开和显现，从而达到存在本身与世界之
存在的统一，达到特殊性与普遍性、个体与类、此与彼，乃至有与无、显
与隐、明与晦、白与玄的合一之境。道德哲学也是如此，要在抽象和具体
的形态之间寻找一种合适的张力，达到理论之间的平衡。康德对科学形而
上学知识的追问在某种程度上蕴涵这一深意。

　　西方传统哲学向现代哲学的转换，其中一项重要内容就是对传统形而
上学的否定和批判。不过本著无意于对这一转变做系统的考察，而是要回
到康德所提出的道德哲学之上，来分析康德是怎样在科学形而上学的理念
支配之下，确立其道德哲学的知识论基础。我们的最终目的是借助解析康
德对道德奠基所做的工作，结合现代伦理学的发展状况，解答科学道德学
的知识论基础。以下我们就开始分析康德道德哲学的理性基础。

二　道德形而上学的理性基础

　　在康德的形而上学理论的建构中，他认为形而上学包括两个部分，即
自然的形而上学和道德的形而上学。② 其中道德的形而上学是康德关注的
重点，他不仅写出了《道德形而上学基础》，而且还出版了《道德形而上
学》，围绕着一个主题，做出两种论证。对于康德而言，前者是从强的形
而上学角度为道德哲学寻求奠基，后者则是从相对弱的角度来寻找道德哲
学的落实，以及道德义务体系的构成。二者侧重点虽有所不同，但却关注
共同的主题，阐释相同的理论。对此我们分别予以阐述。

　　自然的形而上学、道德的形而上学都属于纯粹哲学。康德认为在纯粹

---

　①　杨国荣著：《存在之维——后形而上学时代的形上学》，北京：人民出版社 2005 年版，
　　　第 49 页。

　②　《康德书信百封》，李秋零编译，上海：上海人民出版社 1992 年版，第 40 页。

哲学的范围内，寻求道德形而上学的必要性不仅在于理性自身追求纯粹性的目的，而且也有道德行为实践层面上的必然性要求。这就涉及到他要建立道德形而上学的直接原因和理论目的。

（一）道德奠基的目的

康德指出："一个道德的形而上学是不可或缺的必要的，并非仅仅出于思辨的动因，以便探究先天地存在于我们的理性中的实践原理之根源，而且还因为倘若我们欠缺这项引导以及用以正确的评价道德的最高规范，道德本身就会受到各种各样的败坏。"（4：389—390）凡事在道德上要成为善的，仅仅与道德法则相符是不够的，还必须是为了道德法则的目的而行动。如若不然，这种符合就只能是偶然而不可靠，因为非道德的根据虽然有时可能会产生符合法则的行为，但多数情况下往往是违背法则的行为。康德举例说，商店老板挂出了"童叟无欺"的招牌，并非表明他就是道德的。因为如果他是出于一种精明的算计，为了获得更大的利益，这种行为就很难说具有道德价值。如果他不欺骗顾客是出于这是应该做的正当行为，那么他的行为就具有道德价值。

那么何种伦理学能够提供此种完满的根据呢？康德认为"如今除非是在一门纯粹哲学之中，我们是无法在其他任何地方找到具有纯粹性和本真性的道德法则（并且在实践领域中最重要的也是这一点），因此必须由纯粹哲学（形而上学）开始，而且如果没有它，就根本不会有任何道德哲学"（4：390）。在康德看来，建立一种纯粹的道德形而上学，不仅要为道德法则的确立准备先天根据，而且还要寻求防止道德法则被腐蚀的方法，前者可以是积极的，后者则是相对消极的。从康德为道德形而上学奠基的方向可以看出，他是力图从理性自明处揭示人之能动性的可能，是为了从人性本有的能力出发去寻求道德法则的合理性所在。

分析地看，康德的此种奠基功夫属于理论的自我完善，是体系的自洽和自证。若涉及到伦理的实践活动则需要到道德教育、道德方法的原理之中，寻求其具体层面伦理义务落实的体系，也就是他所理解的实践人类学部分和义务论体系所包含的内容。①

康德接着指出他的形而上学奠基工作有两种目的。一种是对传统的沃尔夫道德哲学的批判，批判沃尔夫道德哲学仅仅停留于经验性的普通实践智慧领域，从一般意欲出发去考察人的行为和道德法则，缺少对通过理性

---

① 后文有详细论述。

表现出来的、真正的道德动因的考察。所以这种哲学不能对一切可能的实践概念的起源做出判断。

另外一种目的就是提供纯粹实践理性批判的基础。在此康德提出一个重要的观点，即人的理性只有一种，只是在应用的过程中才被区别开来。把人类的理性区分为纯粹实践理性和纯粹思辨理性不过是从不同方面考察人的理性能力，而且对人的纯粹实践理性能力的批判没有对纯粹思辨理性批判那样重要。因为人类的理性甚至连最普通的知性也能够轻而易举地达到一种准确性和详尽性。但尽管如此批判仍然是需要的，人类理性的不同种类能力需要分析，这是为实践理性批判奠定基础。同时，先行对道德形而上学基础的探讨是要找出并且确立道德性的最高原则，这是一项就目的而言是完整的，应该与其他道德研究区分开来的工作。

由此可见，康德的理论出发点是审慎而又有明确指向的，同时也为奠基的工作确定基本论调，即仅仅为着道德性的最高原则。为此就必须层层剖分从普通的理性知识是如何过渡到最高原则的。这是康德独特的分析、剥分的思辨术。我们可以称之为负的方法，从最外面开始，一点一点剥掉无关紧要的外层，逐渐靠近核心，最后达到最高原则。康德是通过三步推证来完成这一工作的。

（二）人性的内在能力

康德通过对人性内在能力的构成，意志和理性能力以及人的行为特征的具体分析一步一步地推出自己的结论。

康德在《道德形而上学基础》开篇说："在世界之内，甚至根本在它之外，除了一个善的意志之外，我们不能设想任何事物，它能无限制地被视为善的。"（4：393）为何只有善的意志能被视为善的，其他的如幸福就不能成为善的呢？康德区分了三类事物：1. 人的精神才能如理智、机敏、判断，以及气质的特征如勇气、果断、刚毅等，尽管也可能成为善的，但运用这些自然禀赋的意志并非是善的，可能成为极其坏而有害的。2. 归在幸福名义之下的权力、财富、荣誉，甚至健康、福祉、自我满足等，如果没有善的意志予以矫正它们对人心灵的影响，并进而矫正行为原则，使之符合普遍目的，也往往会使人变得傲慢而大胆。康德是想排除善的意志的感性内容，进而对幸福主义、情感主义道德观加以矫正。3. 构成人的内在价值的部分，如节制、自制以及冷静的思虑，要成为善的，依然需要以善良意志为条件。康德举例说一个恶棍的冷静不仅是危险的，而且比他不具备此种冷静时更为可憎。

那么善的意志之为善的根据是什么呢？康德认为乃是因为意欲的德性而言，不论其是否具备有用性。"善的意志之为善，并不因为其所造成的结果或成效，也不是因为它适宜于达到什么颁定的目的，而仅仅由于意欲的德性而善"（4∶394）。这种善的价值超越一切爱好，它本身的价值就像一颗宝石，而其有用性则只是宝石的镶饰物。

可见，康德提出的善良意志有两个特点：它是惟一的无条件的善的事物；它的价值远远高于本身是善的所有其他事物。在罗尔斯看来，善良意志在康德道德哲学中扮演着两个角色。第一个角色是能力角色，这是以实践理性能力和道德感性能力为基础的一个能力。因此，我们既受道德法则的约束，也受道德法则的保护。善良意志的第二个角色体现了康德思想的特色：它既有积极的作用又有消极的作用。其消极作用是，康德认为除非我们在道德法则范围之内追求我们的目的，否则人类生活是分文不值的；从这个严格限制出发，康德谈论了权利的优先性。其积极作用是通过尊重道德法则，通过千方百计地实现善良意志，我们能够并且的确赋予我们在世界上生活的意义，我们甚至赋予了世界本身的意义。①

不过罗尔斯把康德的善良意志理论归结为康德的宗教背景，并且认为忽视这一方向将造成对康德道德哲学理解的片面性。根据笔者的理解，康德道德哲学的宗教内涵固然存在，但却未必是其善良意志理论的出发点和基础。换言之，康德的理性主义立场和理想主义的维度倒是其道德哲学理论的一种初衷，这也是其实践哲学的本性所在。

同样，那种把善良意志当作任何具有内在善的东西的必然成分的看法也存在问题。② 在康德的理论体系中，善良意志之善是绝对的，是其理性道德哲学的一个立足点。因而它不可能作为一种善的东西的成分而存在，它自身就是自足的。对此需要从康德整个哲学的立场来加以理解。

回到康德的话题，人们会追问善的意志何以保证自己为善，其根据何在呢？这就涉及到对理性能力的考察。

康德匠心别具，独辟蹊径，通过对理性种种羁绊的解除，将理性提炼出来。康德认为尽管通常的理性对纯然意志的绝对价值表示赞同，但仍不免会产生一种怀疑，怀疑这是一种好高骛远的幻想。同时，把理性作为意

① ［美］罗尔斯著：《道德哲学史讲义》，张国清译，上海：上海三联书店2003年版，第214—215页。

② ［英］布劳德著：《五种伦理学理论》，田永胜译，北京：中国社会科学出版社2002年版，第97页。

志的基础，赋予意志以目的也可能会遭到误解，因此有必要去检查纯然意志的理念。

在达到纯然意志的理念之前，目的概念应当被考虑进来。康德分析指出，在任何一个有机的、合目的的为生命而安排的存在者的自然禀赋中，我们都会假定，对于这个存在者的任何一个目的，只有一个与之最相宜的器官。在一个有理性和意志的存在者身上，幸福作为自然的真正目的，如果通过理性来实现这项意图，则是自然的最坏安排。为什么呢？因为在实现幸福的目的过程中，本能可以比理性更有能力达成此种目的。本能比理性的力量来得更为强大，"自然不仅自己承担目的的选择，而且也承担手段的选择，并且凭理智的安排将这两件事托付给本能"（4：395）。

既然理性并不是为自然目的而设，那么理性又能够做什么呢？康德提出，越是使用理性，幸福就离人越远，很多人对理性报有憎恨的态度，即"弥琐逻辑（Misologie/Misology）"。因为根据理性算计得来的往往使人面临远离幸福的境地。① 可见理性并不能在意志的对象和我们的需要满足方面引导意志，因为本能会更确切地做到这一点。尽管如此，"理性仍然作为一种实践的能力，亦即作为一种影响我们意志的能力被分配给我们，因而其真正的使命必然是产生一个决非作为其他目的的手段，而是就其自身而言就是善的意志"（4：396）。

这样一来，理性作为实践理性的一种能力就成了比幸福更高的一种目的，在此目的之上的意志就是最高意志，是对幸福的一切要求的条件，这才达到配享幸福的境地②，是普通道德理性可能过渡到道德哲学的道德理性的重要环节。康德提炼出了理性能力还不能最终说明善的意志如何可能，为此他引进了义务的概念。

---

① 值得注意的是，康德是从普通理性存在者的立场来下此判断的。从普通的日常性的角度来说，理性的使用如果只是为自身的目的，为显示理性自身有足够的逻辑和认知能力，那么这就是对理性的一种逻辑能力的夸张。因为普通理性存在者的理性是一种多方面、完整的能力。

② 对于康德"配享幸福"的理解，我们可以借助时间意识来加以说明。如勒维纳斯就认为康德提出的道德和幸福之间有一个和解的问题，这需要在理性的希望中得到解决。康德设立的上帝和灵魂不朽完全是为这一希望做准备的。只要存在着一种希望，存在着一个通向一种希望的世界，就存在着富有含义的希望的一种特殊动机。这一希望在时间中经过，而且经过时间走向时间（［法］勒维纳斯著：《上帝·死亡和时间》，余先中译，北京：生活·读书·新知三联书店1997年版，第64—65页）。依照笔者的观点，勒维纳斯的时间性可以归结到宇宙本体的时间范围内，对于历史和个体的时间来说，尚需要做另外的解释。后文对此将做出讨论。

对义务的概念康德作了专门的限定，即"一个就其自身而言就应受到高度尊崇的、无需其它意图就是善的意志的概念"（4：396—397）。这一概念包含着善的意志，并且带有主观的限制和障碍。在康德看来，限制和障碍不会遮蔽这一概念，倒可以使之更加彰显，表现得更为有力。

在义务和行为之间，有两种关系。康德将之区分为合乎义务（pflichtmäβig/comform to duty）和出于义务（aus Pflicht/from duty）的行为，只有出于义务的行为才具有道德的价值，而合乎义务的行为总是包含着各种自私和爱好的目的。[①]

我们可以看出，在康德的理论中隐含一个矛盾，即出于义务的行为如何可能呢？是对义务法则的遵从吗？如果这种服从也是一种爱好，岂不又被归于一种意图和目的，那样还能够算作纯粹的出于义务吗？当出于义务本身也成了一种爱好的目的，也就是康德自己所说的德性癖，那么出于义务的行为道德价值必然会大打折扣。[②]

康德似乎预见到了这种矛盾和困境，开始作理论的退让，回到对出于义务的行为动因的分析上。康德认为"一个出于义务的行为具有自己的道德价值，不在于由此应实现的目的，而在于该行为被决定时所遵循的准则，因而不依赖于行为对象的现实性，而仅仅依赖该行为不考虑欲求的任何对象而发生所遵循的意欲的原则"（4：399—400）。就是说，行为的意图，意志的目的，动机的结果，都不可能给行为带来道德价值。行为的道德价值只能归结为行为所遵循的意欲原则，这才是判断行为道德价值可能性的前提。

根据康德的这一理论，我们可以对功利主义和心理主义伦理学的观点

---

① 康德对义务的思考与西塞罗直接相关，早在腓特烈中学康德就阅读过西塞罗的作品，其中包括《论义务》。"康德与西塞罗在很多方面意见一致。他们都认为伦理学的基础在于理性，而和本能对立。"（［美］曼弗雷德·库恩：《康德传》，黄添盛译，上海：上海世纪出版集团、上海人民出版社 2010 年版，第 320 页。）

② 加尔弗曾经主张康德"出于义务的行为"与"合乎义务的行为"的区别无法站住脚，其中一个反对理由就是：我们永远无法真的知道行为是出于义务或自私的原因。这对康德是个很严重的批评。康德在 1793 年出版的《论俗语：这在理论可能是正确的，但不适用于实践》中反驳指出："人应当完全无私地履行自己的义务，并且必须把自己对幸福的要求与义务概念完全隔离，以便完全纯粹地拥有这个概念，这却是他极其清晰地意识到的；或者，如果他不相信是这样，则可以要求他尽自己所能是这样，因为正是在这种纯粹性中，才能发现道德性的真正价值，而且他也因此而必定能够是这样。……与此相反，如果借口人性不允许这样一种纯粹性（他毕竟也不能确定无疑地断言这一点）而使助长这样一些动机的影响成为准则，这就是一切道德性的死亡。"（8：284—285）

做一评价。功利主义把行为动机、目的按照为己、利他、不为己、不利他的组合排列从而去寻求行为的道德价值本性，心理主义把爱或恨、欲望等心理因素作为判定行为道德价值的出发点。这两者都不可能揭示行为的价值属性，偏离了康德提出的行为道德价值的判断标准，是缺少形而上学批判的伦理学理论，充其量只是一种行为和心理准则堆积的理论体系，经不起理性的自我审查和批判，对人心也是有害的。

赫费对此也作了精辟的论述。赫费区分了合法性与道德心，认为康德提出的对义务的态度属于道德心的范畴。由于道德心不在于单纯的合乎义务，所以不可能落实在可观察到的行为或者它的规律层面上。道德心不是根据行为本身来确定，而是只依据它的规定根据即意愿来确定。那些试图单纯在准则、价值或者解决冲突的方法规定等概念中去理解道德，就不适合用来解释康德的道德理论，而只能适用于价值伦理学、功利主义以及交往伦理学等。这些尝试不可能作为与行动主体相关的绝对善理论的道德理论，"它们至多导向道德正确性，而不会导向道德善；它们论证的是合法性，而不是道德心"。① 赫费的见解掷地有声，因为康德的伦理学充分考虑到人作为道德存在主体的自决能力和自由能力，排除了经验及各种后天社会条件对人的行为产生的所有实际影响，功利主义或者现实主义道德从行为结果上衡量人的道德，是对人性的贬损和漠视，把人推向一种莫测的路途，人实际地陷入到困境之中，因而是"非人道的"。

赫费的观点可以帮助我们理解儒家道德追求与康德道德理论之间的相通性。康德的道德心重视其根据的确立，儒家良知、良心理论则强调仁道原则的基础，二者都舍弃对实际行为的具体判断，带有先验性。这是二者区别于功利主义或现实主义（也可称作自然主义）道德之所在。② 不过，比起康德，儒家良心理论的论证逻辑要逊色许多，这也是儒家传统道德在现代面临困境的原因之一。

按照康德的推论，在义务与行为之间，只有出于义务的行为才具有道德价值，而这种价值又仅仅存在于行为所遵循的原则上，推论的结果是义

---

① ［德］奥特弗里德·赫费著：《康德生平著作与影响》，郑伊倩译，北京：人民出版社2007年版，第163页。

② "康德坚持先验方法的理由不是他相信对道德真理的理性自觉，与自然主义解释相反，而是假定责任是本体意志所加之的，或认为经验事实与道德决定是不相干的。"（［美］休·拉福莱特主编：《伦理学理论》，龚群主译，北京：中国人民大学出版社2008年版，第268页。）

务就是出自对法则敬重的一种行为必然性。行动的对象，行动的爱好都是可以变化的，不值得敬重。意志的法则只能存在于理性之中，最高的和无条件的善只能从这样的意志中被发现。同时敬重作为一种情感是通过理性概念而自己造成的情感，与爱好或恐惧相区别。因此，法则的客观性和对法则的实践通过敬重而得到体现，这是对道德法则兴趣的来源，不是恐惧或爱好所能够做到的。

义务体现的是对法则敬重的必然性，那么什么样的法则能够成为义务的法则呢？为此康德提出定言命令的理论。

康德依然立足于普通理性的判断能力进而去追寻道德理性对道德形而上学奠基的作用。在康德看来，能够使意志绝对和无限制地称作善的法则只能是普遍合法则性的，这种普遍合法则性的表述是：我决不应当去行动，除非我也能意愿我的准则成为一项普遍法则（4：402）。康德认为这是任何普通的理性在实践判断中都能够做到的，一般人在道德事务中都有自我管理和决断的能力，这是康德伦理学的一个中心观念，也即自律。① 在实践的判断能力中，只要排除一切感性的动机，判断力就会表现得非常优越。所以康德认为，在道德事务上，只要有普通的理性判断就够了，哲学只是为了更加完备、更容易地展现道德的体系，更方便地展示其应用原则。

"康德的目标不在于教导我们什么是对的和什么是错的：那是我们已经知道的东西。确切地说，通过向我们揭示它如何根植于我们的人格之中，那个人格是自律的，拥有着使我们成为一个可能的目的王国的自由而平等的立法成员的道德力量，他把对道德法则进行哲学理解的价值看做更加肯定地保证了我们对它的接受。"② 实际情况也是如此。一切试图为现实生活确立规则的伦理思想或政治法律观念都不可能是直接与纷繁复杂的现实生活相联系的。相反，我们倒是要寻找现实具体的生活法则的依据。那种把一切都归结为"应用"伦理学的想法都是一种简单的反思，不能持久的、真正的触及到人类伦理生活的实质。也是基于这样的理由，道德形而上学的建构就显得尤为重要。所以有学者认为康德伦理学的中心问题就是：理性如何通过自我立法把道德原则确立起来？③ 基于这种观点，我

---

① *The Cambridge Companion to Kant*, edited by Paul Guyer, Cambridge University Press, 1992, p. 309.

② ［美］罗尔斯著：《道德哲学史讲义》，张国清译，上海：上海三联书店 2003 年版，第296 页。

③ 徐向东著：《自我、他人与道德——道德哲学导论》上册，北京：商务印书馆 2007 年版，第 376 页。

们认为那种仅仅把康德的伦理学归结为形式主义的一种理论是有问题的。康德的义务和命令体系内涵丰富,层次鲜明,是对人类整体社会生活的描述。因而艾伦·沃德提出,那种过分强调康德伦理学属于形式主义的观点,是由于把康德普遍法则的公式看得更重,忽视了其他法则,如目的法则、自我立法法则的重要性。①

有了实践的判断力的运用,能不能说理性的判断力就不需要了呢?恰恰相反。康德认为理性判断力的作用表现在两个方面,一方面是在确立一项法则是否能够成为普遍的法则时,理性会迫使我给予法则以直接的敬重,纯粹的敬重又引起行为的必然性——义务。另一方面,义务法则的有效性、纯粹性和严格性时常会受到需要和爱好以幸福的名义加以限制,产生一种自然的辩证,从而败坏法则,使之失去尊严。为此就必须有思辨的理性出场,来帮助实践哲学寻找其原则的源泉,及其正确的规定,以获得明晰的指示。"因此,实践理性与理论理性一样,除了在对我们的理性的一种完备的批判之外,不能在别的地方找到平静"(4:405)。理性需要前进和提升,不能停留在普通的理性常识层面,甚至于实践理性也要到"形而上学的教室"里接受追问,才能为道德哲学寻求真正的奠基。

(三) 理性的绝对命令

康德始终没有忘记行为道德性的探源工作,这也是他确立自己道德形而上学理论始终坚持的一个出发点。康德首先提出道德范例与道德法则何者能够成为道德性行为的根源?为此他分析了义务概念的特征。他指出义务概念不能被当作经验概念来对待,尽管我们强调出于义务的行为是道德的,但这却不能靠举出一些出于义务的行为的事例来加以说明。康德认为尽管普通的哲学家相信有道德概念的存在,但又把道德难以实现的原因归之于人性之自负、脆弱和不纯正上,这就无形中掺进经验的成分。经验无法说明某种事例具有合乎义务的道德根据,但困难在于,我们无法断定不存在任何隐秘的自我冲动作为意志的真正原因。而且当我们谈论道德的价值,问题并不在于我们看到的行为,而在于行为中存在的那些我们看不到的内在准则。这样一来除无法避免用某种虚妄的高贵动机来自我麻醉之外,人类当中一些自负的人还是会承认义务概念只能得自经验。更有甚者,他会提出疑问"世界上是否真的能够发现某种真正的德性"?(4:

---

① Allen W. Wood, *Kant's Ethical Thought*, Preface, Cambridge University Press, 1999.

407）康德遇到了难题，人类的理性受到了挑战，这也是一切道德哲学所无法回避的问题。

康德没有正面作答。他做了一个让步，举例指出即使至今可能根本没有过真诚的朋友，但人们还是会毫不减弱地要求每一个人在友谊中有纯粹的真诚。因为义务是"先行于一切经验，存在于通过先天根据来规定意志的理性的理念之中"（4：408）。如果离开了纯粹先天的实践理性，任何意志法则便难以成为理性存在者的意志的法则，也更难成为我们的意志。① 康德指出不仅从范例和经验中难以找到道德法则的基础，而且对各种混合的通俗哲学的理论也提出批评。他认为这些哲学理论不仅难以给道德提供合理的基础，反而会使人的行为摇摆不定。只有通过纯粹的实践哲学或道德形而上学的完整性的研究，才能奠定道德的基础，并能够安抚要求通俗性的大众。鉴于此，康德对道德概念的特征进行了概括：

1. 一切道德概念都完全先天地在理性中有其位置和起源，无论是在普通的人类理性还是在最高程度的思辨理性中。

2. 道德概念不能从任何经验性或偶然的知识中抽象出来，无论何时于道德概念上添加经验都会将其大打折扣。

3. 这些概念的尊严源于其纯粹性，以之充当我们的最高实践原则。

4. 规定纯粹实践理性的全部能力中，不仅有思辨的理论的必要性，而且还有极大的实践的重要性，其中包括道德教育。

为了达到道德概念的这种多方面的规定性，需要通过一系列理论环节的推演，即从普通的道德判断到哲学的道德判断，由通俗哲学而至形而上学。要做到这一点，就必须探究并且清晰地阐明实践理性的能力，而实践理性发挥作用的前提是一种普遍的决定规则，这就是命令式。

命令式为何成为实践理性能力发挥作用的前提呢？康德的推论非常严密。他首先指出自然界事物都依照法则而行动，但并不具有意志能力，只有一个理性存在者具有按法则表象来行动的能力，这就是具有意志的理性存在者。可见从法则引出的行为就需要理性，所以意志作为一种理性属于实践理性。在理性和意志之间存在两种关系：一种是理性必然地规定意志，那么，被认作客观必然的行为，也是主观上必然的。意志作为一种能

---

① 康德要求纯化其道德形而上学，反对把道德经验、道德范例作为道德的来源和基础，是与其哲学立场相关的。但分析地看，包括道德经验和道德范例在内的叙事伦理学仍然有其存在的必要。在很多情况下，并不完全是道德法则在发挥作用，倒是道德范例或人格的榜样起着一种道德引导的作用，特别是文学艺术中叙事伦理学的内容，是现实社会生活所不可缺少的。

力是选择理性不依赖于爱好而做实践上必然的即善的东西。另一种情况则是理性不足以独自规定意志，意志可能会服从一些主观条件（如动机），这样一来，意志就会不合乎理性。那么在客观上被认作必然的行为在主观上就是偶然的，按照客观法则对意志的规定就是强制。就这种强制性而言，就叫做理性的诚命，这个诚命的公式就叫做命令式（Imperativ/Imperative）。

命令式的形式特征是应当，说明理性的法则并不必然与意志相一致，从意志的主观状态看，并不必然为法则所决定或强制。从命令式去做或不做某事，本身并非可以说是善的。只有凭借理性，不是出自主观的原因，而是客观的、从作为每一个理性存在者都有效的根据出发来规定意志的东西，就是实践上善的。退一步讲，一个完全善的意志要服从善的客观法则，但并不必然表现为被强制去做合乎法则的行为，如对神圣的意志就不适用命令式。由于在主体和命令之间存在不同的关系，命令式的指向也有区分，康德认为存在三种命令式：

（1）技术的（Geschicklichkeit/Skill/技巧的）命令式，行为对于一个可能的意图是善的，这是或然的实践原则。

从可能的意图角度来说，其原则可以多至无限。人们可以把仅仅通过某个理性存在者的力量就可能的东西设想为对某个意图来说可能的意图。这是一切科学都包含的实践部分，存在着各种达到某种目的的课题，和一些目的被达成的命令式。在这类行为中，只管达到目的必须要做什么。康德举例说一个治疗人的疾病的处方和一个杀人的处方对其可以达成的目的来说，具有同等的价值。父母培养孩子时，让孩子学习各种东西，非常周到，最终却可能忽略孩子对自己可能当作目的的事物的价值作出判断。[①]

笔者认为在这种技术的命令式中，行为处于可能界，并且处在行为的单向系列中，是从技术的角度来进行判断，因而并未发生行为的价值判断问题，这也是一切科学活动本质之所在。这往往是我们对行为价值判断的出发点，也是我们混淆行为之技术的作用与价值的关键。

在一切理性存在者那里，均有可能存在一个目的，并可以将之预设为现实的目的。对此，理性存在者决不是仅仅可能怀有它，而是"人们能

---

① 康德认为这种技术的命令也存在疑问。技术的命令都是根据目的来进行的，手段是可以明确表述的，但目的则是不可预知的。技术的命令仅仅是假设的，因为使用手段的必然性只有在目的被给予的条件下才能被提出。（Immanual Kant, *Lectures on Ethics*, translated by Louis Infield, Methuen & Co. Ltd, 1930, p. 4.）

够确切地预设，理性存在者都全部按照一种自然必然性怀有它，这就是对幸福的意图"（4：415）。为促进幸福手段的行为，表现其实践必然性的假言命令式就是实然的。就事实情况来看，这是一切普通理性存在者都基本具有的倾向，但康德还是指出此种意图只是相对于不确定的、纯然可能的意图来说是必然的，而且对于能够有把握地预设的人来说，这个意图属于每个人的本质。① 康德用一个新词来说明对幸福意图的选择，他称之为：

（2）明智的（Klugheit/Prudence/实用的/机智的/明哲的）命令式，行为对于现实的意图是善的，这是实然的实践原则。

这种实践必然性的假言命令式是实然的。② 不过要注意的是，康德此处所论的幸福并非通常所讲的幸福，而是作为一种明智选择的规范和对象而言的。为此康德区分了对世事的明智（Weltklugheit/Knowledge of the world）和对自身的明智（Privatklugheit/Private prudence）。前者是一种圆滑，非真明智，后者是为自己的持久利益而整合所有的意图，是真正的明智。不过，康德此处所指的幸福本身的内涵仍然存在多种可能性，其现实性并非是纯然的。所以康德也作了让步，认为幸福的意图是相对的实然。

依笔者之见，实然的幸福意图，仍然不具有价值判断的基础。相反，其中也包含着技巧性的成分，康德称之为明智的东西，实际上包含一种类似技巧的命令式在内。退一步讲，康德提出幸福的意图，也并非纯粹实然。因为幸福本身的内涵存在多种可能性，其现实性不是纯然的。所以康德自己也做了让步，认为幸福的意图不过是相对实然的。最后就到了第三种命令式。

（3）道德的命令式，定言命令式不与任何意图相关，自身宣称行为是客观必然的，是必然的（Apodiktisch/Apoditic/确然的）实践原则。

---

① 现代论者甚至认为康德道德哲学的中心论点是："我们有道德义务，其前提条件是我们是有着自主性的理性行为者。"（［美］休·拉拉莱特主编：《伦理学理论》，龚群主译，北京：中国人民大学出版社2008年版，第267页。）儒家倡导智、仁、勇三达德，其中的智属于真正的明智，圆滑的非真正的明智则是孟子说过的凿智，是穿凿附会、巧言令色之智（《孟子·离娄下》）。

② 康德曾经从目的和手段的关系区分了三种命令，即技术的、明智的和道德的。技术的命令是不能预知的，在于它的手段性，目的是无法掌控的。明智的命令则是实用的，是运用手段达到人的普遍目的，也就是幸福。道德的命令不是由目的决定的，与目的无关，仅仅来自于自由意志，道德命令的主宰是绝对的并且不考虑目的，道德的目的赋予人直接的、内在的、绝对的道德价值。（Immanual Kant, *Lectures on Ethics*, translated by Louis Infield, Methuen & Co. Ltd, 1930, pp.4—5.）

"它不涉及行为的质料及其会产生的结果，而是涉及行为由以产生的形式和原则，行为之本质的善在于存心，而不管其结果如何。"（4：416）这是无须达成任何意图的定言命令式，是对行为之价值指向的肯定。

由此我们可以看出，康德在对行为之可能性的判断上，不抱有任何价值判断的态度。对行为的实质及其结果也不做价值的判断。而仅仅从行为形式方面，行为所遵循的原则角度，来对行为做道德价值的判断。以往的教科书只注意到定言命令式对道德价值的作用，忽视假言命令式的意义，没有理解康德的真正用意。因而对行为本身的区分就不明晰，尤其从利己、利他的角度来判断行为之道德价值，是非常值得推敲的。

以上三种原则的区分是依照意欲的不同，以及对意志强制的不同做出的。康德认为其区分可以表现为：技巧的规范，机智的建议，道德的诫命（法则）。只有"法则具有一种无条件的，而且是客观的，从而是普遍有效的必然性的概念，而诫命就是必须服从，也就是说纵使违背爱好也必须遵循的法则"（4：416）。

康德对机智的建议还是重复了上文的观点，认为对于幸福的选择虽然有某种必然性，但是这种必然性与主观偶然性的条件相关，即只有这个人或那个人将某种事情当作自己的幸福时，才能够有效。定言命令式则无此种主观条件的限制。这样一来，又可以将这三种命令式分别称之为：技术的（属于技艺），实用的（属于福祉），道德的（属于一般而言的自由的行为，属于道德）。①

这种分类在某种意义上揭示了康德道德哲学理论的重要前提和基础。

三种命令式已经作出划分，但是何种命令式能够成为行为道德价值判断的根据呢？康德仍然是分开讨论的。

康德首先提出问题，即所有这些命令式如何可能？他认为对此问题的回答并不在于知道如何设想命令式所要求行为的实施，而仅仅要求知道如何设想命令式在任务中所表达的对意志的强制。康德关心的是行为的出发点。

在他看来，技巧的命令式如何可能，不需要做特别的讨论。只要是理性对行为有决定性的影响，谁意欲某种目的，就会有为达此目的所必需的，他能够掌握的手段。康德认为这是一个分析命题。因为意欲是我的，我的因果性作为行动的原因体现为手段就是可能的。在此把某种东西设想为以

---

① 康德认为实践哲学不包含技术的规则，只包含明智的和道德的规则，也就是实用的和伦理的。对明智的法则而言是就实用性而言的，对道德的法则是就伦理而言的。（Immanuel Kant, *Lectures on Ethics*, translated by Louis Infield, Methuen & Co. Ltd, 1930, p. 4.）

某种方式因我而可能的结果，和就该结果而言设想我以同样的方式而行动，是一回事情。康德的意思大概是无论从我作为原因，还是作为结果而言都一样，不存在其他的可能性。所以在技巧的命令式中，我意欲某种结果时，也就意欲了为此所需要的行动，这是分析的。这无须为意图规定手段，因为这需要综合。

机智的命令式从本质上说与技术的命令式完全一致，它们都是分析的，都是对某种意欲的追求。但是技术命令式的可能性存在于意欲的目的与意欲的行为之间的一致性上。而明智的命令式则对其意欲的对象即幸福更难把握。因为"幸福的概念是个如此不确定的概念，以至于每一个尽管都期望得到幸福，却绝不能确定地一以贯之以说出他期望和意欲的究竟是什么？"（4：417—418）因为属于幸福概念的一切要素都是经验性的，都必须借助经验。尽管幸福理念本身需要一个绝对的整体，即在我当前状况和任一未来状况中福祉的最大值。

所以任何一个有限的存在都无法形成一个对幸福概念的确定性理解。康德举例说，财富、知识、长寿、健康等都没有一个确定性标准。要真正地确定自己的幸福，就要求他无所不知。如此一来，人们就不能按照确定性的原则行动达成幸福，而只能根据经验性的建议行动。在此种意义上，明智的命令式无法作出具体要求，把何种行为当作客观上必然的，与其把此种命令当成理性的诚命（Praecepta/Precepts），不如将其视为建议（Consilia/Counsels）。

在建议的背景下，康德认为要想十分可靠又普遍地规定哪种行为将促进一个理性存在者的幸福，是不可能的。在幸福方面没有严格意义上的要求做使人幸福之事，因为幸福不是理性的理想，而是想象力的理想，这种理想只有经验性的根据，但康德还是提出，如果人们能够可靠地给出达到幸福的手段，那么机智的命令式就是一个分析的实践命题。它与技术命令式的区别仅仅在于：后者的目的仅仅是可能的，而幸福的目的则已经被给予了。从二者都意欲达到目的的手段的角度而言，要求意欲目的也就意欲了手段，它们又都是分析的。这样一来，其可能性又是不难理解的。

最后剩下道德的命令式。道德的命令式不是假言的，不能以任何前提条件为依据，其可能性何在，需要加以解决。

康德指出，不能凭借任何实例亦即以经验性的方式澄清是否有一个定言命令式，反而要当心，一切似乎是定言的命令式都可能以隐秘的方式是假言的。康德举例说，你不应该做虚假的承诺，其后似乎隐含着你不应该做不诚实事情的承诺，以免真相大白时你的信用受损失。但此种承诺必须是将这一类行为本身视为恶的，因而禁止的命令式就是定言的。此时的意志无须其他动机，仅仅为法则所决定。但若受到经验的影响，暗中又有其他因素对意志产生影响。道德的命令式，看起来是定言的和无条件的，事实上却只是一个实用的规范，并使我们注意到我们自己的利益，教我们小心对待它。

如此一来，定言命令式的现实性似乎就有经验的依靠，其可能性就无须确定了。但康德想要说明定言命令式的法则作为纯粹的意志法则仍然要追究其可能性的证明。康德分两类加以说明。（1）要先天地研究一种定言命令式的可能性。这不是经验的问题。定言命令式作为一种实践的法则，是无条件的诫命，不容许意志在相反的方面任意行事，因而具有为法则所要求的必然性。（2）它是一种先天的综合命题。在理论知识和实践知识中都存在着困难。这样一来，定言命令式就成了康德讨论问题的关键。

由此我们可以看出，康德强调命令式不只是一种强制，更多地则是指理性自觉地从法则出发，从而达到在实践上是善的，目的还是排除与意志相关的快意的感性成分，从而建立自己的纯粹的道德哲学。

但是问题又出现了，每一个理性存在者都能够在任何时候按照其意志的法则来判断行为吗？都能够按照命令式来行动吗？对这一类问题的回答是道德形而上学最后一个理论环节所完成的。

（四）道德的普遍法则

康德指出，要想解释法则与理性存在者之间的关系，就必须进入到与思辨哲学不同的道德形而上学之中，而建立这种纯粹的道德哲学，就必须分析命令式中包含的纯粹道德形而上学内容。为此，康德层层推演，用不同命令式的表达方式推证定言命令式实现的途径和指向。帕通将康德的命令式概括为三种主要的公式，我们可以借助这一提炼来展开分析。

帕通对康德的命令式作了概括，将之分为三个主要的公式，其中第一和第三又分别衍生出一个附加的公式，总共就是五个公式。① 我们依次予以分析。②

公式一（或称"普遍法则的公式"）："仅依据你同时能够愿意它成为

① H. J. Paton , *The Categorical Imperative——A Study in Kant's Moral Philosophy*, Hutchinson of London , 1958, p. 129.

② 也有学者将这三个公式概括为：自愿或普遍法则的公式，对人类自尊敬重的公式，为一个道德共同体立法的公式。（Roger J. Sullivan, *An Introduction to Kant's Ethics*, Cambridge University Press 1994, p. 29.）

一个普遍法则的那个准则去行动！"（4：421）①

在定言命令式中除了法则之外，所包含的只是准则符合法则的必然性，法则自身却不包含任何限制自己的条件。其内容就是法则的普遍性，行为的准则应当符合这项法则，这种符合是将命令式表现为必然的。

不过康德对准则和法则有严格的区分，即准则是行动的主观原则，包含着理性按照主体的条件（经常是主体的无知或爱好）所规定的实践规则。法则则是对每一个理性存在者有效的客观原则，是主体行动所应当遵循的原理，是一个命令式。

从事物存在的角度说，支配结果发生的法则普遍性构成最广义的形式的自然，因而义务的普遍命令式可以这样说，即

公式一（附加）（或称"自然法则的公式"）："如此行动，就好像你的行为的准则会因你的意志而成为普遍的自然法则似的。"（4：421）

这个命令式应该比定言命令式的表述更为重要，是将事物存在的本性纳入到命令式的内容之中，而且还代表着一种自然法则的普遍性。根据这个附加的显得更为重要的公式，康德对义务作了详细的论证。

康德指出通常义务的分类有四种：（1）对自己的义务；（2）对他人的义务；（3）完全的义务；（4）不完全的义务。② 其分别对应的事例所追溯的义务法则是：（1）了解自己的生命是否不违背对自己的义务？自爱的原则能否成为一个普遍的法则？（2）借款时承诺还款，但心知自己无力还款，不能成为普遍的法则。（3）荒废自己自然禀赋的准则是否与义务一致？（4）一个处境优裕的人是否需要帮助他人，成为一项义务？

从以上事例可以总结出，对我们行为的道德判断的法规就是意愿我们

---

① 普遍化能否作为使法则和实际生命活动相统一的基础，也是与哲学家本人的理论立场相关的。康德这里采取的是理性的立场，因而其普遍化作为意志与法则之间联系的基础是能够得到说明的。但是要进入到实际的生命活动过程中，强调具体生命意志的基础，则另当别论。如居友指出的那样，作为普遍化的东西只能带来一种逻辑上的满足，它本身不过是人身上逻辑本能的满足。而且这种逻辑本能是一种自然倾向，是一种较高级形式的生命表现，它富于理智，称赞秩序、对称、类似和多样化中的统一，因此它也称赞普遍性的法则。但是，居友认为把义务归结为法则的意志对意志本身产生了一种分解效果，做某种行为的意志不可能建立在任何不以行为本身的实际和逻辑价值为根据的法则的基础之上（［法］居友著：《无义务无制裁的道德概论》，余涌译，北京：中国社会科学出版社 1994 年版，第 60 页）。居友是从生命哲学的角度阐发道德的基础，他强调无意识生命冲动在道德中占有重要地位，因而义务和制裁都是多余的。由此，我们可以看出，不同的哲学立场和理论出发点会直接影响哲学家的道德理论。

② 后文对此将做详细的讨论，此处不展开。

行为的准则成为一个普遍的法则。在实际情况中，一些行为准则不能被没有矛盾地设想为普遍的自然法则，这种行为是与严格的、狭隘（相当于康德后来所说的确定性）的义务相抵触。另一类行为虽然不能发现其内在的不可能性，但意愿其准则道德普遍性的水平，是不可能的，因为意志与自身是相矛盾的，这类行为与较为宽泛的，值得赞扬的（相当于康德后来说的不确定性的）义务相抵触。可见在康德看来，人的行为与普遍的法则存在着矛盾、抵触，从这一点深入到人的理性和意志当中，更是如此。所以康德说：如果我们在每一次逾越一个义务时，都会发现我们实际上并不意愿我们的准则应当成为一个普遍的法则，对于我们自己，总是会因为爱好的利益允许自己去破例。所以当我们从理性的观点去衡量自己的意志存在这样的矛盾："某一个原则作为普遍法则是客观必然的，但在主观上却并不普遍的有效，而是允许有例外。"（4：424）但是，康德说，如果从合乎理性的意志的角度看待同一个行为，又会发现这并无矛盾。一种爱好如果与理性规范对抗（Antagonismus/Antagonism），原则的普遍性就转变成一种纯粹的一般实用性。这样一来，实践的理性原则就与准则中途相逢了。这就是定言命令式的有效性之所在，义务只能以定言命令式的方式来表达。"有一种绝对的，无须任何动机而独自地颁布命令的实践法则；遵循这种法则就是义务"（4：425）。

康德认为普遍性的法则决不能从人类本性的特殊属性中导出，因为义务的法则是一切人类意志的法则。相反，试图从人类特殊的自然禀赋、情感和爱好，甚至是从人类理性特有的，并不必然适用于每一个理性存在者的意志的特殊倾向导出的东西，虽然能够提供某种准则，但却不能提供任何法则，能够提供某种主观原则，但不能提供某种客观原则。甚至于主观原因越不赞成，越反对，越证明义务诫命的崇高和内在尊严，但由此却并不削弱法则的强制，不损及其有效性的发挥。

康德对此种人性内涵的剖分、抽象，从根本上将自己的道德哲学与幸福论、感性主义伦理学划分了开来。理性，甚至是理性意志成了康德道德形而上学的重要基点，也是核心。那种试图从量的角度，用爱、恨等感性因素为道德形而上学奠基的人性论是站不住脚的。因而，对于康德来说，"把我们自己看做是有道德责任的人，就必须把我们自己看做是有着自主（自律）意志的理性行为者。"①

---

① ［美］休·拉福莱特主编：《伦理学理论》，龚群主译，北京：中国人民大学出版社 2008年版，第 268 页。

为此康德提出了纯粹哲学的观点。"在此，哲学应当证明其纯粹性，它是其自我法则的绝对支撑者，而不是一种禀受的感觉或者谁也不知道监护本性的暗中宣称那些法则的宣谕官"（4：425）。哲学的纯粹性不仅可以保证对法则的最高权威，同时也在反面可以判决人的自我轻视和内心的厌恶。

这样一来，任何经验性的东西，不但无补于道德原则，而且还是有害的。康德声称，在道德中，一个绝对善的意志的真正的、崇高的价值就在于：行为的原则摆脱了唯有经验才能够提供的偶然性的一切影响。但是康德又退后一步，即我们也不必然对经验的动因作过多的警示，因为当人类理性感到疲倦时，总是愿意这样做，但无论如何，此种想象的结果决不是道德。

问题又出现了，每一个理性存在者都能够在任何时候按照其意志的法则来判断行为吗？这是一个必然的法则吗？如果是，这种法则就必须与一般而言的理性存在者的概念结合在一起。为了揭示这种联结，人们必须迈向道德形而上学，迈入与思辨哲学不同的道德形而上学。

为了建立这种纯粹的伦理学，康德必须前进，并有所回溯，即回溯到命令式本身，看看假言命令式和定言命令式谁包含着更靠向纯粹道德形而上学的内容。康德以目的概念展开。

康德指出："用来作为意志自己规定自己的客观根据的东西，就是目的……仅仅包含着其结果为目的的那种行为之可能性根据的东西就是手段。"（4：427）欲求的主观根据是动机，意欲的客观根据就是动因，这样就有欲求的主观目的和对理性存在者有效的动因的客观目的的区分。一个理性存在者随意预设行为结果的那些目的，只能是相对的，其价值存在于他们与主体欲求能力的关系之中，这种价值不可能是普遍的，因而也不能提供对任何意欲都有效的和必然的原则，亦即实践的法则。所有这些相对目的都只是假言命令的根据。

定言命令则不然，其存在本身就有绝对的价值，能够作为目的自身而且是一定法则的根据，因而只有定言命令式能够作为实践法则的根据。

由此康德指出，人作为理性存在者，是作为目的自身而实存的，不仅仅作为手段而存在，而且始终是被当作目的的。人作为目的的存在的东西区别于事物，就是人格，这是具有绝对价值的。从人作为目的引出的最高实践原则就必然有一种定言命令式，它不仅是主观的原则也是一个客观的原则。这就是公式二要表达的内容。

公式二（或称"自身就是目的的公式"）："你要如此行动，去对待人性，无论是你自己的人格中的还是其他任何人的人格中的人性，你要在任

何场合都当作目的，绝不仅仅当作手段。"（4：429）

这是对人性命令的极为深刻的揭示。但是迄今为止康德的纯粹伦理学不过是划过人类历史天空的一道亮丽的彩虹，人们只会仰望它的美丽，却不去追索其人性的落实之处。人们于行色匆匆中，甚至已经忘记了这道彩虹的存在乃是真实的。只要人们找到其折射的光源就可以了，但又有谁愿意停下脚步去思索呢！孟子曰："鸡鸣而起，孳孳为善者，舜之徒也；鸡鸣而起，孳孳为利者，跖之徒也。欲知舜与跖之分，无他，利与善之间也。"① 儒家深知现实人性的表现，故而将为善作为道德的纯粹目的，这与康德此处的命令式内涵是一致的。不过康德还是充分估计到人性当中更为幽暗和沉沦的部分，这是他在《单纯理性限度内的宗教》一著中深加阐发的，这一点在后文将有详细论述。

根据这个目的公式，康德对前列四个事例追加了说明。

（1）自杀的人没有把人当作目的，而仅仅把人自身当作手段，对身体的残害也是如此。（2）对他人说谎，就是把他人当作手段，而非当作目的，对他人自由和财产的侵犯更是如此。（3）对人性中有达到更大的完善性禀赋的培养，是一项更为积极的义务。因为单单不与人格中作为目的本身的人性相冲突是不够的，行为还必须与之一致，以促进人性之目的的完善。（4）对于他人怀有的义务而言，一切人所怀有的自然目的就是它们自己的幸福。所以仅仅对他人幸福有所贡献，不故意对他人幸福有所剥夺，人性固然可以存在，但如果不尽其所能去力图促进他人的目的，就是与作为目的自身的人性的消极而非积极的一致。也就是说，我的目的的实现与他人幸福目的之间是相关的。

康德从对人的身体要求到人的自由人权的主张，到对自我自然禀赋的培养，最后到他人目的的促进，表达了一个递进上升的义务过程。其最终达到的目的是对自律原则的展开。

我们如果对康德的这一命令公式进行分析，就会发现其中隐含这一种关系，即当道德主体把他人当作目的的时候，已经涉及到我和他之间的关系。② 尽管其他公式没有明确的包含这种关系，但都内在地具有这样一种

① 《孟子·尽心上》。
② 李泽厚认为在康德的理论中，人的目的与道德律令之间有一种必然的先天综合关系，这是保证人去服从超人性的绝对命令的前提。康德理解的人作为感性血肉的动物只具有相对价值，人作为理性存在者，本身就是目的。人是目的就是这样一种普遍有效适用于任何经验条件的先验原理即道德律令。人只有作为目的才是一律平等的（李泽厚著：《批判哲学的批判》，北京：人民出版社1984年版，第281—282页）。

关系形式。可见康德伦理学的自律原则有着多重维度，这可以借助列维那斯的理论加以证明。"列维那斯的伦理学与康德的伦理学有某些共同性，例如他将'他人'看作是上帝、是权威、是命令，是道德标准和普遍规律等，和康德要把他人看作目的而不是看作手段的思想颇为类似。"① 在列维那斯那里，"他者的脸"② 就是一种伦理关系的标示。伦理学就是通过脸对脸的关系表现出来的。正义就是脸对脸的直接性。这种他律的关系实际上也表达了一种内在的自律思想。或者说，当我们试图区分自律与他律时，我们不过是在做一种形式的区分，从更深入的意义上说，他律的实现仍然需要自律的参与，没有纯粹他律行为的可能。因为我们每个人都是我们自己，我们的行为也只能是我们自己的行为。至于是否在与他者的关系中出现某种行为，对于评价行为最终的价值是没有决定性意义的。就像儒家说的那样，"如人饮水，冷暖自知"。如果借用儒家的立场，道德秩序和宇宙秩序是相统一的，任何形式的他律皆要转换成自律方能够获得道德的价值。

康德还借用其目的理论对"己所不欲，勿施于人"的说法提出批评，认为这不能作为一个普遍法则，因为它既不包含对自己的义务的根据，也不包含对他人爱的义务的根据（因为其中包括我可以免除施惠于他，他人也无须施惠于我），随后也不包含相互之间严格的义务，因为根据这一原则罪犯会对惩罚他的法官提出抗辩。康德的分析很有分量。的确这句话包含的只是对他人的消极义务，或不确定的义务，更不包括相互之间人作为目的的义务。同样，"己欲立而立人，己欲达而达人"也与之相仿，不过可能比前者包含了更多的积极的、确定性的义务内容。但无论如何，这两句话都包含着逻辑上的缺失和不足（循环），值得深思。

在此引入两种现代的解释版本。一是赵汀阳从列维纳斯的"他者"立场出发，提出了"人所不欲，勿施于人"的原则，并将此作为伦理规范的元规则，其中蕴涵的彻底的公正表述为：a. 以你同意的方式对待你，当且仅当，你以我同意的方式对待我；b. 任何一种文化都有建立自己的

---

① 冯俊著：《当代法国伦理思想》，上海：同济大学出版社 2007 年版，第 155 页。

② 列维纳斯通过对他者的脸的意义的描述，阐明了人与人照面时的伦理关系。脸的含义包括：脸是不能被认识的，不可占有的；脸是一种要求，一种需要，这是脸的脆弱性；脸是命令、权威，因而脸是一种义务、一种道德价值；脸表示了我和他者之间关系的一种不对称性；脸和语言一起出场，语言正是我和他者之间关系的体现；他者的脸传达了无限者的观念；与他者脸对脸的关系是我们接近上帝的唯一途径；脸是正义的同意语（冯俊著：《当代法国伦理思想》，上海：同济大学出版社 2007 年版，第 150—155 页）。

文化目标、生活目的和价值系统的权利，即建立关于优越性（virtues）的概念的权利，并且，如果文化间存在着分歧，则以此为准。①

　　但是这一元规则遭到了批评。批评者认为"将'他人'理解为'所有的他人'或者'绝对的他人'，我们是否又会陷入一'自我'、'他人'的形而上学陷阱？倘若我们的伦理实践注定要从自我的观点出发，如何才能达到'所有的他人'或者'绝对的他人'的观点？抑或只有'上帝'才能真正有'他人'的观点？这种包含'所有人的观点'的'上帝之眼'既然是非任何人的观点，那在本质上岂不是一种与道德金律或恕道之为人道精神相背的非人的观点？"② 这是一合法的反诘。赵氏也难以回答，只好用幸福原则和公正原则作为补充以回答这一反驳。赵氏的弥补虽然是一种理论的策略，但元规则如果添加更多的限定就难以成为"元"的规则了。王太庆提出一种新的理解视角，即把规范伦理改为示范伦理，反对道德评价的泛法律化和政治生活中的泛道德化，认为"伦理学的本质功能更多地倾向于'示范'而非'规范'，'教化'而非'命令'，'引导'而非'强制'。……道德基于人心，成于示范、教育和自我修养。"③王氏的解释进路综合了儒家德性伦理和西方规范伦理的各自优长的方面，强调人道和恕道原则的结合，以此为普世伦理的基础。④

　　细细想来，此解虽有其妙处，但是示范与规范并非一对立概念，示范之中既有规范，规范之时也有示范之用，两者难以割裂开来，分立而论。为此，我们可用时空边界的伦理学理论加以阐发方可妥帖，辅之以道德解释学的证明工作，就可以安稳的处理此问题。其要如下：（1）金规则作为一种伦理的运用不仅有主体的观点，也有他者的观点。（2）规则之下的幸福、公正（应当还有仁爱）不仅是一价值目标，也是一价值理想，更是一价值出发点。（3）人类伦理生活的事实层面是作为整体的人类善的存在，这是无可豁免的社会生活实践的前提和基础，此不受讨论，也无

---

① 赵汀阳著：《论可能生活》，北京：中国人民大学出版社 2004 年版，第 311 页。

② 王太庆著：《解释学、海德格尔与儒道今释》，北京：中国人民大学出版社 2004 年版，第 307 页。

③ 同上书，第 310 页。

④ 就"己所不欲，勿施于人"的本义来分析，其实也存在很大的问题。不欲恶自然无可分辨之必要，但若不欲善，则问题就大了，对此康德是有过批评的。其次，从"己欲立而立人，己欲达而达人"的角度看，同样也存在问题，立与达者若为善，自然也无须过多讨论，但立与达者为恶，则相当危险。也许，在孔子处，他自然隐含了自己的理论前提，即不欲就是不欲不善，立与达者必为善。但是如果作为普世的规则，要加上如此之多的限定，就难以作为一种金规则，更不能作为处世箴言来对待了。

法讨论。"从本然的意义上看，无论是何种形式的规范都不能用价值观念予以分析，因为人群行为的结合方式是人类发展过程的必然结果。""道德的目的是让人成其为人，而不只是成为道德规范的执行者。"①

自身就是目的的命令式要变成实践的命令，还需要主体对普遍法则的自觉遵从，这就是康德提出的第三个命令公式。

公式三（也称"自律的公式"）：要按照能够同时将自己视为普遍法则的那些准则去行动。（4：437）

这是一个绝对善的意志公式。这种绝对善的意志的质料是什么呢？只有理性的本性，并在于这种本性为自己设定一个目的。这种目的必须不被设想为一个要促成的目的，而是必须被设想成为独立的目的，在任何意欲中都要被当成目的。这个目的就只能是一切可能的目的主体自身，而这个主体也就是一个可能的绝对善的意志主体。所以前述原则的不同表述实质上是一致的。

由此可以无可争议地得出两点结论：（1）任何一个理性存在者作为目的自身，无论它服从什么样的法则，都必须把自己视为普遍立法者，也因其准则对普遍立法的适宜性，使其凸显为目的自身。（2）这个存在者超越一切自然物的尊严，使它必须始终服从自己的观点，同时也要从其他理性存在者，作为立法的观点出发来采用自己的准则。我们简单地概括这两点就是：我作为理性存在者应当把自己视为普遍立法者而成为目的，同时又要从其他的理性立法者出发去确立自己的尊严。

这两个条件保证了理性存在者的智思世界作为一个目的王国成为可能。康德又一次重述目的王国与自然王国的不同。目的王国是按照责成自己的规则才是可能的，自然王国按照外部强加的作用因的法则才是可能的。不过现实情况是：理性存在者无法指望，即使它本身严格遵守这一法则，其他理性存在者也因此而对同一准则恪守不渝。

康德想纯化人的道德动机。所以他接着说，不受限制的立法者仅仅按照理性存在者无私的、纯然的从那个理念出发为它们自己规定的行为来评价它们的价值。我们不能从外在关系去判断事物的本质，"道德性是行为与意志自律的关系，也就是通过意志的准则与可能的普遍立法的关系。……一个并非绝对善的意志对自律原则的依赖性（道德的强制性）就是责任。……一个出自责任行为的客观必然性就叫做义务"（4：439）。

---

① 戴兆国编著：《哲学简论》，合肥：安徽人民出版社 2009 年版，第 115、129 页。

　　总结起来就是，对义务的履行表明了人格的崇高和尊严，这是对行为具有一种道德价值而言的，因为它既不是对法则的恐惧，也不是出于爱好，而仅仅是对法则的敬重。人性的尊严在于这种普遍立法的能力，当然同时也包含对法则的服从为条件。这就是公式三的衍生公式，即：

　　公式三之附加（也称"目的王国的公式"）：要总是按照一个纯然普遍的目的王国的一个立法成员的准则去行事。①

　　这样一来，康德的道德形而上学不仅探及人性的根源，而且还以目的的程式将不同的理性存在者联系在一起，这就是他推出的目的王国的概念。

　　康德认为目的王国是指不同理性存在者通过共同的法则形成的系统结合。除此之外，还要抽掉理性存在者的个人差异，抽掉其私人目的一些内容，其目的系统不仅包括作为目的自身的理性存在者，还包括每一个理性存在者可能为自己设定的个人目的。在这样的目的王国中，理性存在者有两个角色：一是作为立法者，一是作为成员都要服从法则。

　　这样的目的王国必须具备道德性才是可能的，而道德性存在于一切行为与立法的关系中。但这种立法只能是从每一个理性存在者自身发现，并从其意志产生。"因此，要如此行动，即意志能通过其准则同时把自己视为普遍立法者"（4：434）。这是意志自律的前提。意志自律作为意志的一种特性，其原则是：不要以其他方式做选择，除非其选择的准则同时也作为普遍法则被包含在同一意欲之中。这是综合命题，无法通过分析得出。相反"如果意志在其准则与他自己的普遍立法的适宜性之外的任何地方，从而超越自己，在它的每个客体的特性之中，寻找应当规定它的法则，便一定导致他律"（4：441）。他律只能使假言命令式成为可能，即我应当做某事，是因为我想要某种别的东西。只有定言的自律的命令式可以使对象（目的）对意志无任何影响，以便实践理性证明自己颁布命令的威望是最高立法。

　　康德的理论很稳健，但又具有一种超迈的情怀。依笔者的观点，对法则的敬重之情实际上也包含着一种相对弱的恐惧心，或者叫做敬畏心，但这是康德所不同意的。康德认为唯有出自对法则的敬重，且自己作为立法的理性存在物一定会自觉地去维护自己人性的尊严，而不是其他的目的。但目的王国永远是可能的，人性尊严的光辉在历史的时空隧

---

　　① 有学者把康德的公式概括为主要的八种，并指出这些公式中的关键因素包括四个观念：与法则保持一致、尊重自身的目的、立法、引向目的王国（*Kant's Theory of Morals*, by Bruce Aune, Princeton University Press, 1979, pp. 112—113）。

道中时明时暗，而时空边界的转换又直接对人性之尊严产生某种折射，使之发生光亮的转移。这也是康德道德哲学理论引起后人广泛争论的原因之一。

需要提出的是，康德对上述三种公式按照其概念范畴之单一性、复多性和主体性进行了说明。他指明上述三种表现道德原则的方式是同一个法则的三个公式，其差异是主观的，是为了根据某种类比使理性的理念更接近直观，并由此更接近情感。因为所有准则都具有这三种方式：（1）一种形式，即普遍性，任何理性存在者的选择都被当成是普遍的自然法则那样有效。（2）一种质料，即一个目的，任何理性存在者都是目的，是对于每一个准则来说充当相对的和任意的目的的限制条件。（3）对一切准则的一种完备的规定，即所有的准则都应当从自己的立法出发，与作为自然王国的目的王国协调一致（自律性）。①

这三者相当于意志形式的单一性（意志的普遍性），质料（客体，亦即目的）的复多性，意志体系的全体性或总体性。但其命令式的总公式仍然是基础，即要按照同时能够成为普遍法则的那种准则而行动。②

意志自律作为意志的一种特性，其原则是：不要以其他方式做选择，除非其选择的准则同时也作为普遍法则被包含在同一意欲之中。这一命题是综合的，无法通过分析得出，人们必须通过对纯粹实践理性的批判，因为这一命题只能先天地被认识到。

罗尔斯指出，康德对于绝对命令的考虑必须满足四个条件：第一是内容条件，不仅是形式的，而且还须有充分的结构使行为准则成为普遍

① 对此，西季威克认为，康德绝对命令的形式法则是对于形式逻辑的完善的真值标准这一假定的错误套用，抹杀了主观正当性与客观正当性的区别。根据西氏的观点，常识的道德判断是：如果我断定一项行为对于我是正当的，我就隐含地断定它对本性和环境与我相差不大的其他任何人也是正当的（Henry Sidgwick, *The Method of Ethics*, Macmillan. Co, Ltd, London, 1922. p. 209）。

② 康德在一个脚注中表达了非常重要的观点，即"目的论将自然视为一个目的王国，道德学（伦理学，笔者加）则将一个可能的目的王国视为一个自然王国。在目的论中，目的王国是一个理论性理念，用来说明实际存在着的东西。在道德学中，目的王国是个实践性理念，用来实现并不存在，但（可以依据这个理念的实现）通过我们的所作所为来实现的事物"（4：437）。这是对伦理学使命的极好的揭明。伦理学不能试图包罗一切，而只是依据目的的理念，在实践中去建立一个现实并不存在的道德的目的王国，这恰恰是伦理学的实践品格之所在。可以借用马克思的话说，伦理学不是用来解释世界，而是为了改造世界。对现实社会的解释不是目的王国的现实性的表现，相反，去实现一个可以实现的目的王国才是伦理学的真正指向。

法则。第二是自由条件，绝对命令必须把道德法则作为自律原则再现出来。第三是理性事实条件，"对于作为合理而理性的我们来说，我们把道德法则当作至上的权威来意识，这种意识必须在我们的日常道德思想、情感和判断中被找到，道德法则本身必须至少潜在地被普通的人类理性所认可"。① 这是最为关键的一点，也是一切文明社会的最起码标准。第四是动机条件，我们把道德法则当作至上权威的意识必须深深地扎根于我们的人心之中，以至于当我们充分的认识和理解它的时候，这个法则本身就能够成为推动我们按照它去行动的充分动机，而不论我们有何种自然欲望。只要这四个条件得到满足，就将存在着纯粹实践理性。

相反"如果意志在其准则与他自己的普遍立法的适宜性之外的任何地方，从而超越自己，在它的每个客体的特性之中，寻找应当规定它的法则，便一定导致他律"（4：441）。他律只能使假言命令式成为可能，即我应当做某事，是因为我想要某种别的东西。只有定言的自律的命令式可以使对象（目的）对意志无任何影响，以便实践理性证明自己颁布命令的威望是最高的立法。从此观点出发采用的原则有两种：（1）是经验性的，出自幸福的原则，建立在自然感情之上。（2）是理性的，出自完善性原则，要么建立在完善的理性概念之上，这是意志的可能结果，要么建立在独立的完善的概念之上，即上帝的意志之上，这是意志的规定原因。

康德明确宣称经验性的原则在任何地方都不适合作为道德法则的根据。因为道德法则的根据如果取自于人性的特殊结构或人性所处的偶然情境，那么道德法则运用于一切理性存在者凭借的普遍性，以及由此造成的无条件的实践必然性，也就不存在了。在这些经验性原则中，自身幸福的原则是最该抛弃的，它侵蚀道德，毁坏其崇高。不过，康德认为道德情感有助于使人接近德性。

---

① ［美］罗尔斯著：《道德哲学史讲义》，张国清译，上海：上海三联书店2003年版，第344—345页。这一点在斯蒂文森的《伦理学与语言》中也得到了论证，斯蒂文森认为康德的绝对命令隐含着一种道德情感，"当一个人断定X必须被履行时，他的情感影响也就会超出X，达到了X所属的那一类行为。换句话说，他的判断本身使他正在形成某种可被广泛接受的'准则'或者潜在原则"（［美］斯蒂文森著：《伦理学与语言》，姚新中等译，北京：中国社会科学出版社1991年版，第137页）。简言之，康德的绝对命令本身不仅包含着原则的东西，而且对于绝对命令的判断就潜在地具有某种道德情感，这样一来，准则的被接受有着一种内在的力量在发挥着作用。所以斯蒂文森把康德的准则称作潜在原则。

除感性经验原则不能作为道德的基础之外，还要防止从神的角度导出道德的系统。为此，就需要在德性的理性根据中，保留完善性的本体性概念，这是优于一个属神的，最完善的意志的道德神学概念，可以避免从荣誉癖和支配欲出发，与权力和报复发生可怕的结合，形成一个与道德性截然相反的道德体系的基础。这一点，后文有详尽的阐发。

在道德感和一般完善性的概念之间做出选择，康德认为要选择后者。主体的立法也不依赖外在的力量，而是根据主体自身的本性，不管是属于感性，还是属于知性和理性的本性，所以"恰当地说，是通过本性在立法，而所立的法则就其为一项法则而言，不仅必须通过经验去认识和证明，因而就其本身是偶然的，并因此而不宜成为确然的实践法则，而道德规则必须是诸如此类的规则"（4：444）。与此相反的都是意志的他律原则，不是意志为自己立法，而是靠外来的推动使主体接受并为主体立法。破是为了立。

在这一系列论述的基础上康德总结认为：绝对善的意志，其原则必须是一个定言命令式，其形式是自律的原则，这是每个理性存在者的自我责成，而不以任何兴趣和动机作准则的根据。康德的这一主张隐含着心理学的证据，正如居友指出的那样，康德主义的一个伟大功绩就是把原始冲动看作是先于所有关于善的哲学推论，实际上，没有一种论证的理由能够突然改变这种本能冲动的方向或强度。"从心理学角度看，绝对命令的理论作为意识事实的表达，是准确和深刻的。"①

无论康德如何排除感性和经验，道德命令的普遍性始终是一个问题。这是令康德非常不安的一个问题，但是"如何获得认识的普遍性，人人都应遵守性（allgemeingültig）。但这是认识的社会学问题，康德也没有揭示这个问题"。② 这种对于康德的诘难是有道理的，康德总是基于普通理性的立场，强调一种普遍主义的可能，多少带有理想的色彩。因而黑格尔也认为"冷冰冰的义务是天启给予理性的胃肠中最后的没有消化的硬块"③，这也反映了康德绝对命令形式存在的问题，需要从更

---

① ［法］居友著：《无义务无制裁的道德概论》，余涌译，北京：中国社会科学出版社1994年版，第96页。

② ［俄］别尔嘉耶夫著：《末世论形而上学》，张百春译，北京：中国城市出版社2003年版，第72页。

③ ［德］黑格尔著：《哲学史讲演录》第四卷，贺麟、王太庆译，北京：商务印书馆1997年版，第291页。

多的方面和角度加以诠证。① 为此康德在《实践理性批判》中作出了详细论证，后文将作分析。

那么，这样一个实践的先天综合命题是如何可能的，以及此命题为什么是必然的呢？其解答不在道德形而上学的界限之内，需要对纯粹实践理性能力自身进行一种批判，这就迈进了道德形而上学理论奠基的第三个环节。

（五）道德自由

在摆脱了普通哲学各种混合理论的纠缠之后，康德带着我们进入到实践理性的领域，直接让我们面对的问题就是意志自律在面对法则时能够是自由的吗？为此康德对道德领域内的自由进行了论证，这是实践理性批判的前提。

康德认为："意志是有生命的存在者就其有理性而言的一种因果性，自由则是这种因果性能够不依赖于其外在的规定它的原因而起作用时的那种属性。"（4：446）意志的自由因果性类似于自然必然性作为无理性存在者的因果性。康德认为仅仅从意志的自由因果性角度去讨论的自由还只是消极的自由，积极的自由则是将意志的法则与自由相联系，自由是依照不变法则（包括定言命令式、道德的原则）的因果性。

那么意志自由从何而来呢？康德指出如果仅仅预设意志的自由，那么只要通过分析其概念就可以从中得出道德及其原则。但是道德原则毕竟是一个综合命题，包括两部分内容：即一个绝对善的意志和被规定为普遍的原则。我们无法从一个绝对善的意志概念中去发现准则的普遍适用性，这就需要一个第三者，自由的积极概念造就这个第三者。

为此，康德指出自由必须被预设为一切理性存在者的意志的特性。为什么呢？康德是这样推论的：他指出我们不管出于何种理由，仅仅把自由归于我们的意志是不够的，还必须将之也归于一切理性存在者。因为道德

---

① 如果我们用一种更加开放的眼光来看待康德绝对命令中的"应当"，也许可以获得新的理解。正如日本学者阿布正雄指出的那样："亚里士多德、康德和龙树虽处于不同的时代和地方，却都各自以不同的方式达到了某种对绝对的认识。我认为，我们应该在绝对的意义上，把'存在'、'应当'和'无'皆称为人类思想的，从而也是人类生存本身的三个基本范畴。因为它们可以在本质上被理解为三个可能超越那种贯彻人的生存，永远使人生成为有问题的事理对峙的范畴。它们也可以被理解为三个可能回答人类生存的根本问题的答案。"（[日]阿布正雄著：《禅与西方思想》，王雷泉、张汝伦译，上海：上海译文出版社1989年版，第103—104页。）

充当我们的法则，必须适用于一切理性存在者，而道德只能从自由的属性导出，所以自由也必须被证明为一切理性存在者的意志的属性。反过来可以这样认为，从经验出发阐明自由是不够的，必须证明它是属于理性的具有意志的存在者的活动。

但是理论的设定能不能说明实践的运用呢？康德进一步指出要说明人在实践方面是自由的，必须承认每个人能够按照自由的理念去行动，这是理论哲学需要阐明的。自由的理念，排除了冲动一类的东西，使具有意志的理性存在者能够仅仅按照此种理念去行动。"这种理性必须将自己视为其原则的创造者，依赖于外在的影响。因此，它作为实践理性或者作为一个理性存在者的意志，必须把他自己视为自由的"（4：448）。也就是说，一个理性存在者的意志只有在自由的理念之下才是自由的意志，这在实践方面被归于一切理性存在者。可见，预设理论中的自由是非常简单的问题，但关键在于说明实践理性的自由问题，这才是康德道德哲学的目的。

不过，新的问题又出现了。在理性的实践运用中，所有的理性存在者都会听从自由的理念，去服从普遍的道德法则吗？在自由理念中预设道德法则，能够证明其实在性和客观必然性吗？这类问题又可以归结为一个总的问题，即道德法则因何具有约束力？为了回答这类问题，康德将理论的探究转向自我立法和意志自由之间的关系问题上。他认为我们很容易发现在意志自我立法和意志自由之间不可避免地出现一种循环论证，即"我们假定自己在致动因的秩序中是自由的，以便设想自己在目的的秩序中服从道德法则；然后，我们设想自己受这些法则的约束，因为我们已经把意志的自由归诸自己"（4：450）。这一循环的原因就在于意志的自由和意志的自我立法二者都是自律，是交互性概念。如何解决这一循环呢？康德运用了二分的方法破解了这一难题。

康德探询式地提出自己的疑问，当我们设想自己是先天的作用因的时候，与我们依据自己的行动，也就是我们眼前所见的结果，设想我们自己的时候相比，我们的立场是否有所不同？就是说，从设定我们是为自由的角度与从现实的我的行动表现出来的角度，这是不是两种不同的立场，以至于引起对行为的不同理解。康德认为这是连最普通的知性凭借自己情感的判断力都可以做出这种区分。康德的分析细致入微，包括以下几个层次：

（1）一切无须我们的意念就获得的表象如感官的表象把对象给予我们以供认识，都是以对象刺激我们的方式来实现的，但我们并不知道就其自身而言可能是什么。

（2）因而就表象来说，知性再加上最大的注意力和明晰性，也只能达到对现象（显象/Erscheinung/Appearance）的认识，而不能达到对物自身的认识。

（3）一旦做出这种区分，人们就必须承认并假定在现象背后有不是现象的东西，即物自身。

（4）这就出现感性世界与知性世界的区分，前一个世界按各种世界观察者里面感性的差异可以千差万别，但作为其根据的后一个世界却始终保持为同一个世界。

（5）人对人自己本身，尽管可以通过内感官来感受自己拥有知识，但不能宣称认识他自身的本来面目。

（6）因为人不是先天的而只是后天地、经验地获得他的概念，所以他只能通过内感官，通过其本性的现象以及他的意识被刺激的方式来获得关于他的信息。

（7）为此，他就必须以必然的方式假定他的自我，因而就纯粹的知觉和感觉对感受性而把自己归于感官世界。但其自身之内作为纯粹活动的东西，不是通过感官而是直接进入到意识又把自己归于理智世界，但他对此世界并无进一步的认识。

经过这样的层层推演，我们可以看出，康德试图通过对感性世界和知性世界的区分，从而在人本身也做出这种区分。作为人性显现的现象层是可以认识和把握的，但作为人性的根据层面则带有物自体的特征，是很难把握的，甚至是不能够认识的。因而一个理性存在者必须把自己视为一个知性存在，并非属于感性世界，而是属于知性世界，因此要有两个立场：其一是就他属于感性世界而言，他服从自然法则；其二就他属于理智世界而言，服从不受自然影响的仅以理性为基础的非经验性法则。① 因而当他作为一个属于理智世界的理性存在者，依据自由的理念，设想他自己的意志的因果性，这种对感性世界的决定原因的独立性就是自由。在这样的推

---

① 《孟子·尽心下》："口之于味也，目之于色也，耳之于声也，鼻之于臭也，四肢之于安佚也，性也，有命焉，君子不谓性也。仁之于父子也，义之于君臣也，礼之于宾主也，知之于贤者也，圣人之于天道也，命也，有性焉，君子不谓命也。"朱子引用自己老师的话解释这段文字时指出："此二条者，皆性之所有而命于天者。然世之人，以前五者为性，虽有不得，而必欲求之；以后五者为命，一有不至，则不复致力，故孟子各就其重处言之，以伸此而抑彼也。张子所谓：'养则付命于天，道则责成于己。'其言约而尽矣。"（朱熹著：《四书章句集注》，北京：中华书局1983年版，第370页。）朱熹这里分析孟子所判分的人的行为的两种情况，与康德所分别的两个世界的理论有某种程度的相通性，不过在孟子那里并没有完整的知识论架构的支撑，这也是中国传统伦理的主要缺失所在。

论前提之下，"自律的概念与自由的理念不可分割地联结在一起，而道德的普遍原则又与自律的概念不可分割地联结在一起；道德的普遍法则在理念中构成理性存在者一切行为的根据，正如自然法则是一切现象的基础一样"（4：452—453）。

康德的这种思想源自于卢梭对他的影响。康德认为牛顿发现了存在于一切自然现象中的法则，而卢梭则发现了存在于人身上的种种人性。正是卢梭对人类自身尊严的重视，使得康德开始寻找作为一种自由存在物的本质所在。卢梭把人类尊严归结于人类的自然存在，存在于已经被给予的东西之中；康德则认为，人类尊严在于人类的本质，但是这种本质并不是已经被给予的东西，而是在被给予的东西之外产生的。① 这就使康德的道德哲学带上了理想主义的色彩，在某种程度上也成了被后人诟病的所在。

意志的自我立法与意志自由的循环和矛盾在康德划分的两个世界中被消解了，即当设定我们是自由的时候，仅仅是从知性角度而言的，只是理论理性的运用，而把我们设想成有义务的时候，就进入了真实的感性和知性合一的世界，这是实践理性在支配着法则和自由。

不过康德这一解决方案在很多学者看来是有问题的，其中隐含着一种演绎论证的诡辩和循环。因为即使康德通过划分两个世界来寻找意志自由的安顿之所，但我们仍然可以诘问他，是什么东西赋予我们自身以知性世界的成员的身份，这当中至少包含两个推进的步骤：（1）它既不能诉诸道德律，也不预先假定自由，而建立我们视自身为智性世界的成员的权利；（2）我们作为智性世界的成员视自身为具有意志的理性存在者，这是正当有理的。只有建立在这样的论证之上，道德律对我们的有效性或约束性才是顺理成章的。② 从前文的论述可以知道，康德一直把人作为理性存在者当作一个不证自明的前提，或者是作为一种理性事实来处理的。不过，此种诘难也是有道理的。人作为世界的一员，其作为理智存在的权利，或者他行使自由意志的权利从何而来是需要做出回答的。这可能是康德道德哲学理论忽视的一个问题，需要做出新的解释。

有一种很重要的看法就是认为康德混淆几种不同的自由概念。如西季威克就指出在康德对自由理论的不同表述中，自由一次表达着两种根本不同的观念：（1）自由＝理性，所以一个人的行为愈合乎理性，他就愈自

---

① ［日］安倍能成著：《康德的实践哲学》，于凤梧、王宏文译，福州：福建人民出版社1984年版，第17页。

② ［美］阿利森著：《康德的自由理论》，陈虎平译，沈阳：辽宁教育出版社2001年版，第335页。

由。我们总是称人们为欲望或激情的奴隶，但却不称一个人为理性的奴隶。（2）人具有一种在善与恶之间进行选择的自由，它实现于或体现于他慎思地选择恶和选择善时。在这个意义上就不能说他在不合理地行动时，他是通过他的自由选择而这样做的。前者可以称为善的或理性的自由，后者可以称为中性的或道德的自由。还有一种康德不使用的自由概念，即"无动机的行动能力的任性的自由"。西季威克认为由于康德更重视区分后两类自由，并反对任性的自由，所以前两类自由的区分被我们忽略了。康德希望论证理性的自由来阻止作恶者推卸自己的责任。康德论证时采取的形而上学的策略，是把人的本性纳入到一种绝对自由选择的系列之中，从而说明理性自由的重要性，但这种自由恰好是中性的道德的自由。

西季威克进而认为康德还把自由意志混同于理性自由以及意志的自律。其结果可能破坏了其理论的初衷，使自由法则（道德法则）和必然法则（自然法则）之间的简单对立变得更为明显，从而为恶行带来一种形而上学的合理的解释。① 西季威克的批评不是毫无道理的，这个问题的确是康德伦理学所不得不面对的一大问题，自由的本性不能离开人的本性来探讨，但是对人的本性的先天和后天的区分界限又在哪里，需要做更艰深的理论反思。

在现代伦理学看来，康德对人性的理解持一种宽容的立场。如罗尔斯强调，康德的道德学说不是关于两个世界——现象界和用智性来理解的世界的观点，而是针对受不同趣味触动的并由不同观念和原理来回答问题的带有两种观点的一个学说。罗尔斯的这一理解打破了传统的对康德哲学的划界观，有很重要的意义。可以说，康德的道德学说所确立的理性统一体系是为现实道德的目的王国服务。只有在对理性的各方面能力充分把握的基础上，道德行为的实施才有前提性的保障。在这个庞大而复杂的体系中，理性而合理的存在是被当作人性应有的内容，康德对于人性的宽容态度唤醒了人类自身的良知。从这个角度来说，康德确乎为人类道德法则、道德秩序的确立提供了乐观的说明，是一种积极的理性主义道德哲学。

伯林对消极自由和积极自由的区分在某种程度上延续了康德的两种因果性的思考。积极自由偏重意志的自我立法，消极自由则倾向于规则的自

---

① ［英］亨利·西季威克著：《伦理学方法》，"附录：康德的自由意志概念"，廖申白译，北京：中国社会科学出版社 1993 年版。

由。伯林说："如果没有康德意义上的选择自由与责任的假定，那么在目前这些词正常使用的意义中至少有一种，就像我们所知道的那样，将不复存在。"①

意志的自由问题得到了证明和解决，剩下的问题就是在实践理性的运用中，这种自由有没有限度呢？这就是实践理性批判的最后一个环节。

在对实践理性能力的批判之前，康德对一项定言命令式如何可能的问题进行了解答。康德的推论很繁琐，我们简略概述如下：

（1）由于理性存在者认识到现实世界的二重性，故而，作为知性世界的成员，我的行为会基于道德的最高原则，完全符合纯粹意志的自律原则，而作为感性世界的一部分，则基于幸福的最高原则，这些行为完全依据欲望和爱好的自然法则，符合自然的他律。

（2）因为知性世界包含着感性世界的根据，所以尽管我们一方面属于感性世界，我仍然将服从知性世界的法则，服从意志的自律，为此就必须把知性世界的法则视为我的命令，把合于这项法则的行为称作义务。

（3）如此一来，定言命令之所以可能，就是"因为自由的理念使我们成为理智世界的成员，其结果就是，如果我只是这样一个成员而非其他存在，我的一切行为就会在任何时候都符合意志的自律"（4：454）。

康德指出，即使是一个最坏的恶棍，只要他运用理性，当我们向他举出心意正直，坚守善道的准则，同情和普遍仁爱的榜样时，他不会不期望自己有这样的存心。自由的理念使人们摆脱对感性世界的决定原因的限制，使他意识到一个善的意志存在，从而去服从"应当的命令"。

在分析理性的实践运用过程中，康德对人性的内在根源作了很深的挖掘，突出自由理念支配之下主体的理性自觉能力。但是康德似乎没有看到在这一过程中社会性因素所发挥的作用，现实的社会关系对于人们意志的抉择也有着非常重要的影响，这是对道德哲学奠基的不可缺少的一种考察，也是对上文提出的人何以具有自由意志的权利这一问题的解答。不过康德可能预见了此种问题，所以他最后将自己的理论落脚点放在了对实践哲学界限的设定之上，这是其道德哲学奠基理论的最后一步。

康德认为自由意志作为一个公设，不可能是经验性的概念。同样，凡是发生的事情都依照自然法则而被决定，这同样是必然的，而且这种必然性也不是经验概念。但是自然这一概念能够被经验证实，它是感官对象知

①　［英］以赛亚·伯林著：《自由论》，胡传胜译，南京：译林出版社2003年版，第6页。

识的可能性基础。所以康德总结认为：自由只是理性的一个理念，其客观实在性就自身而言是可疑的，但自然概念却是一个知性概念，可以借经验的事例证明，且必然证明自己的实在性。由此就产生了一种理性的辩证，因为被归诸意志的自由似乎与自然的必然性相矛盾，出现了自由和必然的背反。在这个岔路口，理性发现在思辨方面自然必然性之路比自由之路更为平坦更为适用，但在实践方面，我们只能在自由的小径上使用理性。"因此，最精妙的哲学与最普通的人类理性一样，都不可能用论证取消自由，所以，人类理性必须假定，在同一人类行为自由与自然必然性之间，并没有真正的矛盾，因为人类理性不能放弃自然的概念，也不能放弃自由的概念 。"（4：455—456）

　　假定总是假定，并不能实际地解决这一现实的理论矛盾。事实情况是，如果自认为自由的主体在自称为自由的时候，与就同一行动而言认为自己服从自然法则的时候相比，是在同一意义或同一关系中设想自己，这种矛盾就不可避免。因此，思辨哲学必须要去说明，这一矛盾的幻觉乃在于当我们说人有自由的时候，是在另一种意义和另一种关系上设想人的。思辨哲学的这项任务是为实践哲学扫清道路，同时也是提醒实践理性，要防止这类争论进入自己的领地而破坏自身享有的平静。可以说，这是康德对实践理性设定的一道界限，即不要去染指思辨理性面对的矛盾。

　　康德进一步指出，理性在面对自由与必然的矛盾时，应当从知性世界的立场出发，把自己设想成是实践的，依次获得一种区别于自然机械作用的秩序和立法，使智世界的概念成为必要。"但是如果理性竟敢去说明纯粹理性如何能够是实践的，它就逾越了自己所有的界限，这与说明自由是如何可能的任务完全是一回事"（4：458—459）。我们所能说明的仅仅是将一些事物还原为法则，这些法则的对象能在某种可能的经验中被给予。人类对道德法则的关切也是不能说明的，我们知道的仅仅是由于法则对我们人类有效，它才引起关切，因为道德法则产生于作为智性体的我们的意志，从而产生于我们真正的自我。而作为智性体的真正的自我属于本体世界，是我们永远无法认识的。

　　设定这样的界限并非毫无疑义，康德认为，设定道德探究的最后界限，有两重重要的目的：一是防止理性在感性世界中到处寻找最高的动因和一种尽管可以理解但却是经验的兴趣，从而有损于道德。二是理性不至于在理智世界的超验概念空间中无力地鼓动翅膀，在原地不动迷失在幻想之中。

在这样的界限之下，理性存在者对道德法则的兴趣，不仅源于我们依凭的自由概念，而且还是为着目的自身的普遍王国的庄严理想，所以"惟有我们认真地依据自由的准则行事，仿佛这些准则是自然的法则似的，我们才能属于这个王国成为其成员"（4：462—463）。理性追求的绝对必然性倾向在自由方面的实践运用中仅仅导致理性存在者本身行为法则的绝对必然性，而对道德命令式的实践的无条件必然性，我们是无法理解的。不过康德还是给了人类理性一个安慰，即对于这种不可理解性我们是能够理解的。

康德基本完成了道德形而上学的理性奠基工作，但这只是第二步。除此之外，还需要寻找道德形而上学的人性基础，这就是下文所阐述的内容。

三　道德形而上学的人性基础

如果说《道德形而上学基础》重点是阐述在人类理性能力的迁变过程中，道德形而上学的基础是如何被确定的，以及指明以实践理性为核心的实践哲学的界限。那么《道德形而上学》则重新申述康德关于道德形而上学人性基础的理论。

以往的论者往往承认《道德形而上学基础》是康德道德形而上学的奠基之作，而把《道德形而上学》仅仅作为康德道德哲学的应用。正如有的学者所指出的那样："非常奇怪的是，大多数对康德道德理论感兴趣的人却倾向于忽视《道德形而上学》，并且将他们的精力投入到分析那些仅仅是介绍性部分当中。"① 事实上，《道德形而上学》是通过对人性理论的逐一分析，从而确立道德形而上学理论的人性基础，这是康德对道德形而上学何以必要这一问题的更为深入的反思成果。以下分三方面予以论述。

（一）心灵能力与自由意志

在《道德形而上学》的导言中，康德对人的心灵能力的层次作了区分。他认为人的心灵拥有一种能力，通过此种能力的表达，可以揭示外在对象世界各种事物的根据和原因，并能够使其表述与事物的根据本身相一

---

① *The Metaphysics of Morals*, translated and edited by Mary Gregor, "introduction", page vii, Cambridge University Press 1996. 库恩也指出这本著作的观念来源于康德壮年时期的想法，"对于其道德哲学和政治思想的理解而言，该书都非常重要"（［美］曼弗雷德·库恩：《康德传》，黄添盛译，上海：上海世纪出版集团、上海人民出版社 2010 年版，第 446 页）。

致。这种能力的表达与人的行动相一致，就叫做一个人的生命。

康德所以从人的最基本的心灵能力分析入手，是想通过对最基本的人的活动特征的剖析来寻找人类道德活动的根据，这种思考的进路既有形而上学追问的特征，又没有离开对现实人的能力的反思，是积极的探索之路。

显然，我们在人的心灵能力中首先遇到的就是感受能力，而最基本的感受能力则是快乐和痛苦。康德指出快乐或痛苦首先总是与愿望或厌恶相关联。但是快乐与渴望的对象并无直接的关系，而仅仅作为一种感受可能是没有对象的，有些快乐如感官的快乐有对象的直接刺激，康德称之为本能的快乐，是先于对法则的遵循，所依据的是自然的物理秩序和幸福原则。但精神的、道德的快乐可能并无明确的对象，这是先经由法则才能感到的快乐，是以一种内在立法的自由作为原则。像中国传统儒家所主张和追求的"孔颜之乐"很大程度上是一种境界之乐，类似康德此处所说的道德快乐。其次作为愿望对象的快乐或痛苦并非都是发生在愿望之前，也未必是愿望的根据，有可能也是愿望活动的结果。

康德的意思是强调快乐或痛苦作为一种感受能力，仅仅与我们心理活动的各种关系中的主观东西相关，这些关系不包括提供知识对象本身，也不会给我们的心理状态增加任何认识。所以快乐或痛苦仅仅是处在某种环境中的结果，以便我们在实践中获得对它们的认识。

由此康德进一步区分了两种快乐，一是实践的快乐，一是沉思（感思）的快乐。实践的快乐是必然与愿望发生联系的快乐，无论它是愿望的原因还是其结果。沉思的快乐则与愿望无必然的联系，是实践哲学偶然讨论的对象。既然实践的快乐与愿望有关联，那么愿望又是什么呢？康德认为有两种愿望，一种是习惯性的愿望，可以称作禀好。一种是通过主体依照普遍法则来判断理解愿望能力与快乐之间的关系，这叫做关切（6：212）。

关切又可以区分。如果一种快乐必然导致一种愿望，这种实践的快乐就是禀好的关切。相反，如果这种快乐只产生于愿望能力的决定之后，它就是一种思辨的快乐，对这个对象的关切就是理性的关切。从前一种关切来说，它是属于感官的，感觉与快乐必然相连，从而可能决定愿望的行动。对于后一种关系而言，是属于理性的关切，对此引进禀好方面的关切是不恰当的。但是为了表达属于精神范围内的禀好，这样的禀好是不能看作理性关切的根据（原因），而只能是结果，这就是非感性的或理性的禀好。

康德对人的心灵能力的剖分深入而细致，在论证快乐或痛苦与愿望能力的关系之后，他又对欲念（concupiscence，对某种东西的欲求）与愿望作了区分。欲念是被当作决定愿望的一种刺激，欲念可以使心里处于一种敏感的状态，但不能使愿望的力量变成行动。可见康德把欲念当作心灵能力的一种发动力，还未触及人的行为，也不太能够影响人的行为。

那么康德又是如何理解人的愿望能力的呢？在康德看来，愿望的能力是与概念相关的。由于决定愿望去行动的原则基于人的内心，而非其对象，根据一个人的喜爱愿望活动的能力就是去行动或拒绝行动。很显然在愿望和行动之间存在一个中间环节，康德对此环节作了深入的分析，这一分析构成其自由意志理论的重要依据。

他把这一心灵分析能力分成两种，一种是选择能力，一种是愿望能力。① 前者是指如果这种活动兼有追求愿欲对象能力的意识，这就是具有选择能力的行为，后者是指这种活动与意识无关，是一种有愿望能力的行为。

在康德看来，由于愿欲作出决定的内在原则存在于主体的理性之中，这种能力就是意志。意志作为愿欲的能力，不仅与选择的行为相关，而且与选择行为的基本原则更有关。这样一来，"严格的说，意志本身没有任何做决定的基础，就它能决定选择的行动而言，它就是实践理性本身"（6：213）。对于康德使用的这两个概念 "Willkür/choice" 和 "Wille/will"，我国台湾学者李明辉曾做过专门的辨析（他的译名是 "意念" 和 "意志"）。其辨析的主要观点如下：

（1）意志是道德主体，是实践理性本身。

（2）由意志产生法则（客观原则），由意念仅产生格律（主观原则）。

（3）意志不直接涉及行为，意念才能直接涉及行为。

（4）意志是立法能力，意念则是抉择能力。

（5）意志本身无任何决定根据，但可决定意志，并透过意念来决定

---

① 康德在使用 "Willkür/choice" 和 "Wille/will" 这两个词时，有自己的区分，但有时区别又不严格。中文译名不尽统一，如李明辉译成 "意念" 和 "意志"，邓晓芒译成 "任意" 和 "意志"，韩水法译成 "意愿" 和 "意志"，李秋零译成 "任性" 和 "意志"，分歧主要出现在对 "Willkür/choice" 的译法上。笔者倾向于韩译。对这两个概念叔本华也进行了区分，他认为意志（Wille）和任意（Willkür）的区分是他的哲学的前提，意志没有任意也可以存在，"意志只有在认识照亮它的时候，和因此动机，因而是表象是推动它的原因时，才叫做任意。这就是说，如果客观地描述的话，当来自外界的造成行为的作用通过大脑中介时，意志才叫做任意"（叔本华著，《自然界中的意志》，任立、刘林译，北京：商务印书馆 1997 年版，第 36 页）。叔本华认为意志是第一位的、本质的，任意则是第二位的，靠意志唤起。

行为。

（6）意志属于"理体"（Noumenon），意念属于"事相"（Phaenomenon）。①

李氏的分析基本把握了康德对这两个概念所表达的意义，值得借鉴。为了统一起见，我们将这两个概念称为意志（Wille/will）和意愿（Willkür/choice），意志与实践理性是等同的，它无所谓自由或不自由，而意愿必须自由地决定是服从理性的命令，还是追随欲望的驱使。② 也就是说，意志是人内在的本有能力，不必用自由的价值来进行判分，而意愿则受理性的支配，开始具有自由的价值意蕴。③

康德的区分带有明显的理性主义色彩。从人作为整体存在的角度来看，意志和意愿与自由都有直接关系，或者说在主体存在实现的过程中，意志和意愿都是其重要的环节。"意欲或意愿通常表现为想做某事或希望实现某种目的，这种意欲基于主体的需要，又本于一定的价值取向或价值定势，它们在经过升华之后，可以进一步取得理想的形式。"④ 的确，我们很难找到一种无价值取向的意愿或意欲行为，在意愿的行为取向中，意志的抉择能力往往起着关键的作用。这时的意志作用虽然常常与情感、认知等其他因素相关联，但在对行为价值取向的抉择过程中，意志作为一种自由能力似乎起着更为重要的作用。这可能与康德此处所说的意志就是实践理性能力是相关的。在康德的理论体系中，意志不是作为与情感、理性相对并列的心理学范畴，而是作为理性存在本身具有的一种实践能力出现的，是哲学的概念。可以说，这是标示康德哲学的现代意义之所在。

当心灵的能力涉及到行为层面时，理性和法则就开始出现，并要发挥它们的作用。康德指出，就理性能够决定愿欲的行为来说，不仅是选择，同时也包括意志限制下的单纯的意愿。故而人的行为选择也有分别，即由

---

① 李明辉著：《康德伦理学与孟子道德思考之重建》，台湾："中央研究院"中国文哲研究所刊印，1984 年版，第 133 页。

② ［美］加勒特·汤姆森著：《康德》，赵成文等译，北京：中华书局 2002 年版，第 92 页。

③ 也有学者将二者翻译成"意志"和"意欲"，与本书使用意义相同。"人的意志是善良的，但善良意志并不能做抉择；能够做抉择的能力是意欲，意欲有自觉和自发两种状态：它既可以接受善良意志的指导而自觉地趋善避恶，也可以按照感觉的提示而自发地趋乐避苦。"（赵敦华著：《西方哲学简史》，北京：北京大学出版社 2001 年版，第 326 页。）

④ 杨国荣著：《存在之维——后形而上学时代的形上学》，北京：人民出版社 2005 年版，第 294 页。

纯粹理性决定的选择叫做自由意志的行为选择，仅仅由感官冲动或刺激之类的禀好引起的行为叫做动物性的或非理性的行为选择。康德明确指出，人类的选择行为会受到各种感官刺激和冲动的影响，但决不会受其决定。

为此，康德区分了自由意志的两种状态：一是意志自由的消极方面，决定自由选择的行为不受感官冲动的影响；二是意志自由的积极方面，是指纯粹理性在自身实践中的能力，这种自由有一个前提，即只有在各种主体行为的准则服从于一个普遍的法则的条件下才是可能的。

那么什么样的法则能够成为普遍的道德法则呢？这就涉及到第二个问题。

（二）自由法则与道德法则

康德的推论一贯严密、细致而完整，有时简直就是倍加小心，近乎啰嗦的境地。但是这种顽强的求证精神恰恰代表了一个哲学家的理性良知，是对人类自身理性能力切实而到位的批判性思考，这也是康德哲学的整体魅力和价值所在。

在《道德形而上学基础》和《实践理性批判》中，康德对道德法则的特征、确立以及义务的强制性等都作了充分的论证。① 在《道德形而上学》一书中，康德从法则分类的角度，运用比较的方法，对道德法则进行了新的诠证。

康德指出，实践理性就是一种制定法则的能力。但由于它缺乏构成法则的质料，所以只能做出最高的法则的决定。而人类自身的行为准则来源于主观原因，并非必然地与客观的、普遍的原则相一致，故而理性只能制定禁止做或必须做的绝对命令。

实践理性制定的法则与自然法则是有区别的，它是一种道德法则，也叫自由法则。道德法则又分为两种，即法律的法则和伦理的法则。法律的法则只涉及外在的行为，行为与法则一致叫做行为的合法性，行为体现的自由是外在实践的自由。伦理的法则是法则本身就是决定我们行为的原则，行为与伦理法则相一致是合道德性，行为体现的自由既是内在的，又是内在的理性法则的意志自由。

可以看出，康德此处论述的道德法则是广义的，外延是大于伦理的法则的。其用意非常清楚，即自然法则是一切自然科学研究的对象，有其自身的形而上学的普遍法则。如牛顿把经验所证实的作用与反作用的平衡原

---

① 前者上文已论及，后者下文将详细展开论述。

理推演成一条关于整个世界的普遍法则，化学家把物质分子的化合和分解当作普遍的法则，等等①。

既然自然法则有其形而上学的基础，那么道德法则也应当有其形而上学的基础，但又与自然法则不同，"道德法则作为有效的法则，仅仅在于它们能够合乎理性地建立在先验的原则基础上并被当作是必然的"（6：215）。也就是说，道德法则不可能从经验当中产生。

康德还指出，道德法则也无法从情感中获得，"任何道德原则都是由内在于每个人的理性推理能力之中隐在的形而上学的思考所引发的"（6：376）。以形而上学的方式去探究道德原则是不可避免的，情感无论是什么原因激发的，都只是形而下的，都服从于自然的秩序。道德的义务法则既不能像神谕式地加以传达，也不能以教条来阐述，只能像"形而上学的教室里的小学生"那样，从头学起。

康德对经验和情感因素的排除，试图确立一种纯而又纯的道德法则与其理性主义立场相关。理论的某一方面强调往往造成理论自身的偏向。对情感、经验的纠偏又会导致对情感要素的彻底否弃，这对于理性的整体存在来说无疑是一种割裂。康德并没有避免这种理论自身的二律背反。

正是从这种立场出发，康德对道德形而上学的立法原则进行了分类。他通过分析立法因素指出有两种立法形式。所有的立法都有两个要素："第一个是法则，它表示该行为的发生是客观的、必然的，因而使该行为变成一种义务；第二个是动机，它是把决定选择某种行为的理由与对法则的表述主观地加以联结起来。"（6：218）因此第二个要素就是法则使义务成为动机，即通过法则，行为依照法则与决定意志活动的可能性的认识相一致，该行为就体现为一种义务。

这样一来，一切立法都可以根据其"动机原则"（即与动机的关系）来加以区分：一是使得一种行为成为义务，而这种义务同时又是动机的立法就是伦理的立法。另一种则是，如果这种立法在其法则中没有包括对义务的动机，因而允许不是义务自身的动机，这种立法便是法律的立法。法律的立法因为有意识活动参与其中，比如受到厌恶、爱好等本能的主观因素的干扰，其立法便表现为强迫性，而不单纯是劝导的。

由于立法形式的不同，康德指出行为本身与法则的关系也是不同的。若一种行为与法则一致或不一致而不考虑其动机，就是该行为的合法性；

---

① 在康德的理论中，自然法则的普遍有效性建立在主观和客观确定性统一的基础上。自由法则却只有主观确定性而无客观确定性，这也是他苦苦寻求自由法则的形而上学基础的深层理论动因。

如果一种行为与产生于法则的义务观念相一致，而同时又构成该行为的动机，就是该行为的道德性。

这一区分又进一步导致对义务的划分。根据法律立法确定的义务只能是外在的义务，它并不要求义务本身就是意志行动的原则本身。伦理立法规定的义务则是外在的，它使内在的行为也成为义务，甚至不排除拥有一切属于义务之外的东西。伦理立法动机的内在性使它无法归于外在立法，也不依靠神的意志。所谓外在义务与内在义务的区别并不在于义务本身的不同，更多的是其立法的不同，不同立法产生的法则与不同动机相联系，伦理立法的特殊性就在于义务自身是意志活动唯一充分的动机。

康德对义务的划分只是表明不同的义务有其不同的实现方式，总体上则都属于道德哲学的范围，所以他又称道德哲学为义务论（6：379）。既然外在的义务可以法律化，那么只要确立一种权利的普遍原则，通过强制的方式，就可以保证此类义务得到实现。不过康德认为这只是处理外在自由的形式条件。真正理性存在物为义务的目的是内在自由的。不应该是强制的，这就涉及到内在义务的实现问题。康德提出了自己的德性与良知理论。

（三）理性之上的德性与良知

康德著作文本中的德性并不具有德性伦理学揭示的含义，其良知概念也有自己的独特表达。

他是从限定讨论对象入手展开自己的理论的。[①] 他指出道德命令强制的对象是作为有理性的自然存在物的人，而非所有的理性存在物，如神圣的存在物。但人又是一个自由的存在，在面对道德法则时，并不直接表现出心甘情愿，而是要抵挡各种禀好的影响才能去服从道德法则。康德将这种力量称之为一种坚忍、刚毅的德性。这样一来，感性禀好的目的与人们立法理性的道德目的就产生相互冲突。为了解决这一矛盾，就要分析目的概念。"目的是理性存在物意志选择的目标，通过意志选择去决定采取某种行为的表现从而实现这一目标"（6：381）。康德进而认为目的不能是被迫的，人们只能通过实践理性决定自己的目的。这样的目的是实质性的，可以与源自感官冲动的目的相对抗，这就是一种义务的目的。正是从这一角度出发，康德提出"伦理学也能够被定义为纯粹实践理性的目的的体系"（6：381）。

康德认为如果从目的内在性和目的为我方面来说，伦理学也是一种德性论。这就不可避免地遇到对目的的本性的讨论。目的总是与手段相对而言

---

① 康德对问题的分析极其富于策略，我们甚至可以称之为步步进逼、自然澄现的思辨术。

的。但康德认为目的本身是不能强制的，在强制之下，目的就会变成手段。去拥有一种我不能使自己成为目的的目的是自相矛盾的，如同说一种不自由的自由行为。只有作为义务的目的才不会有矛盾，因为我是自我克制的，与自由并不矛盾。康德证明说，一个人在肉体上越少受驱使，而在义务上越多受义务观念的支配，他就越自由，如一个人会因为意志和决心而不会轻易放弃自己的决定。但是一个事物观念的可能性（不自相矛盾）并不足以证明该事物本身的可能性（客观实在性）。

从理论的角度看，我们认为目的本身也是一种手段，如内在的自由的目的，但这又不仅仅是从实践理性角度说的。若根据纯粹理论理性，目的本身又难以成为一个自由的概念，这是最高的本体意义上的目的，是先天的。实践理性意义上的目的自由仍然是相对的，这是理性自身能力所限制的。①

康德没有对目的的自由本性进行探讨，他转而去分析目的与义务的两种关系。一是从目的出发去寻找合乎义务的行为准则，一是从合乎义务的行为准则出发去寻找本身也是义务的目的。法学走的是第一条路，每个人的目的都是自己的意志选择，但标准（法则）是在先的，只要保证各自行为的自由与他人的自由是相容的。伦理学走的是第二条路，义务是作为伦理行为的出发点，义务是居于目的之前的。康德称这种义务为德性的义务。

法律的义务是靠外在强制保证义务可能是道德的，德性的义务则是仅仅基于自由的自我强制。由此反观中国传统原始儒家的道德哲学，也有"自诚明"和"自明诚"的双重进路。此种立场与康德的论述有很大程度的一致，康德强调义务的优先性，儒家也更重视"自诚明"的道德修为的根本性。

康德进一步指出，德性是一种实践理性的自觉，并且拥有一种良知的力量去控制一个人对普遍法则抵抗的倾向。这种力量虽不能直接地被觉察到，但仍然可以从道德命令中推断出来。在下文的论述中，康德又一次重申德性的这一含义，"德性是人在履行义务时人的行为准则所体现出的力量。任何种类的力量都可以通过它能克服的障碍来认识，在德性的场合中，这些障碍是自然的禀好，这些禀好能与人使用的道德解决的方案相冲突，并且因为它是人自己将这些障碍置于准则的方式之中的，德性不仅是一种自制（因为那是一种自然禀好去克服另一种禀好），而且是依据内在自由原则，完全由义务观念根据其形式法则而施加的一种自我强制"（6：394）。在这种意义上，康德认为"人的道德性在其最高层次上不可能是

---

① 这一点可以与康德对理论理性和实践理性的二律背反的论述相比较，此处不再赘述。

德性以外的任何东西"（6：383）。

依据于此，我们发现康德有超越义务论的倾向，但紧接着康德又表现出对德性论的背离。他认为德性不应当被定义为一种习性（Aptitude/Fergtikeit，含有"技能"的意思），或一种通过实践而获得的道德善行的长久习惯。与康德的这种理论相反，德性伦理非常强调德性的功能性品质，无论是亚里士多德还是麦金太尔，都把德性作为人的存在的重要品质特征，认为德性具有习性的特征。①

其实从康德的一个注解中，不难看出其德性概念与善的概念是相近的。他说德性 = +a，缺乏道德 =0，这是德性的逻辑的对立面，其真正的对立面则是恶 = -a。他认为对于行善或是作恶是否需要同等的心力的问题在此区分之下就不仅是没有必要的，也是不恰当的一个问题。康德强调健全的理性，只有在此理性健康的基础上，人的心力才可能是全面的、平衡的，为恶者尽管也使用理性，那也是不健全的。所以我们大致可以把康德提出的德性界定为理性的德性，或称之为一种弱的德性论。相对于此，其义务论可以称之为强的义务论。

康德既然是以理性能力为基本内容的自我强制，那么德性就不能代替心灵的所有能力。为此康德又分析心灵对义务概念接受的一般敏感性的四种概念，即道德情感、良知、爱他人、尊重。爱和尊重都属于道德情感的范围，只是二者体现不同的情感的方向。根据康德的理解，爱体现情感的引力原则，尊重则是斥力原则。不同的道德情感会影响意志选择，进而影响行为取舍。康德指出，感觉有其官能，但道德情感却无自己识别善恶的官能，只有自由意志受纯粹实践理性及其法则的激发而产生的一种敏感性，才是我们能够理解的道德情感。这种情感甚至是人摆脱动物性的一种精神生命力。② 追诉这种情感必然遇到良知的概念。

如果说康德对德性的理解没有深入到人的心灵能力的品质当中，那么，他对于良知的论证则具有更大的说服力。"良知并非任何外在可求之物，并且我们也没有义务为我们自己提供一个良知，它是任何人作为道德存在物生来就具有的"（6：400）。

① 戴兆国著：《心性与德性——孟子伦理思想的现代阐释》，合肥：安徽人民出版社 2005年版，第11—12页。
② 康德在此仍然依据其理性的立场强调了道德情感中的理性的敏感性，但无论将道德情感归于感知觉，还是否认其感知觉的特征，道德情感都是一个值得探讨的对象。这样的讨论可以结合宋儒提出的"已发"和"未发"理论，以及情感主义伦理学的某些理论加以展开。此处不再赘述。

康德认为良知是实践理性依据法则判定人是清白的还是有罪的一种功能（能力），它并不指向客体，而只指向主体。良知是一种必然的事实。若一个人没有良知，他就既不会因为遵循义务而自豪，也不会因为违背义务而自责，甚至于连具有良知是项义务的念头也不会有。良知的特点决定良知不会出错，没有良心是指受习气的影响不能遵循良知的裁决，而非缺乏良知。但是凭借良知行事本身不是一项义务，否则必有一个良知来觉知前一良知的行动的情况。

可以看出，康德的良知属于实践理性的一种能力，因而对良知的培养是以义务的方式加以实现的。这非常不同于儒家心学一派理解的天理良知，在心学那里，良知是一种本体，一切道德活动都要靠良知来发动。康德所言的良知，是一种理性的事实，近于隐默之知向度上的理性存在。①所以涵养良知只属于间接的义务，而非直接的。

知识论和理性基础非常显明地为康德道德哲学提供前提，这是研究者普遍关注的。人性基础立足于人的心灵能力与道德法则关系的考察，为道德实践理性的运用确立人的行为根据。由于康德道德哲学长期被当成义务论或形式主义伦理学，因而对其人性论的分析常被忽略。从以上阐述可以看出，康德把人的心灵能力归于实践理性的范围，并将德性和良知也看作是实践理性的运用，这就在人性能力的层面上证明了道德形而上学奠基的必要性，这是康德道德哲学能够与现代伦理学相互沟通的重要契合点。基础既然奠定，大厦的构筑也就指日可待。

---

① 李明辉著：《康德伦理学与孟子道德思考之重建》，台湾："中央研究院"中国文哲研究所刊印，1984 年版，第 44 页。

"我们如果认定，纯粹理性能够在自身就包含一个实践的，即足以决定意志的根据，那么实践法则就是存在的；否则，那么一切实践原理都将是单纯的准则。"（5：19）

"实践理性的惟一的客体就是善和恶的客体。人们把前者理解为欲求能力的必然对象，把后者理解为憎恶能力的必然对象，但两种能力都是依照理性原则的。"（5：58）

"有两样东西，我们愈经常持久地加以思考，它们就愈使心灵充满始终新鲜不断增长的景仰和敬畏：在我之上的星空和居我心中的道德法则。"（5：161）

第三章　康德道德哲学的轴心和枢机——实践理性

任何确立理论基础的反思工作都是为了现实的理论展开，康德道德哲学展开的方式有其独特性，即紧密围绕实践理性这一理论的轴心铺陈自己的道德理论，在人类道德哲学史上对人类的实践理性进行了深入的疏解和剖析。康德不仅考察了道德实践理性与纯粹理论理性的不同，而且就道德实践理性的对象、道德实践理性的运用作出了阐述，最终构建起一个完整的道德实践智慧学。

一　道德实践理性的批判性考察

如果说康德的《道德形而上学基础》、《道德形而上学》是其道德哲学理论的奠基，那么《实践理性批判》则是其道德形而上学理论体系的整体展开。有学者认为《道德形而上学基础》主要是分析的，目的在于分析道德以及道德法则的最终根据，《实践理性批判》则是分析与综合并行的，其主要任务是诠证因自由而可能的道德法则是如何使人的道德行为成为可能的。① 在《实践理性批判》当中，康德系统阐发了自己的道德哲学理论，其核心就是实践理性。

康德全神贯注于作为人类自我意识形式的人类理性。一方面，我们的自我意识是探究和研究自然与社会的主体（我们的理性拥有着理论理性）；另一方面，我们的自我意识是深思熟虑着的和行动着的主体（我们的自我意识拥有着理论理性）。理论理性关心的是被给予的对象的事实，实践理性关心的是对对象的制造。②

康德对实践理性作出了全面而深入的批判性考察，展示了康德对于人类实践理性能力的深刻理解，并为其道德哲学体系确立了轴心和枢机，对后世伦理学产生了积极而深远的影响。

（一）何谓实践理性

康德直接指明任何一门科学都应当有其自身体系的形式，并且具有自身的正当性。依此，实践理性和思辨理性，因为具有同样的认识能力，只有从比较的角度对其各自的形式区别作出分析，予以指明。我们可以从下表的结构中看出二者的主要区别：

纯粹理论理性分析论	先验感性论——直观（感性）——直观对象↓	
	先验逻辑	概念分析论　　感性能力↓
		原理分析论　　原理体系
实践理论理性分析论	纯粹实践理性的逻辑	原理分析论——先天实践原理↓
		概念分析论——实践理性对象↓
	感性论——情感（欲求的主观根据）——道德情感	

这种划分虽标示纯粹实践理性自身的独特形式和体系，但从理性整体来说，人类仍然企求一种知识系统的统一性。

康德指出纯粹实践理性的划分有类似三段论的结构：

---

① 叶秀山、王树人总主编：《西方哲学史》，张慎主编：《德国古典哲学》第六卷，南京：凤凰出版社、江苏人民出版社 2005 年版，第 155—156 页。阿多尔诺曾认为《实践理性批判》是一本无与伦比的深刻和丰富的著作，在《道德形而上学基础》和《实践理性批判》两本著作中存在相互交叉的情况（［德］阿多尔诺著：《道德哲学问题》，谢地坤、王彤译，北京：人民出版社 2007 年版，第 24 页）。

② ［美］罗尔斯著：《道德哲学史讲义》，张国清译，上海：上海三联书店 2003 年版，第 371 页。

大前提：道德的一般性原则

小前提：把善和恶的可能行为归属于一般活动

结　论：对实践上可能的善并且以善为准则确定主观的意志决定

这种要求从一条原则出发推论出一切，是人类理性追求彻底系统的统一性的要求。前文已经对人类追问形而上学确定性的诉求做出过分析。不仅康德对此有明确的态度，而且直至现代哲学，尽管拒斥形而上学的风气一度盛行，但寻求形而上学的统一之梦仍未破灭。如海德格尔就认为："康德为形而上学奠基，是从建立那构成真正形而上学即下属形而上学之基础的东西入手的，也就是从建立一般形而上学入手的。"① 虽然康德没有解决形而上学何以可能的难题，但他为寻求人类理性能力之统一所做出的先驱式努力仍然值得肯定。这可能就是海德格尔所强调的要从根本上阐明在存在作为存在（而非作为存在者）与人的有限性之间的本质关联。②

从原理到实践，与从实践到原理，就是实践理性与纯粹理论理性之间的最大差别。康德强调对法则敬重的重要性，排除对各种感性爱好的敬重，这是纯粹实践理性的无上法则。由此推论下去，就出现了以经验原则为基础的幸福论和毫无经验成分的道德论的分别。

这是赋予纯粹实践理性分析论的第一的和最重要任务。康德认为这种区分可以像几何学那样精确。因为尽管从单纯概念出发，不能将直观设置为纯粹本体的基础，但却可以像化学家那样，严格区分道德的、纯粹的决定根据与经验的决定根据，这对于理性来说是轻而易举的事情。

（二）实践的自由

康德指出在人的理性能力的运用过程中，理论的理性运用与理论的实践运用不同。前者关心的是单纯认识能力的对象，只涉及纯粹的认识能力，最终也是在一定界限内限制理论理性越出自身而引起概念的矛盾。后者则完全不同，"在这种情形下，理性处理意志的决定根据，而意志或者是产生与表象相符合的对象的一种能力，或者竟然就决定自身而导致这些对象（不论自然的能力是否足以胜任）的能力，亦即决定其自身的因果性的能力"（5：15）。这是对实践运用中意志能力的一种反省和考察。这就引出了一个问题，即理性自身就可以规定意志，还是以经验性为条件的理性才能规定意志。这个问题涉及到对自由概念的理解。

① ［德］海德格尔著：《康德和形而上学问题》，载《海德格尔选集》，孙周兴选编，上海：上海三联书店1996年版，第110页。

② 同上书，第111页。

康德认为只有不受经验性局限的理性才是"无条件的实践的"。"因此，一般实践理性就有责任去防范以经验性为条件的理性想要单独给出意志决定根据的狂妄要求"（5：16）。

那么这样一种实践理性能力的运用以及与其相关的自由是如何得到规定和说明的呢？为此需要对实践理性能力进行批判。康德指出《实践理性批判》"应当阐明的只是存在着纯粹实践理性，并为此而批判理性的全部实践能力"。"因为，如果理性作为纯粹理性现实的就是实践的，那么它就通过这个事实而证明了它及其概念的实在性，而反对它存在的可能性的一切空想就都是白费力气了"（5：3）。

就是说，纯粹理性在运用于实践时，无须证明其实在性。人的实践本身就是一种实在性的事实，没有现象和本体的区分，因而这种人的实践领域中的自由也是实在的，先验的，无须（法）加以证明。但是人又总要去说那些不可说的东西。那么实践当中的自由如何加以界定、判断和说明呢？

康德对实践的自由作了三点说明：

（1）先验的自由。"思辨理性在应用因果性概念时需要这种意义上的为着当它要在因果连接的系列中思维无条件者时，将它自己从不可避免地陷于其中的二律背反中挽救出来。"（5：4）纯粹的实践理性并不需要进入思辨的那无条件者当中，所以不会造成二律背反，也就不会导致被怀疑。

（2）自由概念是思辨理性体系大厦的拱顶石。与此概念相联系的其他概念（上帝和灵魂不朽）的可能性已由自由是现实的这个事实得到证明。

（3）自由是道德法则的条件。我们先天地知道，但却看不透它。但上帝和灵魂不朽不是道德法则的条件，而只是由道德法则决定的"意志的必然客体的条件"，是"纯粹理性的单纯实践应用的条件"。这种假设性的东西于我们的知识并没有扩展，"它是一种合规律的假定某物的需要，舍此，我们应当不放松地建立为自己行为举止的意图的东西就不可能发生了"（5：5）。理论的实践运用和理论运用本身就可以得到联结。

实践理性的批判要达到的目的，就是为在思辨理性中否认诸范畴的客观实在性寻找纯粹实践理性方面的实在性，"这种思辨原来谆谆告诫说，经验对象本身，包括我们的主体在内，只可承认是现象，但同时将物自身置为它们的基础，这样，一切超感性的东西才不至于被看作是虚构，它们的概念也才不至于被看作空无内容的：现在实践理性自身并未与思辨理性约定，就独自给因果性范畴的超感性对象，也就是自由提供实在性（虽然作为一个实践概念还只供实践的应用），而且实践理性通过一个事实也证实了在思辨理性那里只能够思维的东西"（5：6）。

康德进而指出由德性原则来确定的自由与由自然法则确定的作为自然机械作用的因果性是在同一主体之中确定下来的，不可能相互矛盾，而是前后协调一致的。在思辨理性中现象与本体界的对立在纯粹实践理性当中是不存在的，也是不应该发生的。

通过这样的区分和界定，康德明确指出实践理性批判的任务是："只应该详尽阐明它的可能性、范围和界限，而与人性没有特别的关系。"（5：8）这是对道德法则普遍性的奠基。这不同于《道德形而上学基础》为整个道德哲学的奠基工作，而是深入到实践理性运用的道德法则的普遍性原理之中进行探讨，为康德整个理论体系的建构准备基础。

（三）纯粹实践理性的形式法则

在明确了实践理性批判的任务之后，康德开始对纯粹实践理性运用的形式进行分析论证，进而指明纯粹实践理性运用过程中应当遵守的法则是什么。这一部分是通过对实践理性的形式法则的推理过程来展示的，主要包括四大定理组成的定理体系。

康德在推论纯粹实践理性的形式法则之前，对法则和准则作了较为严格的区分。康德指出实践的原理是意志普遍规定的规则。这种规则有两种存在方式，或者可以做这样的区分：

主观的准则（Maxime/Maxims），这个条件只被主体看作对他的意志有效。

实践的客观法则（Gesetze/Law），对每个有理性的存在者的意志都有效。

二者的最大区别就在于是个人主观确立的还是普遍意志的立法，前者只能是准则，后者则是法则，"我们如果认定，纯粹理性能够在自身就包含一个实践的，即足以决定意志的根据，那么实践法则就是存在的；否则，那么一切实践原理都将是单纯的准则"（5：19）。康德的目的就是彻底纯化作为意志的客观能力，也就是纯粹实践理性的能力体系。

那么纯粹实践理性的意志能力能够纯化到什么程度呢？为此，康德以一系列的定理推论的方式展开自己的批判过程，借此也明确了实践理性运用所遵从的一系列法则。

1. 定理一（法则一）："凡是把欲求能力的客体（质料）作为意志决

定根据的先决条件的原则，一概都是经验的，并且不能给出任何实践法则。"（5：21）

从欲求出发，意味着欲望先行于实践规则，那么这样的原则任何时候都是经验性的，而且建立在愉快或不愉快的感受性上，永远不能充当实践的法则。

康德反对把经验性和感受性作为意志法则的根据，与其对理性的批判立场相关，这是其一贯的主张。道德思考的此种进路具有激越和高扬主体能动性的功能。不过现实的实践原则往往是与经验性和感受性直接相关的，对于这一类实践原则的本性康德作了深入的分析。这就是定理二的内容。

2. 定理二（法则二）："一切质料的实践原则本身皆为同一种类，并且从属于自爱或个人幸福的普遍原则。"（5：22）

康德的目的想寻求形式的实践原则，但现实中质料的实践原则却普遍存在，对此必须加以批判的分析。康德指出这种原则以幸福感为基础。"既然一个理性存在者有关贯穿他整个此在的人生愉悦的意识就是幸福，而使幸福成为意愿的最高决定根据的那个原则，正是自爱原则"（5：23）。无论是幸福还是自爱在康德看来都是感性的依赖于对象而存在的一种欲求能力的根据，这是实践的质料原则或现实原则的基础，不能成为道德的法则。

为了进一步明确这种感性的原则不能作为道德的法则，康德又从两个方面进行分析。

（1）依赖于感官表象的快乐感只能作为实践原则的经验性条件，而不具有普遍性。

康德分析指出人们可以从感官与知性的区分中分别出低级欲求能力和高级欲求能力。当追问这种欲求能力的根据时，人们关心的并不是令人快乐的对象的表象来自何处，而只在于它令人快乐到什么程度，有多少快乐。

从感官的角度说，刺激人并使人产生快乐的条件很多，如果意志确立的原则如此没有确定性，又何从谈起法则的普遍效力呢？康德举例说，对于需要花费金钱的人来说，只要金钱到处都被同样的价值接受，那么它的材料金子无论是从矿山挖出来的还是从沙里淘出来的，都是一样的。快乐也是如此，只要一个人追求它，人们是不会区分是知性表象还是感官表象带来的，而只会问这些表象在最长的时间内给他带来多大和多少的快乐。

康德认为在他以前的哲学体系没有做过这种区分，如伊壁鸠鲁的快乐主义，就没有把感官的快乐与知性的快乐加以区分。①

因而康德总结指出：理性以一个实践法则直接规定意志，不借助于某种参与其间的愉快和不愉快的情感，哪怕是对这一法则的愉快和不愉快的情感，而是只有凭借它作为纯粹理性能够是实践的这一点，才使它是立法的成为可能。

（2）从语义分析的角度对幸福、自爱等做出规定。

对幸福的追求是每一个理性存在者的必然要求，是他的欲求能力的不可避免的决定根据。但由于每个人都有各种需求，而需要的满足和不满足以及带来的愉快和不愉快都是主观的，只能经验性的被主体所认识，所以就不可能成为一种普遍法则。"因为法则客观地在一切场合和对于一切理性存在者包含着意志的同一个决定根据"（5：25）。幸福、愉快对于不同的主体需要永远不相同，是一种偶然的实践原则。此时，外在的物质条件，以及所可能期望的快乐是实践原则的依据，永远难以确立起纯粹形式的普遍有效的原则。

虽然包含一些技巧的普遍原则，如为实现目的寻找手段，为结果寻找原因等，但从实践规范的角度说却永远不是普遍的。康德认为即使出自于身体的自然反应，也不能是实践原则客观必然性的基础。

既然经验的、感性的和质料的原则都不能够作为实践原则客观必然性的基础，那么剩下就只有形式的实践原则了。这就是康德提出的定理三。

3. 定理三（法则三）："如果有一个有理性的存在者应当把他的准则思考为实践的普遍法则，那么他就只能把这些准则思考为这样一些不是按照质料，而只是按照形式包含有意志的决定根据的原则。"（5：27）

定理三是前两个定理推论的必然结果。康德认为一个实践原则的质料是意志的对象，这种质料能不能成为意志的决定根据直接决定实践原则的合法则性。从实践原则的纯形式来看，质料等经验性的条件应该是予以排除的，只有适合于普遍立法的形式，实践法则才能独立地成立。

康德以近乎浪漫的笔调为人类的知性设定了一条底线，即"准则之中的哪些形式适合于普遍立法，哪些不适合，这一点极其庸常的知性不经指教也能区别"（5：27）。康德以占有去世者的财物为例，推出占有他人财物无法成为一个普遍性的立法原则，说明了此论点。从现代科学的角度来说，此种底线不仅需要一种心理学的证明，而且应当有其社会学、人类

---

① 这一点在中国哲学中也有过探讨，即快乐的感觉、现状与快乐的境界等。如孔颜之乐就不是一种功利状态的快乐。个中差别需要仔细辨析。

学的根据。从一个具备正常理性能力的角度判断，这是无疑的，但现实的情况是，经验中的理性存在者却并非有从归纳法意义上的遵守此条底线。

就连康德自己也发出了疑问，"所以聪明人居然想起将它们（指以欲望为基础的原则）据此冒充为普遍的实践法则，便是令人奇怪的了"（5：28）。疑问归疑问，康德仍然认为以经验性的根据来制定实践的普遍法则是绝对不可能的，是既不能作为外部的立法，也不能作为内部的立法，因为人们对于爱好的选择永远是不确定的。

实践活动的人毕竟是千差万别的，那么作为形式的普遍实践法则如何能够在现实当中得到贯彻呢？这是康德推论的定理四所要说明的内容。

4. 定理四（法则四）："意志自律是一切道德法则以及合乎这些法则的义务的独一无二的原则；与此相反，意愿的一切他律非但没有建立任何职责，反而与职责的原则，与意志的德性，正相反对。"（5：33）

在推论定理四之前，康德提出了几个非常重要的问题。

第一个问题是："我们关于无条件的、实践的事情的认识是从何开始，是从自由开始，抑或是从实践法则开始？"（5：29）

（1）从自由开始不可能。我们不能直接意识到自由，自由的最初概念是消极的。

（2）意识得不到自由，经验中也推不出，经验提供的只是自然的法则（规律）。

（3）最后只剩下纯粹的道德法则。康德说："因此，正是我们（一旦我们为自己拟定了意志的准则，立刻就）直接意识到的道德法则首先展现在我们面前，而且由于理性把它呈现为不让任何感性条件占上风的、确实完全独立于它们的决定根据，所以道德法则就径直导致自由概念。"（5：29—30）道德法则的这种独立性，加上理性自身的能力保证了自由概念得以显现。

第二个问题是：对道德法则的意识又是如何可能的呢？康德认为这是由于德性法则和实践理性的加入导致的。康德认为：我们对实践法则的意识如同对于纯粹的理论原理一样，是来自于理性的双重功能。一方面理性可以给实践法则颁布必然性，从而导致出纯粹意志的概念。一方面理性又对各种经验性条件予以剥离，从而引导出纯粹知性的意识。从自由出发介绍现象中的概念会引起二律背反，但在实践理性当中则不会产生因果系列的无限延伸。所以正是德性法则和实践理性的加入，并把自由的概念强加给我们，我们才冒险将自由引进到科学中来。

康德举了两个例子予以说明：（1）在淫欲的爱好面前有座绞刑架，

在淫欲之后一定会被送上绞刑架，人们会选择什么？（2）一个君王以死刑威胁一个人，让他用莫须有的罪名去陷害一个清白的人，人们又会如何选择呢？

对于前者很多人会马上做出选择，对于后者则存在着一定的困难，因为对于生命的留恋使人难以抉择，但放弃生命的留恋又是可能的，这是任何人都可以毫不犹豫的承认的。这种对可能性的承认就是一种应当做某事的自由，是一种彻底的尽管不会付诸行动的意志的自由。此种自由是在道德法则面前才能够加以确认的，是每个人意识到应当做某件事的自由。

第一个例子是纯粹实践理性的运用，尚未涉及到道德法则。第二个例子则是对道德法则的不可回避的选择，体现了真正的人的自由，是积极的。前者还是消极的，具有经验的因果性，后者则完全是自由的因果性。

清除了对经验条件的依赖，对自由概念的无穷循环的追索，避免了思辨理性遇到自由时的二律背反，纯粹实践理性的基本法则就可以呼之欲出了。这就是："这样行动：你意志的准则始终能够同时用作普遍立法的原则。"（5：30）康德分析指出应当的实践命题的公设是先天的定言实践命题，在此意志就绝对地和直接地（通过在这里也是法则的实践规则自身），并且客观地被决定的。因为纯粹而自在的实践理性在这里是直接的立法的。意志的纯粹性是独立于经验性条件，通过法则的单纯形式被规定，这是一切准则的最高条件。

第三个问题是：在纯粹意志规定下的法则如何被认识呢？康德认为这些先天综合命题不是建立在纯粹直观和经验性直观之上的，它是分析的，因而需要智性的直观（die intellektuelle Anschauung/intellectual intuition）。所以需要注意的是"他不是任何经验的事实，而是纯粹理性的唯一事实；纯粹理性凭借这个事实宣布自己是始源地立法的（sic volo，sic iubeo［这是我的意志和命令，让我的意志为行为作保］）"（5：31）。康德所指的智性的直观是理性的功能，自由意志在此是积极的。"纯粹理性只是自为地实践的，并且给予（人）一条我们称为道德法则的普遍法则"（5：31）。这是实践理性的最直接表现。

第四个问题是：在实际的行动中，德性法则的普遍性如何得到体现和贯彻？康德指出这是理性的功劳。因为"不论禀好在这其间说了些什么，而他们廉洁自守的理性，因为把自己看作是先天实践的，便始终把某一行为方面的意志准则置于纯粹意志，即它自己之前"（5：32）。理性对意志活动方向的坚定把守，使得一切有理性的存在者都能够通过规则的表象来规定自己的能力，从而根据先天的实践原则来行动。

康德认为对于因需要和感性冲动所刺激的存在者无法像理性那样确立自己的意志，而只能走向与道德法则的冲突。这种出自理性和客观法则的强制（迫）的行动就是义务。义务的强制来自于实践理性的道德强制，是一种智性的强制。在这种强制之下，任意（意念）的准则不断地被纳入到意志的法则之中，一步一步地接近意志的实践要求。在康德看来，这种接近是无限的过程。只要这种进程始终不渝，就能够确保德行的不断实现，有限的实践理性就能够在自我德行能力的成长过程中达到极限。

这一观点非常深刻，在有限理性那里，无论是意志的能力，还是意志的立法能力，总是有限的，如何使有限存在者在实践中完善自身的德行，一直是难以回答的。康德引进了实践理性的自我（内部的、智性的）强制，在很大程度上保证了德行能力朝向无限的发展。这是对主体自觉自愿能力的肯定，是康德理性主义思想闪耀出来的光辉。

通过对这四个问题的解决，康德对定理四做了自己的解释。康德认为意志自律的原则不仅要独立于一切欲望的客体（法则的物质条件［质料］），而且还需要具备单纯的普遍立法形式。道德法则表达的是纯粹实践理性的自律，是自由的自律，"这种自律本身就是一切准则的形式条件，唯有在这个条件下，一切准则才能与最高实践法则符合一致"（5：33）。

此处"自由的自律"之提法非常关键。康德并非排除冲动和爱好，即不是一种禁欲主义和寡欲主义的立场，而是明确区分遵从爱好的自然规律的依赖性与遵从意志自由原则的纯粹独立性、主动性之间的不同。这是康德不同于儒家的地方，儒家尽管也强调主体的独立地位，但在前提上却缺少区分，对自然法则和自由法则没有做明确的界定。康德始终强调在意志的选择中，实践理性始终是自由的。这一问题涉及到另外的一个问题，即作恶的问题。这是后文所要探讨的。

意志本身是自由的，有理性的存在者又必然会遇到客体对象，受欲求能力的干扰。在这种情况下，普遍性的法则要想确立就需要摆脱有条件性的限制，从而去限制这些爱好和客体，那么从自爱扩展到别人幸福上去的责任概念就能产生出来。康德明确认为自身的幸福原则与德性原则的冲突不单纯是逻辑的，而是实践的。正是理性的呼声强大，才保证了德性不被完全摧毁。这种理性向意志发出的呼声是连最平庸的人也能够听得分明的，而非一种高深莫测的、恍惚不明的、难以察知的。

"因此，根据道德法则来判定什么是该行之事，必定没有多大困难，以至十分庸常未经历练的知性，甚至不必通达世故，也会胸有成竹。"

（5：36）孟子对人的道德能力也曾经有过类似的判断，认为孩提之童及其长也，无不知孝于亲、悌于长。并由此推出孝与不孝、悌与不悌有不为与不能的区别，有为者与自暴自弃的区别。孟子的先验意味似乎更浓，康德则德性色彩更重。

为了保证实践法则的贯彻，"在我们的实践理性的理念中，尚有某种随同违反道德法则而来的东西，亦即违反法则的配当惩罚"（5：37）。惩罚与享受幸福无必然的联系。即使惩罚带有针对幸福的目的，但惩罚毕竟是惩罚。所以即使受罚者在看不到严厉背后的好意时，他也应该承认惩罚对他是公正的，他是罪有应得，他的遭受与他的行为恰好相符。正义构成了惩罚概念的本质的东西。正义尽管有善意，但不是受惩罚者应该指望的。所以"惩罚是一种自然的祸害，它虽然不是作为自然后果而与道德上的恶结合在一起，却必定是作为依照道德立法原则的后果而与道德上的恶结合在一起"（5：37）。但是这种推论不能退步到这样一种境地，即犯罪失去幸福，就是得到惩罚，这是荒谬的。因为按照此种推论，惩罚是把某事作为犯罪的根据，正义倒在于放弃惩罚，甚至阻止自然的惩罚。如此一来，任何行动之中就不会出现恶了，恶行也不过是行为本身的自然表现，不值得追究，也无可追究。

康德理论的完满之处就在于不仅从前面（正面）肯定了惩罚的正义本质，而且从后面，从理性的无穷后退之处提出了惩罚是意志自由的合理性表现，不能指望外在于意志自由的东西来为人的行为的奖惩负责。这种思路在儒家那里是看不到的。如孟子认为"天作孽，犹可违；自作孽，不可活"。①因而儒家的道德理论严重缺乏正义层面的思考。更有极端的理论还提出"礼不下庶人，刑不上大夫"，使儒家的价值系统从根源上丧失了对社会正义体系建构给以支撑的可能。这是中国传统道德长期存在的缺陷。

通过这一系列的定理式的推论，康德得出了结论，即：质料的原则不适合于用作至上的德性法则，纯粹理性的形式的实践原则是以普遍立法的单纯形式构成意志的最高的直接决定根据，并用作定言命令，适合于既在评判中又在应用于人类意志时用作德性原则的唯一可能的原则。康德作了很多限定：非质料的、纯形式的、普遍立法的、非个别性的、最高的直接根据、非经验的，既有评判功能又有应用于人类意志、实践的法则，而非虚拟的、悬空的纯理论的法则。这些限制是对下文纯粹实践理性原理的演

---

① 《孟子·公孙丑上》。

绎和纯粹理性在实践运用中权力的限定作铺垫的。

（四）意志自由的运用

为了说明思辨理性和实践理性两种能力的不同，康德区分了两种法则，即感性的自然法则和理性的自律法则。前者是指感官世界与感性自然通过法则获得知性世界的形式，但并不破坏（中断）感觉世界自身的机械作用。"自然从最一般意义上来理解就是事物在法则之下的实存。一般理性存在者的感性自然是在以经验为条件的法则之下的实存，因而这种感性自然对于理性而言便是他律。"（5：43）感性自然的法则是通过经验被把握的，对于理性只能是他律、是外在的。这是感性自然之于理性的距离和不同。

理性的自律法则指超感性的自然独立于一切经验性条件，因而属于纯粹理性的自律的那些法则而实存。这些法则是实践的，"所以超感性的自然，在我们能够给自己造成这个概念的范围内，无非就是受纯粹实践理性的自律所支配的一种自然"（5：43）。康德称此种自律的法则为道德的法则，是超感性自然及纯粹知性世界的基本法则。

这样一来，世界的摹本（ectypal world/ natura ectypa/副本）就存在于感性世界中，理性的世界是原型（archetypal world/natura archetypal）的世界，感官的世界是摹本的世界。

自然法则是以客体为对象，所以要求理性如何能够先天地认识客体。意志法则则通过自己确立的普遍法则直接为理性存在者提供现实的根据。对这两个问题的分析是不相同的。

第一个问题属于纯粹思辨理性批判。纯粹思辨理性批判首先要解释（澄清）直观是如何先天可能的？其解决所导致的结果是：直观都是感性的，任何超出经验之外的思辨知识都是不可能的。我们永远只能停留于经验、感性之中，无论这经验是被给予对象的，还是不被给予对象的。康德在这里强调感性的直观只能停留于经验世界之中，不能有所逾越。

第二个问题属于实践理性批判。实践理性批判并不要求解释（澄清）欲求能力的客体是如何可能的，而只要求解释理性如何能够规定意志的准则。欲求能力的对象如何可能是思辨理性批判要探寻的，是感性直观可以把握的。

在超感性的自然中，要寻求自由意志的愿望（意愿）准则的决定根据，就是只要意志对于纯粹理性来说是合法则的，那么意志践行的能力就可以如其所愿。实践理性批判对此毫不关心，"因为它只研究纯粹理性是否以及如何能够是实践的，也就是说，它是如何能够直接决定意志的"（5：46）。

实践的出发点是意志自由，自由意志遵循何种法则而动是最重要的，所以确立自由意志法则的根据是实践理性批判的首要工作。自由概念必须是法则的基础，至于自由的意识是如何可能的，这是无法进一步解释的。

理性的理论运用和实践的理性运用对待经验的态度是不同的。在理性的理论运用中，经验性的证据可以取代先天知识。但在实践的理性运用中却不能如此，特别是对于道德法则。所以康德认为道德法则是"作为一个我们先天的意识到而又必定确实的纯粹理性的事实被给予的"（5：47）。这种先天的被给予甚至不需要经验中的实例。康德总结指出："道德法则的客观实在性就不能通过任何演绎，任何理论的、思辨的或以经验为支撑的理性能力得到证明，而且即使有人想根除它的必然的确实性，也不能通过经验加以证实，因而不能后天地加以证明，而且它自身仍然是自为地确定不疑的。"（5：47）

道德法则的客观实在性不依赖任何经验，那么这种确凿无疑的实在性又如何得到说明呢？康德通过引入自由概念，对道德法则的客观实在性进行了论证说明。

尽管无法从理性的演绎寻求道德原则的确立，但思辨理性可以至少把它设定为可能的，这就是自由的能力。康德认为对于自由，道德法则不仅说明它是可能的，而且可以证明"他在那些承认这条法则对自己有强制作用的操作者的身上具有现实性"（5：47）。也就是说，自由是道德法则的基础，是一切道德法则可能性的前提，而在能够遵循道德法则的人那里，自由则是现实的。

这种道德法则事实上就是出自于自由的因果性法则，因而也就是一个超感性自然的可能性法则，如同感官服从感性自然的因果性法则一样。道德法则由于自由而被提出来，这种自由至少是理论理性的需要。但道德法则对自己的实在性需要进一步做出规定，即在消极的可能性原因之上，加上积极的规定。也就是通过对意志准则的普遍合法性形式赋予道德法则的实践上的实在性，将理性的超验运用转变为一种内在的运用，这种内在的运用是指理性可以在经验领域中起作用。

从可能性的消极实在性到实践的积极实在性，道德法则获得了较为充分的说明。这是康德对道德必然法则演绎的很好说明，非常重要而具有说服力。

由此可以看出，康德运用道德法则的普遍性来推证其客观实在性，这是康德对先天知识所具备的特征的概括。罗尔斯认为，对康德来说，必然性和普遍性就是先天知识的两个标记。这两个标记既应用于实践知识，也应用于理论知识。（1）在这里的必然性意指实践的必然性，即纯粹实践理性原理所要求的东西。所以对我们来说，绝对命令（经由绝对命令程序）所要求的东西是在实践上必然的东西。（2）至于普遍性，这意指依据其人之为人的本性，所有合理而理性的人都满足着当下的各种要求，而独立于可能使任何一个合理而理性的人区分于任何一个人的有关嗜好和环境的任何特定条件。① 不过罗尔斯认为，康德的绝对命令的先天综合性是就其产生于实践理性而言是先天的，与经验实践理性相比是先天的。由于绝对命令是被注入到经验实践理性的练习之中，才导致其先天综合的特征。但是现实生活却是非常复杂多变的，道德法则的普遍必然性需要经过特定的程序才有可能得到贯彻。罗尔斯强调需要在公共的道德生活领域，寻求一种理性执行绝对命令的程序，才能够使道德法则的普遍必然性得到实现。这一点康德忽视了。

道德法则的实在性得到了证明，对于纯粹理性的实践运用和理论运用来说，二者又如何获得各自的边界规定以及二者如何达成一种协调，仍然需要做出说明。

康德明确指出对于纯粹知性世界而言，要想对感官世界自然规律中的法则予以超越，则属于理性的僭妄，是没有意义的。因而纯粹理性的实践运用和理论运用其能力的规定如何，需要做深入的探讨。

为此，康德从分析休谟对纯粹理性各种权利的反驳，进而阐述了自己对纯粹理性的理论运用范围的观点。康德认为休谟把经验对象当成自在之物本身，进而把原因宣称为骗人的和虚假的幻觉，这是正确的。因为自在之物本身不会有原因性这样的先天知识。同样原因概念本身也不能有经验性的起源，这种起源与联结的必然性是相矛盾的，所以休谟就称之为习惯。

经验性的起源在自在之物那里是无法测知的，也是无法探寻的。但康德认为休谟还不够彻底，他要走得更远！

康德认为："我们必须在经验中处理的对象绝非物自身，而仅仅是现象。"（5：53）因此也无法看出现象之间的因果必然性的联结。康德的推论似乎又出现了某种让步。他提出尽管必然性的因果联结无法确认，但是经验中现象的某种联结（如在时间关系中）却是肯定的。从这一事实出

---

① ［美］罗尔斯著：《道德哲学史讲义》，张国清译，上海：上海三联书店2003年版，第336页。

发，"我不仅能够着眼经验对象证明原因概念的客观实在性，而且还因为它自身所具备的连接的必然性将它演绎为一个先天的概念，亦即毋需经验的根据而从纯粹知性阐明其可能性"（5：53）。康德的目的是消除概念的经验主义根源，从而在自然科学和数学中铲除经验主义导致的怀疑主义后果，以达到对理论理性洞察的一切事情怀疑的彻底破产。这也是为理论理性适当的使用范围给予明确划分和界定。

对现象之间的因果性考察是揭示理论理性的适应范围，同样康德也是借助于讨论因果性概念的理论和实践的运用，从而展开对实践理性运用范围的辨析。

康德提出了一个问题：因果性范畴在超越于经验边界之外的事物上面，情况会如何呢？（一切其他范畴与此范畴一样，是我们获得实存事物知识的前提，这是康德肯定的。）康德认为在经验的对象方面因果性概念的客观实在性可以得到演绎，通过这些概念可以思维一些客体。缺少的就是这些概念、范畴运用于对象之上的条件，这个条件就是直观。① 康德认为没有这个条件，对作为本体对象的理论知识为目的的运用就是不可能的。实际上这也是像《纯粹理性批判》中要求的一样，是应该禁止的，因而也不可能通过概念的运用而产生知识。

那么，因果性范畴又如何能够应用于本体之上呢？其条件又是什么？

康德指出，我们可以回顾一下为何我们不满足于这个概念在经验对象上的运用，而也很想把它应用于物自身。一问便可得知，我们不满足的不是理论上的目的，而是实践上的意图。任何知识总有其自身的限度，我们总是想从感性的有条件者向超感性的东西迈进，以便为根据层面的知识划定界限。但是在边界和我们所知的东西之间仍有填不满的鸿沟。康德认为这并非是求知欲的引导，反倒可能是虚荣的疑问癖（好奇心）所导致的。

是啊！人们何时知道自己知识的限度呢，又何时停止过不断地提出疑问呢？健康的求知欲是克服虚荣的好奇心的有效方法。康德真是用心良苦！

问题还需继续。既然对因果性范畴的超验运用引出知识的界限，那么在知性（Verstand/understanding）与对象之间是否还有他种关系呢？康德认为有，即知性"还有一种与欲求能力的关系，欲求能力因此称作意志，并且在纯粹知性（它在这种情形下称作理性）通过一条法则的单纯表象

---

① 感性直观是理性运用的重要前提，由于康德过多地强调了直观的作用，所以罗尔斯甚至批评他的《实践理性批判》的观点是向直观主义和教条主义的倒退（［美］罗尔斯著：《道德哲学史讲义》，张国清译，上海：上海三联书店 2003 年版，第 362 页）。

是实践的范围内，这个能力称作纯粹意志"（5：55）。这种纯粹意志等同于纯粹实践理性，其客观实在性是先天的道德法则通过事实而被给予的，可以不依赖于经验原则。纯粹意志概念本身就已经包含了自由的因果性概念。这种因果性不带有自然规律的规定性因而也不能有经验性的内容。不过意志的自由因果性不是为理性的理论运用，而只是为了它的实践运用。这个因果性概念就是本体原因，它来自于纯粹知性，同时也通过演绎保证自己在对象上的客观实在性，起源上也独立于一切感性条件，当然也能够运用于作为纯粹知性存在者的事物。

但由于其运用得不到感性直观的支持，"所以本体原因（causa nou-menon）相对于理性的理论应用虽然是一个可能的和可以思想的概念，却仍然是一个空虚的概念"（5：55）。进而康德明确表示，对于此种因果性概念，只要求实践的运用，不作别的任何运用。这就彻底清洗了知性领域中意志的感性因素，为道德法则的纯粹性提供了源头上的说明。

这种本体原因概念可能就是康德要不断加以批判而又需要确立的上帝、灵魂不朽、意志自由的理论预设。理论上空洞的概念，在实践上却有自己的运用价值。这些概念单纯实践应用上的实在性，永远只是就这些范畴与纯粹意志的决定根据与道德法则处于必然的结合之中而言的。这种实在性并不会有助于纯粹理性扩展任何知识，甚至于"一概不算在知识之列，而只算作认定并设定这些超感觉的东西的权利"（5：57），连上帝概念也都是一种理性在实践上的假定。这样一来，康德认为就不会助长纯粹理论理性沉溺于夸大其词的空谈。我们反溯康德的推理过程，可以发现"唯理论的善恶概念虽然看起来有其客观的和一般的形式，然而一旦追溯到它们的基础，那么人们就会发现它们原来也不可避免地栖身于经验之上。康德这个分析是非常彻底的，它揭示了一个重要的理论事实，即关于道德规则的一切唯理论观点最终与经验论观点殊途同归"。①

康德的工作完成了，围绕着因果性概念的感性运用，康德推论出本体性原因概念，进而分析他对休谟因果性概念的不同态度。最后指出这些本体性概念只是一种实践运用中的假定，而并非为纯粹理论理性增长任何知识。这就是康德为纯粹理性的实践运用和理论运用设定的范围，也是意志自由在实践运用中的界限。

---

① 叶秀山、王树人总主编：《西方哲学史》，张慎主编：第六卷《德国古典哲学》，南京：凤凰出版社、江苏人民出版社 2005 年版，第 173 页。

二　道德实践理性的对象

道德实践理性是自由的，但是如何确立这一自由活动的对象及客体，需要借助理性能力的表现。道德实践的客体一般都是以善恶或者祸福为起点，道德判断的过程也是道德实践理性能力的运用。对道德动机的追讨就是在道德判断价值的基础上做出的。

（一）道德对象

康德明言实践理性的对象概念一定要得自于自由，判断某物是不是纯粹实践理性的对象，是去辨析是否有可能使一种行动让某个客体成为现实。康德说："所谓实践理性的对象概念，我理解为一种作为通过自由而可能的结果的客体之表象。"（5：57）康德强调这必须由经验加以判断。

从欲求能力方面讲，通过我们能力的自由运用，能否使之在身体上成为可能（自然的可能性）应当是先行具备的。从先天法则作为行动根据出发，分析某物是不是纯粹实践理性的对象，就完全不能从身体的（自然的）可能加以比较，而是行为的道德可能性必须先行具备。因为，此时不是对象，而是意志的法则才是行为的决定根据。

分析地看，自然的可能性与道德的可能性有其不同的依据，即欲求能力和道德法则的先天存在。但究其根本，欲求能力的自由运用与自然可能性的一致，道德行为的可能性与道德法则的先天根据的统一，是一个相互统一的过程。如前文引述过的孟子关于性命一致的观点就与康德此处的辨析有异曲同工之妙。

由此康德认为："实践理性的惟一的客体就是善和恶的客体。人们把前者理解为欲求能力的必然对象，把后者理解为憎恶能力的必然对象，但两种能力都是依照理性原则的。"（5：58）无论是欲求能力的对象，还是憎恶能力的对象，都离不开理性原则，这是康德坚守的立场。

但是在经验的判断中，理性原则常常是被忽视的。为此康德就分析了与善、恶相关的愉快和痛苦常常导致对实践判断的基础的颠倒。

康德认为善的概念只能由先行的实践法则推出，愉快和不愉快如果作为善意的判断标准，就只会把经验当作唯一的基础了。但是这与语言的习惯用法是相违背的，在习惯用法中，愉快与善，不愉快与恶是有区别的，并且要求善和恶在任何时候都通过理性，从而通过能够普遍传达的概念来评判，而不是通过个别主体的感受性来判断。混淆这一区别的哲学家就是没有把手段和目的区别开来，把达到愉快的手段的东西称作善，导致痛苦的原因称作恶。这样一来，对于意志的对象，目的的善而言，这种善就成了外在于意志而处于感觉当中。显然这种愉快的感觉与善的概念必然不同，因此之故，直接的善就难以寻求，而只能到达到某种快意的手段中去寻求了。这与实践理性对象基于理性法则是完全相悖的。

语言的歧义早已产生，康德分析了经院哲学的一句老话（公式）："任何事物我们若不是认其为善，我们就不贪求它，任何事物我们若不是认其为恶，我们就不憎恶它。"（5：59）在这句话中的善（boni）和恶（mali）有两重含义。一般的哲学意识到概念的差异，但却找不到特殊的表达方式。

康德对这种歧义进行了分析，即：以善为理由可以有这样的两重意思，一是因为我们欲求某物，所以将之表象为善的，二是因为我们将之表象为善的，所以我们欲求某物。这样，欲望和善的概念是某种决定根据。善和欲求作为动机有很细微的区别，但区别又不明显。①

我们可以借鉴中国传统哲学儒家的理论表达来进行解释。儒家有"由仁义行"和"行仁义"、"自诚明"和"自明诚"的区别，即是说人的行为本于仁义、诚道和为了仁义、为了诚道两者是不同的，儒家主张"由仁义行"、"自诚明"，这是人的道德本性显发的根本要求。"行仁义"、"自明诚"相比之下只能是人被动地践行道德。可见善作为行动的出发点与作为结果有质的不同。康德此处所说的观点与儒家的这类理论是相通的，为愉悦而善是属于手段，为善而善才是目的。

为了更加清楚地界定善恶概念，康德引出了德语中对善与福、恶与祸（苦）的差异来说明善概念的意义所在。对于拉丁文的善（bonum）和恶（malum），德语均有两种不同的表达："相应于善（bonum），德语有善（das Gute）和福（das Wohl），相应于恶（malum），德语有恶（das Böse）和祸害（das Übel 和 das Weh），这样，如果我们对于一件行为考虑其善恶，或者考虑其灾难（祸害），就有两种极为不同的判断。"（5：60）依照这种区分，康德认为，正确的表述可以是："若非在我们依据理性的指导而把某种东西认作善的或恶的范围之内，我们就不愿欲这种东西，那么

_____

① 中文翻译为"在善的理念之下"和"按照善的理念"。仔细思考之后，会发现康德可能没有说清楚自己的意思，也或者是中译表达不充分。但阿博特英译很明确，即"under the idea of good"和"in consequence of this idea"，直译为"在善的理念之下"和"善的理念的结果"。

这个命题就是表达得确定无疑和十分清楚的了。"（5：60）

康德为什么要做出如此的区分呢？

他认为福或祸害只是意味着愉悦或不愉悦的状态，只与人们的感性欲求相关。但善和恶任何时候都意味着与意志有关联，只要这个意志受到理性法则的决定而使某种东西成为他的客体。康德提出，善和恶只与人的行为相关，某一事物被当成善的或恶的，"那么它只是行为的方式，意志的准则，因而是作为善人或恶人的行为者本人，而不是任何一种可以称为善的或恶的事情"（5：60）。这就是说，在理性规则支配下的意志的行为可以用善恶加以判断，而不是福或祸的表现。

举例来说：一个斯多亚学派的人在痛风的时候叫喊疼痛是一种恶，这是对的。而当他意识到自己曾经撒过谎时，一定会打消他的勇气。如果他意识到不是因为不义的行为而招致这种痛苦，那么这种痛苦反倒会使他得到升华。"我们称之为善的东西，在每一个理性存在者的判断之中必定是欲求能力的对象，而我们称之为恶的东西，在每一个人的眼中必定是憎恶的对象；因而对于这样一个判断，除了感觉之外，尚须理性。"（5：60—61）

善恶的道德判断必须是感性欲求和理性能力的结合，而非其中的某一个方面。康德举例说，一次外科手术虽是一种祸，但却可以被解释为善。但一个喜欢打扰宁静的人遭到一顿毒打，虽是一种祸，但这却是公正的，人们会鼓掌认为这件事情本身是善的。

关键的是理性！

人作为感性的存在者，追求幸福，并借助理性为自己的利益考虑，这是人的感官需求的必然性要求，但人毕竟不只是感性的存在物，"因为，人虽然具备理性，然而倘若理性仅仅有利于人达到本能在动物那里所达到的目的，那么在价值方面这就完全没有使人升华到纯粹的动物性之上；这样，理性仅仅是自然用来装备人以便达到它规定动物所要求达到的那个目标的特殊方式，而不给他规定更高的目标"（5：61）。

理性不仅使人与动物区别开来，更在于理性自身的纯粹性使之具备了评判善恶的至上条件。但理性在判断自在善或自在恶，以区别于与福或祸相关的善恶时，有两点值得注意。

（1）理性原则本身被思考为意志的决定根据，无须欲求能力的参与。那条原则就是先天的实践法则，纯粹理性自身就被看作是实践的。这种法则就直接规定意志，使之在一切方面都是善的，是一切善的东西的至上条件。

（2）欲求能力的根据先行于意志的准则，趋乐避苦的理性原则就仅仅间接的是善，这样的准则就不能称之为理性的实践规范。此时的善就只是福，不是一个理性概念。被这种概念所刺激的意志也不是纯粹的意志。

我们可以进一步指出，趋乐避苦作为人的感性能力本身不具有意志的价值属性，只是因为在现实的行为系列中，此种动因会带来一些具有价值色彩的结果，因而康德称之为间接的是善的。如果更加彻底的表述，它本身并不是善的。

这种两相反对的状况表明实践理性批判需要做解释：

"这就是说，善和恶的概念必定不是先于道德法则（从表面上看来，前者甚至似乎必定构成后者的基础）被决定的，而只是（一如这里所发生的那样）后于道德法则并且通过道德法则被决定的。"（5：62—63）可能在康德看来，道德法则作为纯粹的形式法则，是实践理性能力的表现。在某种意义上，这是自我理性行为的一种必然性表现，至于这一法则所体现的质料（内容）则归属于道德理论探讨的其他分支。其理论的本来形态也没有出现严格意义的休谟难题。

只要做出了这种区分，道德理论就不会陷入混乱和歧途。也就是说意志的先天法则不能靠从经验中推出，也不能预先假定，而只能从一种先天的意志决定根据出发，这是一种纯粹实践法则。通过对纯粹实践法则的分析，我们就会发现"不是作为对象的善的概念决定道德法则并使之可能，而相反是道德法则在其绝对地配享善的名称范围之内，首先决定善的概念并使其可能"（5：63—64）。就是说，善的可能是道德法则存在的结果。

相反，有些哲学家寻找意志的对象，使之成为法则的质料和根据，于是便把愉悦的对象当成充当善的至上概念的对象，在幸福中，在完满性中，置于道德情感中，或是在上帝的意志中，最终的结果无一例外地陷入到他律，不可避免地碰到道德法则的种种经验性条件。"所以纯粹实践理性对象不是物，而是行动、事件，是道德法则决定意志而产生的行动——一旦意志服从道德法则，那么行为就是必然的。"①

所以康德进而认为"惟有形式的法则，亦即惟有那条规定理性只让其普遍立法的形式成为准则的无上条件的法则，能够先天地是实践理性的决定根据"（5：64）。古人的错误就是把自己的道德研究完全建立在对至善概念的规定之上，从而建立在某种对象之上，然后又想使此对象成为道德法则中意志的决定根据。这就出现了实践理性的辩证论。

---

① 叶秀山、王树人总主编：《西方哲学史》，张慎主编：第六卷《德国古典哲学》，南京：凤凰出版社、江苏人民出版社 2005 年版，第 176 页。

康德指出这种从先天法则出发的善恶范畴与知性领域的范畴是有区别的。

善和恶的范畴并不直接与客体相关，它们全都是一个唯一的范畴，即因果性范畴的种种样式（modi/modes），与自然的因果性范畴是相区别的，不是为了知性的理论的运用，"以把（感性）直观的杂多归在一个先天的意识之下，而只是为了把欲求的杂多纳入一个在道德法则中发号施令的实践理性的意识统一性，或者纳入到一个先天的纯粹意志的统一性，实践理性的决定才会发生"（5：65）。

作为自由领域的范畴，与自然范畴的理论概念是相区别的，其优越性表现在：

由于这些范畴指向某种自由的意愿的决定，所以它们并不以感性的直观形式（空间和时间）为基础，"而是以理性之中，因而在思维能力自身之中被给予的一个纯粹意志的形式为基础"（5：67）。这种纯粹实践理性对意志决定根据的关注，对现实性的而非理论概念的重视，使得我们的认识必须循从一定的秩序以感性为条件向不以感性为条件递进。这在康德提出的善恶概念的自由范畴表中有详细的表述。

康德由此列出了善恶概念的自由范畴表（5：66）①，即：

1. 量

主观的、依照准则的（个体的实践意向）

客观的、依照原则的（规范）

既先天客观的，又主观的自由原则（法则）

2. 质　　　　　　　　　　　　3. 关系

践行的实践规则　　　　　　　　与人格的关系

不为的实践规则　　　　　　　　与个人状态的关系

例外的实践规则　　　个人与其他个人状态的交互关系

4. 模态

许可的和不许可的

义务的和违反义务的

完满的和不完满的义务

从康德的自由范畴表可以看出，自由是感官世界行动的原因，但此种因果性不服从经验性的决定根据。自由从属于理智存在者的属性的自由，

----

① 康德的著作中有很多这类的表格分类，可以参照《未来形而上学导论》第21节的逻辑判断表和先天理智概念表进行比较。

到模态范畴中，一般实践原则向德性原则过渡，被道德法则独断地、教条地表达出来。而其他每个小表都表达了道德法则被建构和表达的秩序和过程。这是康德为力求建立科学的道德哲学所付出的努力。

但康德继续追问，善恶的意志原则尽管有明确的表达，但在感性的行动中如何判断是否服从实践规则呢？这就需要对实践判断力加以分析。

(二) 道德判断

道德判断不仅涉及主体理性能力，更重要的是主体依据何种规则来衡量一个人的行为。这就需要考察理性能力和理性法则之间的关联。

康德首先指出纯粹实践理性规则有两个特征：（1）关涉一个客体的实存；（2）作为纯粹理性的实践规则，自身具备相对于行为的此在的必然性，从而是实践法则，但又不同于凭经验的决定根据的自然法则，而是自由法则。这样一来，行为于感性世界中要服从自然法则，但又要有自由法则运用于其上，超感性的德行善的理念也能够运用其上，这就出现了冲突。

在纯粹知性概念当中，先天的直观能够借助图形将感性的杂多加以连接。而德性之善本来就是超感性的，因此无法在感性直观之中找到与之相符的东西。于是出现了一种特别的困难，这些困难源于以下事实："自由法则应用于这样一种行为之上，这种行为是那些发生在感觉世界并因而在此范围内属于自然的事件。"（5：68）

在纯粹知性当中，是依靠感性直观的先天图式来理解自然的因果性，这种自然概念的图式又是由先验想象力勾勒出来的。

在纯粹实践判断力中，所涉及的不是依照法则的某个事例的图式，而是法则本身的图式，意志决定无须其他根据，就能够把因果性概念跟一些与造成自然连接的那些完全不同的条件连接起来，就是说意志决定能够将自然法则和自由法则结合在一起。那么意志决定何以有此种努力呢？康德提出了一个新名词：道德法则的范型。

自然法则有其感性的直观图式使之普遍化。自由法则作为无条件的善的概念却无此图形。道德法则除了知性（不是想象力）以外，就没有其他居间促成其运用于自然对象上的认识能力。知性为理性理念所构成的基础不是感性的图形，而是能够在感觉对象上呈现出来的法则，仅仅从形式方面而言"我们能够名之为道德法则的范型"（5：69）。

在此道德法则的范型之下，康德提出："扪心自问，如果你打算做的那件行为会通过自然法则而发生，而你自己本身是这个自然的一部分，你是否能够把它当作乃是通过你的意志而可能的?"(5：69)从这一法则出发,人人都会知道为了好处而撒谎、厌倦人生而自杀等等不是一种普遍的意志的决定根据。自然法则作为依照道德原则评价行为准则的一个范型是存在的,这是人的感性生活的直接表现。如果行为的准则被构造得经不起一般自然法则的形式的检验,那么它在道德上就不可能。

这是康德设定的道德判断力的底线,任何实践理性法则都需要有经验场合的运用,也是判断道德法则是否有效的基本根据。

这样一种判断力范型非常有用,可以防止实践理性的经验主义和神秘主义。

实践理性的经验主义将善恶的实践概念置于经验的后果(幸福)当中,这是以功利主义为代表的道德哲学。实践理性的神秘主义则使象征的东西充任范型,以对上帝的现实的直观作为道德概念运用的基础,致使情胜于实的浮夸,这是一切宗教道德哲学的归宿。"判断力的理性主义单单切合道德概念的应用,理性主义从感性自然所取的东西无非就是纯粹理性也能够自为地思想的东西,亦即合法则性,并且它转移到超感性世界之中的东西,也无非相反是可以依照一般自然法则的形式规则通过感性世界中的行为让自身现实地呈现出来的东西。"(5：71)理性的合法则性将感性世界与超感性世界加以勾连,感性的行为在形式规则的约束下达到理性的目的。这既防止经验主义,又避免神秘主义。但经验主义更值得警惕。因为经验主义把意向的德性连根拔起,目的只追求私自经验的爱好的利益实现。这不仅是贬损人道,更会比一切神秘主义的狂热更加危险。

康德是清醒的。但人类当中的大多数还是始终不停的一次又一次地跌入经验主义的爱好的追求当中,有时也会出现极度神秘主义的狂热,两者同样危险。从宿命论到极端功利主义、从人类的英雄崇拜到今天的物质(金钱)崇拜无一不预示着康德的担忧。

纯粹实践理性的原理已经确定,纯粹实践理性的对象也有了下落,纯粹实践理性的判断力也得到了辨析。往下推理,就要寻找纯粹实践理性发动的动机或动力是什么。

(三)道德动机

康德提出对道德动机的说明要以判定何种道德行为具有道德价值为前提,"行为全部道德价值的本质性东西取决于如下一点:道德法则直接地决定意志"(5：71)。如果意志不是为了法则而发生,而根据某种被设定的情感,那么行为虽然有合法则性,但却不具备道德性。

如果动机被理解为存在者意志的主观根据，而这个存在者的理性凭借其天性并不必然地合乎客观法则，由此可以推出以下三条结论：（1）人们决不能赋予神的意志以任何动力；（2）包括一切理性存在者的意志在内，人类意志的动力不能是某种与道德法则不同的东西；（3）行为不仅要实现法则的条文，还要实现法则的精神，行为的客观决定根据与主观充分的绝对根据应当同一。

道德行为不能靠神的启示，而是理性的选择，不仅有形式的工具，更要有内在的精神的决定根据，这就限定了道德动机（力）发动时的各种条件。这种道德法则对于意志的作用可否追溯其本源呢？

康德指出，一切抛弃道德法则的动力只会导致不能持久的伪善。所以唯一的途径就是指明在什么方式之下，道德法则成为动力，并且由于动力是法则，在人类的欲求能力发生之前就有了某种决定根据存在了。但是人类理性却无法回答这个问题，即一条法则如何自为地直接成为意志的决定根据，这个问题与自由意志如何可能同出一辙。对此，只能是先天地指明，不是道德法则何以在自身给出了动力，而是就其作为动机，在人内心中产生了或必须产生什么作用。

康德的意思很清楚，我们无须追问道德法则何以能够成为意志的决定根据，而是要揭明道德法则是如何对人的心灵产生且必然地产生作用的。康德强调的必然性有其人性论的立场，从分析的角度看，此种必然性是不容易随便予以肯定的，而必须有人类学、社会学、人性论的证明。比较起来，儒家所言的性善论也是如此表述的，没有给出一个严密的逻辑的形式的说明，可能本来就是无法给出的。在这一点上，康德和儒家道德都存在理论盲点。

由于道德法则的先天存在，所以在意志决定的实施过程中，其本质性的表现是一种否定的力量。康德说："一切通过德性法则的一致决定的本质性东西就是：它作为自由意志，因而不但无需感觉冲动的协作，甚至拒绝所有这种冲动，并且瓦解那能够与上述法则相抵触的一切爱好。"（5：72）在此范围之内，作为动力的道德法则的作用仅仅是否定的、起抑制作用的。由于道德法则抑制了种种爱好，必然导致痛苦的情感。康德分析指出爱好构成的利己主义有两种，一是自爱的利己主义，是一种自私，也可称之为合理的自爱；一是过度的钟爱（philautia）、对自己惬意的（arrogantia）利己主义，是一种自负。对于前者纯粹实践理性予以瓦解，将自爱拘囿于与法则相一致的条件之内；对于后者则予以平伏和消除，先于道德法则的任何自大的主张、非分的要求都是错误的和违背法则的。

于是在对道德法则的情感中便引入了敬重。"对于道德法则的敬重是一种情感，它产生于理智的工具，并且这种情感是我们完全先天地认识的唯一情感，而其必然性我们也能够洞见到。"（5：73）那么对于道德法则的敬重从何而来。

"一切在道德法则之先呈现出来作为意志客体的东西，都将由作为实践理性无上条件的这个法则排除于意志的决定根据之外，而后者名为无条件的善。我们也看到，单纯的实践形式就在于准则充任普遍立法的适用性，这种形式首次决定了自在和绝对善的东西，并且建立了唯一在所有方面皆善的纯粹意志的准则。"（5：74）

无条件的善尽管被排除于意志决定的工具之外，但又通过单纯实践形式得到了规定，成为一切皆善的纯粹意志的准则。善没有作为意志的客体，但却成为意志准则的决定根据，这是由人的本性造成的。康德推论人的本性具有如此的特征（性质）："欲求能力的质料（爱好的对象，无论希望还是恐惧）抢入我们面前，并且我们受本能决定的自我，虽然通过其准则完全不适合作为普遍的立法，却仍然仿佛造就了我们整个的自我，而试图首先提出它的要求并且使它们成为首要的和原始的要求。"（5：74）本能决定的自我虽然力求制定普遍的法则，但又陷入到欲求能力的质料当中。这种从意愿的主观根据方面寻求意志的客观决定根据的偏向，称作自爱，这种自爱如果使自身成为立法的和无条件的实践原则，就是自负。

唯一真正的客观的道德法则要完全排除自爱对无上实践原则的影响，所以"只要哪一个人比较自己本性的感性偏向于道德法则，道德法则就不可避免地贬损他。某种东西的表象，作为我们意志的决定根据，在我们的自我意识中贬损我们，那么这种东西在其是肯定的和决定根据的范围之内，自为地唤起对它的敬重。于是，道德法则也在主观上是敬重的根据"（5：74）。这样一来，道德法则因排除爱好，使其不参与最高立法，这是否定的，另一方面，相对于纯粹实践理性受限制的根据，又是肯定的。对于前者，能够对情感产生作用，应当是敬重的情感，对于后者，就无需任何特殊情感。在道德法则和道德情感的关系上，康德作了分别的处理，即在道德法则确立的过程中，道德情感是越少越好，或者根本就不需要，而在道德法则发生作用的时候，道德情感，尤其是敬重（畏）一类的情感就必须参与进来。一者是否定的关系，一者是肯定的关系，泾渭分明。

康德强调实践理性法则对感性自我的限制，敬重的情感被保留并被凸显出来，这种情感是否是道德情感呢？回答是肯定的。

康德分析了两个理由：一方面，对情感的否定作用（不悦、不快意）是情感本身，是本能的情感。另一方面，作为道德法则意识的作用在与无上立法者的纯粹实践理性主体的关联之中，主体的情感是谦卑（humiliation/intellectual self–depreciation），但这谦卑本身也是对法则的敬重。综合两者，敬重的情感可以称之为道德情感。

但道德情感并不是引向道德法则的动机，对此康德一再地予以强调。

道德法则，作为纯粹实践理性行为的形式决定根据，依赖于双重根据，一是善恶名义下行为对象的质料的纯客观决定根据，一是从动机处的行为的主观决定根据。从后者方面看，尽管有感性的情感对意志产生影响，但不构成德性意向的动机。因为德性意向的动机必须是超脱一切感性条件的。

情感的决定原因是出于实践的作用，但经过理性的重新配置，客观法则的重要性则相对地体现出来。"这样，对于法则的敬重不是趋于德性的动力（动机），而是在主观上被视作动机的德性本身，因为纯粹实践理性通过排除与其相对的自爱的一切要求，使现在唯一具有影响的法则获得了威望。"（5：76）但是康德仍然非常小心，又补充指出，敬重作为理性存在者的情感是以存在者的有限性为前提，对此不能赋予一个超感性的存在者身上。这完全是有限的理性存在者自己的要求。

这样一来康德的意思就明白了：敬重是一种道德情感，但又不是趋向道德的动机，而是动机本身的主观要素，排除感性的自爱，为的是确立法则的地位。

这种情感只能听命于理性，它不用来判断行为，不充任客观德性法则的基础，只充当使这个法则本身成为准则的动机，所以只能听命于理性，听命于纯粹实践理性。那么道德上的敬重感又是什么呢？康德认为敬重始终仅施于人，决不施于事物。他引用丰特奈尔的话说："我对贵人鞠躬，但我心灵并不鞠躬。"一个品节端正的素微平民，我的心灵向他鞠躬，"他的榜样将一条法则立在我的面前，当我用它与我的举止相比较时，它平伏了我的自负，并且通过这个在我面前证实了的事实，我看到这个法则是能够遵循和实行的"（5：77）。即使我自己也有同样的品节，即使每个人都有其过节，我都会从内心予以敬重和礼赞。

康德论证的敬重感深受卢梭的影响。康德认为卢梭拥有对哲学之本性与功能的崭新见解，拥有对哲学之使命与尊严的崭新观念。在康德看来，正是卢梭在种种的畸变和遮蔽之下，在人类于其历史进程中自我打造和蒙罩的一切假面和迷误之下，探悉到"本真的人"，从而高扬了人性的光辉和伟大。所以，康德在预告 1765 年至 1766 年冬季学期课程安排的通告中指出："由于我在伦理学中总是从历史和哲学来思考：在我指出什么应当出现之前已经出现了什么，所以，我将提出这样的方法，据之我们必须不仅要通过人们被其种种偶然境遇所造成的不同形态去研究人，也不仅要通过甚至就连哲学家也总是在其间误解人类的扭曲形态去研究人，而且还要通过人性中之不朽的东西，通过人在宇宙中的适当位置来研究人。"（2：311）这是激发康德探询人类敬重道德法则的重要根源，也是其道德哲学研究的重要出发点。这在前文已做过详细的讨论。

这种对道德法则和道德行为的敬重和热爱也是被儒家所极度赞扬的，如孟子曾经说："舜之居深山之中，与木石居，与鹿豕游，其所以异于深山之野人者几希；及其闻一善言，见一善行，若决江河，沛然莫之能御也。"① 道德主体对善言善行的热切之情本身就是一种道德动力，可以引至人性的自我提升，对人性自我尊严加以肯定，高扬人类道德主体性。

敬重远非一种快乐的情感，也排除微小的不快，"当灵魂看见神圣的法则超越自己及其有缺陷的本性之上时，就相信自己亦同样程度地升华"（5：77）。对伟大的天才和伟大的事业的敬重也是如此，不过需要理性正确的引导。如真正的学者不会因为天才的一个污点而放弃对他的敬重。所以："对于道德法则的敬重是唯一而同时无可置疑的动力，并且这种情感除了仅仅出于这个根据的客体之外就不指向任何客体。"（5：78）

在理性的判断之中，道德法则客观地直接地决定意志，自由的因果性只能由法则决定，其方法是将对人本身的尊重限制在遵守纯粹法则的条件之上。此种限制本身不是根据个人的爱好，而是抑制了有关主体个人价值的意见，使之不与道德法则相冲突。其结果是在感性方面主体道德自尊的贬损和降低，但在理智方面对法则的道德尊重则是一种对法则的实践尊重的提升。"一言以蔽之，依据法则的理智原因，对于法则的敬重就是一种可以先天地认识的肯定情感。"（5：79）

康德从动机概念推论出了关切（Interesse/interest/兴趣）和准则概念。道德的关切是单纯实践理性的一个纯粹非感觉的关切，这种关切是出于意志的，而准则只有当这个准则依赖于人们对于遵守法则的单纯关切时，它才在道德上是真的。

————————

① 《孟子·尽心上》。

敬重和关切在实践理性面前都是一种道德情感，都能推动道德行为。由于实践理性呈现出来的纯粹的、脱尽一切利益的道德法则，使胆大绝伦的罪人也闻风而逃，这种对道德法则的情感与法则之间的关系肯定是密不可分的。康德称此为实践的情感，即对道德法则的关切。

剩下的便是法则，"依据这条法则而排除了一切出于爱好的决定根据的行为是客观的实践的，这种行为称作义务，后者由于这种排除而在其概念里面包含了实践的强制性，亦即包含了对于行为的决定，无论这些行为是如何不情愿地发生的。这个自这种强制性的意识发源的情感并不像由感觉对象所产生的情感那样是本能的，而仅仅是实践的，亦即是通过一个先行的（客观的）意志决定和理性的因果性而可能的"（5：80）。这样一来，这种对于法则的屈服，反而会带有某种行为的不快。但从另外一个方面说，这种约束由于是自己的理性立法施加的，所以这种情感又包含着升华，并且这种对于情感的主观作用，就纯粹实践理性是其唯一的原因而言单单称作自赞。自赞之余，我们认识到自己是没有任何兴趣而只凭法则在主观上产生关切，因而是纯粹实践和自由的。从而对合乎义务的行为非爱好的劝导，而是理性通过实践法则所绝对命令的和实际的产生的，由此之故，它就拥有了一个完全特殊的名称，即敬重。

敬重和义务获得了统一，而出于义务对法则敬重就是意志的自由表现。

行为的道德性应当被安置在行为出于义务和出于对法则的敬重的必然性之中，而不是安置于行为出于对行为可能产生的东西的热爱和倾心的必然性之中。所以，"对于人和一切被造的理性存在者来说，道德的必然性就是强制性，亦即职责，每一个以此为基础的行为都被表象为义务，而不是表象为自己所中意的或可能会中意的行事方式"（5：81）。最终达到的是意志与纯粹德性法则的契合一致。只要人拥有意志的神圣性，德性法则对于我们就不复是一道命令了。

由此可以看出，康德的理论带有很明显的德性论倾向，因为康德强调的道德法则既有敬重和关切情感的投入，又有对义务法则强制性的认同。道德法则不仅具有神圣性，还是一条义务法则、道德强制性的法则，一条因敬重法则而值得敬畏的法则。

康德提出德性意向性是人们乐于执行道德命令时的意象，法则可以表现其神圣性、强制性，但执行法则的人还需要有内在的德性意向性，而不只是为了法则贯彻表现出的道德狂热。"如果某个理性的创造物某一天达到了能够完全乐意去执行一切道德法则的层次，这无非就意指：在他心中，甚至连存在着引诱他去偏离这些道德法则的欲望的可能性都没有。"（5：83）这就是德性意向性的最高表现。①

每一个理性的创造物所立足的德性层次，乃是对于道德法则的敬重。"那个致力于使创造物遵守道德法则的意向就是：应当出于义务，而不是出于自愿的爱慕，亦即万不得已时出于无需命令的、自己乐意采取的努力来遵守道德法则；他能够时时居于其中的道德状态，乃是德性，亦即处于斗争之中的道德意向，而不是在臆想拥有的意志意向的完全纯粹性之中的神圣性。"（5：84）出于义务的行为时时都在理性的束轭之下，这是温和的柔软的束轭。越出理性的行为将道德行为作为单纯的功业来期待，这是真正的道德狂热和过度自负。从这种狂热出发，本能的同情或自爱被当成动机，以不定的、幻想的思维方式，以无需鞭策、控御的心灵志愿的良好来自许，功业成了考虑的对象，这就难以称得上从合法则性的精神出发是合乎义务的。可见道德狂热不能作为道德行为的动机。

通过这样几重推证，康德用一段以近乎唯美的口吻对义务进行了赞美和发问，论证了作为实践理性的真正动机所具有的性质。

"义务！你这崇高伟大的威名！你丝毫不取悦于人，丝毫不奉承人，而要求人人服从，但也决不以任何令人自然生厌生畏的东西来行威胁，以促动人的意志，而只是树立起一条法则，这条法则自动进入人心，甚至还赢得不情愿的尊重（无论人们如何并不经常遵守它），在这条法则面前，一切爱好（禀好/Neigungen/inclinations）尽管暗事抵制，却也无话可说：你尊贵的渊源是什么呢？人们又在何处找到你那与爱好傲然断绝一切关系的高贵谱系的根源呢？"（5：86）

纯粹实践理性的真正动机（动力）就具有这样的性质，它无非就是纯粹道德法则自身，只要后者让我们觉察到我们自己的超感性存在的崇高性，并且从主观方面在人之中产生了对于人自己高级天职的敬重，而这是

---

① "康德的意向概念的独特的特征就在于，意向是被获得的，虽然不是在时间之中被获得的，而且，它构成了基本的或施控的准则，该准则规定着作为一道德存在者的人的任意（Willkür）的取向。"这种意向正是康德的道德偏好所意指者（［美］阿利森著：《康德的自由理论》，陈虎平译，沈阳：辽宁教育出版社2001年版，第226页）。相比之于康德，原始儒家则是直接从恻隐仁爱之心出发，不去虚悬一个高高在上的绝对神圣法则，把恻隐仁爱之心直接与仁义礼智的法则规范原始地统一在一起，未予剖分。但到了宋明时期的儒学，天理被单独的虚悬上来，并证明它具有神圣性，倒是有些类似康德了。

人同时意识到他们感性的此在，意识到与之连接在一起的对于他们受本能刺激的本性的依赖性。"义务的尊严与生活的宽容毫无干系；它有它特殊的法则，也有它特殊的法庭；无论人们仍然多么想把它们搅拌一番，从而将它们的混合物当作药剂递给有疾的心灵，它们都随即彼此分离，并且如果它们不分离，前者就毫无作用；而如果物质的生活因此就强劲起来，那么道德的生活会无可挽救地萎靡下去。"（5：89）感性的物质生活时时会搅扰道德法则的贯彻，但二者毕竟有着不同的可以分离的界线，不要将二者分离开来，但也不可将二者完全合并起来。这是生活的法则，是纯粹实践理性自身的法则。

三　道德实践智慧学

实践理性作为康德道德哲学的枢机，既有对道德动机、道德对象最终基础的追求，也有为确立至善这一目标而付出的努力。

（一）德行与幸福

康德深知人的实践理性能力与理论理性能力一样，在其运用中也会产生二律背反。其最直接的表现就是德性与幸福的矛盾。为此，康德提出了自己的道德实践智慧学的设想，从至善何以可能的角度解释了实践理性的内在矛盾。

与理论理性一样，实践理性也当毫不掩饰自身的矛盾，从而引起对自身能力的批判。在辩证论上规定至善的概念，就需要再度加以提醒。康德指出决不能因为至善作为纯粹实践理性的整个对象，而将之作为纯粹意志的决定根据，而唯一决定根据只能是单纯形式的道德法则。"惟有道德法则必须被看作是使至善及其实现或促进成为客体的根据"（5：109）。根据这种提醒，道德法则与至善必然不可避免地发生关系。

如果道德法则作为无上的条件包含在至善的概念中，那么就不仅至善是客体，而且它的概念和它通过我们实践理性而可能的实存的表象同时就是纯粹意志的决定根据。这样一来，决定意志的自律原则除了道德法则外就还兼有至善的概念。道德法则、至善、自律之间的秩序和关系不能混淆，否则就会陷入自相矛盾。

什么是至善呢？康德展开了其精细而有节奏的理性剖析术。

他首先对"至上（summun）"概念进行了分析。"至上既能够意指无上的东西（supremun），也能够意指完整的东西（consunmatum）。前者是这样一种条件，它自身是无条件的，亦即不委质于任何其他条件（originarium/原始的），后者是这样一种整体，它不是某个更大的整体的一个部分（perfectissimun/最完全的）。"（5：110）

德行作为对于幸福追求的无上条件就是无上的善。从善的完满来说，成就至善还需要加上幸福，这是任何无偏私理性所需要的。但二者的结合只是可能世界的至善，从完整、至上的善出发，幸福就自身而言并非绝对的善，只有在以道德上合乎法则的举止为先决条件时才能成为善的。这样一来，对于二者的联结必然产生两个方向：

（1）依照同一性法则被看作是分析的，即逻辑的联结，德行的能力与幸福的获得（谋求）是同一的行为，二者根据之准则是同一的。（2）依照因果性法则被看作综合的，即实在的联结，幸福是德行产生出来的，就如同原因产生结果。

在根据同一性原则的两派哲学中，各自选择了不同的根据概念。伊壁鸠鲁说：意识到自己导致幸福的准则，这就是德行；斯多亚派说：意识到自己的德行，就是幸福；对于前者来说，明智就等于德性，后者给德行选择了一个尊称，对于他们来说，唯有德性才是真正的智慧。

这样一来差异就出现了，德行与幸福孰轻孰重，对于造就至善谁更为重要，哲学家都在寻求着统一之路。在统一之前需要先行辩解。

康德辨析了二者的差别：一派把原则置于感性的层面，置于感性需求的意识之中，德性就居于促进幸福的准则里，是伊壁鸠鲁派。一派把原则置于逻辑的层面，置于实践理性对于一切感性决定根据的独立性里面，幸福感就包含在德行的意识中，这是斯多亚派。

后者认为德行是整个的至善，幸福是德行主体的状态。前者主张幸福是整个至善，德行不过是谋求幸福的手段而已。二者能够很好的结合吗？二者的结合就是至善，那么至善在实践上是如何可能的？这是康德提出的关键问题。康德提出两者的联结被人认识是先天的，是实践上必然的，而非从经验中推论出来的，所以这个概念的演绎只能是先验的。"通过意志自由产生至善，这是先天地（在道德上）必然的；因此至善可能性的条件也必定单单依赖于先天的认识根据。"（5：113）围绕这个问题，实践理性像理论理性一样也出现了自身的二律背反。

康德分析了这一背反的前提即在我们实践意志实现出来的至善中，德行和幸福是被思想为必然联结在一起的。但二者的联结从分析论上是无法获得的，即德行的准则与个人的幸福准则是彼此相异，而非同类，在同一个主体中相互限制，相互妨碍。

那么它们能够被思想为综合的吗？在综合的过程中，实践理性的二律背反出现了：就二者的综合而言，通过因果关系得以联结，"于是，或者追求幸福的欲望必须是德行准则的动机，或者德行的准则必须是幸福的有效原因"（5：113）。第一种情况不可能，把意志的决定根据归于对幸福的追求，是非道德的。第二种情况也不可能，意志决定的后果不取决于意志的道德意向，而取决于自然法则的知识以及将之运用的自然能力。仅仅依靠遵循道德法则成就幸福与德行以至于至善，是无法指望实现的。

总之，二律背反出现了，既然至善的概念先天地包含着德行与幸福，但二者的联结又不可能实现，那么命令去促进至善的道德法则也就一定要流于幻想，本身就是虚妄的。一方面人作为理性的存在，应该通过实践理性来约束自然情欲；另一方面，追求幸福，满足情欲又是人的本性，实现这一点也是人的义务。二者之间的冲突就显示了实践理性的二律背反。①这种观点在柏拉图和亚里士多德的理论中也出现过。为此就要展开对实践理性二律背反的批判。

需要注意的是讨论实践理性的问题要与纯粹理性实施同步，丝丝相扣。

康德交代对纯粹思辨理性背反的消除就是依靠现象和本体世界的区分，作为现象在感觉世界中的因果性符合自然机械作用。但从本体的不受时间决定的理智存在来说，又是不受自然法则的因果性决定。

纯粹实践理性的二律背反的两个命题是：

第一，追求幸福产生了有德行的意向的根据，是绝对虚妄的，不可能的。（当然这是由康德的立场决定的，若从幸福论、功利主义的立场来看，也非绝对虚妄。）

第二，德行意向必然产生幸福，是有条件虚妄的。其条件是：意向被看作感觉世界的因果性形式范围之内，而我认定这个世界的此在为理性存在者的范围之内，即意向受感觉世界因果性法则支配，此在又仅仅凭理性而存在，这样的矛盾必然导致一种虚妄。

但是借助一个理智的自然创造物，意向的德性作为原因，幸福作为结果，就存在间接而必然的联系，而且是可能的。这种联系在纯感觉世界里也会偶然发生，但不能达到至善。既然在德行与幸福之间存在联结的可能

---

①　李泽厚著：《批判哲学的批判》，北京：人民出版社 1984 年版，第 302 页。

性，为何又会出现实践理性的二律背反呢?

“这出于一种单纯的误解，因为人们把现象之间的关系当做物自身与这些现象之间的关系。”（5：115）基于这种误解，古代哲学理解的幸福是有问题的。他们（如伊壁鸠鲁、斯多亚派等）把快感代替满足，把行善看作赏心乐事，以及爱好的知足和节制同属愉快（欢乐的心情）。根据康德的理解，表面的快感、愉悦如果不是德行造成的，就不会带来真正的幸福。离开道德价值的奠基，各种快乐、乐趣都无法与德行结合起来。除此之外，还存在一种错误，即我们容易把所行之事当作单纯被动的所感之情，将道德动机当作感性的冲动。故而康德把直接受纯粹理性法则的决定去行动看成是人的本性中非常崇高的东西，甚至理智对于意志的主观因素视作感性的情感也是人性中非常崇高的东西，培植理性对于情感的作用，也是相当重要的。行为之发生按照适意的情感合于义务，而且出于义务，这必须是一切道德教育的真正目的。这就是说，培养道德情感是道德教育的重要任务，明此，人性的崇高部分就可以得到培植。

既然幸福会给道德法则的实现带来种种困难，那么有没有其他可以表达伴随德行意识的自我满足的东西呢?

康德回答说：“有！这个词语就是自足，它就其本义来说总是仅仅指示对其实存的一种消极的惬意，在其中人们意识到自己无所需求。”（5：117）康德将此种满足称为理智的满足。而感性的满足依赖于爱好的满意，却不适于人们关于满足的所思所想。因为爱好随着人们对它们的怂恿变化增长，并且始终会留下一个愈填愈大的空洞。这就是欲壑难填，即使是合乎义务的如慈善一类的爱好，也不能使理性得到满足，一切行为不仅要有合法性，还要有道德性。①

因为“爱好是盲目而奴颜婢膝的，无论它良好与否；而如果事情取决于德性，那么理性必须不仅仅担任爱好的监护者角色，而作为实践理性必须不顾爱好，完全只照顾它自己的关切”（5：119）。对爱好的克服和控制使实践理性对自己获得了一种支配的能力。

这就是一种对人格的满足，自由本身因为这样的方式就可以间接地成为一种享受，尽管还不能算作永福，但在起源上，从至上存在者的自满自足类似的范围内，二者仍然有相似之处。那么在德行、幸福、自由、至善之间究竟有怎样的关系呢？这也是实践理性二律背反解决的后果：

① 这一观点康德在《道德形而上学》中也有表达，慈善没有被看作一项完全的、确定的义务。

（1）在实践理性里，德性意向和作为其后果而与之匹配的幸福期望之间的自然的和必然的联结是可能的。（2）谋求幸福不能产生德性，至善的第一条件是德性，幸福是第二元素，是道德的后果，以道德为条件。

根据以上推论我们可以发现，康德提出的德行作为对幸福追求的无上条件就是无上的善。从善的完满来说，成就至善还要加上幸福，这是一切无偏私理性所需要的。但二者的结合只是可能世界的至善，从完整、至上的善出发，幸福就自身而言并非绝对的善，只有以道德上合法则性的举止为先决条件才能成为善的。这是康德提出实践理性能力优先理论的必然结果。但由于实现至善目的的行为属于感觉世界，理性需要努力去弥补其不足，努力去揭明感性与超感性之间的联结根据。这样就出现了新的问题：在理性之中，思辨理性与实践理性孰先呢？

（二）纯粹实践理性优先

何为优先权？康德指出在两件经由理性联结起来的事物中之优先地位，是指其中一件事物成为与其他事物联结的首要决定根据的优先权。在实践意义上，是指其中一种关切的优先权，其他关切隶属于它。康德说："理性，作为种种原则的能力，决定了一切心灵力量的关切（兴趣），但它自己的关切（兴趣）自己决定。理性思辨应用的关切在于认识客体，直至最高的先天原则，理性实践应用的关切（兴趣）在于相对于最终的和完整的目的决定意志。"（5：119—120）这两者孰先孰后，孰轻孰重呢？

康德认为存在两种假设：（1）除了思辨理性出于其洞见独自呈现给实践理性东西之外，实践理性不再可以认定别的什么和将其思想为被给予的，那么思辨理性就占据优先地位，即实践理性只能在思辨理性的洞见之下才能有所认识。（2）假定实践理性独自有原始的先天原则，并可以落在思辨理性一切可能的洞见之外，何种关切（兴趣）是无上的就是一个问题。

当然，以本能为条件，即仅仅以幸福的感性原则为基础，或者凭借神性的怪异纠缠理性，都是对理性的偏离。只要纯粹理性是自为的实践的，像道德法则的意识所表明的那样，那么无论是为实践的还是理论的意图，都只是同一个理性在依照先天原则在进行判断。而正是理性的实践运用才不断拓展着理性的洞见，这与限制思辨理性又是不相矛盾的。

这不仅涉及到对康德实践哲学的理解，而且在某种意义上表明康德的实践概念已经带有非常强烈的生存哲学的意味。有学者就认为在康德的实践哲学理论中，康德是通过在道德实践的基础上，将技术的实践与道德实践相统一，从而使人的存在作为一个整体来加以考察。这一思考不仅是现代哲学价值理性与技术理性相统一的前声，也是交往理性与技术理性观念的来源。① 不过从笔者的立场来看，如其说康德的实践理性概念以道德实践为基础，倒不如说康德本来就没有严格的技术实践和道德实践的两种区分。因为在康德的问题意识中，人是作为一个整体的理性存在者而出现的。由于理性活动的特殊性才导致认识和行为过程序列的一些脱节，但理性本身不必为此负责。

在理性实践运用的拓展中，"纯粹思辨理性与纯粹实践理性联结成为一个认识时，假定这种联结不是偶然的和任意的，而是优先地以理性自身为基础的，从而是必然的，实践理性就占据了优先地位"（5：121）。在这一次序中，理性就不会发生自相冲突。二者的并列也是不可能的。因为实践理性总是要拓展自己的疆界，将理性纳入到自己的领域之中。只剩下最后一种：实践理性不可能隶属于思辨理性，而是优先的。"因为一切兴趣（关切）归根结底都是实践的，甚至思辨理性的兴趣也仅仅是有条件的，只有在实践的应用中才是完整的。"（5：121）

实践理性的优先性不仅排除了思辨理性的优先性，而且在实际的运用中充分体现了自身的客体化过程。"实践理性的客体化"是向现象世界的突破。② 实践理性本身就是主体与客体共存互动的表现。实践理性不是单纯主体的行为，是在主客体互融互摄的过程中展示其理性本色的。纯粹理

---

① 俞吾金认为对康德的实践概念的理解需要区分康德"物自体"概念的三种含义：第一，感性刺激的来源；第二，认识的界限；第三，道德的实践的范导性假设。第三种理解是属于本体论的，与自由相关，也是康德道德实践含义的来源（俞吾金著：《一个被遮蔽了的"康德问题"》，载《从康德到马克思》，桂林：广西师范大学出版社2004年版）。这种解释可以帮助我们更好地把握康德理性分类的意义，但是把康德的实践分为技术的和道德的两种则未必是康德的原意。因为康德提出的意志自由不是现代心理学意义上的意志，而是从人的整体存在的角度对人的意志整体能力的一种概括，故而康德有实践理性优先的说法。而且从理论判分的事实来看，很难找到一种纯粹的技术实践，只要是人的活动，皆有价值和意义的色彩。忽视这一点，就非常容易导致对技术活动过程和结果作用的夸大，这也是现代社会遭遇到技术困境的一种理论根源。

② ［俄］别尔嘉耶夫著：《末世论形而上学》，张百春译，北京：中国城市出版社2003年版，第63页。

论理性追求的结果必须要到实践理性当中才能够得到落实，这是人作为一个整体存在的最好证明。这也相当于康德指认的理性事实①。

理性事实不同于经验事实，经验事实意指某事实际上是否发生，这属于实然的范畴。道德法则并非是对某事是否发生的描述，而是对某事应当是否发生的要求，属于应然的范畴。理性事实"并非指每个人在'实际上'都遵守道德律，而仅意味着每个人只要是有理性者，都能意识到这种要求所带有的'严格的普遍性'"。②

如果从道德认识的角度来判断康德的理性事实，确乎可以看到康德道德思考的一种特殊进路，这就是他不以假设为讨论问题的前提。理性事实在康德看来就是既与的，可以直接呈现于我们的意识之中。③ 有学者将之与波兰尼的隐默之知相提并论，认为康德提出的理性事实不是以经验为基础，并且这种未经反省的意识即是英国哲学家波兰尼所谓的隐默之知（即我们所能够知道的多于我所能说出的），这是一切普遍主义伦理学都具有的出发点。④

罗尔斯指出"理性事实是这样的事实，作为理性存在者，我们把道德法则意识为至上的权威和常规法则，在我们的日常道德思想和判断中，我们便如此地承认了它"。⑤ 基于这样的看法，罗尔斯把康德的道德哲学归结为一种道德建构主义。康德的道德建构主义的一个本质特点是，赋予正义职责和道义职责以内容的特殊绝对命令被看作是一个建构程序（绝对命令程序）规定的，其形式和结构既反映我们实践理性的两种能力，也反映我们作为自由而平等的道德人的境况。正如我们将看到的那样，康德认为，关于人既是合理而理性的又是自由平等的这个观念蕴涵于我们的

---

① 康德在《实践理性批判》中八次提到理性事实，贝克将之划分为两类：一类是客观类型，要么把这一事实等同于道德律，要么把这一事实等同于自由；另一类是主观类型，将这一事实等同于对道德律的意识（［美］阿列森著：《康德的自由理论》，陈虎平译，沈阳：辽宁教育出版社2001年版，第351页）。

② 朱高正著：《朱高正讲康德》，北京：北京大学出版社2005年版，第42页。

③ "在《实践理性批判》中，康德把道德原则看作是'既定的事实'；但它不是属于'经验的事实'，而是属于'理性的事实'；这种事实从一开始就'具有立法的性质'，因此，它们是无须证明（［法］高宣扬著：《德国哲学通史》，第一卷，上海：同济大学出版社2007年版，第207页）。

④ 李明辉著：《康德伦理学与孟子道德思考之重建》，台湾："中央研究院"中国文哲研究所刊印，1984年版，第12—13页。

⑤ ［美］罗尔斯著：《道德哲学史讲义》，张国清译，上海：上海三联书店2003年版，第351页。

日常道德意识中，这是一个理性事实。①

其实，道德原则、道德观念的发生不仅是一个建构的过程，同时也伴随着选择的过程。道德本身的历史性表明，任何绝对命令的程序都要接受现实生活法则的挑战。特别是在人类早期的社会组织中，现代文明社会所认为的法则、规范可能是一种多余。同样，现代文明社会遭遇到的道德失范、法律失序，其内在的根据实际上是与文明同步发展的，并且内在于人类自身的发展过程之中。然而这种理性事实往往被人们所忽视。

由此可见，理性事实学说不仅对康德的道德哲学是至关重要的，而且对他的整个先验唯心论也是至关重要的。正如赫费指出的那样，康德有关理性事实的思考除了实质性意义以外还具有一种方法论的意义。其方法包括四个递进的环节：首先在结构性概念分析中，关键形成一个合适的道德概念，并把它设想为无限善；第二步把无限善概念应用到有限理性存在者身上，这是在绝对命令概念中发生的；第三步先验演绎步骤导向作为道德主观性原则的意志自由；第四步在一种广义的归纳现象学步骤上证明以往的一切论证都是一种现实，而不是虚构。

赫费进而指出，这种方法排除了摩尔所批评的自然主义谬误，相反还对休谟的存在一应然问题做出了解释。这一解释包括四个方面：第一，康德区分理论理性和实践理性就是为了对应实际存在和我们应该做的两种东西，前者涉及自然法则，后者则指向自由法则；第二，康德在实践理性中把受经验制约的理性与纯粹的实践理性分开，在纯粹理性概念中定义道德善，以致它被视为原则上不可能从一种非道德的经验中引申出来；第三，理性事实不是经验性事实，而是指实践理性存在者的道德自我体验，不是表现在经验上可观察到的行为中，而是表现在对行为的道德判断中；第四，康德从理性事实中没有引申出应然表述，其论证的逻辑也不是从理性事实中引出绝对命令，而是从无限善的概念中引申出来，与有限理性存在者的情景相联系。② 赫费的解释把握到了康德道德哲学的实质，康德建构的绝对命令和自律原则的确可以克服自然主义和存在一应然谬误推理的问题。可以说，康德的理性事实理论对于理解和把握其道德形而上学的实质有着至关重要的作用。就是其哲学的核心概念自由也莫不如此，自由的概念具有客观实在性，这既是思辨理性体系的拱顶石，又是实践理性体系的

---

① ［美］罗尔斯著：《道德哲学史讲义》，张国清译，上海：上海三联书店 2003 年版，第322 页。

② ［德］奥特弗里德·赫费著：《康德生平著作与影响》，郑伊倩译，北京：人民出版社2007 年版，第 187—190 页。

拱顶石，而它依赖于理性事实。①

（三）道德实践理性的公设

至善实现的无上条件是意志的意向完全切合于道德法则。这种切合是可能的，它包含在促进至善的命令当中。这种切合不是随意的、偶然的，带有终极性、完满性、神圣性。所以康德说："意志与道德法则的完全切合是神圣性，是一种没有哪一个感觉世界的理性存在者在其此在的某一时刻能够达到的完满性。"（5：122）这种完满性不会被某个理性存在者加以实现，它只是被作为实践上的必然而被要求，只有在趋于无穷的前进中才能被发现，并依照实践理性之原则，认定实践本身的进步必然是意志的实在客体。

这种对至善的无穷前进和追求需要一个前提，即以无限延续的实存和同一个理性存在者的人格即灵魂不朽为先决条件。至善只有以灵魂不朽为先决条件才在实践上是可能的。这就是实践理性需要的公设。康德强调公设是一种理论的，但在其本身是不可证明的命题，它不可分离地附属于无条件有效的先天实践法则。

我们很容易把康德论证的灵魂不朽与唯灵论的思想加以混淆，甚至同迷信的唯心论加以等同。② 细加分析，我们会发现康德意指的灵魂包括两个要素：无限延续的实存和同一理性存在者的人格。这不是一种唯灵论的实体存在，也非迷信的唯心论的灵魂不死观念，而是指与人的实践道德法则相匹配、相一致的人格力量的存续。道德领域中人格力量的存续恰恰是靠此种灵魂不朽来体现的，是一种理性的、现实的考量和需要，不能加以曲解。

这样一个公设具有很大的用处，对趋向于道德法则的切合来说：一是保证道德法则的神圣性，不至于过分夸饰道德法则的宽容性，同时使之免于陷入狂热的、与自知之明相违背的神智学的迷梦之中。二是公正性。在

---

① ［美］罗尔斯著：《道德哲学史讲义》，张国清译，上海：上海三联书店2003年版，第353页。这种观点也可见于 ［德］奥特弗里德·赫费著：《康德生平著作与影响》，郑伊情译，北京：人民出版社2007年版，第184页。

② 梯利也曾指出："不要把灵魂实体看作是自在之物，即我们对它能够有所认识的实体，而是要把它看作是我们的思想所依据的某种东西，是一切意识状态起源的焦点。"只要我们把灵魂看成单纯的观念，"就不会承认关于灵魂生长、消灭和轮回的毫无根据的假设"（［美］梯利著：《西方哲学史》，葛力译，北京：商务印书馆1995年版，第459—460页）。这一判断对康德提出的灵魂公设进行了很好的界定，有助于澄清许多模糊的理解。

无限存在者面前，对于我们乃可以看到与道德法则切合的整体，神圣性命令要求的就是以合乎派给人手一份应得的至善方面的公正性，在公正性之下理性存在者通过理智直观均能够对神圣性有所把握。只要努力，从恶劣到道德良好的进步就能够实现，甚至可以超出此生，至于一个极乐的世界（洪福/永福/Seligkeit/blessed future）。当然此种极乐世界唯有在上帝的综观之下，在延续的无限性中，达到与上帝意志的完全切合，才是可能的。

值得注意的是，康德对宗教采取了审慎的态度，后文对此将作详细论述。对至善的追求也就是对至善包含的两个要素的追求。德性是第一的和主要的部分，为了实现德性的必然完整性，需要在永恒里面解决，这就导致了不朽的公设。第二个要素是与德性切合的幸福，康德认为必须设定上帝的实存，作为必然属于至善的可能性。

为此我们先看看什么是康德理解的幸福？"幸福是世界上理性存在者在其整个实存期间凡事皆照愿望和意志而行的状态，因而依赖于自然与他的整个目的，并与他的意志本质的决定根据的契合一致。"（5：124）在此幸福的规定中至少包含三种要素：（1）实存的理性存在者的愿望和意志；（2）自然与理性存在者的目的的一致；（3）意志的本质决定根据。愿欲的追求加上人的内在本质与外在自然之间的契合一致，都是幸福所需要的。

作为自由法则的道德法则颁行的命令应当与自然以及我们的欲求能力之间契合一致，但理性存在者的行为却不是自然和自然本身的原因。所以在道德法则里不能说德性与幸福之间有必然的联系，也不能通过自己的意志和力量使自然与他的实践原理相协调。但在对至善的追求中，在纯粹理性的任务中，这种联系又被设定为必然的，即我们应当设法促进至善，它因此也必定是可能的。这样，全部自然的而又与自然有别的一个原因的此在，也就被设定了。这个原因包含着幸福与德性精确地契合一致的根据。

这些一致包括：自然与理性存在者意志法则的契合一致，自然与法则的表象契合一致，自然与道德形式上的一致，自然与作为动机的德性、意向契合一致。正是在这个无上的自然原因合乎道德意向的因果性的范围内，这个至善在世界上才是可能的。

理性存在者的行为就依照法则之表象而发生，而且此存在者的因果性就是这个存在者的意志。理智存在者获得了自己存在的完全合法性和合理性，并导致了一个重要的后果。"这样，自然的无上原因，只要它必须为了至善而被设定，就是这样一个存在者，它通过知性和意志成为自然的原因（从而是自然的创造者），亦即上帝"（5：125）。这种对原始的至善的现实性公设，就是上帝存在的公设。

康德总结指出，促进至善原本就是我们的义务（职责），那么设定至善的可能性就不仅是我们的权限，而且也是与需求的职责联系在一起必然的。上帝便与义务（职责）不可分割地联结在一起了，认定上帝的存在，在道德上是必然的。

康德担心引起误解，为此他对上帝的存在作了进一步说明：（1）上帝在道德上存在的必然性是主观的，而不是客观的，它本身不是义务（职责）。认定某事实存的义务是理性的理论运用的义务（职责）。（2）不能认定上帝的此在作为一个所有一般义务（职责）的根据是必然的，一切义务的根据都在于理性本身的自律。（3）在此种设定中，只有产生和促进至善才属于义务（职责），对于至上理智存在者的认定与义务（职责）意识是相关的。但认定本身属于理论理性的假设，在事关道德法则给予的至善的可理解性时，此种认定就被当作信仰。故而信仰是源出于纯粹理性的。

为此康德对基督教学说进行了分析，同时也讨论了德福的关系。

康德指出即使基督教不被当作宗教学说，所给予的至善（上帝之国）的概念也能够满足实践理性最为严格的要求。康德推论了他的理由：道德法则的神圣性、不宽容性，要求达到的完满性始终只是德行，但在敬重法则的合法则性的意向中，却又时时混杂着种种不道德的、虚伪的动机和意识。从基督教法则的神圣性出发，留给创造物的无非就是趋于无穷的进步，创造物因之可以无穷地永存下去。康德的意思是说在无穷存续的过程中，德性的完满性是有指望的。"因为依据睿智和全能的幸福分配者的判断，一切可能的幸福除了理性存在者缺乏与其（义务）职责的切合之外并无任何其他限制"（5：128）。康德非常清楚，道德法则并不包含幸福，从一般自然秩序概念出发，幸福并不与遵循道德法则必然地联结在一起。

基督教在其上帝之国中，使本性和道德达成和谐。道德的神圣性是今生的准绳，与道德相称的福利、极乐（洪福、永福），则未必是今生可以达到的，而是在理性存在者趋于神圣性的进步中可以希望的。但这又不意味着基督教的道德原则是神学的，他律的，"而是纯粹理性自身的自律，而是以它们为在遵循这个法则的条件下达到至善的基础，它甚至把遵循这个法则的根本动机不是置于所愿望的遵循法则的后果之中，而只是置于义务（职责）的表象之中，盖缘活动这种后果的配当就在于忠实地遵循义务（职责）"（5：129）。

为何作为至善的上帝不是外在的呢？因为道德法则导致宗教，亦即导致一切义务乃上帝的命令而非上帝的制裁的认识，亦即它们不是外在意志任意的、自身偶然的训示，而是每一个自由意志自身本质的法则。这种命令是从道德完满的、全能的意志那里，希望达到的可以努力的对象，这是道德法则为我们造就的义务。

"道德法则命令道，使这个世界上可能的至善对我来说成为一切举止的最终对象。"（5：129）即便如此，康德仍然不放弃自我意志的自由本质，一切至善（可能）的造成都依赖于此。最大的幸福被表象为与最大程度的德性完满性以最准确的比例联结在作为整体概念的至善中，个人幸福虽然包括在其中，但不是促进至善的意志决定根据，仍然是道德法则，道德法则甚至限制我们对幸福的无度追求。

这样一来，在完满性的至善当中，道德和幸福之间的关系并非比例的适当，而是道德学的根本所在，即不是关于我们如何谋得幸福的学说，而是关于我们应当如何配当幸福的学说。康德认为从配当幸福的角度来说，幸福的分享是与人们的努力相关的，而努力又指向一个目标。①

"配当"是指："倘若某个人拥有某物或某种境况的情形与至善符合一致，他就配当拥有这种事物或状态。"（5：130）配当取决于德性的举止，这种举止构成了某种境况的条件，即分享幸福的条件。故而道德学不是幸福学说，道德学仅仅是处理幸福的理性条件（必要条件），而不是处理幸福的手段。德性学说只有在趋向宗教的步子迈出之后，才能成为幸福学说，对幸福的希望是与宗教一起发轫的。

上帝概念的神圣性、至善、仁慈、极乐和智慧，以及对上帝的敬重是对其命令赋予的神圣职责（义务）的遵守，而非以拟人的方式来求得上帝的爱。人的善行所以成为人的荣誉，只在于它得以依照配当施行。

康德总结指出人是目的，道德法则以自律为基础。"在目的的秩序里，人（以及每一个理性存在者）就是目的本身，亦即他决不能为任何人（甚至上帝）单单用作手段，若非在这种情形下他自身同时就是目的……因为这种道德法则是以他的自由意志之意志自律为基础的，这个意志依照它的普遍法则必然能够同时与它应当委质于其下的东西相契合。"（5：131—132）我们自己的人格是神圣的，是道德法则的主体，也是其他神圣东西的主体，因为人的神圣性，其他东西才能够被称之为神圣的。康德此时又表现出一种彻底的主体意识，上帝

---

① 康德强调配得上的幸福是理性立法与意志本身的统一，不是靠其他因素获得的技巧性的幸福。配当的幸福是必然的，技巧性的幸福则带有偶然性。这对于理解德福一致具有重要的理论启示作用。

成了神圣性的对象，其理论之中德性自律的光辉又重新照亮了起来。义务作为神圣性主体的神圣性因素，并非他律的，而是出自意志自律的，这种强烈的德性论色彩冲淡了其绝对命令的单调叫喊。这是对人的主体性的高扬，是激励主体向善的积极的理论铺垫，代表了康德伦理学的一个特殊维度。

因而，有学者认为康德所论上帝的真正意义和价值在实践理性那里。如埃卡特·弗尔斯特指出实践意义上的上帝是指：（1）作为推动的上帝；（2）作为按比例把无限幸福的善分配给个人的上帝；（3）上帝作为本质和品性规则一致的保证者；（4）上帝作为伦理的共同团体的创立者。① 这样的上帝不仅具有伦理的意义，也有社会的价值，而不再是虚幻的信仰之对象了。

矛盾但又是事实，理论的丰富性又是复杂性。

反观康德在《纯粹理性批判》当中，就已经对理性理念与现实的关系做出过说明，这是其实践理性公设理论的前奏。康德的三大公设理论体系对应着三种关系：第一，对主体的关系；第二，对客体的关系；第三，同时既对主体又对客体，即对一切事物的关系。由此而产生三类理念——关于灵魂、关于世界、关于神的理念。②

如果说在理论理性中三大公设是为了解决理念和现实的关系，那么在实践理性当中就更是如此了，所以康德认为这些公设肇始于道德性的原理，这些原理是理性借以决定意志的法则。这些公设不是理论的教条，而是必然的实践关怀的先决条件。它们并不拓展思辨的认识，但却赋予思辨理性理念以客观实在性，以证明思辨理性有正当理由持有这些概念，这恰恰是与实践领域相关联时可能的。如不朽的公设为道德法则的持续性提供条件，自由公设体现的是对理智世界法则的意志抉择能力，上帝公设是保证至善可能性的前提。③

这些公设导致的结果并没有拓展人们的认识，也没有使在思辨理性中

---

① 转引自温纯如著：《认知、逻辑与价值》，北京：中国社会科学出版社 2002 年版，第617 页。

② ［苏联］阿尔森·古留加著：《康德传》，贾泽林等译，北京：商务印书馆 1997 年版，第 120 页。文德尔班也指出："关于这些理念康德找到三种无条件者：关于内部感官所有现象的总体，关于外部感官所有资料的总体，关于所有一般（有条件者）的总体；这些无条件者分别被认作灵魂，世界和上帝。"（［德］文德尔班著：《哲学史教程》下册，罗达仁译，北京：商务印书馆 1993 年版，第 753 页。）

③ ［加］约翰·华特生著：《康德哲学讲解》，韦卓民译，武汉：华中师范大学出版社 2000年版，第 330 页。

超验的东西在实践理性里成了内在的东西。① 因此，康德警告我们，这些概念之间的关联，以及借助于道德法则在至善的实践概念里获得的统一，仅仅是从意图上、理论上得到了说明。自由、不朽、上帝等都不是真正的概念，"这一点是任何诡辩永远也无法从甚至最为庸常之人的信念里夺取去的"（5：133—134）。"我们可能说的只是必须有一个自由的原因，因为没有它，就不能有道德律。"② 作为概念的公设无非就是实践意志的条件，而不能作为理论的教条，成为至善的真正内容。"我们永远不能具有在科学意义上的关于上帝存在、自由和不死的知识。……就知识而论，它们对于人没有用处；它们真正的价值是实践的、伦理的。"③ 理性的终极目的是道德之目的，自然规律是为着自由的。

（四）至善何以可能

为了在实践方面拓展纯粹认识，一个先天被给予的，能够独立于一切理论原理的、直接决定意志的定言命令并被表象为实践上必然的客体，就是至善（the summum bonum）。但这个至善的可能却依赖于设定的三个理论概念，即自由、不朽、上帝。这三个概念纯粹到无法为自身觅得相应的直观，从而也就无法以理论的方式为自身觅得客观实在性。

康德一再声称在实践法则上要求的至善能够在世界上实存，思辨理性不能保证它们的客观实在性，只能以被设定的方式而存在。这样一种思辨理性的拓展只是为了理论的意图而应用这些对象。"因为在这种情形下由实践理性所成就的无非就是，那些概念是实在的，事实上有其（可能的）客体，但是，我们由此并没有得到这些对象的任何直观（这类直观也是不能要求的——引者注），所以并没有任何综合命题因这些对象的实在性得到承认而成为可能。"（5：134）因为无法对这些（三个）超验的思辨理性的理念进行直观，或者从认识方面获得直接的关联。这种在理性的理论知识方面得到的拓展仅仅表现在：通过实践的公设，客体确实被给予了

---

① 如灵魂不朽作为心理学的心灵主体，缺乏永久性的标志。华特生指出这是一种逻辑谬误，模糊了名词的含义，而且这种含糊是理性由于现象的主体和实在的主体的不可避免的混淆而陷入的。一个无条件的主体被当作思维主体的不朽的根据（［加］约翰·华特生著：《康德哲学讲解》，韦卓民译，武汉：华中师范大学出版社 2000 年版，第 330 页）。

② ［加］约翰·华特生著：《康德哲学讲解》，韦卓民译，武汉：华中师范大学出版社 2000 年版，第 331 页。

③ ［美］梯利著：《西方哲学史》，葛力译，北京：商务印书馆 1995 年版，第 461 页。

那些理念，一个单纯或然的思想因此首次得到客观实在性。

康德还不放心，提出这些理念区别于所予的超感性对象，只是对于一般超感性东西的认识。"在这里，它们成为内在的和构成的，因为它们是实现纯粹实践理性的必然客体（至善）的可能性依据"（5：135）。这种内在的构成性理念对于思辨理性的实践运用来说，倒是一种否定的方式，阻止作为迷信的拟人论的表面知识拓展。同时又阻遏通过超感性的直观或类似的情感的拓展的狂热倾向，从而保证认识在实践意图上的真正拓展，而非在思辨意图上有所获得。

康德反复地阐明同一个观点，即为什么公设的理念不可能在思辨理性的认识上有所拓展，而只是为了理性的实践运用才有所增长，因为这种理念本身的拓展是为了防止迷信的人格化经验神学和超感性直观的狂热。那么这些理念从思虑的角度来看，究竟有没有自己的客体呢？

纯粹知性概念，也就是相对于每一个有对象的理性应用的范畴，在被用于理性的理论应用之时，既可以是感性直观的对象，又可以是理性能够表象的经验客体。与此类知性范畴不同，在任何经验里都不能被给予的理性理念究竟有没有客体呢？康德认为这不是理论理性通过范畴能够去思想那些客体，而是直接通过纯粹实践理性去成就这种实在性。"通过实践理性在至善概念里毫无疑问地呈现的客体，即通过旨在至善可能性的那些概念的实在性，这些范畴的确得到了如下的充分保证：这样一个对象是现实地存在的，从而作为单纯思维形式的范畴在这里不是空洞的，而是有意义的，尽管这种增长没有造成依照理论原理的认识的一丝一毫拓展。"（5：136）理性理念通过实践理性获得的实在性，尽管不增加知识，但却为实践理性能力的运用提供了保证。

为此康德认为不能把上帝、不朽的理念作感性化（拟人化）的规定，也不能视为超感性的对象。它们仅仅用在道德法则的实践应用范围内。所以从心理学上以及经验中带来的东西都被抽象掉了，所有的一切都只是为了思想一条道德法则的可能性所必需的东西。

由此我们也得到了一个教导：它们决不能应用于关于超感性存在者的理论，因而它们也不能够在这方面成为思辨认识的基础，而仅仅将它们的应用限制在道德法则的施行上面。一切都是为了道德法则，一切为了实践理性的应用，这是唯一的目的。

上帝的概念是属于物理学，从而也属于形而上学的概念，还是一个属于道德学的概念？

从解释自然的发生，也就是从物理学的角度寻找创造此世界的完美性存在的可能性是很难的。从形而上学推论的角度认识上帝的概念并加以证明也是不可能的。这都是试图从一个单纯完满的概念来认识存在者的实存，是绝对不可能的。"因为每一个实存命题是这样一个命题：它就我形成其概念的存在者来说，这个存在者实在存在；这种实存命题是综合命题，而综合命题就是这样一类命题，借此我超出那个概念之外，说到某种有关这个概念而又未在概念里被想到的东西，相应于知性里面的这个概念还有一个外在于知性对象被设置了；这显然是不可能由任何一种推论裁成的。"（5：139）

对于理性来说达成对上帝的客体的认识就只有一种，就是从其实践运用的无上原则出发去决定其客体。这是意志指向至善的必然性，即认定与至善在世界上的可能性相关联的这样一种源始存在的必然性，展示出来了。同时理性沿自然途径（秩序）前进的源始存在者也出现了。我们只能从所知甚少的世界部分去推论未知的世界，从世界的秩序、合目的性、大小推出一位智慧、仁慈、强力的世界创造者，但却不能推出其全知、全善、全能。

所以从经验的、物理学的途径上，上帝的概念始终是未曾得到精确规定的概念，也是不切合于神性的。既然上帝概念如此不必要，为何又要寻找确立这样的概念呢？

康德认为这是从实践理性的客体角度来考虑的，只有以一个具有至上完满存在世界创造者为先决条件时，道德的原理才允许有可能性。

这当然是一种先验的想法，为何道德原理的可能性需要一个至上完满的世界创造者为先决条件，是不是道德的完美性需要这个条件来保证，或者道德自身的力量不足以承担自己的使命，而要托付于上帝来实现。康德的做法是一种纯粹的先天的让步！

康德对此创造者的全知、全能、全在、永恒进行了分析。在一切困难情况下，在全部未来中认识我的言行，包括内在之意向，是全知。对各种举止行为后果的判断，是全能。"这样，道德法则通过作为纯粹实践理性对象的至善概念规定了作为至上存在者的源始存在者概念"（5：140），这是理性的、自然的、形而上学的思辨过程所做不到的。

所以上帝的概念本源上不属于物理学、不属于思辨理性，而属于道德学的概念。其余公设的理性概念也是如此。

不过，康德从来没有自吹自擂，认为自己是上帝的救世主，实践理性的发现人。他认为希腊哲学史中没有出现纯粹理性神学的原因，在于世界上太多的祸害带来各种异议，使他们无法认为这样一个假设是有正当理由的。所以转而向自然原因去探索，直至走上了哲学的道路，才发现了一个必定给他们提供确定源始存在者概念的实践需求，思辨理性倒要作壁上观了。

康德认为以上的范畴演绎避免了两种倾向，一种是柏拉图的天赋的对超感性事物的过分要求，一种是伊壁鸠鲁的后天的限制在感性对象和根据上的演绎。康德认为，批判的演绎证明了这些范畴在知性中有其先天的位置和源泉，而且独立于直观与一般对象相关联。它们必然属于纯粹的、先天被给予的实践意图及其可能性。

实践理性的公设是为了将至善作为意志的对象并尽力促进它，设定至善的可能性条件就是上帝、自由和不朽。这是思辨理性既不能证明也不能否定的。但从道德法则必然性的角度说，至善是可能的，这是实践的需要，而非理性的需要。从意志的必然性来说，服从理性命令是不需要选择的，其根据客观地存在于事物的品格之中，而不是以爱好作为根据。这种道德法则的命令只要与品行端正的人毫不宽容地联结在一起，他就会说，他愿欲一位上帝。"我在这个世界的此在，在自然连接之外自然是一个纯粹知性世界里的此在，最后，我的持存是无穷的，我坚信这些并且决不放弃这个信仰。"（5：144）所有的公设都带有强烈的实践意图，最终指向了信仰。所以"至善"概念实质上是宗教性质的，它的重要性，就在于突出地暴露了康德伦理学以及康德整个思想发展过程中的矛盾，即由超感性的纯粹理性逐渐进入感性现实的人类活动及其历史的探求中所必然遇到的矛盾。康德解决这个矛盾是回到信仰和宗教。①

因而，认定至善是可能的，是作为理性信仰的一道命令被颁布出来的。对于实际存在的理性存在者与道德法则相切合而得幸福的配当，是很难自在地联结的。就至善中的德性因素而论，是不可怀疑的，因为会使道德法则也成了怀疑的对象；就幸福而言，也是自由法则与自然法则相一致时可以选择的东西。

由于两者切合的可能性无法期待，所以至善的可能性只有在设定一个道德世界创造者时才能得到承认。这种设定不是单纯主观的，而是兼具自然法则的合理性与自由法则的合目的性。

这样一来，促进至善的客观根据也就具备了。于是主观条件就这样显现了：对于理性而言，这是将自然王国与目的王国精确的协调一致设想为至善的可能性条件，唯一在理论上可能又同时有益于道德性（它居于理

① 李泽厚著：《批判哲学的批判》，北京：人民出版社1984年版，第305—306页。

性的客观法则之下）的方式（5：145）。

这种主观的需求同时也作为促进客观的实践上必然东西的手段，这是一种道德意图的根据，是纯粹实践的理性信仰。但康德认为，这种信仰不是颁行的，而是既有益于道德的意图而又与理性的理论需求一致的我们判断的自愿决定。正是这种起源上的自发性，使得这种信仰成为必要，尽管会在善良人身上也有动摇的时候。

从实践理性引出道德的信仰，是康德伦理学一个特色，从理性的角度分析信仰，代表了康德理性哲学的浓厚色彩。因而，"对道德行为而言，上帝不是必要的——正相反，人们可以从道德行为出发来描绘它。只有当我们超越了道德行为，需要幸福时，它才成为必需。"① 康德所指示的公设不是知识的证明，而是一种理性的希望。"允许上帝存在，允许灵魂不死，这是理性所需，但是最高之善只能被希望。"② 为了使善完美无缺，就应该使那些行为方式并非不值得幸福的人，能有希望投入幸福之中。

（五）纯粹德性原理

对于至善的理想，人类能够追求吗？从认识能力的角度看，思辨理性是无力的。但是如果人类本性注定要追求至善，那么其各种认识能力以及能力之间的关系应当适合于这个目的。但是为什么不能呢？因为思辨理性的知识，即使是最博大的自然知识也难以达到此目的，康德比喻说："这里自然在我们看来像继母一样，仅仅供给我们为达到我们的目的所必需的能力。"（5：146）问题便涉及到自然的法则、目的与道德的法则、目的之间如何达到和谐一致。这是康德纯粹德性原理的主要内容。

康德指出如果我们假定自然对人的愿望百依百顺，爱好就会首先获得发言权，并在幸福的名义下获得满足之后，道德法则才随后发言，将爱好纳入到与之相应的范围之内。于是道德意向不得不与爱好斗争，斗争几经失败之后，心灵的道德力量就逐渐养成，上帝和永恒就会以威严的方式在我们面前确立。当理性通过法则、尊严积蓄力量来抵抗爱好，其结果会是：多数合乎法则的行为会因畏惧而发生，少数因希望而发生，根本不会有因义务（职责）而发生。那么维系个人价值乃至世界价值的行为的道德价值就不会实存了。

只要这种状况维持下去，人类就如同傀儡一样，只会是机械的，世界

---

① ［法］勒维纳斯著：《上帝·死亡和时间》，余先中译，北京：生活·读书·新知三联书店 1997 年版，第70页。

② 同上。

的未来前景就变得晦暗不明。但是我们心中的道德法则却要求我们无私的敬重，一旦这种敬重真正活跃起来，居于主导地位之后，就可以通过道德法则允许我们对超感性东西的王国有一个展望："于是真正德性的、直接奉献于法则的意向就能发生了，理性的创造物能够配当分享至善，后者是与他个人的价值而不单单与他的行为相切合的。"（5：147）对自然和人的研究对于我们了解玄妙莫测的智慧都是需要的。

从康德的论述中，我们可以分享这样的推论：自然是不会顺从我们的愿望的，所以人只有通过自己道德法则的敬重去探求自己的未来，不仅是感性的此在世界，也包括超感性的世界。自然知识与道德知识在人的实践中最终获得合理之统一。

但是此处有一个问题，即人对自然法则的摆脱和克服并非具有绝对意义。当然人在克服自然法则的过程中会自动建立起各种道德法则，从而获得更大的自由。即使在这一过程中，也存在着自然法则的先天性，因而使人不能不在自然法则的支配下而可能作恶。同时对自然法则的缺乏认识和把握而戕害自然甚至累及人自身的事情是常有发生的。这可能是康德所未预见的。

康德指出纯粹实践理性的方法不是为了纯粹实践原理的科学认识而措置这种原理的方式，而是指"我们如何能够裁成它们对于这种心灵准则的影响，亦即如何能够使客观的实践理性在主观上也成为实践的"（5：151）。也就是说如何寻找一种使道德法则规范化为人的德行，见之于行动的方法，使德性、规范、德行一致起来的方法。

为何需要寻找此种方法呢？使准则成为道德的并且赋予它们以德性价值的意志决定根据，其动机必须来源于对法则的遵守，否则行为的合法性虽可以产生，但意向的道德性却不会产生。这是为了防止纯粹的伪善而做的努力，不能只关心人们的所行之事，而要关心人们如此行事的真正动机。

普通的心灵，未受过教育的人能否进入到道德善的轨道上来。康德提出先要有预备性的工作，以利益诱导，以损失威吓，当道德动机置入心灵之后，可以建立品格的基础。这里康德对品格作了严格的限定，即：实践中依照不变的准则前后一贯的思想方式。

康德相信每个心灵都有对于纯粹道德的兴趣（关切）的接受性，从而德行具有的表象的推动力，就会被置入心灵，产生强大的行善动机，这也是行善的唯一动机。康德认为此种方法还未被世人所认识，尚未形之于世，需要加以说明。

　　在各色人等的社交聚会中，大家最乐于谈论的就是关于某个行为德性价值的辩难。但是人们往往专注于具体德行的榜样力量，而忽视了法则规定的真正德性含义，德性的纯粹就遭到怀疑，甚至否定，向德行的努力倒成了造作和自负。

　　所以在康德看来，以往的教育忽视了人类理性对此类事情关注的热情，在日常的道德教育中可以运用这类启发的方法，如：（1）搜索古今人物传记，证明他们宣明的义务（职责）；（2）比较不同环境中的类似行为，让学生判断行为的或大或小的含义；（3）激发学生兴趣，训练其判断力以促进步；（4）练习认识和赞扬纯粹性的良好举止，同样练习怀着遗憾和蔑视之情注意对纯粹性行为的偏离。"这些判断力通过把这些行为看作值得赞扬的和值得谴责的单纯习惯，会为将来生活作风中的端正品行构成一个良好的基础。"（5：155）

　　在此康德表示即使对于此种道德感情、习惯的培养也要立足于义务（职责）意识，不要把各种书籍中所谓的高贵的、超功业的行为的例子来扰乱青年人，而要把一切都单单放置在义务上，放置在一个人能够和必须在他自己眼里通过违背义务的意识给予自己的价值上，从而避免对流于空洞的愿望和对无法攀比的完满性的向往，让普遍而平凡的本分发挥作用。

　　在康德的道德教育意识中，显然隐含着很深邃的德性观念。他希望养成青年人的道德习惯，并基于义务（职责）的要求，这非常有意义。

　　究竟有没有一个检验每一种行为的纯粹德性的试金石呢？康德认为唯有哲学才使此问题的决定发生疑问，而在普遍的理性那里，是如同左右手那样被分开，通过习惯的应用被决定了。康德举了一个例子加以说明：

　　在面对诬告、威胁、迫害、刁难、剥夺自由和生命，困苦贫穷受到威胁的家庭的恳求，在种种升级的利诱面前，如果一个人还能够维持他正直的决心，并无动摇和怀疑："这样我这位年青的听者就会逐步从单纯的嘉许上升到景仰，从景仰上升到惊异，最终上升到极大的崇敬，上升到一种甚至能够成为这样一个人（尽管当时不是在他的那种情况下）的强烈的愿望；在这里德行仍然仅仅因为它付出多大而有多大的价值，而不是因为它带来某种东西而有价值。……于是，德性表现得愈纯粹，它必定对人心愈有力量。"（5：156）康德的意思是，德性越纯粹，在人的行为动机中对幸福之类的东西的排斥越彻底，对好的品格仿效越努力，这是康德一贯的立场。

　　所以康德的结论是："倘若道德的法则、神圣性和德行的形象对我们心灵处处施行某种影响的话，那么它们只有在作为纯粹而不混杂任何福乐意图的动机被安置在心灵上时，才能够施行这种影响，因为正是在苦难之中，它们才显示出自身的庄严崇高来。"（5：156）受到景仰的行为也正是对义务的高度尊重，对法则的敬重，而不是出自内在的慷慨和功业思想造成的。这种行为对旁观者的心灵会产生巨大的影响，这种影响是决定性的，透辟无比的。康德此处透显出道德的一种勇气，孔子提出知、仁、勇三达德，孟子更有生于忧患、死于安乐的思想，其精神意味与康德无异。

但这种本质的道德教育方法在现实当中并没有被贯彻运用，相反，不是以严肃的职责来调校心灵，而是以轻软的感情，或以令人畏缩非强健的狂妄来调校心灵。甚至把所谓的高贵的、慷慨的和求功业的行为树立为孩子们的范本。这是一种南辕北辙的做法，使青年人无法懂得真正遵守最普通的义务（职责），而成了幻想家，就是对于有教养的人来说，这种做法也是有害的，起不到真正道德的作用。

康德所揭示的状况在今天依然存在。在追求物质财富增长的时代，功利主义思想盛行。功业成了社会衡量人的唯一标准，职责、义务、道德心早已成了天空中飘浮的云朵和彩虹，动荡不定，稍显即逝。

当然并非一切情感都是要排除的。康德认为，一种非同寻常的情感，必须在它激烈的时刻，在耗尽之前发挥作用，此时人心会自然而然地回复到其自然温和的生命活动中，树立在概念之上的原理就可以在无上敬重的形式中令人喜欢。这种敬重甚至也就成了自然而然的习惯的因素，对道德法则的遵守就会只是出于职责（义务）而非出于偏爱了，而且偏爱的感情是不能预先设定的。

除去偏爱的情感，稍有功业的思想也会造成对出于职责（义务）的行为道德准则的破坏。任何一个行为与道德法则相联系时，动机有更大的主观力量。康德称之为"作为义务（职责）的义务（职责）的纯粹法则之中的动机"。如在船难中救人，为保卫祖国而捐躯，只要有丝毫的功业心，其与出于义务（职责）的行为都有一定距离。故而任何掺有功业的行为，其后的动机就会混进自爱的东西，就会破坏职责的神圣性。

康德将自己的方法总结为两步：第一步依照道德法则进行判断。在这一步中先要使道德法则成为自然的，使之仿佛成为习惯，从而判断这个行为是否客观地合乎道德的法则，合乎哪一个法则，并使判断敏锐起来。然后关注行为是否在主观上为了道德法则的缘故而发生，行为要有意向的道德价值。通过练习产生教化意识，从而对理想的法则、善良的行为产生德性的关切，最终变成一种乐事，并喜欢上它。

第二步造就自由意识。人们乐意以这样的判断，并给予德行或遵守道德法则的思想方式以美的形式，使人的整个认识处于一种和谐之中，终究造成一种自由意识。人因遵守法则而感到了肯定的自我价值，（义务）职责的法则通过我们自己的敬重进入到我们自由意识的方便之门中。

"一旦自由确实奠立之后，与人们深感畏惧的莫过于在内心的自我反省中发现自己在自己的眼中是可鄙而无耻的时候，那么此时每一种德性善良的意向都能够嫁接到自由上去；因为我们自由的意识是提防心灵受低级的和使人败坏的冲动侵蚀的最佳、确实唯一的守望者。"（5：161）

康德对人性的挖掘淋漓尽致，自由被逼了出来。康德提出的自由是主体的自由，积极的自由，实践的自由，现实的自由。"有两样东西，我们愈经常持久地加以思考，它们就愈使心灵充满始终新鲜不断增长的景仰和敬畏：在我之上的星空和居我心中的道德法则。"（5：161）对此两者康德分辨指出：前者从外在感觉开始，把我居于其中的联系拓展到世界之外的世界、星系，以及它们的周期性活动中，这个运动持续无尽的时间。后者从不可见的自我（人格）开始，将我呈现于无穷的能为知性觉察的世界里，我们与外在世界的联系不是偶然的，而是普遍的和必然的连接。

前面无数世界的景象取消了我作为动物性创造物的重要性，在被赋予生命之后，必将以其生成的物质再回到行星中。

后者则通过人格无限地提升我作为理智存在者的价值，在人格里道德法则展示了我独立于动物性，独立于感性世界的生命。从道德法则赋予此在的合目的性，推出我不受此生的条件和界限限制，而趋于无穷。

"景仰和敬重显然能够刺激探索，但不能代替探索。"（5：162）对世界的观察，源于壮丽的景象，终于占星学。道德学发轫于道德本性的高贵性质，终结于狂热和迷信。对此两者一旦运用理性，对世界大厦的判断就会进入另外一个方面。对世界的结构方面可以获得清楚的洞见，使观察能够不断拓展自身，而不必害怕倒退回去。

通过对经验与理性的区别，对人类经验和理性的反复考察，分别两者的纯粹状态，形成人类有用的判断能力，这是一门导向智慧学的科学。智慧学不仅是指人们应当做的事情，而且还指充当判断准绳的东西，从而为每个人开辟应当行走的通向智慧的路，并保证不入歧途。

康德说："这是一门哲学必须时时保持为它的监护者的科学，公众对于它的精微研究没有兴趣，但对于在这样一个诠证之后才首先使他们豁然开朗的学说却大有兴趣。"（5：163）这是一门实践的智慧之学，是康德思考良久指示人类心灵的智慧之学。尽管众人对其研究没有兴趣，但一切众生却又多么需要这样一门智慧之学，来提升每个人的智慧，从而在世界之外或世界之内，在人格中或人格之外去实现每个人的理想目标。我们可以名之曰"道德实践智慧学"。

　　对于康德的这一理论，一直存在着误解，即把康德的实践理性归属于单纯的目的理性。伽达默尔指出，这种错误支配着从黑格尔直到西美尔及舍勒对康德道德哲学的总体批判。伽达默尔为了说明康德道德实践智慧学的特征，引入了间距性和相对性的概念。康德道德哲学的普遍性只有在实践哲学的基础上才能够得到很好的理解和运用。因为，"康德认为，道德法则对于一般理性生灵都是有效的，而不是对于人才有效的；道德法则所确定的，事实上只是德性的绝对的约束性，而不是其内容。"① 而以往的批判者恰恰背离了康德的主张，仅仅把法则的普遍性归结为形式主义的东西，没有注意到康德确立的道德法则的价值是超越一切功利概念的道德形而上学的前提。恢复康德理论的本意就只有回到实践哲学的立场上。因此，伽达默尔说实践哲学"不只是去认识善，而且还要共同创造善"。这就点出了康德道德实践智慧学的全部秘密和实质所在。

---

① ［德］《伽达默尔集》，严平编选，邓安庆等译，上海：上海远东出版社 2003 年版，第277 页。

"那种使得一种行为成为义务，而这种义务同时又是动机的立法便是伦理的立法；如果这种立法在其法则中没有包括对义务的动机，因而允许不是义务自身的动机，这种立法便是法律的立法。"（6：219）

"因此，如果我们说，人天生是善的，或者说人天生是恶的，这无非是意味着：人，而且是一般地作为人，包含这采纳善的准则或者采纳恶的（违背法则的）准则的一个（对我们来说无法探究的）原初根据，因此，他同时也就通过这种采纳表现了他的族类的特性。"（6：21）

"因此，我就可以假定：既然人类在作为共同自然目的的文化方面不断向前推进，则这种推进也包含在他们存在的道德目的方面向着更善的进步中，而且这种进步虽然时而被打断，但决不会被断绝。"（8：308—309）

"作为某种神圣的东西，它必须是一个道德的对象，从而也就是理性的一个对象，并且可以被内在地认作对于实践的运用来说是充足的；但是作为某种奥秘的东西，它对于理论的运用来说却不是充足的。"（6：137）

第四章　康德道德哲学的实践指向

道德实践智慧学揭示了以实践理性为核心的理性伦理学的特征，这样一种道德实践智慧学如何在实践层面得到落实，尚需要进行深入的探讨和论证。通过分析，我们发现在康德的道德哲学中至少存在四个层面落实的向度：一是在义务层面的落实，这就是康德讨论的法律义务体系和伦理义务体系；二是在道德与宗教关系层面的落实，康德希望在理性的基础上重建一种理性的宗教，从而在某种伦理共同体的范围内实现其道德的目的王国；三是从道德与人类理想的关系角度探寻如何实现永久和平的社会理想；四是从道德与人类实践的角度具体分析道德认识、道德情感等因素在道德实践中的作用。以下逐一分析之。

一　两种义务体系

在康德道德哲学的理论建构中，义务是其讨论的核心内容。康德晚年的《道德形而上学》一书集中讨论了两种义务论体系，即法律（权利）义务体系和伦理（德性）义务体系。对这两种义务论体系的探讨展示了康德道德哲学的实践哲学的品格，是康德道德哲学理论在实践层面的落实。

康德所以把权利的形而上学与德性的形而上学放在一起讨论与其理论立场相关。① 我们就以此为出发点，分析讨论康德道德哲学的两种义务体系，即法律义务和伦理义务体系，进而揭示作为实践哲学的康德道德哲学的理论真相。

（一）法则分类的出发点

在申论道德哲学的性质以及它在实践哲学中的地位时，康德明确区分自然法则与道德法则。他指出自然科学研究自然法则要建立在一些形而上学的（抽象的）普遍法则之上，如牛顿把经验所证实的作用与反作用的平衡原理推演成一条关于整个世界的普遍法则，并且深信建立在此法则上的试验命题无任何谬误。但是道德法则与自然法则不同，"道德法则作为有效的法则，仅仅在于它们能够合乎理性地建立在先验的原则基础上，并被当作是必然的"（6：215）。康德认为，对于我们自己和行动的判断，如果只属于从经验中学到的东西，或者想通过经验来制定道德法则，那都是非常危险的。所以经验产生不了道德。据此，那种依据自然本性寻求快乐的理论也得不出道德法则的任何认识。

道德法则的命令不从某人自身的观察或动物的本性中得到，也不是从人们如何行动这类概念中获得。它是一种理性命令，并不考虑此种命令会带来什么样的好处。在理性的实践判断中，理性把先验原则的正当力量当成一种劝诫，从而去防止相反因素的诱惑。由于道德法则与实践理性密切相关，那么建立在道德法则基础上的道德哲学与以实践理性为核心的实践哲学二者之间是什么关系呢？这不仅涉及道德哲学自身的定位，也关系道德法则分类的出发点。

---

① 根据康德研究学者赫费的看法，《道德形而上学原理》和《法的形而上学原理》二者所研究的问题是内在统一的（［德］赫费著：《康德之作为法的绝对命令的正义原则》，杜文丽译，《世界哲学》2007 年第 3 期）。

　　康德认为任何先验的知识体系都包含一些纯粹的概念，把意志自由而不是自然作为对象的实践哲学，必须假定并需要道德哲学。这种道德哲学在每个人心中都是一项义务，只是一般人是模糊不自觉的。不过，康德也非常清楚的看到，在实际研究中，决不只是讨论普遍原则，相反倒是要经常讨论经验中才能认识到的一些特殊的人性，为的是表明哪些东西是普遍道德法则影响的结果。所以康德说，道德哲学不能像关于人的经验科学那样，建立在人类学之上，而是要应用到人类学中去（6：217）。

　　这里指的人性是我们的力量和能力，它们把我们规定为合理而理性的属于自然界的人。我们拥有着人性，也就是我们既拥有着理性，又拥有着人的肉体；我们是与其他动物一起相处于自然之中的合理而理性的人。这些力量首先包括使人们拥有一种善良意志和善良道德品格成为可能的道德人格力量；其次包括由文化发达而产生的能力和技巧，通过技术和科学等发达而产生的能力和技巧。①

　　反观人类道德哲学发展的历史，道德的先验原则都是被设定的，例如儒家的人性论，佛教的佛性论，道家的天性论，基督教哲学的原罪论等，都是一种先验原则的自明的设立。至于具体的人类学的经验的讨论并不是为了摆脱先验原则，而是为了证明先验原则。康德也遵循了这一思路。

　　康德认为实践哲学②包括道德形而上学和道德人类学。其中道德人类学是研究人类道德性质的经验科学，是处理人性中的主观条件，这些条件会阻碍或帮助人们去实现道德形而上学的法则。显然道德人类学的建立需要有对道德形而上学的认识和把握。为此康德对道德形而上学进行了分类。

　　康德是从道德形而上学立法原则的分类入手的。他分析了两种立法因素，并据此提出了两种立法形式。所有的立法都有两个要素：第一个是法则，它表示该行为的发生是客观的、必然的，因而使该种行为变成义务；第二个是动机，它把决定选择某种行为的理由与对法则的表述主观地加以联结起来。因此这个法则使义务成为动机。这样一来，一切立法都可以根据其动机原则（与动机的关系）来加以区分："那种使得一种行为成为义务，而这种义务同时又是动机的立法便是伦理的立法；如果这种立法在其法则中没有包括对义务的动机，因而允许不是义务自身的动机，这种立法便是法律的立法。"（6：219）

_____

① ［美］罗尔斯著：《道德哲学史讲义》，张国清译，上海：上海三联书店 2003 年版，第 255 页。

② 康德认为作为实践哲学，实践的技艺也可能获得一种自由，一如对自然法则的掌握一样，自由法则的获得也是实践哲学的目的。

由此，康德得出结论认为，一种行为与法则相一致或不一致而不考虑其动机，就是该行为的合法性；如果一种行为与产生于法则的义务观念相一致，而同时又构成该行为的动机，就是该行为的道德性。行为的合法性与行为的外在性是一致的，这样的行为的道德法则就是法律的法则，体现的是外在实践的自由。道德性行为的法则就是伦理法则，它所体现的自由既是内在的又是外在的理性法则的意志自由。

从康德的分类可以得知，自然法则遵从的是自然因果性，道德法则遵从的是自由因果性。法律（权利）法则与伦理（德性）法则的区分是由于其立法的不同所造成的，不同的义务并不是它们区分的依据，动机是很关键的因素。

不难看出，康德对法则的划分基本遵循了自己对理性区分的立场，肯定了人的整体理性能力。① 这种寻求实践哲学的形而上学基础的努力体现了康德对人类实践生活的关切之情，是哲学家实践精神品格的充分展现。因而在讨论实践哲学基本概念时，他并未作法律的或伦理的区分，这些概念包括：责任、绝对命令、义务、行为、人、物、行为的正确或错误（正义或非义）、实践法则、法则与准则等。为了论述的方便，我们根据康德的表达对这些概念进行一番总结（后三项前文已经做过讨论，不再赘述）：

责任：责任是在理性的绝对命令之下自由行为的必然性。②

绝对命令：绝对命令是一种实践规则，但又不同于实践法则。任何一项绝对命令就是一项规则，它不仅指出而且使得主观上认为是偶然性的行为成为必须要做的，因而作为一个有道德感的主体必须根据此种规则去行动。

---

① 忽视康德哲学的实践品格，仅仅从理论批判的角度阐发康德的思想往往产生误解。如文德尔班就认为："由于康德将自然与自由、必然性与目的性明显地对立起来，在他那里，理论理性与实践理性之间的鸿沟如此之深，以至于理性的统一受到严重的威胁。"（［德］文德尔班著：《哲学史教程》下册，罗达仁译，北京：商务印书馆1993年版，第768页。）仅仅把康德哲学作为批判哲学加以对待，就偏离了其哲学的本质，值得研究者关注。

② 德语中的"义务"（Verbindlichkeit）和"职责"（Pflicht）的词根是相近的，在英语中"duty"和"obligation"这两个词对应于汉语有翻译成"义务"和"职责"，也有反译的情况。但是由于这两个词在实质的含义上没有太大的区别，所以一般情况下，在讨论伦理学问题时基本上是可以互用的。"职责也是某种我们被要求去做的事情，但一般是出于人们所担任的某种社会的或其他的角色。在康德伦理学中，义务是指人类意志对道德法则的一般性依赖，而职责是出于义务的行为必然性。义务不仅表示职责也表示权利。然而对大多数哲学家来说，义务和职责可交替使用，都是指对应该做的事情的规定。"（尼古拉斯·布宁、余纪元编著：《西方哲学英汉对照辞典》，北京：人民出版社2001年版，第698页。）

义务：是指人们受到限制的行为，义务作为责任的主要内容，与行为是相同的，尽管我们会以不同的方式受到义务的约束。

行为：一种行为被称为一种行为或道德行为，那是由于这种行为服从责任的法则，而且这种行为的主体也被看作当他在行使他的意志时，他有选择的自由。作为行为当事人对行为是负责任的，尽管可能行为本身有外加于他的东西。康德可能着眼于实践理性来界定人的自由的行为。

人：人是主体，他有能力承担加于他的行为。因此道德人格是受道德法则约束的一个理性存在者的自由。①

物：是指那些不可能承担任何责任的东西，它是意志自由选择的对象，它本身没有任何自由，因而被称之为物（6：222—224）。

然后康德对两种法则体系进行了分析。

由于康德将其法则体系规约为义务体系，故而我们的讨论就围绕着法律义务（权利）和伦理义务（德性）两种体系展开。康德称此为道德形而上学的总分类。列表如下：

1. 法律义务	对自身（1）在我们自身的人性的权利（对自己的法律义务）	完全的义务
	或对他人（2）人类的权利（对待他人的法律义务）	
2. 伦理义务	对自身（3）在我们自身的人性的目的（对自己的伦理义务）	不完全的义务
	或对他人（4）人类的目的（对他人的伦理义务）	

康德认为由于伦理义务是道德的义务，牵连到一个目的或最后的目标，这个目的本身同时包含在义务之中。因此，对每个人来说对此都负有义务，伦理的义务也就不难成为法律立法的对象。同时，任何外部立法，不难使任何人去接受一种特定的意图，意图的决定取决于内在的条件或心灵自身的活动。法律义务就其从规范的角度而言，不允许例外，是完全的义务，不完全的义务则允许有例外。

以上是康德对权利的义务和德性的义务总的分类及其分类基础的说明。下面分别对权利和德性的义务体系进行阐述。

---

① 康德在此强调道德人格不同于心理人格，心理人格只是意识到自己在不同条件下的存在是否一致。因而人作为主体适合于服从自己制定的法则，无论是自己单独或者是与其他人共同制定的法则。康德把人作为一个道德的理性的存在，赋予其主体的自由，就不太可能产生中国哲学所讨论的慎独问题。

（二）权利的义务体系

在进入权利的义务体系分疏之前，康德就主体之间权利与义务的关系进行了论说，他认为在两者之间有四种关系：

1. 对既无权利又无义务的人的法律关系：空缺。这属于缺乏理性的存在，既不会限制自己也不可能被限制。

2. 对既有权利又有义务的人的法律关系：有效。这是人对人的关系。

3. 对只有义务而无权利的人的法律关系：空缺。此种人无人格，如奴隶。

4. 对只有权利而无义务的人的法律关系：空缺。至少在哲学上，这样的存在是一个不能经验的东西。

康德指出只有第二种才是真正的权利和义务的关系，但第四类作为一种理想的关系却是康德非常看重的。他认为，上帝作为一个对象其概念不是完全没有内容的，"相反，它对我们自己以及我们内心的道德准则是有效的"，与我们内在的实践目的也是相关的（6：241—242）。正是建立在这种能够被思考到的关系中，一切复杂的义务才能够成立。康德的这种观点在《单纯理性限度内的宗教》中有非常充分的表达。在康德的社会理想中，伦理的公民社会共同体高于律法的公民社会的共同体，伦理共同体是以人类社会整体的德性为联合原则的，超越了政治共同体的律法的强制性，应当成为人类社会的美好理想。但是伦理共同体的社会需要一个道德上的世界统治者——上帝的概念，但这不是靠世俗的教会来支配的，而是靠一种真正的富有理性精神的教会来实现的。康德的理想虽然充满了浪漫的色彩，但由此折射出他对法权和德性的整体态度，这又是可取的。

接下来康德对权利作了自己的申述。他认为权利科学研究的对象是一切由外在立法机关公布的法律原则。权利的概念至少有这样几层含义：

1. 只涉及一个人对另一个人的外在的和实践的关系。

2. 只涉及一个人的自由行为与他人行为的关系。

3. 在这些有意识行为的相互关系中，权利概念不考虑意志行动的内容。

根据对权利概念的限定，康德提出了权利的普遍原则。"任何一个行为，依据一条普遍法则，如果能够与每个人的自由，或者根据行为的准则，每个人的自由选择能够与每个人的自由保持一致，这种行为就是正当（义）的。"（6：230）因为我们的行为依据普遍法则，能够与其他任何一个人的自由并存，所以任何其他人妨碍我完成这个行为，就是侵犯我。于是康德又将此原则表示为："外在地要这样去行动，你的意志的自由行

使，根据一条普遍法则，能够和所有其他人的自由并存。"（6：231）

显然在这条原则中存在着自由与权利的矛盾。康德使出了他惯用的理性分析和批判方法，同时还加进了比较的方法。

他首先指出权利的强制是与权威相结合产生的。从本质上说，自由本身存在着矛盾，任何妨碍自由的事情都是错误的，但行使自由本身又直接会是自由的妨碍。所以根据矛盾律的逻辑原则，所有的权利都是一种不言而喻的权威，这一权威可以对实际上可能侵犯权利的任何人施加强制。在严格意义上的权利便可以表示为这样一种可能性：根据普遍法则，普遍的相互强制的使用，能够与所有人的自由相协调。可以看出，康德对权利的论述触及到了自由的本质，但他并非一味地追索自由的形而上本质，而是将权利科学与德性的科学加以比较，以确立二者现实的可能基础。

为此康德作了两点比较：一是权利只考虑行为的外在方面，不考虑行为的其他动机，不掺杂任何道德的律令，德性的科学则不如此；二是权利科学的目的在于每个人拥有自己能够像数学那样的准确性决定，但在德性的科学中，却不能如此，因为它必须允许一定范围作为例外。当然权利也有自己的不确定性，这就是衡平法和紧急避难权。康德指出前者是没有强制的权利，即"最严格的权利就是最大的错误或不公正"，由此产生的不幸只能由良心的法庭来解决。后者是没有权利的强制，即"在紧急状态下没有法律"。

搞清了权利的特征，康德对权利的义务进行了划分。它沿袭了传统法哲学的划分方法，并做了自己的发挥。他认为权利的义务的一般划分有三种：

1. 内在的义务——"正直的生活"，不能把自己变成他人使用的手段，对他人而言，你自己也是目的。

2. 外在的义务——"不侵犯任何人"，为遵循这项义务，必要时停止与别人的一切联系和避免一切社交。

3. 联合的义务——"把个人自己的东西归给他人"，如果侵犯是不可避免的，就同别人一道加入一个社会，在那儿，每个人对自己所有的东西都可以得到保障。

这种对权利的义务的划分依据隐含了权利本身的类别。前两者大致可以归并为私人权利的范围，第三者则是公共权利的基础。

先看康德对私人权利的论述。私人权利首先涉及占有的概念，康德指出在对外在物占有的意志活动中，实践理性的公设是"把在我意志的自由行使范围内的一切对象，看作客观上可能是我的或你的"（6：246），这是一个先验假设，在这个假设基础上，康德认为只有三种外在对象可供意志选择：（1）具有形体外在于我的物；（2）他人去履行一种独特行为

的意志选择；（3）他人在与我的关系中的状态。而这三者又分别对应于
康德所说的先验理智概念的第三类概念，即关系概念的三种表达形式，这
三者是实体性、因果性、共存性（相互性或相关性）。据此康德对获得的
客体、获得的方式、获得权利的根据做了划分，列表如下：

	实体性	因果性	相互性
获得的客体	具体的东西	另一个人的成就	有权指挥他人
获得的方式	物权	对人权	物权性的对人权
获得权利的根据	单独意志行为（事实）	两个意志的行为（契约）	整个社会全体意志行为（法律）

康德认为"有物权性质的对人权"是他的理论发明，家庭中的权利
便属于这一类权利。

私人权利体现更多的是人的自然状态的要求，只有进到公共正义的法
律状态，"我的和你的"才能真正得到保障。在此康德强调并非任何一种社
会组织的联合体就是社会，社会应当是可以彼此平等共处，共同遵守法律
的联合体。可见康德对人类社会共同体的状态企望很高，非泛泛而论。

为此康德提出了公共权利的公设，其原则是：在不可避免的要和他人
共处的关系中，你将从自然状态进入一个法律的联合体，这种联合体是按
照分配正义的条件组成的。这些权利概念与单纯作为暴力的力量是截然相
反的。在此之上的公共权利包括全部需要公布的为了形成一个法律的社会
状态的全部法律，它们是：（1）国家和民族权利；（2）万国权利或国际
权利；（3）世界权利。

这些权利作为义务体系，不断朝向一个更高、更完善的目标，其最高
的理想是人类的永久和平，这是一种义务。康德认为，在理性的范围内，
建立普遍的和持久的和平，是权利科学整个的和最终的意图和目的。这是
一种形而上学的证明。康德的理想是理性的，是建立在先验原则之上的。
实现这一原则还需要实践的德性科学提供的义务原则，这就是德性科学的
义务论体系所包含的内容。

（三）德性的义务体系

与法律的义务体系不同，康德在论述德性的义务体系时，一开始就抓住
了一个核心的概念，即"本身也是义务的目的的概念"，以此作为分析的出发
点。康德指出目的与义务有两种关系：一是从目的出发去寻找合乎义务的行
为准则，二是从合乎义务的行为准则出发去寻找本身也是义务的目的。前者

体现的是权利的义务体系，每个人的目的是自己的意志选择，但标准是在先的，只要保证各自行为的自由与他人的自由是相容的，不相冲突。后者体现的是德性的义务体系，义务作为伦理行为选择的出发点，其绝对命令应该是植根于纯粹理性的，义务必然居于目的之前，目的的设定基于道德原则之上。

那么这一理论设想的基础何在呢？康德认为任何目的都是意志自由的对象，也是决定某种行为的基础。因此行动的目的是行为者的自由表现，而不是自然而然的结果。这一确定目的的行为是无条件的支配目的的实践原则，而非有条件的手段，因而是将义务与目的联系起来的纯粹实践理性的绝对命令的表现。这样一来，就必须有一个与绝对命令相对应的目的，这就是同时也是义务的目的。康德认为这种目的是道德的、客观的目的，区别于主观的、技术的目的。前者是意志自由根据自己的法则确立目的，是基于纯粹实践理性先验的原则。后者是指人依据自然的感性冲动而为自己设置的，是基于经验的。

康德随后规定了同时也是义务的目的的内容，他认为"我们自身的完善和他人的幸福"属于此种目的。这两者不能颠倒，否则会导致自相矛盾。因为对自己幸福的追求无疑包含着每个人根据自然冲动而有的目的，所以这不能成为一项义务，义务是对不情愿的目的的强制。同样，他人的完善只能由他人遵循自己的义务观念确立自己的目的，这是别人所不能代替的。康德认为"正是同时也是一种义务而又仅仅属于伦理学目的的概念，通过使（每个人都拥有的）主观目的服从客观目的（那是每个人都应当作自己的目的）的方式，为行动的诸准则建立了普遍的法则"（6：389）。我们可以看出，康德似乎更重视伦理行为的实质方面，但这只是表面的。寻求主观准则的法则的客观性基础，仍然是其伦理学的目标，形式在康德那里还是更为重要的。

为此，康德又对权利的义务与德性的义务的不同特征进行了分辨。他认为权利的义务是确定性的，其最高原则是分析的。德性的义务则是不确定性的，其最高原则是综合的。

根据这一区分，康德指出德性的义务作为自身就是目的的义务，是纯粹实践理性本身就具有的。他还引用了哈勒《万恶之源》的诗，说：纵使他万般不是，人仍然胜过无欲无求的一群天使。但人又必须克服所有的实际功利，以及经验目的所带来的好处。人在奉行德行时是被迫的，因为靠人的自由去战胜各种感官刺激的能力，"必须靠对我们心中理性的纯粹法则所体现出来的庄严的神思来激发道德的源头活水，并不断践行，才能够获得"（6：397）。

作为追求纯粹理性道德法则的伦理学，与传统伦理学的原则是有区别的，这也直接导致了对德性义务体系的不同建构。为此我们需要看看康德对亚里士多德理论的批评。康德认为亚里士多德的三条伦理原则是有问题的，即（1）只有一种德性和一种邪恶；（2）德性就是中道；（3）德性必须从经验中习得。与之相对立，康德提出了自己的三条原则：（1）一项义务只能基于单一的责任根据，这种根据要依照理性从因果系列的形式中提出；（2）区分德性与邪恶只能用质的标准，不能用量的标准；（3）伦理学中的义务不应当根据人履行法则的能力来决定。

依据这些原则，康德对伦理学分类的初步概念作了说明。首先，从形式方面看，这一原则包含了能够为了它的特殊形式一般地区分道德（德性）学说和与权利学说的所有条件。其次，从实质的方面看，德性原则不仅一般作为义务的原则，同时也作为目的原则，从而可以使一个人在义务原则之下把他人当作目的的同时也把自己看成目的。最后，从义务原则的形式和实质方面的差别来看，并非每一个德性的责任都是德性的义务，德性的义务可能有很多种。康德对义务体系的安排代表了一种理性主义的立场，这是从"形而下"的角度所做的区分，带有非常大的灵活性。有鉴于此，那种把康德义务论当成唯一的绝对命令的观点是值得商榷的。如罗斯区分显见义务（包括：诚信、补偿、感恩、正义、行善、自我完善、不伤害)① 和实际义务，罗尔斯规定的基本善；等等，试图对康德的义务论做出修正，其实质与康德的理论立场是不相悖离的。

基于这样一种前提，以及对权利义务与德性义务的不同区分，康德认为伦理学原理可以分成两部分：伦理学要素原理和伦理学方法原理，第一部分原理将根据服从义务的不同主体而得到，第二部分则根据理性放置到义务中的不同目的以及对这些目的接受的能力来获得。

第一种分类是根据义务主体的特征和法则进行分类，康德把所有的存在物都纳入到思考的范围，区分了两大类情况。第一类是人对人的义务，这一部分又分成两类，即人对自身的义务和人对他人的义务。第二大类是人对超出人类存在的，也包括两部分：一部分是对低于人的存在的，相当于动物的存在（包括自然存在物）部分；一部分是超出人类存在的部分，这是道德义务的超越层面，即宗教的义务，但康德否认是对上帝的义务，这一点在《单纯理性限度内的宗教》一书中有详细的讨论。康德将这部分的分析归结为人对自身的义务之中。在康德看来，人对自然物的美的欣赏，以及对动物生命（活动）的关切，都是有助于人对德性的体认，帮助人们去实现道德生活的目的。宗教观念作为人的理性的自我设计，是为

---

① 陈真著：《当代西方规范伦理学》，南京：南京师范大学出版社 2006 年版，第 141—142 页。

了寻求人的终极目的，也算作一种人对自身的义务。

第二种分类是从纯粹实践理性的实践系统出发的，但康德并没有对要素原理作过多的分析，这是《实践理性批判》中"要素论"的主要内容。在《道德形而上学》中康德对方法原理作了论证。先看第一种分类。根据康德的分类，我们可以把第一种分类中第一大类的义务体系经过提炼列表如下：

对自身的 完全义务	作为动物性存在的 对自身的义务	不能自杀或残害身体——保全自身
		不可有贪欲——保全人种
	作为道德的存在物 对自身的义务	不能撒谎①——欺骗自我和他人
		生活中不能贪婪——对好生活追求要有限度
		不能有奴性——放弃自尊
	作为自己内在决断的 对自身的义务	良知自由决断的义务
		自我道德认同和理解的义务
	对其他存在物的义务	对自然存在物的爱护义务
		对神圣存在物的宗教义务

---

① 康德曾经对谎言的问题做过专门的论证。康德指出在面对谎言时主要有两个问题：一是一个人在不可避免地要做出肯定或否定的答复时，是否有权不讲真话？二是当一个人迫不得已非得开口时，为保护自己或别人免受恶行之害，是否可以说假话？对于前者，康德明确认为人们无权讲假话，因为所谓有权讲真话这种说法毫无意义。这种表达的实质在于人人皆有权对自己真实，人人都要忠于自己的主观真理，否则结果不堪设想。对于后者，尽管我说了假话并没有对不起那个逼我开口说话的不义之徒，但由于说了假话或者是谎话，从根本上说我就是违背了我应尽的义务。这不仅是对我自己义务的违背，也是对人类做的一件错事。所以按照康德的观点，任何用法律的前提设定，或者所谓的善意的谎言来为说谎辩解都是不成立的。说话句句诚实是一种神圣而又绝对地主宰一切的理性，容不得半点权宜（柏拉图等著：《论谎言》，侯勇、赵光欣译，北京：中国对外翻译出版公司1995年版，第92—94页）。西季威克提出允诺和守诺的区别，允诺义务的严格和确定性建立在允诺和受诺双方理解的意义之上。守诺义务则只是兑现我们的允诺，而非所有的话。在此，就必须有允诺者和受诺者对双方语言意义表达的共同理解，甚至于包括默契。康德的不说谎是属于允诺还是守诺，按照西氏的理解似乎要归于守诺。不说谎不代表在他人身上引起某种期望，如对于恶人的谎言，仅仅是一种虚假的承诺，而且没有建立在双方对意义的共同理解基础上，更不要说默契了。所以对于谎言问题的解决，共同理解是关键，语言倒是其次的问题。波兰尼的隐默之知其实也说明了在人类相互理解的过程中，默契的重要性。与其说默契是一种理解时的态度，不如说是在人类文化发展过程中积累的理解习惯。在达成共同理解的前提中，总是存在许多无需说明的基础性的东西，其中很多以不证自明的方式存在着，很多是无需证明的方式出现，这些都可以归之于隐默之知的范围。

对自身的不完全的义务	培养自己本性中能力的义务	精神能力—理性能力
		心灵能力—经验能力
		身体能力—身体活力
	为了道德目的增进人的道德完善的义务	成为神圣的、完满的
		人性完善是持续的过程

此表基本概括了康德的有关人对自身义务的主要内容。他所表达的完全的确定的义务都是有明确对象的，是客观的，不完全的、不确定性的义务则是受限制的、人自己无法直接决定的。这种区分贯彻了康德的理性分析精神，反映了一种健全的伦理态度，既有现实的义务之规定，也有对义务超越层面的反思，是理想与现实的统一。当然他对具体义务的内容以及对遵循某种义务出现的形式问题，也作了非常详细的论证，限于篇幅，本文不作展开。

再看第二类义务体系。我们依然对康德的分析进行总结，列表如下：

对他人的义务	仅仅作为人的对他人的义务	对他人爱的义务	特殊情况下爱的义务：博爱—厌世、自私
			（一般）爱的义务：恩惠、感恩、同情
			与爱对立的对人类的恶：嫉妒、忘恩负义、怨恨
		尊敬他人产生的义务	德性义务：谦逊—蔑视
			贬损的义务：傲慢、诽谤、嘲讽
		爱和尊敬的结合：友谊	情感的自然友谊
			道德的社会友谊：社会交往的德性——和谐适中
	根据具体条件对他人的伦理义务：形式多样——（境遇伦理）		

康德的论述总体上是围绕着爱和尊敬两类义务加以展开的。他的主要观点认为爱不是一种情感，其中隐含着把他人的目的当成自己的目的。尊敬体现的是人性尊严，是处在实践感当中的。爱表现的是引力法则，故而此责任其他人也同样承担。尊敬则表达了斥力原则，故而此责任他人未必承担。当然二者的结合则是最好的社会交往的德性。

德性如何养成呢？这就涉及德性的教育问题。康德认为德性不能靠人类学的经验知识来获得，德性是人在解决禀性冲突时的能力，"德性是纯粹实践理性的产物，并且带着无上的良心作为禀性的权威（建立在自由的基础之上）"（6：477）。一个人只有在具体的行为中去克服向恶妥协的倾向，才能引向德性的道路。这就需要有教导德性的方法，康德提出了演讲术和问辩法两种方法，问辩法又分为对话法（针对学生的理性）和问答法（针对学生的记忆）。由于这部分内容涉及道德教育的问题，此处不论。

康德最后对德性的义务体系作了一个边界的规定，他指出："作为纯粹实践哲学的内在立法，只有人对人的道德关系是可以被我们理解的。在上帝和人之间存在任何道德关系的问题完全越出了伦理学的范围，对此我们也是不可理解的。这必须使我们确信：伦理学是不能超出对他人的义务的限制的。"（6：491）康德的结论不仅给伦理科学自身设立了边界和范围，而且也给宗教伦理的可能性进行了限制。伦理的责任和义务、权利只有靠理性自身的推引才能得出，超验领域的伦理概念是不可理解的。这是康德理论的谨慎和严密的充分表现，是理性伦理学的最好展示。

反观中国传统伦理学就是因为缺少以上论证的双重维度，才导致在面对现代社会转型过程中的困境。在此，我们可以引用法国学者于连的一番论证来作为结论。在于连看来中国儒家特别是孟子把人作为个人的主谓方式来加以判断，从人的这种存在特性出发，很难进到一个具体的政治范式化阶段，这是中国传统社会的一个缺环。于连认为由于个体人之间未能找到任何一种本源性的或至少是尚存的充分联系，欧洲则只得将道德限定在私人生活的范围内，从而在社会契约的基础上建立社会公共秩序，依此构想政治生活的工具性，即政治机构与社会法令。但是由于中国人以人之仁性为基础，并确信它是以保证人与人之间的团结生活，所以从来没有真正思考过政治结构。一方面儒家之礼只不过是道德仁义的一种社会性范式化的结果，另一方面代表强权思想传统的法则变成了统治阶级手中的一个镇压工具。在二者之间是一个空档：既没有法令也没有严格意义上的政治机构，只有权力（政治机器）运作的种种转轴。这一空档的影响时至今日仍然屡见不鲜。①

于连之分析可谓切中肯綮，真正透显了中西思想传统中的差异所在。西方社会有私人领域内的道德和公共领域内的法，故而社会结构相对完善，但是却缺乏公共领域内的人与人之间的关切。中国人虽然有公共的道德，但没有强有力的法权来公平维护，也就只能退回到单方面的仁义之

---

① ［法］弗朗索瓦·于连著：《道德奠基》，宋刚译，北京：北京大学出版社 2002 年版，第 71—81 页。

上，使公共道德得不到保障，这在现代社会暴露的更为明显。如果中国的文化传统能够产生类似康德思考的理论路向，那么情况可能就会不一样了。由此也就更加显示了康德思想对于现代中国的现实意义。

二 道德与宗教

任何道德哲学的思考都必然面临一个终极目的的问题，在人类思想史上，这个问题主要是通过宗教来解决的。康德也不例外，他试图通过对人性本质特征的挖掘，来揭示道德哲学的最终目的，并且希望在理性的基础上重建一种理性的宗教，从而在一种伦理共同体的范围内实现其道德的目的王国，以此来阐明道德与宗教的关系。不过在康德那里，"信仰上帝是建筑在道德意识的基础之上，而不是道德律令建筑在信仰上帝的基础上"。①

（一） 道德必然导致宗教

道德是否需要宗教来保证？道德一定会导致宗教吗？这是在西方哲学的主流中人们从未回避的问题。康德也一样，基于实践理性的道德哲学体系必然面临一个道德目的的问题。康德认为：既然道德是建立在人这种自由的存在物的概念之上，人这种存在物又正因为自由而通过自己的理性，把自己束缚在无条件的法则之上；那么，道德既不为了认识人的义务而需要另一种在人之上的存在者的理念，也不为了遵循人的义务而需要不同于法则自身之外的另一种动机。因此，道德为了自身起见，无论是在客观上就意愿而言，还是在主观上就能够而言，不需要宗教。相反，借助于纯粹的实践理性，道德是自给自足的。

这是因为，由于道德的各种法则是通过依照它们所采纳的，作为一切目的的最高（本身是无条件的）条件的准则的普遍合法则性的单纯形式，而使人负有义务。所以，它根本不需要自由任性的一种质料性的规定根据（6：3）。

既然道德法则依据的是无条件的目的和义务，所以在自爱的目标中，是不能确立根据的。那么只有从理性的、自己的完善中和经验的他人的幸福中寻找了。"因为一个行动在它以他人的幸福为目标之前，必须首先就

---

① 李泽厚著：《批判哲学的批判》，北京：人民出版社 1984 年版，第 311 页。

自身而言按照道德法则加以权衡。因此，该行动对他人的幸福的促进，仅仅在一定的无条件下才是义务，不能用来作为道德准则的最高原则。"（6：3 脚注一）就是说，任何道德行为都不带有目的。但显然康德犯了一个逻辑错误，即不带有任何目的本身也就是一种目的，在追求纯粹无目的的过程中，目的依然出现了，不知康德如何解释？

康德很快回答了。这种目的不是根据，而是把它当作依照法则所采用的准则的必然结果。这样一来，显然就道德来说，为了正当地行动并不需要一个目的。相反从根本上来说，包含着运用自由的形式条件的法则对它来说就足够了。但是从道德中毕竟产生出一种目的。康德分析了自由的合目的性和自然的合目的性，认为二者是相关的。康德说："因为只有这样，才能够在客观上赋予出自自由的合目的性，与我们根本不能缺失的自然合目的性的结合以实践的现实性。"（6：5）一个人只要尊重道德法则并赞同它，就希望自己在实践理性的指导下为自己创造一个这样的世界，并且把自己置入此世界中，使真实的世界得以出现。

康德分析认为"每一个人都应该使尘世上可能的至善成为自己的终级目的。这是一个实践的先天综合命题，而且是一个客观实践的、由纯粹理性提出的先天综合命题"（6：6 脚注一）。因此，道德不可避免地要导致宗教。康德一再强调这一命题是不包含在任何道德法则中的，作为尘世的人，其实践理性却有着自己的界限，就是都要探寻行动所产生的结果，以便在这一结果中发现某种对自己来说可以当作目的的，并且也能够证明意图的纯粹性的东西。尽管目的是实施中最后遇到的东西，但却早早地先在于观念和意图中了，而且在实践的现实性中，道德性的效果并不具有自然的尘世的因果性。"由于人的能力并不足以造成幸福与配享幸福的一致，因而必须假定一个全能的道德存在者，来作为世界的统治者，使上述状况在他的关怀下发生。这也就是说，道德必然导致宗教。在这个立法者的意志中，（创造的）终极目的也就是那种同时能够并且应该是人的终极目的的东西。"（6：6 脚注一）

这种理论蕴含的逻辑推论是，只要人的实践理性追求道德自由，希冀道德活动能够获得自由的和自然的合目的性的统一，那么立于尘世之上的具有最终权威的道德立法者的出现就是必然的。造成这一情况的根本原因在于，道德行为并不具有现世的必然有效性，这对理性存在者来说是一种巨大的考验。但是理性可以为自己设定一个全能的道德裁判，这就是宗教生活给予尘世生活的启示和支撑。康德在此表达了一种并非深奥的话题。

道德导致宗教是人类理性能力的延展，人类可以通过宗教精神生活的丰富性为道德行为寻求支撑。当然，从历史发展的角度看，追求人的理性自觉应该是道德实践的最终前提。

（二）人性中的善与恶

讨论道德的终极问题，其根源不在天上，而是在尘世的人身上。这就是人的本性决定道德的终极指向。

康德列举了对人性的三种看法，（1）人性是在向恶堕落着，并且是加速的；（2）向善的禀赋不断地前进；（3）中间状态，既不善也不恶，既善也恶，部分善部分恶。不过康德所称的恶是有特指的："人之所以称一个人是恶的，并不是因为他所做出的行动是恶的（违背法则的），而是因为这些行动的性质使人推论出此人心中的恶的准则。"（6：20）① 所以在康德看来，称一个人是恶的，是从其有意为恶的行为出发，以先天的方式推论作为基础的恶的准则，以此为出发点，推论出所有特殊种类恶的普遍地存在于主体的根据，这根据本身也是一个准则。康德强调道德上的恶一定有其行为动机处的出发点，并且以之作判断的根据。不过这样一来，对恶的判断就变得非常困难了。

为此，康德对本性概念进行了界定。"这里把人的本性仅仅理解为（遵从客观的道德法则）一般地运用自己自由的主观根据，它先行于一切可觉察到的行为，而不论这个主观的根据存在于什么地方。"（6：21）康德认为主观的根据自身也必须是一个自由行为，因为恶不可能来自对象，也不来自自然冲动，而只存在于对规则的运用过程中。"因此，如果我们说，人天生是善的，或者说人天生是恶的，这无非是意味着：人，而且是一般地作为人，包含这采纳善的准则或者采纳恶的（违背法则的）准则的一个（对我们来说无法探究的）原初根据，因此，他同时也就通过这种采纳表现了他的族类的特性。"（6：21）

在此，康德认为人的本性区别于其他可能的理性存在物就在于对道德准则的主观选择，显然这是一种能力，而不能归之于什么先天的善和恶，所以，如果说人心中的善和恶是生而具有的，是从先于经验给出的自由运用来说的，而不是指人的出生而言的。由此可见康德所指的本性非生而具有之性，而是在严格的道德意义上，探讨人性对普遍道德准则的取舍和运

---

① 康德对道德法则和道德准则是有严格区别的，前者是普遍的、客观的；后者是特殊的、主观的。前文已有论及。

用，带有很强的功能判断的意义。不过康德所论证的善恶绝非相对一个人而言的，"我们有权利把我们所说的人——无论他天生是善的还是恶的，都不是理解为单个的人（因为这样的话，就可以把一个人假定为天生就是善的，把另一个人假定为天生就是恶的），而是理解为整个族类；这一点，只有当人类学的研究表明，使我们有理由把这两种特性中的一种，作为与生俱来的东西，赋予在一个人的那些根据，自身就具有这样的性质，以致我们没有任何根据，把一个人作为这种特性的例外"（6：25）。康德此一指点极为重要，从而严格区别了他的人性论立场，乃人类学的非抽象的个人。①

从人类学的立场出发，康德认为我们有理由把这种人性的原初禀赋与其目的相联系分为以下三类，以此作为人的规定性的要素：

（1）作为一种有生命的存在物，人具有动物性的禀赋（Anlage /Capacity/素质）。动物性禀赋可以归在自爱的、纯粹机械性的自爱的总名目下，包括三个方面：保存自身，繁衍后代，与他人共同生活。在这种禀赋上，可以嫁接各种恶习，这是本性粗野的恶习，禽兽般的恶习（偏自然的目的）；

（2）作为一种有生命的同时又有理性的存在物，人具有人性的禀赋。人性的禀赋是比较而言的自爱。在此之上往往会产生不正当的欲求，要为自己谋求对其他人的优势。嫁接的恶习可能是对所有被我们视为异己的人持有隐秘的和公开的敌意。这些恶习不是以本性为根源，自动滋长的，而是大自然安排的竞争的理念，以促进文化的动力，因此可称为文化的恶习。其最高程度可以称为魔鬼般的恶习；

（3）作为一种有理性同时又能够负责任的存在物，人具有人格性的禀赋。人格性禀赋易于接受对道德法则的敬重，并作为行动的动机。康德称为道德情感。当这种道德情感得到运用，被纳入到自己的准则时，就体现出一种善的特性。在此种人的本性之上不能嫁接任何恶的东西。

"当我们依照其可能性的条件，来考察上述三种禀赋时，我们发现，第一种禀赋不以理性为根源；第二种禀赋以虽然是实践的，但却只是隶属于其他动机的理性为根源；惟有第三种禀赋以自身就是实践的，即无条件地立法的理性为根源。"（6：28）这与康德在其世界历史理论中提出的个人的公共权利到国家的公共权利最后到人类的公共权利，也是依照此三种人性禀赋来预设的。

---

① 我们经常遇到批评康德道德哲学的观点认为康德不懂得人的社会历史性，因而其理论是抽象的、无力的。这些观点缺乏对康德思想的整体把握。

　　无论是从功能，还是从目的角度看，康德所理解的人的本性的规定都是基于理性的思考和判断，而非强调纯自然的规定。如康德对人格性禀赋加以说明时就指出，人格性禀赋不能包含在人性（或人类性）中。这是人在理性支配下的一种能力和素质，并由此而同时意识到对一切行动负责的能力的法则。康德的理解带有非常深厚的西方哲学文化色彩，这是中国伦理思想所缺乏的。

　　除了人性中的这些禀赋，还存在人性几种不同的倾向（Hang/偏好），即倾向（偏好）、本能、性好、激情几个层次。倾向是有过欲求的经验就导致人们追求它，如毒瘾，是自己招致的，无论善恶。本能是被动的对需求的需要，还没有形成概念。性好是习惯性的欲望、经常性的。激情是一种排斥对自身控制的性好，不同于情绪，情绪是属于愉快和不愉快的情感。作这样的区分是为了说明人的本性中趋恶的倾向指的是什么，"这种恶必须存在于准则背离道德法则的可能性的主观根据之中，而且如果可以把这种倾向设想为普遍的属于人的（因而被设想为属于人的族类的特性），那么，这种恶就将被称作人的一种趋恶的自然倾向"（6：29）。这与康德前文所讨论的人的根本恶或根本善的观点是一致的。

　　接着康德指出从这种自然倾向中对道德法则的接纳或不接纳的准则的能力或无能，就称作"善良之心"或"恶劣之心"。可以设想这样的倾向有三个不同的层次：第一，人性在遵循已经被接受的准则方面的一般的软弱无力，或者说人的本性的脆弱；第二，把非道德的动机与道德的动机混为一谈的倾向，即不纯正（即使这可能是以善的意图并在善的准则之下发生的）；第三，接受恶的准则的倾向，即人的本性或者人性的恶劣（6：29）。

　　第一种是软弱的动机，尽管遵循了法则。第二种是动机不充分，合乎义务的行动，并不是纯粹从义务出发而做出的。第三种是道德次序的颠倒，把出自道德法则的动机置于其他（非道德的）动机之后。从思维方式上说根本上就败坏了，因此是恶。康德紧紧抓住行为发动处的动机来严格区别各种恶的不同，但实际上是强调造成恶的原因唯在于动机。

　　康德所谓"根本恶"，绝不是指一具体的，特别变态的恶，而是指一切道德恶之可能性的根源或根据。显而易见，道德恶本身，在康德看来，必定指涉选取与道德律相悖的准则。因此根本恶必定是选取不合道德的准则之可能性的"主观根据"。① 也就是说，康德对于人性之中恶的判断不

① ［美］阿利森著：《康德的自由理论》，陈虎平译，沈阳：辽宁教育出版社2001年版，第216页。

是以理性事实的态度对待的。

随后康德考察了道德法则对于判断恶的起源的作用，即对法则的服从为最高的动机，从而合乎法则就具有道德价值。这种服从有从自然倾向出发的，有从道德存在物的倾向出发的。康德认为前者不存在趋向恶的倾向。因为在自由的自然倾向上，不论是为善还是为恶，都是自相矛盾，除了我们的行为之外，不存在任何道德上的（即有负责任能力的）恶。从后者的角度说，违背了法则的皆是恶习，无论是理智的行为，还是经验的。

有学者曾指出康德强调人的恶的起源是因为人的自由意志（自我意识）造成的，人的自由意志在追求自我意识的外显过程中有为恶的天然倾向，这是康德伦理学的根本。① 其解说触及到了康德道德哲学的根本所在。康德不停地强调主观的根据，人的自由选择，人与物的自然规则的区别，其用意就在于切实地把握人为恶、造恶的出发点何在。人为恶乃是一个必然的过程，人在去恶向善的过程中不断实现人的价值，体现善的意义。这种观点进而认为中国伦理缺乏对自由意志的强调，没有对人性生成的理解。实际上在儒家那里，成性、习性的观点是很突出的，特别是孟子的四端之心，王夫之的性日生日成的观念都代表了一种发展的人性论。

康德列举了许多经验中显见的例证，包括人与人之间，团体（国家）之间所发生的违背道德的事例。特别是战争的普遍状态的存在，也是人类自身团体在联合与分裂的循环中持久进行的，因为战争造出的恶人比它所消灭的恶人更多。所以康德说：还没有一个哲学家能够把它们与道德协调起来，但也没有一个哲学家能够（这是令人痛心的）提出可以与人的本性一致的更好基本原理。结果是，期待一种永恒的、建立在一个作为世界共和国的多民族联盟之上的、和平状态的、哲学的千禧年说，和期待全人类在道德上的改善完成的神学的千禧年说一样，普遍地被嘲笑为幻想（6：34）。

在此，康德提出了永久和平的理想，并把它纳入到哲学家的思考之中。1795 年，他正式地提出了永久和平论。显然无论是期待道德的、哲学的、神学的千禧年，还是永久和平的理想，都难以摆脱道德理想主义的色彩。②

---

① 邓晓芒著：《康德宗教和中西人格结构》，载《康德哲学讲演录》，桂林：广西师范大学出版社 2005 年版，第 170 页。

② 邓晓芒在《康德哲学的当代意义》中就指出，"康德哲学具有强烈的理想主义倾向……这种理想主义的缺失乃是现代社会一切病态的症结"（《康德哲学讲演录》，桂林：广西师范大学出版社 2005 年版，第 222—223 页）。有了理想主义现代社会未必不出现病态，但没有理想主义，一切现代文明之病就必然会显现出来。

康德分析了这一状况的原因：首先，这种恶的根据不能像人们通常所说的那样，被放在人的感性以及由此产生的自然性好之中。因为人的自然性好所引起的恶是人不该为之负责的，"但我们要为趋恶的倾向承担责任。趋恶的倾向由于涉及主体的道德性，从而是在作为一个自由行动的存在物的主体中被发现的，所以作为咎由自取的东西，必须能够被归咎于主体"（6：35）。其次，这种恶的根据也不能被放在为道德立法的理性败坏之中，就好像这种理性能在自身中清除法则本身的威望，并且否定出自法则的责任似的，因为这是绝不可能的。

理性既然制定了法则，却又不去遵守法则，破坏法则，这岂不是自相矛盾，这样理性也就不称其为理性了。

康德反复强调恶既不可能源自感性，又不可能来自理性，那么恶来自何处呢？康德认为是人对道德法则运用的颠倒所致，这种颠倒引起了道德动机的改变。"因此，人（即使是最好的人）之所以是恶的，乃是由于他虽然除了自爱的法则之外，还把道德法则纳入自己的准则。但在把各种动机纳入自己的准则时，却颠倒了它们的次序，他意识到一个并不能与另一个并列存在，而是必须一个把另一个当作最高的条件来服从，从而把自爱的动机及其性好当作遵循道德法则的条件。"（6：36）一旦自爱及其性好成了一切道德法则的条件，那样的道德法则也就失去了其作为道德法则的意义，恶因之不可避免了。因此，人的本性的恶劣，不能那么确切地被称为恶意。就这个词的严格意义来说，它是指一种把恶作为动机纳入自己的准则（故而这准则是魔鬼般的）的信念（准则的主观原则）（6：37）。

这是"心灵的颠倒"，是由于恶的心灵造成的，同时包括动机不纯，行为与法则只是简单的符合，而非从法则中引出行为。

最后在思维方式上也只是注意凭着字句遵循法则成为一种心灵的习惯，这些都会导致恶的产生。康德的挖掘不可谓不深，但还不止此。康德对第三种恶的禀赋也做了深层阐发，认为这是"蓄意的恶（dolus）"。之所以被称为"蓄意"是因为会常常在人心中出现这样的情况，"它以人心的某种奸诈（dolus malus）为特征，即由于自己特有的或善或恶的意念而欺骗自己，并且只要行动的后果不是按照其准则本来可能造成的恶，就不会因为自己的意念而感到不安，反而认为自己在法则面前是清白的"（6：38）。这是康德最为担心而又极力反对的心灵的恶的倾向。在一般人的经验行为中，往往对自己所造成的恶抱有开脱的态度而可能会演变为自我欺瞒、虚伪和欺骗他人，甚至是恶意，这种恶被康德称之为"我们这个族类的污点"。只要不清除掉这个污点，它就妨碍着善的萌芽，像其本来就完全可能的那样发展起来。

康德作为人类理性的化身，揭言了人类之中的恶，并且为寻求这种恶的根由殚精竭虑。但是人类的心灵迄今为止，又有多少予以同情的了解，或投入以极大的热情呢？儒家仿佛不去特意揭明人的根本恶，而只是从正面激励人向善，此种路数有积极意义，但也有不足处，于设防处做的不够。但康德也显得太苛刻了，于人类自身生存的活泼状态有所忽略，二者各有一偏。

恶从何而来呢？康德区分了理性的起源和时间的起源。但任何时间的起源的追寻都必然陷入无穷的循环，导致自相矛盾，所以只有理性的起源才可能被反思。但无论哪一种起源，最不适当的一种方式，就是把恶设想为是通过遗传从我们的始祖传递给我们的。

康德讨论的恶的起源就是从理性起源的角度入手，并运用对《圣经》中人堕落入恶的解释加以说明。康德认为对恶的行动寻找理性的起源，就好像人是直接从天真无邪的状态陷入到它里面一样。即使如此，人之陷入恶也非偶然，也是不应寻找其他什么借口的。这种理性的根源由于族类自身的特点最后是不可理解的，"对于我们而言，就不存在可理解的根据来说明我们道德上的恶，最初可能是从哪里来的"（6：43）。尽管无法理解，但对于人来说，败坏的心灵却总有希望改过迁善，存有希望。

人在道德的意义上是什么？以及它应该成为什么？是善还是恶？这必须由他自己来造成，或者必定是他自己过去所造成的（6：44）。康德强调道德上的善和恶是人自己造成的，因之也就需要对善和恶负责。但是为了成为善的或更加善的，就需要一种超自然的参与，以作支援。康德之意非常明显，他想解释恶何以会转向善。

康德先行阐述了对"重建向善的原初禀赋"的理解，即"在我们身上重建向善的禀赋，并不是获得一种丧失了的向善的动机；因为我们永远也不会丧失这种存在于对道德法则的敬重之中的动机，要是会丧失的话，我们也就永远不能重新获得它了。因此，所谓重建，仅仅是建立道德法则作为我们所有准则的最高根据的纯粹性"（6：46）。

康德强调道德法则应当以其"全然的纯粹性"作为自己遵循义务的圣洁的单纯动机，使人行遵循道德法则的事情。一旦这种在义务方面运用自如的决心坚定如一，就是德性。"因此，在这种意义上，德性是逐渐地获得的，对一些人来说，叫做（在遵循法则方面的）长期的习惯。借助于它，人通过逐渐地改造自己的行为方式，坚定自己的准则，而从趋恶的倾向转到一种截然相反的倾向。"（6：47）此处，康德对德性之养成表达了相当成熟的观点，这与儒家德性传统是内在相契的。

但康德强调的重点并不在此，指出靠这种品性的养成，习俗的改变，并非真正能够使人改恶从善。康德更看重对道德认识的思维方式的转变。实际上前文一再强调的运用道德法则秩序的改变，是造成根本恶的最重要原因就是与对道德法则的认识的思维方式相关。康德说，思维方式的革命和感官方面的改良都是需要的，也是可能的，但"人的道德教养必须不是从习俗的改善，而是从思维方式的转变和从一种品格的确立开始。虽然人们通常并不是这样行事，而是个别地与各种恶做斗争，却不触动它们的普遍根据"（6：48）。

因此之故，康德反对对普遍道德行为的称赞，而更重视对出于纯粹道德动机、纯粹的义务和原初的道德禀赋发出来的道德行为。然而，教人去惊赞道德的行为，无论这样的行为要求作出多大的牺牲，都不是学习者的心灵对道德上的善所应保持的真正情调。因为无论一个人如何有道德，他所能够做出的一切善行，都必须纯粹是义务；而履行自己的义务，也无非就是做在通常的道德秩序之中的事情，从而也就是不值得惊赞的。所以真正值得惊赞的东西就是我们心中原初的道德禀赋。

康德认为追溯这种禀赋不能从人性的自然状态开始，必须从人性在违背原初的道德禀赋而采纳其准则时的恶劣性假定开始。而且由于这样一种倾向是无法根除的，还必须同时与这种倾向做不停顿的斗争。由于人心深处的不测，所以人们便把这种追讨自然地引向宗教的理念之上。康德区分了宗教的不同类型，"我们可以把所有的宗教划分为祈求神恩的（单纯崇拜的）宗教和道德的，即良好生活方式的宗教"（6：51）。前者是谄媚上帝而作祈祷，但于道德之进步无大的功效。道德的宗教则不然，其原理是每一个人都必须尽其力所能及去做，以便成为一个更善的人。此时，上帝的援助是必要的和重要的。

不过康德又提醒我们，超自然的、理性无法达致的超理性的理念：神恩、奇迹、奥秘、邀恩手段被引入宗教时，将会产生各自的弊端，如神恩的结果是狂热，奇迹会导致迷信，超自然的奥秘引起术士的幻觉，邀恩会变成魔术。"这纯粹是一种超越自己界限的理性的迷误，而且是出于自以为道德上的（上帝喜悦的）意图"（6：53）。无论在理论上，还是在实践上，对于超自然的理性的运用都是不可理解的，都会引起自相矛盾。在此，康德奠定了其理性宗教的基调，从而为阐发其道德目的王国的实现准备理论基础。

（三）改恶迁善

为了成为一个道德上的善人，仅仅让我们的族类所蕴涵的善的种子不受阻碍地发展是不够的，还必须与在我们里面起相反作用的恶的原因进行斗争。

在理性所反对的对象中，愚蠢不是主要的，而是那些败坏人的灵魂暗中腐蚀意念的人心的恶劣。真正的恶是因为人的自由造成的。准则的颠倒是造成恶的原因，而真正的恶在于，当那些性好诱惑人做出越轨行为时，我们却不打算反抗他们，这类意念才是真正的敌人，真正的为善的敌人。自然的性好是不应该予以根除的，只要加以抑制，在幸福的整体中达到和谐一致就可以了，这种理性康德称为明智。对道德法则违背的排斥，康德称之为智慧。对于诱惑，康德认为有来自内部的，也有来自外部的。对于善和恶的王国的区分，在基督教那里是截然分开的，二者之间有深不可测的鸿沟。

把我们自己提高到这种道德上的完善性的理想，即提高到具有其全部纯洁性的道德意念的原型，乃是普遍的人类义务。也就是说，他自觉到这样一种道德意念，即他能够信仰并且确立以自己为基础的信赖。他将在类似的诱惑和苦难的情况下（正如把它们当作那个理念的试金石一样）对人性的原型忠贞不渝，并且以忠实的仿效保持与自己榜样的相似。只有这样的人，才有权利把自己看作一个配得上上帝喜悦的对象（6：62）。

从实践的观点看，这一理念的现实性完全在其自身之中，因为它蕴涵在我们那在道德上立法的理性之中。因此为了使一个在道德上让上帝喜悦的人的理念成为我们的原型，并不需要经验的榜样；理念作为这样一个原型，已经蕴涵在我们的理性之中了。因为只有对那个蕴涵在我们的理性之中的理念，在实践上的有效性信仰才具有道德价值（6：63）。

奇迹，或者经验中的原型与事实难以保证人们对德性的信仰。尽管原型并没有世间的实际显现，那么在人类理想中对于最高公正的追求与人类自己的公正之间如何取得一致，这是极其困难的。这也是我们理解康德道德哲学终极指向理论的困难。

第一个困难是我们身上与立法者的圣洁性相联系的、上帝所喜悦的人性的那个理念的可实现性，由于我们自己缺乏公正而变得可疑（6：66）。从有缺陷的善（毋宁是有限的善）向更善的进步，如何在时间中得到有效的评价。也因为如此，人即使总是存在缺陷，也可以在根本上为上帝所喜悦。

　　第二个困难是当人们把努力向善的人，就这种道德上的善本身而言，放在与上帝的仁慈关系中来考察时出现的，它涉及道德上的幸福。这里，并不是把道德上的幸福理解为保证永远拥有作为自然的幸福，对自己的自然状况的满足感（摆脱了灾难并且享受着日益增长的乐趣），而且保证了永远拥有一种一直在善中向前进的（永不脱离恶的）意念的现实性和坚定性（6：67）。在此，康德对道德的幸福所做的界定全然不同于斯多亚派的快乐主义观。康德批评了"结局好，一切都好"的教条式格言，无论是结果主义的，还是宽恕主义的，都不能成为一种教条，从而削弱人对于道德善的追求。

　　第三个困难也是最大的困难，把每一个人，即使在选择了向善的道德之后，也设想为在他的整个生活方式面对上帝的公正受审时，仍然是应受谴责的（6：72）。这就是说，如果设定了人受上帝的审判，那么在人的行为中，其向善的努力是要打折扣的。因为人们可以通过忏悔，甚至临终前的祈祷使自己摆脱罪责。只有在人的内心中确立自己是自己的审判者，那样的审判才是有意义的。"如果在人心中询问存在于他自己心中的审判者，那么，他就会严格地评判自己；因为他不能贿赂自己的理性。但是，如果给他介绍另一个审判者，以及想从其他方面的教训获得关于这位审判者的资讯，那么他就会违背自己的严格态度而提出许多人类的软弱性这个借口得来的理由来表示反对。"（6：77）康德称此为良知的谴责。

　　早在卢梭那里，良心就作为道德与宗教沟通的桥梁，他说："良心呀！良心！你是圣洁的本能，永不消逝的天国的声音。是你在妥妥当当地引导一个虽然是蒙昧无知然而是聪明和自由的人，是你在不差不错地判断善恶，使人形同上帝！是你使人的天性善良和行为合乎道德。没有你，我就感觉不到我身上有优于禽兽的地方；没有你，我就只能按我没有条理的见解和没有准绳的理智可悲地做了一桩错事又做一桩错事。"① 卢梭通过对良心的告白，揭示了宗教的根源，这与康德的思路有着一致之处。

　　康德虽然对外在的和内在的诱惑做了区别，希望确立人心自己的理性准则，即良知的准则，来对人的道德行为进行判断。但是良知本身也有一个问题，就是孟子所说的自暴自弃者，相当于康德所说的人性的软弱。对于此类人，我们始终是没有办法的，至少在道德上如此。

　　康德接着提出一个问题，为何上帝对人间的恶不使用自己的威力，而让恶的王国建立起来。康德认为这是由于自由的缘故，"最高的智慧对理

――――――――――

　　①　[法]卢梭著：《爱弥儿》下卷，李平沤译，北京：商务印书馆1983年版，第417页。

性存在物的统治和治理，却是按照他们的自由的原则对待他们的，并且无论他们会遇到什么善的或恶的东西，都应该归诸他们自己"（6：79）。恶的王国的建立源于人们对财富的追求，人间的道德除了令人厌烦的仪式和习俗之外，就是强制性的市民社会的法则，就是康德对世俗社会黑暗性质的揭露，只有改变等级制的弊病、神权政治的黑暗这种局面，恶的王国才可以被改变。

那么对于此种恶，尘世的王国采取什么办法加以控制呢，那就是法。康德说，善的原则并不仅仅在某一个时代，而是从人类起源开始，就以不可见的方式，从天国降临到人性中的，并且在人性中以法的方式拥有了第一个居所。但法并不能真正地遏制恶，对于人们来说，除了最真挚地把真正的道德基本法则纳入自己的信念之外，绝对不存在任何得救。在人身上发生的一切不受控制的感情，颠倒的自负、欺骗、堕落，等等，不能借助任何东西战胜它，除非凭着完全纯洁的道德上善的理念。并且意识到，这个理念现实地属于我们的原始禀赋。"恶可怕的权势对此无可奈何"（6：83）。康德还是把对人心中的善的禀赋作为人去克服恶向善的动力予以揭明，这是非常典型的自救论、自律论。由此我们可以看出康德对人的理性能力的一种自信态度，这是他坚持理性信仰的表现。所以有学者认为康德所指称的信仰，从上下文来看，实际并非专指对万能上帝的信仰，而是一般的道德信仰，对天上森罗星空和胸中庄严道德律的信仰。①

康德希望人们通过向善的禀赋去克服恶，并认为人通过理性的方式可以达到这一目标，这一论证过程有其积极意义。但是其中也隐藏着某种理论的缺环。就恶的起源来说，无论是理性的，还是时间的，均与善同步。这一点黑格尔有明确表述，"道德和恶两者都在独立存在以及独自知道和决定的自我确信中有其共同根源。……善与恶是不可分割的，其所以不可分割就在于概念使自己成为对象，而作为对象，它就直接具有差别这种规定"。② 黑格尔肯定了善与恶根源的共同性以及善恶观念的共存性。恩格斯指出在黑格尔那里，恶是历史发展的动力的表现形式。在历史发展中，进步取代落后总是先被当做恶的，人类的恶劣情欲往往推动了

---

① 苗力田著：《哲学的开普勒改革》，载李秋零主编《康德著作全集》第1卷，"中译本序"，北京：中国人民大学出版社2003年版。

② ［德］黑格尔著：《法哲学原理》，范扬、张企泰译，北京：商务印书馆1996年版，第143—144页。

历史的发展。① 恩格斯显然反对不重视恶的观点。相比之下，康德的苦心孤诣就有一相情愿的意味。就人类历史发展的实际进程看，恶似乎是一种障碍，殊不知人类文明的进程总是悲剧与喜剧相随、善与恶相伴。人类文化创造力图追求善，追求人化的实现。但是人化与非人化的进程又是不可分割的。"人化的过程是文化创造和文化自觉，非人化的过程是文化灭寂和人性沉沦。二者互动主导了人类文化发展的进程。"② 如果说人化是追求善，非人化则是从更为深的层面去避免恶。这样才能够真正做到趋善避恶。

（四）理性宗教

康德认为在现实的生活中，人们必须在善的原则的率领下，与恶的原则的侵袭进行斗争。为此就必须建立一个持久存在的，日益扩展的纯粹是为了维护德性的、以联合起来的力量抵制恶的社会。这需要道德上的立法理性，树立起德性的旗帜，集结热爱善的人，不断地对侵袭他们的恶取得优势。这便是康德提出的伦理社会。"伦理的—公民的社会"，相对于"律法的—公民社会"而言具有特殊的、自身特有的联合原则（德性），也可以把伦理的共同体称作一个伦理的国家，即德性（善的原则）的国。康德指出这种国度的理念在人的理性中有其根据充足的客观实在性，但在主观上不能对人的善良意志寄予希望。

律法的—公民状态是人们相互之间的一种关系，并服从强制性的律法法则。伦理—公民的状态则是在无强制的，即纯粹德性法则之下联合起来的。康德进一步区分了与律法—公民的状态与伦理的—公民状态的两种自然状态，即律法的自然状态和伦理的自然状态。"在这两种自然状态中，每一个人都给他自己立法，而且这不是一种外在的、他认识到自己与所有其他人都遵循着的法则。在这两种自然状态中，每一个人都是他自己的法官，不存在任何一种公共的、拥有权利的威权，来按照法则以具有法律效力的方式，规定每一个人在各种可能出现的场合里的义务，并使义务得到普遍履行。"（6：95）康德认为从自然状态进入公民状态，每个人都是自由的，从政治共同体进入伦理共同体也是如此，不应该有强迫。如果伦理共同体以公共的法律为基础，人们应该容忍一些限制，但这些制度不能包含任何与它的作为国家公民的成员的义务相冲突的东西。此外，由于德性义务涉及整个人的族类，所以一个伦理共同体的概念总是关系到所有人的整体的理想。康德指出伦理共同体与

---

① 《马克思恩格斯文集》第 4 卷，北京：人民出版社 2009 年版，第 291 页。

② 戴兆国编著：《哲学简论》，合肥：安徽人民出版社 2009 年版，第 68 页。

政治共同体的理想是有区别的，伦理共同体的所有人甚至包括所有有限的理性存在物，其理想是绝对的伦理整体，包括各种政治国家在内。

康德的这一思想极富创造力，体现了他对人类整体未来命运的担忧和前瞻。伦理共同体的重要性在今天看来越来越明显，尤其在经历了世界历史的曲折发展之后（尤其以两次世界大战为甚），政治的共同体已经不再可能成为人类福祉和进步的基础。只有回到对伦理整体、伦理共同体的建设方向上来，人类才有可能走出困境，面向未来。

"就像律法的自然状态，是一种每个人对每个人的战争状态一样，伦理的自然状态也是一种存在于每个人心中的善的原则，不断地受到恶的侵袭的状态。"（6：96—97）康德认为凭借单个人追求自己在道德上的完善是不太可能实现的，必须把单个人，具有善良意念的人联合为一个整体，才能够实现至善。显然此处出现了很多问题：（1）作为支配整体的人的原则体系如何形成？（2）由谁制定？（3）单个人如何摆脱自然状态进入伦理状态？（4）这是不是必然的进程？为此康德提出了"最高的道德存在者的理念"。

康德区分了律法共同体的立法原则与伦理共同体的诫命原则。前者是外在的律法原则，后者是内在的纯粹自由的伦理法则。前者是普遍的意志共同建立的，后者则不能出自于共同体中的人。前者的原则是"把每一个人的自由限制在这样一个条件下，遵照这个条件，每一个人的自由都能同其他每个人的自由按照一个普遍的法则共存"（6：98）。后者则需要一个道德上的世界统治者的上帝概念，"一个伦理共同体只有作为一个遵循上帝诫命的民族，即作为一个上帝的子民，并且是遵循德性法则的，才是可以思议的"（6：99）。同时，康德认为也可以设想一种遵循规章性法则的上帝子民，那是就行为的合法性而言的，这是现实历史当中政治的公民法律制度，当然也有在恶的理念之下以传播恶为目的的人的联合。对此康德坚持德性的、善的原则仍然存在于我们心中，是无法祛除的。

造就一种道德上的上帝子民，是一件不能指望由人来完成，而只能指望由上帝本身来完成的工作。一种遵循上帝的道德立法的伦理共同体是一个教会。康德对真正的教会做了具体的规定：（1）教会的普遍性，从而也是它的量上的单一性；（2）教会的性质，即纯粹性；（3）自由原则之下的关系；（4）教会的样式，必须在自身中先天地包含着可靠的基本原理。在此种教会的伦理共同体中，人们彼此之间达到一种自愿的、普遍的和持久的心灵联合。

纯粹的宗教信仰是历史性的，纯粹理性的，仅仅产生侍奉神灵的宗教概念，而非纯粹的宗教概念。因此，教会信仰在把人们改造成为一个伦理共同体方面，以自然的方式走在了纯粹宗教信仰的前面。康德区分了历史性的信仰和纯粹理性的信仰，主张要依据纯粹理性信仰来建立人间的教会。康德此种思路，此种否定历史性人格的上帝的理论有些契合于中国伦理文化所具有的特征。在中国伦理传统中，特别是儒家的伦理传统中，不是没有信仰的终极向度，而是以一种非历史性的叙事方式发展着一种近乎纯粹理性的信仰方式。"天何言哉？四时行焉，百物生焉，天何言哉？"① "一阴一阳之谓道，继之者善也，成之者性也。"② "天命之谓性，率性之谓命，修道之谓教。"③ 天的原始终极意义并非以一种历史的方式呈现的。上天的意志，天之旨意无时无刻不在作为道德的一种终极根源发挥着作用。"唯天为大，唯尧则之。"④ "天有四时，春夏秋冬，风雨霜露，无非教也。地载神气，神气风霆，风霆流形，庶物露生，无非教也。"⑤ 这些论述展示了儒家伦理精神的独特思路，将伦理生活的终极指向寄托于超历史的对象上，肯定人身边自然万物的变化就是人汲取生活法则的源泉。道德终究无须宗教，宗教也无法解决现世的问题。从这一角度说，儒家无宗教的态度使中国伦理传统带有某种理性色彩。这是非常值得探讨和深究的。⑥

只有完全建立在理性基础之上的纯粹宗教信仰，才能被视为必然的，从而被视为惟一标志着真正教会的信仰。这种针对历史性的信仰只具有局部有效性。它作为一种引导性的手段，不断地迫近纯粹的宗教信仰，最终省去那种引导性的手段。由此康德分析了造福于人的信仰必须是一种自由的，建立在纯粹的心灵意志之上的信仰（高尚的信仰），教会运用的恐

---

① 《论语·阳货》。
② 《易经·系辞上传》。
③ 《中庸》。
④ 《论语·泰伯》。
⑤ 《礼记·孔子闲居》。
⑥ 但是本著的理解与自称为儒家学者的人提出的观点并不一致。如牟宗三就曾经指出，由于康德的理性在宗教理论中没有贯彻到底，而且缺乏一种顿悟的意识，所以其道德与宗教根本没有打通。牟宗三说康德无无限智心之意识，其宗教理论依然停留在对人格性的上帝之公设上，康德对于道德法则、意志自律、要求圆善（至善）和要求一绝对而无限的智心之体证与确立都是理性的，但是"惟对于绝对而无限的智心人格化之而为一绝对而无限的个体存有则是非理性的，是情识决定，非理性决定"。这点比起中国的儒释道任何一家都是欠缺的，因为三家都有一种彻头彻尾是理性决定的说明模式（牟宗三著：《圆善论》，第五章，台湾：学生书局 1985 年版）。牟氏因为抱着护教和判教的立场，因而对于康德的道德和宗教关系理论不免存在一种误解，康德所论之上帝和灵魂不朽之公设决非一种人格性的设定，而是在对人类文化理性和历史文明的一种期待中确立人类道德生活之可能性。这在下文还将做具体分析。

惧、强制、崇拜的方法达不成永福的希望。

康德指出造福于人的信仰包含着人对永福希望的两个条件：一个是对律法的服从，就人不能做到的事情而言，这是对救赎的信仰；一个是人能做的事情而言，一种符合义务的人生，这是奉行善的生活让上帝喜悦的信仰。但两者只构成一种信仰，并且休戚相关，即要么是对赦免我们负罪抱有信仰而产生出善的生活方式，要么是对奉行的生活方式的真实的、积极的意念按道德法则而产生出的对赦免的信仰。

这就是说人要么从罪责意识中导向善，要么在正常的生活之道上获得上帝的喜悦，由此可以看出理性与自身存在二律背反。解决这种二律背反，要么把历史性的信仰附加在纯粹的宗教信仰之上，要么把历史性的信仰作为单纯的引导性手段，过渡到纯粹信仰。总之，只有建立起纯粹的宗教信仰，上帝的喜悦才会到来。康德对纯粹信仰的追求和强调与对道德生活的纯粹动机的要求是统一的。康德主要反对救赎的方式可以给人带来永福，坚持人类道德理性的自我觉察才能获得上帝的喜悦，建立真正的理性信仰。"我们只能凭借自己在遵循人类每一种义务方面的努力，来取得这种分享的资格，而这种遵循必须是我们的自我改造的结果，更不能是一种我们被动接受的外来的影响。"（6：118）在此努力之下，宗教最终将逐渐摆脱所有经验性的规定根据，摆脱所有以历史为基础的，借助于一种教会信仰暂时地为促进善而把人们联合起来的规章。这样，纯粹的宗教信仰最终将统治所有的人，"以便，上帝就是一切中的一切"（6：121）。纯粹的理性宗教建立起来了，这是从教会信仰向地上的神性伦理国家过渡的中介。只有理性的信仰和宗教才有可能消除教派的纷争，成为人类自由的基础。在此，康德认为语言和宗教的不同是人类共同体难以建立的两个强有力的阻碍。当人类作为一个遵循德性法则的共同体，在它里面建立一种力量和一个国度，它将宣布对恶的原则的胜利，并且在它对世界的统治下保证一种永恒的和平。

教会的历史是关于侍奉神灵的宗教信仰和道德的宗教信仰之间的不断斗争的叙述。前者一直居于首位，后者也从未放弃对优先权的要求。康德分析了犹太教的信仰就是一个典型，犹太教严格来说，其实根本不是一种宗教，而只是一群人的联合。建立的过程是政治共同体，而非伦理共同体。基督教则是从犹太教中突然的毫无准备兴起的，它吸取了许多外来的（希腊人的）智慧，这些智慧有助于借德性概念对这个民族进行启蒙。道德的信仰代替了强制的信仰。但基督教又有着大量的缺陷和不足，隐士生活和僧侣生活的神秘主义狂热、独身，对奇迹的迷信，压迫自由的教阶制，激烈对抗的派别。康德宣称他生活的现时代是教会历史上最好的时代，真正的宗教信仰的种子可以公开地得到播种，向所有人永远联合起来的教会不断接近。

对待《圣经》的态度也需要加以改变，要以理性为基础，"《圣经》故事在任何时候都必须被讲授和解释为以道德的东西为目的。但与此同时还必须小心地和不断重复地提醒，不能把真正的宗教设定在对上帝为我们获得永福正在做或已经做了的事情的认识和信奉之中，而是应该把它设定在我们为了配享那些所必须做的事情之中，这在任何时候都无非是某种独立地具有无可置疑的，无条件的价值的东西，因而也只有它才能使我们让上帝喜悦"（6：133）。如此这般，纯粹的理性宗教才能最终得到发展。

康德反对把与宗教相联系的信仰当作一种奥秘，某种神圣的东西。因为"作为某种神圣的东西，它必须是一个道德的对象，从而也就是理性的一个对象，并且可以被内在地认作对于实践的运用来说是充足的；但是作为某种奥秘的东西，它对于理论的运用来说却不是充足的"（6：137）。作为道德和理性的对象，于实践中能够得到充足的运用，就可以传达，可以成为外在的和众所周知的。对于神圣启示的信仰和纯粹理性的信仰，我们将以立足于后者作为我们的准则。

联系到道德事务，康德认为道德事务虽然可以公开传达，但我们却不能给出其原因，而是只能给出供我们认识但却不能公开传达的东西，因而也就不能把无法说明的道德事务的根据当作一种奥秘加以神圣化。如对于自己的理解和实践，它本身并非是不可认识的，但一旦被引向道德终极目的的理念时，就不可避免的把我们引导到神圣的、奥秘的东西。康德就对牛顿提出的第一推动力做了分析，认为这是牛顿的一个庄严的比喻。自然界的奥秘，政治的奥秘（保守秘密、机密），都不存在真正的奥秘。对于宗教的神圣奥秘，我们只是知道并且理解到有这样的东西存在，而不是去洞察它。

在这种思路支配下，康德提出，关于上帝的诸多奥秘，是一个深渊，人需要的是在实践理性之中的认识，这样一个道德的世界统治者的理念可以帮助我们去完成义务。"我们感兴趣的并不是知道上帝就其本身而言（就其本性而言）是什么，而是知道他对于作为道德存在物的我们而言是什么。"（6：139）如此一来，"根据实践理性的这种需求，普遍的真正的宗教信仰也就是信仰上帝：（1）他是天地的全能的创造者，即在道德上圣洁的立法者；（2）他是人类的维护者，是人类的慈善的统治者和道德上的照料者；（3）他是他自己的神圣法则的主管者，即公正的法官。这种信仰本不包含任何奥秘，因为它仅仅表示了上帝与人类在道德上的关系。它也自发地呈现在所有的人类理性面前，因而我们在大多数文明民族宗教中，都可以发现这种信仰。"（6：139—140）康德强调信仰与道德的关联无非是为实践理性的法则寻找终极根据，这种努力试图融会道德和宗教内在精神的做法在有着强烈信仰的社会是可以起作用的。在中国哲学的反思中，这一终极的层面是以超越性的境界来表示的。①境界当然也不是一种奥秘，而是只能在实践理性之中被认同和理解，属于经验但又超越于经验，不能够有公开的传达，但又能获得相当层面的共同体认。此种境界有助于道德境界的建立，类似康德的理性的宗教和信仰。

一切神性存在者的三重品质不能类比于人类的元首，否则就会使纯粹的道德宗教蜕化为神人同形同性论的强制信仰的危险境地。我们的理性洞见无法把上帝的、圣洁的，从而仅仅涉及自由存在物的立法与自由的存在物被创造这个概念一致起来。人的思辨只能把道德的自由作为自己的天职而无法去洞见、理解它。道德如果只能导向宗教，那是道德的悲剧，宗教如果只是为了道德，也会陷入狭隘的境地。理性与信仰如果能够达到和谐，伦理—公民共同体就可以建立。由此可见，康德对理性宗教的呼唤，对伦理—公民共同体的期待，是对人间现世生活的反思，带有积极的道德理想主义气息，体现了一颗伟大心灵的终极关照。

三 道德与人类理想

大多数伟大的思想家都会忧患人类的命运，担心人类发展的前途，康德也不例外。人类道德活动能否造成美好的未来，永久和平的社会状态能否期待。对此，康德紧扣人性发展的历程，从道德哲学反思的角度，对人类的起源，历史发展过程乃至人类未来发展的可能走向进行了深入分析。其中，康德提出永久和平的社会理想在今天仍然有着非常积极的意义。

（一）人类历史发生的道德考察

追究自身的起源是人类永远摆脱不了的反思情结，探索这一进程的方式则是多样的。康德立足于自己理性哲学的批判立场，分析自然史和人类

---

① 在当前的中国文化传统和现代之争当中，有学者提出中国的民族主体价值要以儒学为主干，以华教为辅助。这种观点可能过于乐观了，相比于康德的理性宗教而言，所谓华教的价值观是值得商榷的。

史的不同，揭示人类历史发展过程中面临的各种困境和矛盾。

在康德的理论中，理性不仅是人类自我成熟的基础，也是考察人类历史起源的基本方法。他指出："哲学的关切更多地在于修剪茂密的嫩芽而不是促使它们生长，但愿哲学不是通过暗示，而是通过确定的概念，不是通过猜想来的法则，而是通过观察来的法则，不是凭借一种无论是受形而上学还是受感情所激励的想象力，而是通过一种在设计时大胆铺开、在实施时小心谨慎的理性，来引导它完成自己的计划。"（8：55）康德高抬着理性批判的功能，把理性作为探寻人类历史活动之谜的关键性工具。

不过，康德所指的理性不再是单纯主体的认识能力，而是对人类理性能力的概括。因为在人类被创造的过程中，自然禀赋终究要发挥出来，人类理性能力的发挥是促使人类成长的前提。康德说，在人（作为尘世间惟一有理性的造物）身上，那些旨在运用其理性的自然禀赋，只应当在类中，但不是在个体中完全得到发展（8：18）。可见，康德所指的理性是就人类而言的，个体的非理性乃至理性，以及人类的非理性又是另一个层次的问题了。

理性的作用促使人类不断的从野蛮状态走向启蒙，从而进入社会状态。启蒙运动就是人类脱离自己所加之于自己的不成熟状态。康德指出不成熟状态是不经别人的引导，就对运用自己的理智无能为力。在此过程中学者负有重要的责任。只有当人们不再有意地想方设法要把人类保持在野蛮状态的时候，人类才会由于自己的努力而使自己从其中慢慢地走出来。

康德认为，启蒙运动的重点应该放在宗教事务方面，艺术与科学倒是其次的。康德是针对当时时代状况而言的。启蒙的要求就是人的理性的自我反思，并且是摆脱宗教所造成的不成熟状态。康德提出启蒙是一场运动，而不是已经完成的某种状态，因为人类可能永远处在不成熟的状态，这是康德反复强调的论点。

启蒙的结果不仅是摆脱人类的不成熟状态，而且还要建立世界公民社会，这是康德对人类发展的期待。在此过程中，康德的反思触及到了自然史和人类史的区分，并把人类的自然性和社会性的对抗看作是这一过程的动力。

康德指出，人完全从自身出发超出其动物性存在的机械安排的一切，不用本能去分享，而是通过自己的理性为自己带来幸福和完善。在此，康德认为大自然尽管创造了人类独特的生存能力，赋予人类特殊的机能，但却不是放纵任由人类。相反，大自然要求人类应当通过自身理性的能力来发展自己，从而才能使人类自己配得上生命和福祉。可见，人与自然的关系开始进入康德思考的视野。

　　大自然使人类的全部禀赋得以发展所采用的手段就是人类在社会中的对抗性。康德所提的对抗性是指人类的非社会性的社会性，即人的自然性与社会性之间的紧张和对抗。康德并非认为非社会性是阻碍人类发展的，相反，却是人类社会性（文明、道德）增长的前提。人类正是在此种对抗中创造人类的社会价值，思想方式得以启蒙，并且就这样使形成一个社会的那种病态的被迫的协调最终转变成一个道德的整体（8：21）。这种道德整体就是一个普遍法治的公民社会。

　　但这既是一个最困难的问题，同时又是最后才能被人类解决的问题。因为这需要具备三个要素：对一部可能的宪法的性质具有正确概念，有经历许多世事而磨炼出来的伟大的经验，有准备接受这一问题的善意。康德指出这三个要素很难集于一身，即使出现了也是经过了许多徒劳无益的尝试以后的事情。

　　不过康德还是设想了这一历史进程的可能性所在。他提出："按照自然的一项以人类中完全的公民联合为目标的计划来探讨普遍的世界历史，这样一种哲学尝试必须被视为可能的，甚至是有益于这个自然意图的。"（8：29）这就把大自然的合目的性与合规律性作为人类文化进步发展的原因，把人类史纳入到自然史当中，其思考的路向与马克思早期的历史观念是一致的。① 问题在于大自然的全部禀赋如何发展为人类理性的力量，难道是一种同源的天赋（天意）或是催生出的一种自然功能，恐怕需要加以说明。当然其中包含着一种深刻的历史哲学的观念，即我们可以通过研究人类史来确定、判断人类自身发展的得失，从而更好地确立下一步发展的方向，以及计划。这是现代社会非常典型的特征，即计划和规划在人类社会发展中的作用得到了充分体现，甚至于小到一个人皆是如此。

　　为此，康德提出在人类历史发生进程中理性与人性有着内在的关联。

　　康德认为，一部出自人性中原始禀赋的自由的最初发展史，与一部自由的前进过程的历史（后者只能以文献为根据）全然不同（8：109）。依照笔者的观点，前者在早期很难觅得任何文献的证据，后者虽然有文献的证据，但也未必是全面的。人性的历史更多的处于昏暗不明的状态。

---

① 艾伦·沃德（Allen W. Wood）甚至直接指出康德对于社会历史本质的看法是历史唯物主义的，在很多地方与马克思的观点是一致的，如对于历史发展动力、历史发展阶段等看法上。这里提出的划分自然史和人类史的做法也是历史唯物主义的观点。当然，二者之间也有差别（Allen W. Wood, *Kant's Ethical Thought*, Cambridge University Press, 1999. pp. 244—247）。

　　在康德看来，饮食本能和男女的本能是大自然保全每个个体最基本的本能。但理性却有着更活跃的功能。"因为通过使一种偏好的对象脱离感官而使该偏好更加热情和持久，这已经表现出对理性对冲动有些控制的意识。"（8：113）康德指出：理性的想象力，驾驭冲动的意识，深思熟虑地期待未来，使人类理解到他才真正是大自然的目的，这是理性使人类得以完全超出动物社会的四步。

　　自然的历史是由善而开始的，因为它是上帝的创作；自由的历史则是由恶而开始的，因为它是人的创作。对个人来说，由于他运用自己的自由仅仅着眼于自己本身，这样的一场变化就是损失；对自然来说，由于它对人类的目的针对着全物种，这样的一场变化就是收获。因此之故，每一个人就有理由把自己所遭受的一切灾难和自己所犯下的一切罪恶，都归咎于自己本身的过错；然而同时作为整体（作为整个物种）的一个成员，则应该惊叹和赞美这种安排的智慧性与合目的性（8：115—116）。

　　此处康德的理论似乎有些性恶论的基调，这与卢梭的理论是相关的。卢梭说："出自造物主之手的东西，都是好的，而一到了人的手里，就全变坏了。"① 从创造的起源来说，一切本来都是善的，或者说本无所谓善与恶。但历史一旦进入到人类自由的进程中，恶就产生了，而且这也是本源性的，不可避免的。为此就需要文化的启蒙，康德提出文化必须这样地前进，才可以使人类的禀赋（作为一个道德性的物种，这属于他们的天职）得到发展，从而使它不再与作为一个自然物种的人类相冲突。既然以造就人以及公民的真正教育原则为基础的文化，也许迄今还没有正式开始，更不用说完成；所以从这场冲突里面就产生了压迫人生的全部灾难以及玷污人生的全部罪行。

　　康德认为这是由于人在追求道德天职的同时，又始终与野蛮和兽性的状态相冲突。这些冲突包括：道德的自然目的与物种的自然目的，道德品种的人性与动物品种的人性，天生的不平等与文化发展带来的不平等。

　　我们集中分析一下康德提出的第一种冲突，即道德的自然目的与物种的自然目的之间不可避免的冲突。康德说："大自然在我们身上为两种不同的目的而奠定了两种禀赋，亦即作为动物物种的人性以及作为道德物种的人性。"（8：118）当主体作为一个自然人，成长到一定年龄阶段就具备成人的基本物质条件，但作为一个政治或社会状态中的人，他却不能顺其自然、率性而为。"尽管他已经有了进行再生殖的要求和能力，因而也

---

　　① ［法］卢梭著：《爱弥尔》上卷，李平沤译，北京：商务印书馆1983年版，第5页。

就是有了大自然对他的号召。因为大自然确实是并不曾在生物体内安置下使他们可以抗拒并压制这些东西的本能和能力，所以这里的这种禀赋就完全不是为了开化的状态，而仅只是为了保存作为物种的人类而布置的，于是文明状态便和它发生了不可避免的冲突。"（8：117）自然的目的是自在自为的，不可能为人的发展制定一整套合理的规范程序，并在此程序中促使人向成人目标靠近，相反，自然却以其自身内在的规律展开其自身的行程。然而，由人组成的社会却不能够像自然那样，顺从自然的安排，人必须要筹划其生活中的不确定的因素，在非线性的发展形态上展开其自身的成人历程。这样一来，在自然程序和社会筹划之间必然存在一定的冲突。康德希望建立一个"完美的公民宪法"来扫除这种冲突，并认为这是文明的终极目标，康德曾经说："直到最后，部分地是由于内部有公民宪法的可能最好的安排，部分地是由于外部有共同的约定和立法，人们才会犹如一架自动机那样地建立起来能够维持其自身的，就像是公民共同体的这样一种状态来。"（8：25）康德的理想非常可贵，但细审其理想的方案，似乎缺少了飞翔的另一翼，即对于主体自身德性本质的忽视。没有主体成人的内在根据作必要的前提，即使设计得绝好的公民宪法也会因为主体自身的德性缺失而流于形式，这与其道德哲学的形式主义直接相关。

不仅人性内在的冲突阻碍人类的进步，而且在现实的历史进程中，人类仍然要面对三重困境：一是被卷入战争，文化发展的一切成果都为着未来的战争准备着，正因为如此，共同体（国家）当中才残存一些自由。二是人类生命的短促。三是对黄金时代的空洞的渴望，即纯粹天然需要的满足，人类彻底的平等，人类之间永恒的和平。①

鉴于人类历史发生的种种矛盾，康德回到了天意的立场，指出哲学所探讨的一部人类最古老历史的结论便是这样，应该满足于天意，应该满足于人间事务全体的总过程，这个进程并不是由善开始而走向恶，而是从坏逐步地发展到好；对于这一进步，每一个人都受到大自然本身的召唤来尽自己最大努力做出自己的一份贡献。康德的结论似乎带有某种号召，某种企盼，在无奈之中有着向上帝求救的信号。

我们发现在康德探寻人类起源秘密的过程中，他一方面想确立起人类理性能力的权威，另一方面理性又受制于历史发展的现实进程，陷入盲目

---

① 中国传统儒家的社会理想中也有这一倾向，即向往三代盛世，回归古代社会的黄金时代。

的天意之中，这便造成了人类发展进程的极大偶然性。追求理性的道德，克服人性内在的各种冲突，是否真的能够帮助人类走出困境，迈向光明呢？为此，康德又把自己的目光投向了未来，继续寻求人类理想社会的道德基础。

（二）理想社会的道德基础

人类除了要追问自身的起源，还想憧憬自己的未来，这是一切人类思想无法摆脱的问题。康德通过对末世论的反思，以及对人类是否朝着改善的方向前进的设问，提出自己的永久和平的社会理想，并对其道德基础进行了详细论证。

康德指出在宗教的末世论中有两种设计，一是单一论的，即永恒的福祉奖给一切人；一种是二元论的，即某些人得到福祉，某些人得到永恒的惩罚。康德认为二元论在实践当中占有说明的优势。但是康德又提出：有谁可以断定在一位世界审判者的洞察一切的眼前，一个人是否能凭自己内在的道德就处处比别人优胜一筹呢？因而，单一论和二元论都超出了人类理性的思辨能力之外。"似乎一切都使我们回头把那些理性理念绝对仅限制在实践应用的条件上。因为我们毕竟眼前看不到任何东西，能够现在就把我们在来世的命运告诉我们，除非是我们自己的良知的判断。"（8：330）因此之故，我们对于自身的道德状况只能以合乎理性的方式加以判断，因此需要我们保持在善恶原则面前行为的一致性，此时二元论体系更值得肯定。

接着康德发出疑问，一是人类为什么要期待世界有个终结？二是为什么是一场充满了恐惧的终结？康德的回答有些诙谐，或者说是一种理性的无奈，即"只是就世间的理性存在者合乎其存在的终极目的而言，世界的绵延才有一种价值"（8：331）。如若不然，则显出创造本身的不完满。后一个问题则建立在人类本性的腐化的这一见解之上。康德提到四种对人类（地球）世界的蒙昧的智者的看法：（1）是一座旅店；（2）是一座监狱；（3）是一座疯人院；（4）是一个阴沟，"宇宙厕所"（8：331脚注）。

康德指出"在人类的进步过程中，才能、技巧和趣味的培育，自然而然地要跑在道德发展的前面"，并引用贺拉斯的诗说："尽管报复姗姗来迟，却很少是追赶不上罪行的。"（8：332）不过康德认为这不比地狱观念更能有影响力。这可能又是一种老套的报应观。

根据这样的分析，康德提出了三种万物终结的形式：（1）根据神圣智慧的道德目的的秩序而产生一切事物的自然的终结,这是我们(在实践的意义上)很可以理解的;(2)按作用原因的秩序而产生的一切事物的神秘的(超自然)终结,这是我们毫不理解的;(3)一切事物的违反自然的(被颠倒了的)终结,这是由于我们错误理解了终极目的而被我们自身所造成的。

在此,康德指出基督教颁布的法则和其博爱精神,是促进人类道德生活的。但其可爱的实质并不在于它所许诺的报酬,而在于人们仅仅出于行善态度的善良性,保证人的行为的可尊敬。康德仍然希望排除因报应而干扰善行的纯洁性,他将之比喻为人类自己的一颗明珠。但基督教追求成为普遍的世界宗教,又必然不利于其可爱精神的发扬,矛盾出现,被颠倒的万物终结必将来临。在此康德表现出一种对于法则律令的矛盾心理。

人类是否朝着进步的道路前进?如果是,其进步的标准是什么?如果不是,又是怎样发展的一个样态?在康德看来,人类(整体)是否不断地朝着改善前进?这里所涉及的就不是人类的自然史,而是道德史了;而且还确乎并非根据种属概念(singulorum),而是根据在大地上以社会相结合并划分为各个民族的人类的全体(universorum)(7:79)。

在人类道德的天职上,康德认为存在三种情形:朝向倒退,改善,停顿在目前状态。第一种是道德的恐怖主义,人类不断地沦落为恶,最后绝灭;第二种是幸福主义(千年福主义),由于人类身上的善恶总量是同样的,在同一个人身上既不会增多也不会减少,因此幸福主义的乐观希望是靠不住的;第三种是阿布德拉主义(愚蠢的同义词),忙忙碌碌的愚蠢乃是我们这个物种的特性,我们匆匆走上善的道路,又并不坚持走下去,建设就是为了能够破坏,西西弗的石头滚上山去就是为了让它再滚下来,这也不能赋予人类以什么价值。

康德指出人类自身的理性无法超越自身,在人类禀赋中混合的善和恶也是不明了的,特别是对于人类未来自由行为的预见,更是如此。"因为我们所研究的是能够自由行动的存在者,尽管可以事先规定他们应当做什么,但却不能预言他们将做什么……在涉及对自由行动的预言时,我们没有能力把自己置于这个观测点上。因为这会是神意的观测点,它超越了人类的一切智慧,人类智慧也延伸到人的自由行动,但人虽然能够观看它们,却不能准确无疑地预见它们(对神的眼睛来说,这里没有任何差别),因为为了能够预见,人就需要依照自然法则的联系,但就未来的自由行动而言,人却必然缺少这种引导或者指示。"(7:83—84)由于人性是善恶相混的,所以人类无法预见自己行为的未来。

此处所指的是 1789 年的法国大革命。正是这场革命内在地体现了两重对道德的倾注，一是权利上的原因，一个民族追求公民体制不能受到另一个强权的阻挠；一是目的上的原因，民族自身的发展不仅是正义的，并且在道德上也是善良的。因而康德说："真正的热忱总是只涉及理想的东西，准确地说只涉及纯粹道德的东西，这类东西就是法权概念，而且不能被嫁接到自私自利之上。"(7：86) 真正的热忱不仅难以遇到，也难以持久，或许只有最强烈的理想才可以唤醒这种热忱，激发这种热忱，除此之外，别无真正的热忱，而只有平庸和俗常的冷漠和平淡。人们要想保持道德上的热忱，去发展正义，推进社会发展尤其是件困难的事情。

根据人性中有一种趋向善的禀赋和能量，并且是大自然与自由在人类身上按照内在的权利原则造成的，康德提出"人类一直是在朝着改善前进的并且将继续向前"就不仅是一条善意的并在实践观点上是值得推荐的命题，而且还是一条尽管有各式各样的不信仰者，但在最严谨的理论上仍然可以成立的命题。

哲学家作为启蒙者的作用，公开化和以宪法为掩饰是推进向善目标的基本方法。因为"一种与人的自然法权相吻合的宪法的理念，亦即服从法律的人们联合起来，同时也应当是立法者，这是一切国家形式的基础；而按照这个理念通过纯粹的理性概念所设想，叫做一种柏拉图式理想的那种共同体（republica noumenon［作为本体的国家］），并不是一个空洞的幻影，而是一切一般而言的公民宪政的永恒规范，并且消除一切战争"(7：90—91)。

这样的论述带着强烈的理想色彩，无论是道德理想还是政治理想都以自然法和纯粹理性为基点，但自然法的获得和承认，纯粹理性的澄清和建立，却并非是一种简单而易行的事情。人类在其自身发展的过程中总是会偏离这个纯粹的方向。"这种收益并不是意念的道德性的一种日益增长的量，而是意念在合乎义务的行动中的合法性之产物的增多，不管这种增多是由什么样的动机引起的。"(7：91) 康德说其结果是出现更多和更好的人类善行，来自强权的暴行减少，守法增多，乃至于扩展到各个民族之间，走向世界公民社会。在朝着改善的前进过程中，我们决不能期待更多，以免有理由要遭受政治家们的讥笑，而归之于梦想。康德自觉地把这种社会进程与乌托邦的理想区别开来，有其理性的基础和实际意义。

人类的改善是靠什么来实现呢？康德认为不能靠自下而上的事务进程，而只能靠自上而下的进程（天意）。康德的理解不无道理，在现实的国家中，很少有人愿意将费用花在教育上，而不放在战争上，即使今天的社会也是如此。通过教育的方式一步一步地自下而上实现改善是很困难的，但指望自上而下又是不可能的，这是人类自身进步的二律背反。

康德希望战争的破坏能够使政治家得到教训和认识，而走上改善的道路。显然，这种期待是无力的，是难以真正实现的。战争不过是对人类灵魂清洗的清洁剂，洗干净了还会再脏，还需要清洗。① 康德之后的两次世界战争是他没有看到的，如果他能够知道世界大战的发生，不知道他会作何感想？

（三）道德理论与道德实践

如果说人类朝改善方向发展只是一种理想的理论，那么实现这一理论的实践过程与理论本身的关系如何就是一个非常突出的问题。为此，我们必须回到理论与实践关系的道德维度进行考察，梳理康德在这个问题上的看法。②

在康德的理论当中，人类朝改善方向前进的目标是建立永久和平的社会，这就是他的永久和平论。永久和平论的主要内容有：一是在缔结和平的国家之间信任是基础，相互独立与平等是保障，战争应该尽可能禁绝③；二是永久和平状态是被建立起来的，这要依靠三个前提，即每个国家的公民体制都应该是共和制④，国际权利应该以自由国家的联盟制度为基础⑤，世界公民权利将限于以普遍的友好为其条件；三是自然的合目的性使和平的保障成为必要，而人类自身的理性可以根据公共权利的三种关系来保证永久和平的实现；四是哲学家关于建立和平的理论准则应该对准备战争的国家引为忠告，但这不意味着哲学家优于法学家⑥。

---

① 毛泽东也曾经提出过，战争是一种抗毒素，它不但排除敌人的毒焰，也将清洗自己的污浊（《毛泽东选集》第二卷，北京：人民出版社 1991 年版，第 457 页）。

② 前文从纯粹实践理性的角度阐述了道德实践智慧学，此处康德则是立足于普通的、现实的道德实践，进而揭明道德与政治、道德与历史实践的关系。

③ 康德认为那种只会造成双方以及一切权利随之一起毁灭的绝灭性战争，就只会在人类整个物种的巨大坟场上才能发现永久和平。这里已经预示着现代核战争所带来的威胁。尽管康德并不清楚有什么样的方式可以使人类一起毁灭。

④ "共和制宪政除了其起源的纯正，即产生自法权概念的纯粹源泉之外，还有指望达到所期望的后果，即永久和平。"（HHp. 106）

⑤ 现代社会欧盟的体制是对此的说明，其他国家和地区的结盟也应该朝着这样的目标迈进，这是人类永久和平可能实现的最佳途径。

⑥ 康德虽然强调哲学家理性的作用，但并不赞成哲学王式的统治方法，因为权力会败坏理性的自由判断，哲学家只要保证他们有发言的权利就行了。不过，康德把法学家当作权力的代表，似乎也是很难行得通的。

这些对于实现和平的社会状态无疑是具有建设性的，但是在具体的社会发展过程中，推进这一进程的人能够处理好社会理想与现实政治之间的关系吗？为此，康德从永久和平的观点分析了道德与政治之间的分歧。①

康德首先肯定了道德作为我们应该据以行动的无条件的命令法则总体，其本身在客观意义上已经就是一种实践。如果并没有自由以及以自由为基础的道德法则的存在，而是一切发生的或可能发生的事情都仅仅只是大自然的机械作用；那么，政治（作为利用这种作用来治理人的艺术）就完全是实践的智慧，而权利概念就是一种空洞的想法了。康德区分了道德的政治家和政治的道德家，"我虽然能够设想一个道德的政治家，也就是说，一个将治国术的原则看得能够与道德共存的政治家，但却无法设想一个政治的道德家，让他去锻造一种对政治家的利益有所助益的道德。"（8：372）康德说的道德的政治家和政治的道德家类似于政治家与政客的区别。所以康德指出政治的道德家往往在实践中运用几种诡辩式的准则：（1）做了再说；（2）如果干了，就否认；（3）分而治之。这是政客的典型做法。因此康德认为，人们不能在公共关系中回避权利，也不能放弃服从公共权利。为此，康德重提了他的实践理性的原则：应该这样行事，从而可以使你的准则成为普遍的法则（8：377）。这样一来，对永久和平的愿望就变成了道德政治家由于承担义务而产生的状态。

"因此，客观上（在理论中）根本不存在道德与政治的任何冲突。反之，主观上（在人的自私倾向中，但这种倾向由于并不基于理性的准则，尚不得被称为实践）这种冲突将存在，而且可能一直存在，因为它充当着德性的砥石。……在这方面，世界进程中的天意是公平的；因为人心中的道德原则从不熄灭，而且在实用上善于依照那个原则来实现法权上的理念的理性还在通过总是在进步的文化而持续成长，但那些违反的罪也随着它成长。然而，这样一帮堕落的存在者居然存在于世上，这种创造却似乎是任何神义论都不能为之辩解的（如果我们假定，人类的境况永远不可能变得更好）。"（8：379—380）

康德集中强调了权利的重要性，人的权利是任何统治权所无法干预的。在政治与道德冲突时，道德可以剪开政治所解不开的结。道德与政治的分歧靠什么来解决呢？康德从公共权利的角度讨论了政治与道德的一致性。康德提出从国家的与国际的权利中所包括的全部经验的东西（诸如

---

① 康德政治哲学所讨论的种种理论分歧以及后人所认为的矛盾，实际上与康德学说的多元性以及其思想的多极性和内在张力是相关的（李梅著：《权利与正义：康德政治哲学研究》，北京：社会科学文献出版社 2000 年版，第 16 页）。

人性的恶使得强制成为必要）进行了一番抽象之后，我们就可以把如下的命题称为公共权利的先验公式："凡是关系到别人权利的行为而其准则与公共性不能一致的，都是不正义的。"这一原则应该看作不仅是伦理的（属于道德学说的），而且也是法理的（涉及人类权利的）（8：381）。

康德指出存在三种公共权利：国家权利（国家法或民法）或国内权利，国际权利，世界公民权利。在这些权利之中都存在着道德与政治的不一致。"因此，政治与道德的一致惟有在一种结盟联合体才是可能的（因此，这种联合体是按照法权原则先天地给定的和必然的）……政治在道德方面的两面性助长着这种做法，即为自己的意图而利用道德的这个分支或者另一个分支。"（8：385）

康德认为仁爱和尊重人类权利的义务在政治活动中是有区别的，前者是有条件的，后者是无条件的，绝对命令的义务。"对于前一种意义上的道德（作为伦理学），政治易于认同，为的是把人们的法权交给其首领；但对于政治必须屈从的第二种意义上的道德（作为法权学说），政治却认为最好根本不涉足什么契约，宁可否认它的一切实在性，把一切义务解释成全然的善意；然而，一种见不得光的政治只要敢于让哲学家公开发表自己的意见，其上述诡计就不难被哲学凭借其准则的公开性予以破除。"（8：386）

为此，康德提出另一条公共权利的先验的而肯定的原则："所有需要公开性（以免错失其目的）的准则，均与法权和政治协调一致。"（8：386）也就是说，权利通过公开而达到自己的目的，获得公众的一致幸福，这又是建立在公众信任的基础上的。正是通过公共权利的公开性实现了道德与政治的一致，而且只有把实现公共权利状态作为义务，那么，永久和平的实现就存在于一种无限进步的接近过程之中，因而就不是一个空洞的观念。

康德的永久和平观念是以对于理性的功能思考为基础的。他清晰地区分政治与道德在实现永久和平目标中的不同作用，揭示了政治活动中的二律背反，以及道德对政治活动的影响。特别是对公共权利概念的分析，透彻而又具有远见，即使是今天也具有非常现实的意义。尽管康德的分析和论证是纯粹哲学的，但却体现着政治伦理的本质和要求。

公共权利作为保证永久和平实现的重要前提在没有得到充分实现之前，仍然存在理论与实践的关系问题。由于永久和平的理想要靠人的理性来把握，所以康德从道德实践的角度，对理论和实践的关系分三个方面进行了论述。

需要强调的是康德此处讨论的理论和实践是有自己的所指的。他提出如果实践的规律被设想为某种普遍性的原则，并且是从必然影响到它们运用的大量条件之中抽象出来的，那么我们就把这种规律的总体本身称之为理论。反过来，却并非每种活动都叫做实践，而是只有其目的的实现被设想为某种普遍规划过程的原则之后果的，才叫做实践。"所谓'实践'，我是指通过自由而成为可能的一切东西"（A800/B828）。

理论是从普遍性原则中抽象出来的总体，实践是带有目的并产生规划之结果的活动。显然康德界定理论时运用了实践的概念，所以他认为，理论与实践之间有一个过渡的中间项，即判断力。缺乏判断力的理论家是不能实践的，同时理论必须充分，要以普遍的命题进行系统的阐述，体现实验和经验之中的原则。①

康德意指即使道德的实践充满经验和变化的条件，但理性法则本身的作用并非可有可无，而要充分予以重视。他分析了道德实践中理论对实践关系的三种情况：首先是（着眼于每个人的福利的）一般道德的；其次是（关系到各个国家的）政治的；第三是（着眼于人类整体的福利，并且还确实是就其在全部未来时代的一系列世代里朝着这一点前进而加以理解的）世界政治的考察。为了论述的需要，我们分别将之表述为理论对实践在道德、国家权利和国际权利上的关系，以下分述之。

第一，论道德上理论对实践的一般关系。

康德指出他把道德解释为不是教导我们怎样才能幸福而是教导我们怎样才能配享幸福这样一种科学的入门。他解释说"配享幸福，这是一个人格基于主体自己的意志而有的资质，符合这种资质，一种普遍的（既为自然也为自由意志）立法的理性才会与这个人格的一切目的协调一致。因此，它与为自己谋取幸福的熟巧截然不同。因为如果他拥有一个与惟一适合于理性的普遍立法的意志并不协调一致，并且不能被一起包含在其中的意志（也就是说，它与道德性相冲突），那么，他就甚至不配有这种熟巧和自然为此而赋予他的才能"（8：278 脚注二）。

主体自身的意志品质必须要同普遍立法的理性目的相一致才有配享幸福的可能，而非钻营技巧可以获得幸福，这是对道德幸福的特殊规定，而非物质欲望方面的幸福。日常理解的幸福并不考虑普遍理性的意志目的，

---

① 反思的判断力的这个原则本身就具有双重的合目的性：形式的合目的性和质料的合目的性；因而判断力或者是审美的或者是目的论的。前者是主观的合目的性，后者是客观的、逻辑的合目的性（康德著：《判断力批判》上卷，宗白华译，北京：商务印书馆1996 年版，导论）。

而只追求物质和身体上的享受，那是没有进入道德领域的，也是误导人们追求所谓的幸福。只有排除特殊目的，促使人类意志去追求与纯粹德行结合在一起的普遍的幸福，至善才有可能。这是康德对道德实践的具体要求。

为了争取至善的实现，人类理性在实践的观点上就强行引发了我们对一位道德的世界主宰者以及对一种未来的生命信仰。康德强调这种纯粹的理想客体是出于纯粹理性的目的本身的，而非来自于缺乏道德动机或者是外在环境的需要。这种需要不是自私的，而是道德的需要，是一种绝对义务。

在追求行为美好的过程中，无条件的服从义务与以某种行为方式的动机追求大自然为我们奠定的目的，有性质的差别。前者更为美好，后者则不确定，甚至可能是邪恶。因此"意志必须有动机；但这些动机却不是某些作为目的所预设的、关涉自然情感的客体，而无非是无条件的法则本身，意志对于这法则的感受性，即处在作为无条件的强制的法则之下，就叫做道德情感；因此，道德情感并非意志规定的原因，而是其结果"（8：283）①。

在此康德否认道德情感是义务的基础，是道德义务发动的前提，强调动机本身就是无条件的法则，道德情感正是在遵从法则的过程中获得的，而非出发点。康德担心道德情感作为主观的感受不能作为义务的根基。因为幸福本身也是一种感受，如果从感受到感受，则带有明显的诡辩和逻辑的循环了。这一点与儒家的伦理有着非常内在的一致性。儒家强调道德感与幸福感是统一的。孟子曰："广土众民，君子欲之，所乐不存焉；中天下而立，定四海之民，君子乐之，所性不存焉。君子所性，虽大行不加焉，虽穷居不损焉，分定故也。"② 这是说，富贵通达，广土众民，是人之所欲，但却不是所乐的根本。所乐之事未必事遂人愿，这是所性之故。所性的根本是人的道德本性。所欲、所乐、所性只有统一在一起，人的需要才能得到满足，道德感和幸福感才能一致。

康德指出任何自主行为的动机都可以进行分析判断，尤其是行为者主体自己。义务概念极其纯粹、简单、明确，对于人的实践运用是很容易而自然的，即使是普遍人的理性判断也能够将义务与自私原则进行区分。人们对于义务的概念是"以巨大可读的字迹写在人们的灵魂之中"的，"人意识到由于自己应当做到这一点，自己就能够做到，这在他心中开启了一

---

① 康德此处的论述呼应了《道德形而上学基础》中提出的出于义务与合乎义务的区分。

② 《孟子·尽心上》。

个属神禀赋的纵深，这个纵深使他对自己的真正使命的伟大和崇高仿佛感到一种神圣的敬畏。而如果人经常被提醒这一点，并且习惯于让德性完全摆脱其由于遵循义务而获得的好处带来的一切财富，就其完全的纯粹性来设想它；如果在私人传授和公开传授中，'经常利用这一点'成为原理（这是一种使人牢记义务的方法，几乎总是被忽略），那么，人的道德必定会迅速改善"（8：287—288）。

康德呼吁遵守道德义务，唤醒人类的道德激情和对道德的敬畏，但由于人们对于利益的粗鄙的动机，把对幸福的追求放在优先于理性的地位，这些都阻碍着道德的真正进步，践踏了义务的观念。人应该承担对自己所发生的一切。在服从义务的道德上，每个人都是事业家。因为"凡在道德上对于理论来说正确的东西，对于实践来说也就必定是有效的"（8：288）。

第二，论国家权利上理论对实践的关系。

康德指出权利、人权概念是在公民状态下保障人自由目的的基础。"权利乃是以每个人自己的自由与每个别人的自由之协调一致为条件而限制每个人的自由，只要这一点根据普遍的法则是可能的；而公共权利则是使这样一种彻底的协调一致成为可能的那种外部法则的总和。"（8：290）

因此，公民状态纯然被看作是权利状态时，乃是以下列的先天原则为基础的：社会中作为每个成员的自由；社会中作为臣民的每个成员与其他成员的平等；一个共同体中作为公民的每个成员的独立。

（1）人的自由状态指每个人都可以按照自己认为是美好的途径去追求自己的幸福，只要他不伤害别人，并能与他人的自由相共处。

（2）作为臣民的平等指共同体的每一个成员可以通过自己的勤奋和幸运带给自己可能得到的任何一级地位。在共同体状态，每个人生来的权利都是彻底平等的。

（3）共同体的成员之作为公民，都是国家公民，拥有立法和财产的独立性。①

康德还讨论了在公民体制中人民能不能起来反对或推翻君主的统治，他认为依据纯粹理性的实践观点是不能的。因为在理性普遍同意之下的公民体制，其达成的契约不可能以明文的形式存在下来，人们找不到一份公开的契约明文（这里有一点康德忽略了，即不可能每一代人都要重新签约，或续约，这就难以判定不同代际之间人民对于公民权利的不同看法应当如何保持一致，这里牵涉到代际正义的问题，值得深究），同时人们往

_____

① 康德在此将妇女排除在立法权之外，实属憾事和不当。这是康德为后人诟病的所在之一。

往会假借幸福和利益的名义来行起义的事情，而这又与理性的自由相违背。所以"主权者想根据自己的概念使人民幸福，于是就成了专制主；人民不想放弃自己追求自身幸福这一普遍的人类要求，于是就成了反叛者"（8：302）。霍布斯主张的允许受害者对自己做出不义的人有强制的权利，在康德看来是不能普遍化的，因为那样太可怕了。最高立法的普遍原则归结的命题是：凡是人民所不会加之于自身的东西，立法者也不得加之于人民。

一切纯粹理性原则的实践被康德看成是最重要的。但是伟大的理性与自由，何时能真正实现其实践的法则，人类自身的理性何时又能确保人类在朝向自由的路上不受到自己的伤害，这是难以用对理性的信仰来实现的。伟大的康德说出了一个伟大的道理，但却无法让伟大的理性走出自设的藩篱。最后还是靠权利来说话，"如果权利还能在好意的一旁大声讲话，那表明人性还不是如此之腐化，以至于不能满怀敬意地去倾听它的声音"（8：306）。权利与理性孰重孰轻？似乎又成了一个新的问题。

第三，论国际权利上理论对实践的关系。

人类能否建立起一种普遍仁爱的关系？或者说人类整体上是可爱的呢，还是可厌恶的呢？康德提出的这个问题有些奇怪，人能对人类是否可爱这个问题加以回答吗？人能说明自己是否可爱吗？这是一个超形而上学的问题。所以对此问题的回答取决于另一个问题：从人性里面我们是不是可以找到这样一些禀赋来，它们使人类物种朝着改善前进，并使过去和目前时代的恶都消失在未来的善之中？

"因此，我可以假定：既然人类在作为其自然目的的文化方面不断向前推进，则这种推进也包含在它的存在的道德目的方面向着更善的进步中，而且这种进步虽然时而被打断，但绝不会被断绝。"（8：308～309）不会中断的原因就在于每个人都依据自己天生的义务，进而影响到每个世代的每个成员，我们所要求于我的道德品性也会合法地从上代的成员传递到下一代。这不仅归结于人类道德文化的延续，而且也与人类的真诚愿望密切相关。

在人类追求美好希望的热情之下，人类道德状况的改善在实践中是无须证明的，而且人类整体来说在我们的时代比以往的时代在道德上有更可观的改善。人类对于自身腐化的叫喊，是因为道德水平在上升到更高的水平之时才发出的。我们对于实然样子与所期待的应然状况之间差别所做的判断越严厉，则自责也就越重。康德提出由于人类不可能从天意出发，从全体加以考虑，因而很难联合一致，进入世界公民的体制，达到一种根据共同协议的国际权利而来的合法的联盟状态。因为"人连同其规划仅仅从部分出发，甚或仅仅停留在部分上，而且尽管能将其理念，但却不能将其影响延伸到整体，整体这样一种东西对人来说太巨大了，特别是因为人在自己的规划上相互憎恶，难以会出自自己的自由决断为此联合起来"（8：310）。

在各种力量的争夺碰撞中，天意倒发挥作用了，这就为人类整个这一物种的目的通过自由运用自己的力量而尽最大可能地达到自己的最终天职提供了一条出路。在个人目的的对抗性中，"理性得以在其间自由获得并尽数征服他们，于是就不是使自己会毁灭自己的罪恶，而是使一旦存在之后就能一直自己维护自己的善良占统治地位"（8：312）。人类历史的发展过程充满了各种善与恶的力量的斗争与较量。康德从人的理性能力的角度揭示了这一状况，与历史唯物主义的历史观非常接近。

在民族关系的处理过程中，人性的内在品性最不受尊敬，除非每个国家都要服从一种以配备有权力的公共法律为基础的国家权力（可以和个人之间的公民权利或国家权力相类比）。在处理好民族关系的基础上，康德认为一个普遍的国际国家，在实践上既是可能的，还是可以实现的。"既然在人的本性中，总是还有对法权和义务的敬重生气勃勃，我就不能或者不愿把人的本性视为如此沉沦于恶之中，以至于道德上的实践理性不会在经历多次失败的尝试之后最终战胜恶，并且也展示人的本性是可爱的。因此，即便在世界主义的角度，我也还是主张：出自理性根据对理论有效的，也对实践有效。"（8：313）

对理性的钟爱使康德能够在个人权利、国家权力和人类权利的不同层次进行细致而有意义的反思。康德的理论推论深入而细致，而且在今天看来还有着难以企及的未来指向和意义。但在其论证的环节中，又似乎难以找到让人绝对信服的支撑，特别是对人性的内在品质的期望，对人类总体改善状况的肯定，多少带有理想主义的痕迹和烙印。也许康德希望自己的道德哲学在人类迈向永久和平的历史进程中能够发挥积极的作用，尤其是他努力阐发的人类进步的人性基础具有深厚的历史感，更能够激发人类对于社会理想的追求。但是讨论人类整体进步的问题本身就具有历史性，而道德哲学的理论也时刻摆脱不了历史事实的纠缠，因而康德的理论本身也就只有历史的意义。不过由于康德洞见到其理论的历史感，其理论也就显示比一般道德哲学具有更深远的影响力和借鉴作用。这是康德理论的价值所在。

四　道德与人类实践

人类道德理想的实现不仅需要确立长远的目标，同时还要寻求其实践的途径。为此，探寻人的存在方式，揭示人类作为一种道德存在物的意义，就成了康德道德哲学的主要内容。康德是从人类学的角度加以考察的。① 康德的总体思路是通过由内而外和由外而内两种方式来探讨其道德哲学的人类学根基，由此阐明道德与人类实践的关系。在由内而外的考察中他分析了道德认识、道德情感以及欲望对于道德行为的影响。在由外而内的考察中，康德则围绕着人的个性存在和人的类存在的本质，指明人始终处在实践善的途中。

（一）道德认识能力

康德指出把握人类知识的学说有两种，一是存在于生理学之中，一是存在于实用的观点之中。生理学的人类知识研究的是自然从人身上产生的东西，而实用的人类知识研究的是人作为自由行动的生物由自身做出的东西，或能够和应该做出的东西。"在人借以形成自己的学术的文化中，一切进步都以把这些获得的知识和技巧用于世界为目标；但在世界上，人能够把那些知识和技巧用于其上的最重要的对象就是人，因为人是他自己的最终目的。"（7：119）

---

① 尽管康德的《实用人类学》发表于 1798 年，但是在康德一生的教学生涯中，人类学的讲座很早就已经开始，至少讲授了 20 次以上。早在 1773 年《致马库斯·赫茨》的信中，康德就提到他想使人类学的讲座成为一门正式的学科。而且康德还特地指出他的人类学计划的目的是："开启一切科学的源泉，即开启道德的源泉、技艺的源泉、交往的源泉、教育众人治理众人方法的源泉，因此，也就是开启一切实践东西的源泉。"（李秋零编译：《康德书信百封》，上海：上海人民出版社 1992 年版，第 41 页。）由此可见，康德对人类学关注的目的是想解决人的问题，从本著的分析也可以看出康德这一意图的表现。根据艾伦·沃德（Allen W. Wood）的理解，康德使用的"实用的"一词具有四种意义：一是与生理学相对的，实用人类学研究作为自由存在物的人，生理学研究自然的人；二是与学院式的相区别，实用人类学作为世界的知识区别于学院的知识；三是作为有用的来使用，实用人类学不仅指作为人的行为结果的本性的知识，也包括在行为中带有使用目的的知识；四是作为有智慧的来使用，这是把实用的与技术的、道德的相区别，意味着实用的是有智慧的（Allen W. Wood, *Kant's Ethical Thought*, Cambridge University Press, 1999, pp. 203—204）。

　　康德认为在研究人本身时存在以下几种困难：（1）被研究的人可能不会表现出自己本来的样子而有所伪装。（2）只想研究自己的人也会遇到一种尴尬，即当内心活动时，他不观察自己，当他观察自己时，内心又不再冲动。（3）习惯的影响，习惯是人的第二天性。（4）人类依据的一些间接来源，如世界史、传记、戏剧、小说有虚构成分。

　　什么是自我意识呢？康德指出："人能够在其表象中具有自我，这把他无限地提升到其他一切生活在地球上的存在者之上。"（7：127）自我意识如何从儿童那里产生，即从感觉自我到思维自我的过程非常难于解释清楚。

　　从自我意识出发就会出现个人主义。康德分析了个人主义的三种狂妄，即理性的狂妄、鉴赏的狂妄和实践利益的狂妄，三者分别对应于逻辑的、审美的和实践的个人主义。①

　　（1）逻辑的个人主义认为自己的判断同时由他人的知性来检验是不必要的。这就会出现一种逻辑上的偏执，甚至是装作与众不同。不过康德认为悖理的个人主义比盲从常识要好。

　　（2）审美的个人主义，把自己和自己的判断孤立起来，孤芳自赏，只在自身之内寻找艺术美的标准，这是非常有害的。

　　（3）道德的、实践的个人主义，把一切目的都局限于自身，只看见对自己有利的东西的用处。幸福主义也是实践上的个人主义，这种个人主义对义务无所认识。

　　康德提出了与个人主义相对立的多元主义思想方式是："不是把自己当做将整个世界囊括在自己的自我之中的人，而是当做一个纯然的世界公民来看待和对待。"（7:130）康德认为这是人类学的视野，但是如果要追问在人的存在之外，世界是否存在则是形而上学的问题。康德的意思是，仅仅以个人为中心的个人主义尚不涉及到形而上学的范围，如果从形而上学的角度考察人的位置，则根本谈不上个人主义，因而个人主义只是人类学的范围。

　　为了弄清楚自我意识，就必须要考察其活动的特征和方式，为此康德分析了使自我意识以及观念变得模糊的东西。

---

①　这三者基本对应于康德的三大批判的理论体系。库恩对此也有阐述，他认为在《实用人类学》中，康德提出了对人类认识能力的看法，愉快或不愉快的感情以及欲望能力，这是康德《实用人类学》三卷内容的主题。它们分别对应三大批判，但是呈现的顺序却大有不同。"在《判断力批判》里讨论的主题现在被放在中间。这并不是偶然的，因为这标明了它在其哲学体系中的位置，被康德放在最后面而且最重要者，是道德哲学和政治哲学。"（［美］曼弗雷德·库恩：《康德传》，黄添盛译，上海：上海世纪出版集团、上海人民出版社 2010 年版，第 457 页。）

我们所具有而未意识到的观念，被康德称之为模糊的观念，这是没有直接意识到但却间接意识到的，清晰的观念则是可以意识到的。康德对模糊观念做了心理学上的分析，并认为"模糊观念的领域是人心中最大的领域"（7：136）。模糊观念提供了想象力游荡的场所。不过模糊观念有时也被误用作学术上思想的深刻性和透彻性。

康德提出的模糊观念不仅解释了人类自我意识的一种特征，也是对人类观念认识系统的自我解剖。现代哲学提出的默会知识在某种程度上就是对康德所提出的模糊观念的反映。我们也可以这样说，尽管模糊观念是不清楚的，但模糊观念是人类认识活动进程中的必然性存在。透过对模糊性观念的分析，我们可以把握到人类认识的一些隐秘的特征，从而进一步去分析这些观念的普遍性特征。尤其对于人的实践行为的动机来说更是如此，动机的模糊性直接导致对意志自由解释的困难。

康德指出知识因秩序而成为清晰的，在此种认识能力中，包括三种东西：对给予的观念的把握能力，以产生直观，对许多事物沟通的东西的抽象能力，以产生概念，思考能力以产生对象的知识。简而言之，就是直观观念的能力，抽象共同点的能力，反思的思考能力。①

按照人的认识能力来对他们进行评价，可以把人划分为必须被给予共通感的人和科学的人。前者是在实际运用的情况下熟悉规则的人，后者则是自为地在实际运用之先就熟悉规则的人。前者是健全的知性，后者则是聪慧。康德认为后者比前者对规则的判断和掌握更为可靠。在实际的行为过程中，后者的确会表现出比前者更多的优势。

为了完整地把握人的认识能力系统，康德对与知性相反的感性进行了分析，并对流行的对感性能力的偏见进行了自己的驳斥。感性的认识能力属于低级的认识能力，知性的认识则是高级的认识能力。前者是属于诸感觉内部感官的被动性质，后者是自发的逻辑规则能力。因为对知性的尊重，所以感性就被当作恶劣的、被动的，服从于自由意志和知性的统治。

---

① 我们常常对实践行为的判断存在这样的误解，认为对于普通人的理性来说，其反思能力是有限的，或者是阙如的，因而其行为的价值普遍性（包括认识的、实践的、审美的等）都大打折扣。其实，根据康德的模糊观念，以及现代哲学提供的默会知识理论，我们可以发现，即使是普通人的实践和理性活动也存在相当的普遍性基础。因为在具体个人的活动中，他未必会像学者、思想家那样把自己的认识和行为安排在一个预先谋划好的秩序当中，其行为的自发性往往隐含着一系列的普遍性要素，尽管这对于行为者本身是自觉和不自觉的。但是我们可以在人类已经形成和存在的文化系统中一步一步的推演出其认识和行为价值的普遍性根据所在。这就包含了大量的模糊观念和默会知识的成分在内。我们不妨称之为内在的实质的普遍性，以区别于外在的形式的普遍性，二者相互并存，不可或缺。

但是康德认为感性又是相当重要的，它是知性加工的材料。

在流行的观点中把感性当作导致认识错乱的根源，对此康德认为：（1）感官并不发生错乱。感官知觉是有意识的感性表象，是内心的现象，只有依靠知性运用思维规则把杂多的感性以秩序的方式联结起来就是感性知识，也就是经验。只有当知性仓促地作出判断时，并没有事先按照概念把感官表象整理好，就会抱怨感性表象的混乱。感性是无罪的，倒是知性提供的那些贫乏无力的抽象概念不足以使感性表象获得清晰的表达。（2）同样，"感官并不控制知性。毋宁说，它只是把自己提供给知性，以便自己的活动得到安排"（7：145）。即使是感性方面的共通感（sensus communis/common sense）也不能代替知性。至于引起感性迷狂的东西，是把内感官看作不是借助于知性而是独立自主的，这与感官的错乱有相似之处。（3）"感官并不骗人。这个命题是在反驳人们对感官提出的最重要的，但仔细斟酌也是最无效的指责；这不是因为它们永远判断正确，而是因为它们根本不作出判断；所以错误永远被归咎于知性。"（7：146）也就是说，感官假象倒是给知性的谬误以辩护，感官假象使人们陷入错误不是感官的错，而是知性的错。

康德对感性能力的辩护表达了很重要的思想。我们总是把感官经验材料当作混乱的杂多，便忽视了知性本身的职责。或者这样说，感性表象的材料本身并非是无规则的杂多，其本身也有自己的秩序，只不过我们没有给予更多的关注而已。现实生活中的道德判断和道德行为并非都经过理性的深思熟虑，有很多是从感性出发的。康德的辩护确立了感性认识的地位和作用，感性不再是单纯的、粗糙的、肤浅的东西能够被简单地拒绝，这一点与康德论述的经验判断的理论是一致的。尤其在现代直觉主义伦理学的理论中，正确地对待感官乃至感性知识的积累，无疑是理解其理论的关键。

分析道德认识的特征之后，康德又区分了行为的两种状态，即做一件事情的迅捷（promptitudo/轻易）与行为的熟巧（habitus/惯熟），前者指机械力的某种程度，即"如果我愿意，我就能够"，标志着主观可能性。后者是标志主体实践的必然性即习惯性，反映意志的某种程度，"我愿意，因为这是义务的命令"。进行这样的区分是为了防止把德行作为习惯的力量来对待，"德行是信守其义务时道德上的坚强，这种义务永远不会成为习惯，而要始终是全新地、本源地出自于我们的思想方式"（7：147）。

习惯不仅是人的同一类感觉因长久持续不变地存在，而对恶产生一种忍耐，同时会导致肉体内部的强制性。这就使行为丧失道德的价值，破坏了心灵的自由，导致无意识地重复同一个单调的动作，受人嘲笑。所以一切习惯作为规则都是要不得的。康德是从理性存在者自我意识活动立场来对习惯性行为进行判断，如果习惯性行为出自内心的自觉，是经过对规则的充分认识之后而形成的，或者说这种习惯性行为完全化为人的天性，而不再是勉强的，那么对于其道德价值的判断就另当别论了。这种情况下的习惯性行为对于道德的养成往往非常重要，儒家学者强调的习成而性成的理论也包含着此种判断。

（二）伪善的根源

不过康德坚持自己的理性立场还有其更深的用意，因为在实际的道德判断和道德行为中，往往出现各种容易混淆的假象，从而引起道德行为的虚伪。为此需要做进一步的分析。

康德对人类行为的伪善进行了一番描述。"人们总的说来越文明便越像个演员"（7：151）。德行的假象是矫揉造作。"大自然也是为了拯救道德，或者说正是为了引向道德，才明智地培养起我们喜欢被哄骗的倾向。"（7：152）一切端庄的举止是引起别人敬重的外部假象，所有被称为得体的东西仅仅是漂亮的外表，就如同亚里士多德所说："我亲爱的朋友们，朋友是不存在的！"

这种对于人类行为伪善的揭露并非康德的本意，其最终目的还是要寻求真正的道德和善的行为，而不是伪善，因而如何避免伪善就成了一个关键的问题。为此康德立足于人的认识能力的结构分析了伪善的来源。

（1）内感官和外感官的区分。康德认为感官作为对眼前对象的直观能力，可以分为外部感官和内部感官，前者指被有形事物所刺激，后者则是被心灵所刺激。内感官不是纯粹的自我意识，其基础是内直观，因而是诸观念在时间中或者是同时或者是相继的关系。这些知觉联结成的内部经验不仅是人类学的，而且是心理学的，即灵魂的实体。内感官容易引起幻觉，只有使人返回到外在世界，呈现在外部感官面前的那些事物的秩序，才能妥善的得到认识。由于内外感官的相混，极易造成道德行为的混乱，这是普通理性常犯的错误。这种理论是说明道德动机的一个重要参照点。道德动机尽管隐而不显，复杂多变，但是从内直观的角度说，仍然离不了自我意识的判断。除了极端情况之外，自我意识对于道德动机的秩序和发动的系列应该有自己清晰的考察和分辨。由此至少可以区分出内在的与外在的、深层的与表层的、强的与弱的、持久的与易逝的、核心的与辅助的等等动机的不同，这可以为具体道德行为提供一种心理学的说明。

（2）生命感和官感。康德还从肉体感受能力的角度区分了生命感和官感。对生命感的感受性越细致越强烈，一个人就越不幸。相反对于官感感受性越敏感他就越幸福。官感的强弱程度是随着对比度、新鲜度、变换度、增强度而不断变化的。① 这些复杂的变化就使得人对于自己行为产生了莫测的感受，特别是人们无法经验自己的死亡，就造成了对人生理解的大量困境和矛盾。

（3）想象力。"想象力（facultas imaginandi/imagination）作为一种即使对象不在场也能具有的直观能力，要么是创制的，这就是本原地表现（exhibitio originaria）对象的能力，因而这种表现是先于经验而发生的；要么就是复制的，即派生地表现（exhibitio derivativa）对象的能力，这种表现把一个先前已有的经验直观带回到心灵中来。"（7：167）由于想象力的创造性特点，使得它很容易走向极端，从而产生幻觉。但想象力的创造性又是有限的，这主要表现在：除了一个人的形象，我们不能为一个理性的存在想象出任何其他的形象；人的想象力的加强所产生的幻觉，经常导致他相信在自身之外看见或感受到仅仅在头脑中才有的东西②；也可以把对无害的欺骗的爱好算入创制的想象力这种无目的，因而可以称之为幻想的活动。想象力的缺陷是，它的虚构要么是不受约束的，要么是完全无规则的，这些都有可能造成严重的后果。③

（4）预见和预卜能力。预见能力（Praevisio/Foresight）比拥有任何其他能力都更与利益攸关，因为它是一切可能的实践和目的的条件，而

---

① 这一理论也许可以帮助直觉主义用来计算快乐对于痛苦的最大余额，因为对快乐和痛苦的感受直接与生命感的变化相关。

② 康德把相处融洽的夫妇会逐渐具有相似的面相也看作是想象力的产物。他说："大自然在两性的本能那里早就在推动那些将会相爱的个体的差异性，以把隐含在他们胚胎中所有多种多样的特性发展出来。只是因为他们单独相处时紧紧相依和经常地长久注视所带来的那种亲密和倾慕，才产生出交感的相似的表情，这种表情固定下来，最后就转变为永久性的面部特征了。"（7：179—180）这点与中国传统当中所说的相由心生观点有些类似，是对和谐两性关系的很好说明。

③ 现实中的各种幻想离奇的小说，尤其是为儿童创造的那些小说，虽然有助于想象力的培养，但对于缺乏理性或理性尚未发育全面的儿童来说往往也是有害的。当儿童不能够分辨出小说或童话的幻想特征时，就可能误用了想象力从而造成严重的后果。如有儿童因为对《哈利·波特》的痴迷，竟然骑着扫把从高楼上往下飞，因为扫把在小说中被描写成一种可以坐在上面飞行的工具。当然，这一事实并不构成对培养想象力的道德谴责。

人对自身能力的使用是指向这些实践和目的的。一切欲望都包含一个对自己能力所能达到的东西的确定的或不确定的预见。康德把预见能力与人的实践目的相提并论具有非常重要的意义。人们在谈论欲望或目的时，很少涉及到预见力。在康德看来，人们对预见力的期待是人的本性脆弱的一种表现，是人自身缺陷的暴露。康德还区分了预报、预卜和预言：预报依据的是经验法则的预见，是自然的；预卜（Facultas divina-trix/Divination）是违反经验法则，是反自然的；预言则是对与自然的不同原因的感应，是超自然的，是借助于神的力量的一种感应，康德称之为本原的预测能力。康德反对对预卜能力的任何形式的相信，他指出"一个民族不可逃避的命运终归是由它自己招致的，因而应归咎它的自由意志"（7：188）。在一种绝对的厄运中去设想某种自由是一种自相矛盾。所以希望某种预见和预卜的前景作为实践的基础都是荒唐的，道德行为更要排除此种神秘主义的成分，否则就只会使道德科学停滞不前。康德的理论非常严谨，因为从逻辑上我们可以说，预卜如果成功，那就应当改变厄运，而当厄运一旦被改变，则原先预卜的结果也就毫无价值，便不是真正的预卜。

（5）知性能力、判断力和理性。康德把知性能力规定为思维能力，高级认识能力，是用概念表象事物。正确的知性包含着使这些概念与对象的知识，进而与真理的把握相适合的能力和熟巧。知性在自己知识的范围内受到自身的节制。知性作为一种关于一般规律的认识能力，其规律不同于自然的规律，而只是指人自己所定的规律，依凭记忆力，根据机械的想象力的法则的复制不需要知性。康德认为"正确的知性，熟练的判断力和周密的理性构成理智认识能力的整个领域，特别是当这种认识能力被作为促进实践或者说实现目的的精明练达来评价时也是如此"（7：198）。在所有智性能力中，康德认为正确的知性是第一位的。为此康德指出，狡诈和阴险虽然被滥用，但却是强大的知性，其实这不过是极受限制的人的思想方式，这种聪明只具有聪明的假象，与聪明有根本的区别。一个人只能对诚实的人欺骗一次，但却会产生非常不利的后果。

康德的分析从理论的角度说明了狡诈的聪明不成其为聪明，这是对恶的价值的彻底否定。为此康德区分了知性、判断力和理性。"如果说知性是发现规则的能力，判断力是发现那些属于这规则的特殊情况的能力，那么理性就是把特殊事物从普遍的东西推导出来，因而按照原理和必然性来设想特殊事物的能力。所以也可以把理性解释为根据原则作判断和（在实践方面）采取行动的能力。"（7：199）概括地说，知性就是发现规则，判断力是发现规则的特殊情况，理性是根据原则作出判断和行动能力。理性的概念是理念，不是感性的时空直观和感情，而是有关完善性的概念。康德认为在道德的事情上，人只能靠自己的理性来作判断，只能为自己的举止和行为负责。康德提出了达到理性的规范途径，由于智慧的要求太高了，所以他认为有三种引导性的准则：自己思考；在他人的位置上（与人交流）来思考；任何时候都自身一致地思考。① 健全的知性应当把自己限制在真实的需要上。康德的辨析消除了人们对于误用聪明的顾忌，即只要是违背道德规则的知性的误用都与智慧相悖，更不用说在与他人交往当中的知性使用了。除了知性能力之外，灵魂在认识能力上也会出现问题，这是与心灵的变态相关的。

（6）灵魂的衰弱和病态。心灵能力的缺陷分为心灵的软弱和心灵病态，灵魂的疾病包括忧郁症和精神失常。认识能力中的心灵软弱包括：缺乏机智的人是头脑迟缓，既无机智又缺乏判断力的是愚蠢，有机智缺乏判断力就会成为傻气。精神错乱包括：夸大狂是没有能力将其观念置于某种关系之中，癫狂是一种精神失常，狂想症是一种被扰乱的判断力，痴迷是被扰乱了的理性疾病。② 康德认为这些非理性也是一种大自然力量对人的生命的干预，使人的动物生命保持在活跃的层次上。"非理性（某种积极的东西，而不是仅仅缺乏理性）是能像理性一样好的使对象与之相适合的一种单纯形式。"（7：218）由此可见，非理性不是无理性，可能是理性在特殊状态下的一种表现，是与理性一起共同构成人的认识能力，不能把理性与非理性截然对立起来。③

康德对人的认识能力的分析可以帮助我们很好的加深对人心的理

----

① 对此，康德在《判断力批判》中也作出了陈述·（5：294）。康德在《判断力批判》中专门有一节讨论"美作为道德的象征"。康德认为美的东西所以能够让人喜欢，与人心灵中对感官愉悦的感受性的提升直接相关。康德指出："鉴赏仿佛使从感官魅力到习惯性的道德兴趣的过渡无须一个过于猛烈的飞跃就有可能，因为它把想象力即便在其自由中也表现为可以为了知性而被合目的地规定的，甚至在感官对象上也教人无须感官魅力而找到一种自由的愉悦。"（5：354）

② 精神的错乱和心灵的病态都是由于缺少共通感造成的，在笔者看来，共通感不仅包括人与人之间共同理解的基础，也包括人的自我思考的同一性。

③ 这一点是否可以构成对道德狂热或道德虚无理论的理解基础，康德没有明言。依笔者之见，在人类道德活动中大量无法揭示的现象可能与灵魂的衰弱和病态有关，这就排除了追求道德一律的普罗克拉斯提斯之床的困境，使一些难解的道德或不道德行为获得了解释的空间。

解，从认识能力的不同方面指出了道德行为发生的可能性。无论是认识过程中认识能力的不同表达，还是认识层次的区分，对于如何确立道德认识的基础和能力都有着很大的借鉴作用。康德强调道德认识能力体现的就是人的心灵能力，每个人的道德行为都是自己负责的。"人心中最大的革命在于：'从自己所造成的负责任状态中走出来。'在这个时候，他才脱离了至今为止还由别人代他思考，而他只是模仿或让人在前搀扶的状态，而敢于用自己的双脚在经验的地面上向前迈进，即使还不太稳。"（7：229）道德实践只有在明晰的道德认识支配下才有可能，这一能力的成长需要人类做出长期的努力，也是康德道德实践智慧学的基本要求。

（三）道德情感

如果说道德认识在道德行为中具有前提的作用，那么道德情感则几乎与道德行为是相伴相生的。在人类长期的社会实践中，道德情感总是以某种苦乐的方式表现出来。①

快乐是一种由感官而来的愉快，痛苦是由感官而来的不愉快。康德利用感觉的时间序列说明痛苦和快乐的不同。凡直接通过感官驱使我离开我的状态就是使我不快，使我痛苦；反之，凡驱使我维持我的状态的就是使我快适，给我以快乐。由于在时间之流中感觉不断变换，所以对于离开当前状态，或进入将来状态对于心灵的影响是不同的。在第一种情况下，快乐就是对某种痛苦和消极的东西的消除；在第二种情况下是对快适感的预感。但只有第一种情况会发生，第二种情况则是不确定的。不过痛苦是生命中不可缺少的，而且痛苦总要先行于快乐，"痛苦是能动性的刺激物，而在这种能动性中我们才感到我们的生命；没有这种刺激就会出现没有生命的状态"②（7：231）。人们总是把痛苦当做阻碍生命的事为之心焦，但是想要使发生过的事情不发生是毫无意义的。生活需要理性去改变。

康德反对在快乐与痛苦之间进行心理的比较。使自己的快乐由于和别人的痛苦相比较而增加，同时让自己的痛苦由于和别人的痛苦相比较而缓和，这是人类并不可爱的标志。因为这是心理上的作用，而与道德上的事

---

① 我们很难找到所谓的不苦不乐、无苦无乐的中间状态，尤其在道德活动中。如中国道家所说的心灵的静观是否意味着不苦不乐、无苦无乐甚至超越苦乐都是值得怀疑的。即使从元伦理学的立场来分析，也找不到这种中间状态。

② 康德举例说，赌博充满着交替的担心和希望，故而能够激起生命的活力。人在劳累之后的休息可以感到愉快和快活。

情无关。康德认为消除、平复痛苦的手段是使有理性的人想到这样一个念头："生命在有赖于幸运之机的禀赋方面来说是完全没有价值的，只有在它被用来指向某个目的时才有价值。这种价值不是运气所能带来的，只有智慧才能给人创造出来，因而是他力所能及的。"（7：239）也就是说，人只有在创造价值的过程中去消除痛苦才是真正的办法，唯恐失去任何价值而忧心忡忡，是不快乐的根源。康德指出了一条面对痛苦的积极的办法。

趋乐避苦本来就不应该从道德上进行衡量，这是人类本性中存在的一种事实。康德转入把对生命价值的追认作为确立道德价值的前提，是非常正确的。生命的价值原则正是导致人类道德活动的根源，也是评价道德认识和道德行为的基础。

美的感情在反思的直观中，部分是感性的，部分是智性的愉快。口味是一种鉴赏力，是在感性判断力作出普遍运用的选择的那种能力，是在想象力中对外部对象作出社会性评价的能力。鉴赏判断既是感性判断又是知性判断。因此鉴赏含有一种给道德以外部促进的倾向。

鉴赏旨在把自己的愉快或不愉快的感情传达给别人，并引起愉快，与他人共同地社会性地感受到欢喜。康德此处强调由于对美的事物的鉴赏必然引起感性和知性的双重愉悦，由此激发出人们对美的追求，进而在人的外在表现上，如礼貌、文雅的举止，去促进人们对道德的热爱。显然在一个开化、文明的社会中，对道德的需要是胜于野蛮状态的，这体现了人们对美和善的事物的情感有相通之处。好的健全的道德教育是离不开美育的。

由此可见，健全的道德情感包括对生命价值的追求，以及对美的鉴赏情感。只有通过不断地创造新的价值，才能激发道德主体朝着改善的方向前进，这是人类道德实践的必然产物。而对美的事物的鉴赏和热爱，可以唤起主体的道德热情，培养和提升道德境界，让道德行为在实践中获得真正的愉悦。康德对道德情感作用的阐述为合理的道德实践提供了基础。

（四）欲望与最高善

在道德行为发动的序列中，欲望也占据很大部分。欲望如何影响人们对道德事实的判断，以及道德追求的目标，康德均一一作了讨论。

谈到人的行为目的时必然要涉及到欲望一类的东西，为此康德讨论了人的欲求能力在人的行为中的作用。"欲望（appetitio）是一个主体的力量的自我决定，借助的是对作为这力量之结果的未来东西的表象。习惯性的感性欲望叫做偏好。"（7：251）用主体的理性很难或不能克服的意向就是情欲。相反在当下直接状态中的愉快或不愉快的感情，当思考尚未在主体中使之恢复正常时，就是激情，它是一种感情的理性观念。只要受到情欲和激情支配的都是心灵的病态。

激情使心灵失去自制，使感情迅速膨胀到不能思考的程度。健全的知性如何能够不受激情和情欲的影响，达到不动心的状态呢？康德认为不动心的原则，就是圣人永远不激动，甚至对他最好的朋友的不幸也无动于衷。这是斯多葛派的一个极其正确崇高的原则。激情或多或少使人盲目，但激情作为大自然赋予人的一种禀赋，是由理性在善的行为中造成的。按照康德的理解，在理性约束之下的激情应当是有益的。所以，"在足够坚强的灵魂那里的某种不动心的天赋就是幸福淡泊（在道德意义上的）"（7：254）。康德认为这是成为哲人的优越性。只要能够正确处理激情与总的感情的关系，就可以保持对幸福的正确态度。

康德从理性约束激情的角度分析了不动心的状态，这很容易使人想到孟子的不动心理论。孟子从心性论的立场借助对心、气、志等人的心理活动的内在要素来讨论不动心，心理情感方面的要素也被考虑进来①，这与康德所讨论的不动心非常相似。不过康德讨论的不动心似乎更重视人的心理活动的外在方面，由此也引出了他对于情欲的区分。

情欲与人的本能活动某种倾向相联系。康德指出："产生出某种先行于其对象之表象的欲望，这种主观可能性是倾向（propensio/propensity）；还在人们认识这个对象之前就想占有它，这种欲望能力的内部强制性是本能（如性欲冲动，动物保护幼仔的母性冲动等）。在主体身上用在规则（习惯）的感性欲求称之为偏好（inclinatio/inclination）。在做某种选择时，阻碍理性将它与一切偏好的总和相比较的那种偏好，就是情欲（passio animi/passion）。"（7：265）因为情欲可以和最冷静的思考相结合，所以对自由有最大的破坏。

"情欲是纯粹实践理性的绝症，它多半是治不好的，因为病人不愿意被治好，而且要摆脱那唯一可能治好他的原则的控制。"（7：266）康德对情欲是持否定态度的，以为情欲是一种恶的心情，哪怕是在道德领域中，良善的欲求，如乐善好施，如果是偏向于情欲的目的，那么不仅在实用上导致毁灭，而且在道德上也是可鄙的。② "激情在刹那间造成对自由

---

① 戴兆国著：《心性与德性——孟子伦理思想的现代阐释》，合肥：安徽人民出版社 2005 年版，第 130—132 页。

② 这就是我们得以理解康德在《道德形而上学》当中否认慈善具有道德价值的原因。不过即使根据康德的道德法则，如果慈善的行为是出于帮助他人的义务，也应该是有道德价值的。康德对此的否认与其理论相矛盾。

和自我控制的破坏；情欲则放弃自由和自我控制，到奴隶意识中寻找自己的愉快和满足。"（6：267）如果不是理性加以控制，情欲就无恶不作了。

为此康德对情欲作了区分，主要有两大类。一是自然的（天生的）意向的情欲，包括自由意向和性的意向，这是炽热的；二是人类文化的（获得的）意向的情欲，包括荣誉癖、权力癖和占有癖，这是冷漠的。

康德认为自由意向在原始人那里是最为强烈的，并认为婴儿的初生阶段也有对自由的模糊意向。当自由受阻时，婴儿就会大声哭叫。而在其他动物的幼仔相互嬉戏时，人类的幼儿很早就相互吵架。据此康德认为对自由的意向是人的一种特征。"所以自由概念不单只是在道德法则之下唤起一种被叫做热忱的激情，而且，单是外在自由的感性的观念，通过与权利概念相类比，也把坚定不移地坚持或拓展自由的那种偏好一直提升到强烈的情欲。"（7：269）康德把自由的意向与情欲结合在一起讨论，揭示了自由的人性根源，是对人之本性自由意向的积极肯定。

而运用声誉、强力和钱财来对付任何人，这种意向近乎实践—技术理性，是精明的准则。单是对这些东西的意向成为情欲时，就是荣誉癖、权力癖和占有癖。在此，情欲越强，理性运用的能力就会合比例的减少。在运用意见、恐惧和利益对他人施加影响时，伴随有一种奴隶意识，对这些东西的意向越强，所激起的情欲就更多。康德的分析一针见血，道出了荣誉、权力和钱财背后的秘密。这是人类社会发展到今天仍然未得到克服的人性的弱点。任何追求荣誉、权力和财富的行为都容易陷入不道德，其根本原因就在于此。即使对荣誉、权力和财富的追求是正当的，也难以摆脱其对人性的干扰。因为，荣誉、权力和财富本身都可能是实现自由的障碍。

对激情和情欲的控制都是理性为了达到人的生命的最高的善。在康德看来，最高的善与自然是密切相关的。从人的自然生命来看，"完全不掺杂有厌恶之情的最大的感官享受是在健康状态下劳动之余的休息"（7：276）。在懒惰、怯懦和虚伪中，懒惰是最可鄙的。康德强调人的本性受大自然的安排，并把大自然对人的生命干预看作一个必然的过程。哪怕是那些最强烈的自然冲动也是通过世界主宰的理性（更高的理性）来代替大自然的地位，但这些冲动是理性产生不了的，"它们就是对生命的爱和对异性的爱。前者是为着保持个体生存，后者是为着保持物种的生存"（7：276）。

由此可见，康德试图把人类最完善的能力或人类的最高道德归于自然。自然的善和道德的善不能够相混淆，否则就会相互抵消，而达不到真正的快乐。但是"处在相互冲突中的过舒适生活的偏好和德性，以及后者对前者的原则上的节制，则结合在一起构成了一部分在感性上，另一部分在道德上理智的人的完整目的"（7：277）。至于以什么样的比例加以混合，则只有通过人道的思想方式。康德想寻求一种中道之善，但他没有明确表达出来，在自然之善和道德之善之间何者更为重要，康德似乎倾向于前者。我们可以通过他的交往概念来加以说明。康德指出自斟自饮是不利于健康的，犬儒派的纯正癖和修道士们对肉体的戕害抛弃了社交性的舒适生活，是对道德形象的歪曲，并非道德所要求。因为抛弃了优雅，就不可能有资格谈论人道。

从以上论证可以看出，康德采取的是一种自然主义的立场，由内而外地全面考察了人的认识能力的各个方面，在人性的自然层面上探讨了人的行为发生的原因，并且区分了自然之善和道德之善对人的行为目的的不同影响。康德对内在于人性的各个要素的挖掘深刻而全面，其道德意涵也相当丰富，这是康德道德哲学理论在人类学实践当中运用的典范，值得深思。

（五）道德的人类学指向

认识能力、情感和情欲是从人的本性中的内在要素来考察人的行为根据，这种考察偏重于个体存在的状态。如果从人类整体来分析人类社会道德实践的前景，就需要换取一个角度，即从外部来认识人的内心的方式。这是康德所论证的道德的人类学指向。

"一个有原则的人，如果人们确信不能从他的本能，而只能从他的意志来测度他，那么他就有一种个性。"（7：285）据此可以把对性格的描述划分为：天性或禀赋；气质或性情；无条件的个性或思想方式。前两者表明可以从一个人身上产生出什么，后一种表明他决心从自身中产生出什么。

个性更重要的是作为思想方式而存在的。说一个人有个性，是在称赞他。"具有一种绝对的个性则是意味着意志的这样一种特点，主体根据它把自己束缚在一定的实践原则之上，而这些原则是他通过自己的理性独立地为自己所规定的。"（7：292）尽管这些原则有可能是错误和有缺点的。个性强调的是人从自身产生出的东西，气质属于自然，个性属于自己。个性的价值高于一切。

仅仅由人有个性或无个性而产生的特点包括：模仿者是没有个性的，但一个有理性的人也不能因此而成为一个古怪的人；没有个性的气质禀赋上的驯良比气质禀赋上的恶毒更差；不屈不挠精神对于个性很重要，但是

"个性要求有从理性和道德实践原则中引申出来的准则"（7：293）。因为人不应该在自己身上容忍恶，狠毒就是由于抛弃了原则。

康德提出对个性原则最好作否定性的陈述，主要有：不预先讲还未实现的事情；不要虚伪；不要破坏你的许诺；不与思想坏的人臭味相投；不去注意别人散布的无聊和恶意的谎言。

人并非天生就有个性，而需要时时刻刻争取和培养个性，个性的建立是一般生活作风的内在原则的绝对统一。个性的最高原则是"真诚"，"由于具有个性是能够要求一个有理性的人的最低限度，但同时又是人的内在价值（人的尊严）的最高限度，所以做一个有原则的人（即具有一个确定的个性），这对于最普通的人类理性都必定是可能的，因而从等级上说，必然比最大的才能还要高"（7：295）。

个性是超越国家、民族、人类、自然界的价值，在很大程度上，伦理学就是关于个性的学说，达到生命的核心在个性而不在共性。任何善恶的冲突只对个性是存在的，这是个性区别于个体的重要特征。个性并不排除社会性。人的社会化过程同人的个性化过程是同时进行的，因此，在世界上总是存在着社会道德意识同个人意识的冲突和斗争，法律和道德的区分也便从这里产生。①

个体以两性的方式而存在，两性首先在肉体的协调上达到最重要的目的，即种的保存。然后，社会性的意向才被安排进来，使两性的结合在家庭的联系中延续下去。所以在大自然的意图中有两个最高的智慧原则，从而达到大自然的目的：（1）种的保存。人类通过种的保存而不朽，为此女性天生就有一种为保护种而产生的恐惧，这种软弱性合法地要求男性的保护。（2）由女性使人受到社会的教化和教养。女性的敏感、善于辞令和富于表情，要求男性温存有礼地对待自己。这就使男子从小就无形中束缚在自己的宽宏大量之中，"虽然这并不见得就导致道德本身，但却预示着产生出作为道德外衣的东西，即那种为道德作准备和作劝导的有教养状态"（7：306）。两性之间关系的确立必然体现着人类生活的合理法则，这种从人类本性的角度揭示道德的起源具有社会学的意义。从历史上看，每个人莫不是从母亲宽大的怀抱中成长起来，从而逐渐懂得爱，懂得尊重。母亲的伟大是大自然的一种安排。

人类由两性的结合而成为民族，由民族而成为种族，对此康德借助于具体民族和种族进行了分析，这里略去不论。最为关键的是作为种类的存

---

① 参见戴兆国著：《伦理学的悖论和悖论的伦理学》，《学术界》2007年第1期。

在，人类何以获得一种道德生活的稳定性，这就涉及到对人类本性的探讨。

由于无法把尘世的理性生物与非尘世的理性生物相比较，因为对于后者我们无经验，所以在有生命的地球居民中，人与其他一切自然存在物的区别可表明为：利用事物的技术性素质（与意识相连接的机械性的素质），实用性素质（巧妙地利用别人达到他的目的）和在他的存在当中的道德性素质（按照法则之下的自由原则来对待自己和别人）（7：322）。

第一种技术的素质是为了使用理性。第二种是由教化而来的，尤其是交往特点的实用素质，使人成为有规矩的、和睦一致的生物。人类只有通过在许多世代的无穷系列中的进步，才能努力去追求自己的规定性。第三种道德的素质始终在人性的善恶上存在着矛盾。但一个具有实践理性能力和意志自由意识的人，总是存有良知的特性。因为"人由其理性而规定为与人们处在一个社会之中，并在社会中通过艺术和科学而受到教化、文明化和道德化"，"所以人必须被教育成善的"（7：325）。

但是人在走向善的途中却存在着许多困难和障碍。（1）教育他的人仍然存在偏离善的可能。（2）人在发育成熟后可以产生他的种，但他却要推迟至他有能力养活自己妻儿时才可能，这中间就有罪恶来填充。（3）人类在科学认识上的进步因为科学家的寿命的限制而被推迟。（4）人类本性想追求极乐，但理性却把幸福建立在道德之上。

卢梭想以自然状态来解决这些问题，但是又总是难以找到一个从未被恶污染过的人。人类通过整体的教育使社会朝向进步，但有时却是粗暴的。"人类应该而且能够自己成为自己幸福的创造者，不过这一点不能先验地从我们所知道的人类禀赋中推出来，而只能从经验和历史中，带着建立于某种必要性之上的期望推出来。这种必要性在于，不能对人类向善的进步绝望，而是（每一个人，只要轮到他头上）都要以一切聪明和道德的示范来促使对这个目的的逼近。"（7：329）所以人类作为理性生物的能力，要以良好的禀赋和向善的倾向为前提，最终实现公民社会的理想。

至于人类为何难以实现公民社会的理想，在康德看来是因为人类的愚蠢甚于罪恶，因为人类总是隐瞒自己的思想。康德设想，宇宙中如果还有一种理性生物，他们除了以公开的方式就不能以别的方式思想，他们就可能纯洁如天使。由于人类的自我伪装到有意的欺骗，进而到撒谎，这就变成了人类的一幅漫画。但是人类的理性还可以要求人从恶不断地进步到善，"于是，人类的普遍意志是善的，但其实现却困难重重，因为目的的到达不是由单个人的自由协调，而只有通过存在于世界主义地结合起来的类的系统之中，并走向这个系统的地球公民的进步组织，才能够有希望"
（7：333）。

　　康德非常审慎地考察了人类的各种特性，提出了许多带有刺激性的话
题。其理性主义的立场对于人类的自我解剖是积极的，尤其是他认为人类
的愚蠢甚于罪恶，无疑对人类是极大的警醒。康德提出的世界公民的理想
状态在目前看来似乎是无望的，人类道德实践的进程扑朔迷离。宗教和权
力的冲突，以及无数人世间的无谓纷争时时刻刻都在干扰着这一进程。这
可能不仅是理性的原因，也许我们可以猜想，人类可能在一出发的时候就
走错了方向，理性本身可能就是一种误引方向的重要因素，也许信仰或者
其他的存在于人类能力结构中的更为深层的东西，被我们忽视了，结果是
差之毫厘，谬以千里。人类可能要重新回到宇宙时空的立场来审视我们自
己，尽管我们可能走在向善的路上。

"因为伦理学并不试图说明，什么东西作为善和恶处在'社群的有效性'中，而是试图说明，什么是善和恶。在伦理学那里，问题并不在于善的事物与恶的事物方面的社群价值判断，而是'善'与'恶'的价值质料本身；不在于这些判断，而在于它们所意指的东西和它们所瞄向的东西。"(F：45)

"康德对道德科学的伟大贡献是，他清除了这门科学中的一切幸福论。"（S：138）

第五章　康德道德哲学批判

康德的道德哲学对后世产生了持久而深远的影响，其生命力不仅表现在自身的理论创造上，同时也在不同时代哲学家对康德提出的道德问题的反思活动中得到进一步的显发。① 这一过程包括来自各个方面的批判。为此，我们选择康德道德哲学的几个核心论题展开分析，主要包括康德有无道德的形上学，康德道德哲学是形式主义还是实质的，以及如何看待康德道德哲学的核心概念实践理性与经验情感的关系。为了论述的方便，我们选取三位哲学家的批判性论述，借以展现康德道德哲学批判的广度和深度。②

一　道德形而上学的本质

道德形而上学对道德哲学的理论奠基有着极为重要的作用。依照不同

---

① 卡西尔曾指出，自从康德哲学出现以来，"康德的学说就显示出它内在的生命力，因为它本身吸引了各种不同的精神因素和力量，而且通过它并且从它之中形成了一种全新的氛围，环绕在四周，然而正是因为环绕在它周围的这些云层，康德体系真正的思想核心似乎更加模糊不清。"（卡西尔著：《卢梭康德歌德》，刘东译，北京：三联书店2002年版，第124页）这也是康德哲学受到后人误解和批判的原因。

② 本著选取的哲学家并不做东西方的区分，哲学思想是人类的，尽管在其发展过程中因为文化传统的差异出现过不同的哲学表述形态，但从哲学的精神本质来说，哲学不应该被区分为东方的或西方的，因而也就不应该有哲学的优劣之分。

的道德奠基就会产生不同的道德哲学理论。针对康德提出的道德形而上学理论，不同哲学依据自己的道德哲学立场对康德均作出了批判。其中牟宗三从儒家哲学的心性论出发，集中对康德的道德形而上学理论进行了分析批判，最终得出康德无道德形上学的观点。

（一）道德理性和人性

牟宗三通过比较儒家与康德的哲学出发点，以及表达方式的不同，进而认为康德的自律学说难以落实。

1. 人性论判分的前提

牟宗三以其对于宋明儒学的分判，认为纵贯的哲学系统代表了儒家哲学发展的方向。依此立场，他对儒家的"道德理性"观念进行了集中的论述。在他看来，若依宋明儒家三大学说，道德性的天理是本心性体之显发。本心性体或於穆不已之道体性是寂感真己，是创造之源，是直贯宇宙之生化或道德之创造。自宇宙生化之气之迹上说以及自道德创造所引申之行为之气之道上说，是实然、自然，是服从因果律，但自创造之源上说，则是当然，是服从意志因果的。如是，则这种契合是很直接而自然的，不必须曲曲折折强探力索地去艰苦构建了。"它们自始就有一种通透的、具体的圆熟智慧，而把那道德性之当然渗透至充其极而达致具体清澈精诚恻怛之圆而神的境地。这里是一个绝大的原始智慧，不是概念分解的事，说艰难也艰难，说深奥亦深奥，可是把这一关打通了，说容易亦容易。在圣人之开发此智慧原是自天而降，不是经过概念分解的，所以也可以说得简易。……若把这一关打通了，那道德底当然与自然的实然之契合便不是问题，而是结论了。若无这原始智慧，则只有像康德那样认它为直接搏斗的问题所在而去强探力索、曲折建构了。这是中国儒家言道德之当然与康德的道德哲学之最根源的而为人所不易觉察到的差异处。"①

进而，牟氏指出此种圆神之境有三义：

（1）是原始儒家"践仁尽性"之表达，圣人"通体是仁心智慧"所涵摄。②

---

① 牟宗三著：《心体与性体》上册，上海：上海古籍出版社1999年版，第99页。

② 在我们今天看来圣人已经是一个遥远的话题和符号，对圣人的赞美不过表明人类尚无失去追求无私、反对自私之心。"人们对托尔斯泰、圣·弗兰西斯、殉难的基督和各个时代的圣人倍加崇拜，这证明自私的人类在其内心深处就懂得他们不应该自私，从而崇拜他们认为自己应该成为但却不能成为的人。"（〔美〕尼布尔著：《道德的人和不道德的社会》，蒋庆等译，贵州：贵州人民出版社1987年版，第206页）

（2）是一种生命整体的体现，融合了形而上（本体宇宙论）的宇宙情怀。

（3）在道德的践仁尽性功夫中有着严整而纯粹的决断。①

牟氏认为第一义即是融摄康德《道德形而上学基础》中所说之一切。所不同的是康德是从自由意志讲，儒家传统则喜欢从"性体"讲。"自由意志经由其自律性所先验提供的普遍法则是道德行为底准绳，而依中国传统，则是主张先验的普遍道德法则是性体之所展现。惟中国传统并没有像康德那样，费那么大的力气，去分解辨解以建立它的先验性与普遍性，而其重点则是落在'尽'字上（尽性之尽），不是落在辨解它的先验性与普遍性上。"② 因为这是随天命之性而当然定然的，是不待辨解而自明的，是由精诚的道德意识所贯注的原始智慧随性体之肯定而直下其为如此的。

精诚的意识从何而来，原始智慧又如何得到贯注而直下获得此道德意识，实在是非常复杂难辨的。此等概念混杂或曰通过概念之奇诡难解来压迫心灵的做法，不可能使人获得清晰明白的观念。所以牟宗三自己也认为，若能照康德那样去辨，也是好的。③

其实，当牟宗三把仁说成一种先验的普遍法则，并将之作为随具体生活之曲曲折折如水银泻地、如圆珠走盘、遍润一切而不遗的一种普遍时，

---

① 有学者认为牟氏此三种道德理性三义次序上存在问题，如成中英认为这三义源自于佛教之"云门三句"，即截断众流、涵盖乾坤、随波逐浪。成中英进而认为牟宗三对康德实践理性的批判意义在于区分了逻辑理性、科学理性与道德理性、本体理性的不同，这提示牟宗三与康德哲学的不同代表了西方现代性与中国古典性的不相容，如何创造性地转化二者为相容并进一步相融，就是中西融合的世界性目标（成中英著：《合内外之道》，北京：中国社会科学出版社 2001 年版，第 422—427 页）。成氏虽然对牟宗三的理论提出某种程度的修正，但二者根本的立场仍然一致，所以他对于牟氏的工作还是相当肯定的。不过，从历史和现实来看，提出中西融合之问题，必然包含一个前提性的问题，即中西融合何以可能？这个问题的提出只是从中国人的立场出发的，西人有没有这个问题，尚待讨论。而所以有此问题之提出，不仅与中国文化或文明遭遇到目前的西方现代化的挑战有关，而且与中国文化本身的发展密切相关。可以说这种提问是中国人处在当前弱势地位的结果，也是哲学界广泛讨论中国哲学之合法性问题的由来。依照笔者的意见，这是一个不值得讨论的问题。因为如果我们接受现代化的进程，并力图融入到这一世界进程当中，我们就没有必要追问中西如何融合的问题，我们只需学习先进，改变落后即可。当然，在此过程中，自己民族的文化或文明之根是不能够动摇的。这是一个不容弃置的基础，这是人种及其文化多样性的保证。

② 牟宗三著：《心体与性体》上册，上海：上海古籍出版社 1999 年版，第 101 页。

③ 同上书，第 102 页。

我们可以毫不犹豫地说他犯了一种自然主义谬误①。不过，牟宗三一定是不赞成我们的反驳的。因为在牟宗三的观念中，他不仅认为仁之普遍性无须辩明，即使需要辩明，也不必采取康德辩解的方式。在牟宗三看来，只要是正宗而透彻的儒家没有不对仁的普遍性表示断然的肯定。我们无法对这种理论下任何的断言，因为，这可能是缺乏现代哲学的意识。我们可以说，在特定的哲学立场上，哲学家可以认定有某种他人无法领会的对象存在。但是当我们无法在既定的语言系统中予以清楚的交流和辩白，这种理论的普遍性可能就要大打折扣。相反，康德正是循沿这一方向，以分辨人类的理性能力为责任，追求一种哲学的"清明"，因而其哲学早已经是现代哲学黎明之境中的万道曙光了。

众所周知，康德提问的方式已经代表了一种哲学追问的态度和进路，在很大程度上，康德已经扬弃了古典形而上学本质主义的传统。康德所追问的科学形而上学（包括道德形而上学在内）何以可能，就表明他已经摆脱了传统形而上学追求实体、本质存在的影响，开始面对事实（生活世界）本身了。这也是康德从普遍性出发追索到哲学的实践理性之路的根由所在。

牟宗三可能还没有这种自觉意识，或者说只是朦胧的，这是他的护教、判教立场决定的。牟氏依据这种道德理性的理论，提出了自己的人性理论，进而对康德的人性论进行了批判。

2. 用气为性和用理为性

道德法则之普遍性如何确立在很大程度上依赖于对人性的看法。牟宗三分辨了用气为性和用理为性，从而区分康德和儒家人性论的异同。用气为性是指人性是先天的，无待于后天，用理为性是后起的。

告子、荀子、董仲舒、扬雄、刘向、王充直至刘劭《人物志》所言之才性，都可以概括在"用气为性"这一原则之下，他们所说的性是"气性"。孟子、《中庸》一系的性，则是"内在道德性当身之性，其所谓善乃是这内在道德性当身之善。此性是普遍的、先验的，而且是纯一的，并不像气性那样多姿多彩，个个人不同的。"② 这种对性善的把握是彻上彻下的，具有本体宇宙论的意味，也有孟子尽知存养的功夫在。这就是

---

① 摩尔的"自然主义谬误"是指错把不是事物的某些性质当做善本身，将"善的"和"善的事物"相混淆（G. E. Moore, *Principia Ethica*, Cambridge University Press, Revised Edition 1993, p. 71）。按照笔者的看法，自然主义谬误的实质乃在于人们混淆了道德直观的对象，把不同时空境遇中的概念相互等同，从而发生了错误。

② 牟宗三著：《心体与性体》上册，上海：上海古籍出版社 1999 年版，第 105 页。

"用理为性",是把人的自然生命提高一层,以致理性生命。①

牟宗三在论及人性时,专门就人性之可能以及人性之根本做过辨析。在牟宗三看来,人,当其一无所有而只是"在"时,形体是其一括弧,心灵又是他的一括弧。就是因这两个括弧,遂形成"人性"一概念,亦使人之定义为可能。人的意志自由,人通过其意志自由而对其后来所创造之"行为生活形态"负责,即此便是人的性。上帝无之,其他动物无之,其他物质的有限存在亦无之。"但是人的定义中所说的人性就只是形体与心灵那两个括弧。……所以我们说形体与心灵是两个括弧。它只尽括弧的责任,当然不必涉及其中之种种内容与姿态。"②为此他区分了人性过程和人性落实的两个层次,其概念表达是"形成之理"和"实现之理"。

牟宗三提出人之所以为人,此中之"所以",有从"形成之理"方面说,有从"实现之理"方面说。这两者决不可混。而"实现之理"又有从成为人以后或内在于人方面说,有从在其成为人以前或外在于人方面说。这亦不可混。从"形成之理"方面说的"所以"即是逻辑定义中所表示之"人性",从"实现之理"方面说的"所以"即是归于主体在实践尽性中的"人性"。而在实践尽性中的"人性"之为"实现之理"即是成为人以后或内在于人的"实现之理"。所以在牟宗三看来:"惟西方哲学尚未能就个人自己之实践主体以言性,故其言人性之定然性只是外在的,观解的形上学中之定然性,即,只就'成之谓性'之形成之理(类名之性)向上推进一步以言人性之定然性,此尚不足以真能见出人之可贵,人性之可尊,故人亦易于以一套理论视之也。吾今愿就内在于人之'实现之理'之性以观中国儒者对于形上学之智慧。"③ 牟宗三认为要就人的"实现之理"来讨论人性之根本,这种立场代表了儒家内圣的一种思路。就其实质而言,仍然带有一种先验的色彩。

比较起来,康德之言人性就只能属于"用气为性"一路。因为在康德看来,道德法则不能由经验、范例、人性的自然禀好(牟宗三译性

---

① 方东美先生概括了中国哲学的人性论,将之分为以下几种:(1)心、性、意、知、情、欲俱善论(所有皆善);(2)心善、性恶、意善、知善(只有性恶);(3)心善、性善、情善、欲恶论(只有欲恶);(4)心善、性恶、情恶、欲恶论(情欲皆恶);(5)心善、性恶、情恶、欲恶论(只有心善)(方东美著:《中国人生哲学》,台湾:黎明中国文化事业股份有限公司1982年版,第149页)。

② 牟宗三著:《道德的理想主义》,台湾:学生书局1985年版,第122—123页。

③ 同上书,第130页。

好），甚至也不能从上帝的意志来建立。道德形而上学的出发点和基础乃是人的自由意志（实践理性）。但是由于康德所说的道德情感、人性之禀好都落于实然的侧面，因此牟宗三认为这种落于实然层面的人性属于"用气为性"。"依正宗儒家说，即在作实践的工夫以体现性体这关节上，依康德的词语说，即在作实践的工夫以体现、表现道德法则、无上命令这关节上。但这一层是康德的道德哲学所未曾注意的，而却为正宗儒家讲说义理的主要课题。"① 依照牟宗三的观点，正宗儒家的"用理为性"所确立的道德性是融道德性的本性与宇宙心为一的，这不是"干枯的光板的智心，故理在其中，情也在其中，故能兴发那纯粹的道德行为道德创造，直下全部是道德意识在贯注，全部是道德义理在支柱，全部是道德心、情在开朗、润泽，朗天照地，了无纤尘。"② 情、理、心融贯一体。

如果纯粹从形而上学的思辨的角度说，牟宗三之思考确乎引导了一种人性激昂向上的志气，营造了人之向往、趋向道德自我挺立的浓厚气氛。但从形而下的角度看，这种理论又是极其缥缈无力的。牟氏认为康德忽视的恰恰是本来就未必需要重视的，或者说此种承担尽管有其必要，也是会随着历史时代之变化而渐趋消失。现代社会所面临的多元化、平面化，已经消除了精英的、纯粹理想的道德论证的可能性，现代社会需要的是更加理性化，或者是康德苦心孤诣建构的那种有限度的实践理性的道德哲学。当然，我们这种判断不代表对人类社会进步价值观念的肯定，只是就理论本身的自洽性而言的。

3. 道德情感与圣人道德

人性与人性之内容直接相关，为此牟宗三在论及情、理、心融贯一体时，对康德的理论也进行了一番批判。我们先来看他如何批判康德所说的道德情感。

在牟氏看来，中国儒家传统论及的情是圣人之情，在这一点上，儒家和道家是一致的。由于儒道两家皆以人之情同于道德之情，不离乎道德感，所以其表现就是圆融无碍。情在最初的意义上就是道德情感，至宋儒程明道《定性书》就说："天地之常，以其心普万物而无心。圣人之常，以其情顺万物而无情。"这种情感将超越的层面与实践的工夫融为一体，无有分别。"然而康德则不能至此，他只把它停在实然层面上，故归之于私人幸福

---

① 牟宗三著：《心体与性体》上册，上海：上海古籍出版社1999年版，第108页。
② 同上书，第109页。

原则之下，而视之为经验原则。道德感、道德情感，如不能予以开展而把他贞定得住，则道德实践即不能言。正因康德之道德哲学无自实践工夫以体现性体心体一义，故亦不能正视此道德感、道德情感也①。……若以儒家义理衡之，康德的境界，是类乎尊性卑心而贱情者。"②

从牟宗三护教的立场看，此种说法固然可以自圆其说。殊不知，康德的道德哲学并非贬斥情感，亦非不重视道德实践之工夫。在《道德形而上学》之中，康德就有大量论及道德情感，以及道德实践方法的理论。即使在《道德形而上学基础》和《实践理性批判》中，也有对道德法则之敬重感的论述，以及对道德意向和道德狂热的细致区分。康德的用意不是为了自我理论的圆熟而置实践理性的事实于不顾，在《实践理性批判》中就有八次论及理性事实。退一步言，就算如牟宗三所希望的那样，圣人之情是圆通无碍的，只要在实践的工夫中将道德感、道德情感予以提升便可得圆熟之情，那么我们要问，此种提升是如何进行的？或者我们用康德的提问方式问道：圣人是如何可能的？圣人对于人类道德生活可能有什么样的影响？

我们很难同意牟宗三的圣人观。因为何来这样一个圣人，他能够在生命体验中获得那样完满的东西，而不通过乾乾精进的经验体验、理性分析和情感挫折，就可以突然间冒出能够让千世百代、传之不易、立之不朽的至圣大言和圣贤德业。如此，则非只会产生一个孔子，当可以产生许许多多的孔子。宇宙不会只青睐一个圣人。孔子的产生决不是他自己无意的生命智慧的凸显，他的理论以及言行，是来自于真正生活实践中的体悟、感受、反思，不知经过了多少的磨炼、积累，才产生了他自己关于生命、社会的独特看法。孔子不可能是天生的，孔子与造就孔子的时代是分不开的。

牟氏进而认为由于康德不懂得圣人之情、理、心的统一，所以康德的意志自律与自由学说也就没有落实的可能。

牟宗三把康德推论辩解意志自律的理路归结为：他由道德法则底普遍性与必然性逼至意志的假定。问题就出现在这意志自由的假定和设准（即

① 牟宗三把道德感和道德情感加以区分，大概有其特殊的用意，似乎前者偏重感性，后者偏重于抽象一面。

② 牟宗三著：《心体与性体》上册，上海：上海古籍出版社 1999 年版，第 110 页。关于这一点，我们也可以在西方学者对康德的批判中发现类似的观点。如布劳德就认为康德的自由理论是在主动性的理性与被动性的情感的感官两者之间往返跳跃，就像拙劣的表演三牌游戏，而不是严肃的哲学证明（［英］布劳德著：《五种伦理学理论》，田永胜译，北京：中国社会科学出版社 2002 年版，第 111 页）。

公设）上。由于康德把这样一种公设推至人的理性之外，认为属于自在之物的领域，就使得意志自律学说成了"空说"。在牟氏看来，康德这一路数是就道德言的，只讲到理上当该如此，至于事实上是否真实如此，则非吾人所能知。这样一来，意志自律和自由便脱节，理论也就陷入空洞。

　　然而，实际情况并非如此。我们说，不仅康德的道德哲学理论对于开启西方现代伦理学有着不可磨灭之功，是"一座不可绕过去的桥"。而且就理论本身而言，牟氏说康德就道德言道德，这倒有些符合康德的用意，否则康德就不会殚精竭虑为人类理性设限了。同时，我们必须清楚，康德非常明确的阐明过实践理性优先的理论。康德的自由理论也不是如牟氏所说的那样，把意志自律和意志自由分作两截。倒不如换一种现代的解释者的说法，即康德的自由概念是一必要的调节性理念，从对道德法则的独特性角度而言它是现实的，在道德法则与意志自由之间尽管有着非相容性，但恰恰是这种非相容性的强力造就了康德理论的深刻。这一理论"堪称西方哲学史上探讨这一问题中最为深刻且经久不衰的努力"①。后来的叔本华就把意志自由的问题归结为现代哲学的两大问题之一（另一问题是现实与观念之关系问题）。

　　除去这种辩护之外，前文已经论及的理性事实也是康德理论自洽的一种佐证。这在牟氏看来就是以气论性，缺少对"理"性（道德理性）的超越圆通的理解。历史地看，圣人道德在一定时代和条件下的确造就了社会生活的某种和谐，但圣人道德是以牺牲意志自由为前提的。这确乎是封建道德的弊病所在。② 我们当然不能凭借一句封建道德就可以推倒圣人道德曾经起过的作用。但我们可以说，传统的圣人道德以超离现实道德而论道德的情况显然难以与康德的理论相提并论。这是不同时代的哲学精神之表现。我们不可抑此扬彼，也不可反之而行。传统道德的价值需要作更深入的转换工作。"我们不必分门判教，而是要在更深更后的层面上进行分析、比较、拼合与重组。未来的社会新伦理，乃至新的支配性价值体系（如果能出现）将不太可能只打上传统某一家或某一派的明显标记，因为

---

① ［美］阿利森著：《康德的自由理论》，陈虎平译，沈阳：辽宁教育出版社 2001 年版，第 379 页。

② 在长期的社会压迫和物质匮乏的状态之下，人类无法寻得一个理想的解决方案，在心理上产生对圣人、英雄的寄托，应当是社会情势所然，并无理论的意义。但是如果把这样的圣人道德当作万世的标准，就抹杀了理论本身的力量。故而，马克思也曾经指出，英雄之所以伟大，是因为我们跪着。圣人的时代离去了，圣人的道德也需要作现代之转换。

我们不应只是哪一个学派的传人，而是整个中华民族优秀文化的传人。"①

（二）康德无道德的形上学

牟宗三将康德的道德哲学归结为道德神学，认为康德提出的意志自由是不可解明的公设，意志自由也难以真实地呈现出来。为此，只有打通其道德神学的隔限，才有可能成就康德的道德形而上学的建构。

康德由于达不到对"道德当身之严整而纯粹的意义"的三义之说的理解，因为《道德形而上学基础》和《实践理性批判》两书均未有此种分辨。牟氏指出其更内在的原因在于：（1）康德步步分解建构的思考方式限制了他，他缺乏那原始而通透的具体智慧；（2）康德无一个具体清澈、精诚恻怛的浑沦表现之圆而神②的圣人生命为其先在之矩矱。

牟氏认为康德达不到"道德理性之形而上的宇宙论意义"（属于第二义），其具体原因在于他在《道德形而上学基础》和《实践理性批判》当中只建立了一种"道德的神学"，而无根据其分解建立的道德理性所先验供给的客观的道德法则再进一步展现出一个具体而圆熟的道德的形上学（Moral metephysics）。③

牟氏对道德底形上学与道德的形上学作了区分：道德底形上学是指关于"道德"的一种形上学的研究，以形上地讨论道德本身之基本原理为主，其所研究的题材是道德，而不是"形上学"本身，形上学是借用。"道德的形上学"则是以形上学本身为主（包括本体论和宇宙论），而从"道德的"进路入，以由"道德性本身"所见的本源（心性）渗透至宇宙之本源，此就是由道德而进至形上学了，但却是由"道德的进路"入，故曰"道德的形上学"。④ 其实，在"道德底形上学"和"道德的形上学"之间作严格的区分并无实质的意义，因为道德与形上学之间的关联是二者都要研究的对象，不能因为其进路的差别就认为二者有本质的区别。康德指出，关于任何主题的一门哲学，作为一个纯粹理性概念的体系，都必是一种形而上学（6：375）。

牟氏依据这种区分认为，康德是从实践理性接近上帝与灵魂不朽而建

① 何怀宏著：《良心论》，上海三联书店1994年版，第54页。我们不仅是某一民族的文化传人，在现代社会我们已经不可避免的成为人类优秀文化的传人。

② 从语言哲学的角度看，"圆而神"很难给予语义方面的解释。在牟氏自己的理解中可能没有问题，但在语言的共通性上是难以说清的。这是中国哲学玄虚一面的表现。

③ 牟宗三著：《心体与性体》上册，上海：上海古籍出版社1999年版，第119页。

④ 同上书，第120页。

立其客观妥实性，因而就神学而言，即名曰"道德的神学"。在此理论进程中并未展开一种具体的"道德的形上学"。牟宗三从几个方面进行了分疏和批判。

首先意志自由为不可解明的一个设准。

（1）康德试图通过对感觉界和睿智界（今译理智世界）的分别来确立意志自由的设准只是一种形式主义的需要，而无实质的内容。牟氏认为，依儒家的说法，康德所说的睿智界只是一个"体"，说体用，不说两界，这倒干净多了，不容易有那些令人生遐想的赘辞。

我们虽可同意牟氏的分疏，但却不能同意其结论。康德分感觉世界和理智世界，自然有其用意，是出于理论论证的需要，实际上，并没有这样的现实的区分，如同康德说的纯粹理性和实践理性原是一种理性，只为分析的必要才作此划分而已。同时，体用能否干净的替代两界之分，尚有困难。如果说理智世界属于康德所指的自在之物，其不可知性仅相对于人的理性而言。在理性的范围内，自在世界是无法把握的，但却实际存在着。体用二者难以做纯粹不同的认识对象的区分。

（2）康德认为自由如何可能无法从经验知识中推出。牟氏认为此一说法过于狭窄，由无经验知识推至自由是一个假设，不仅在逻辑上有问题，而且使其所讲的道德真理全部落了空。但是，我们认为康德在这里是靠自己的理性立场来分别自由何以可能。因为前文已经指明，康德论证的道德原则之确立是以排除经验成分为前提的，从经验中显然无法认识自由。

（3）康德认为对道德法则的关切（牟译兴趣）亦是属于经验认识的范围，所以道德法则如何使我们感兴趣也难以说明。牟氏批评道："以经验知识、思辨理性底界限误移作实践理性底极限，妨碍了对于实践理性底领域之真实地开辟，使道德全落于空悬之境地中。"① 这是康德对道德真理、道德生命之不透，而陷于枯窘呆滞，只在外部指画的境地之中，遂有此不恰当的思考方式。此处牟氏似乎暴露了他与康德对经验认识的不同理解。牟氏举例说"刍豢悦口"是经验的、感性的；但"理义悦心"却是理性的、纯粹的。可见，牟氏把感性等同于经验，理性等同于纯粹的。这种理解与康德所说的经验是有区别的。

康德对经验的判断与经验判断做过区分（前文第二章有详论）。牟氏可能未予理解，由此可见，他对康德的理论存在着很大的误解，其批判是

---

① 牟宗三著：《心体与性体》上册，上海：上海古籍出版社 1999 年版，第 132 页。

否合理也就大打折扣了。

（4）康德因为区分了自由的因果性和自然的因果性，所以把自由的公设作为实践哲学的界限，并宣称人的理性不应该僭越其可能的界限，而做无谓的探求，这是《道德形而上学基础》和《实践理性批判》所明言的。

对此，牟氏则批评认为，康德只知求得一种道德法则之普遍性、必然性、客观性的证明，而不知道德法则、定然命令是一个"呈现的现实"，理性的实践运用也是一个"呈现的实践运用"，这是康德所未曾参透的。因此之故，康德的道德哲学比之于宋明儒者的道德哲学是远远逊色的，"儒家经过宋、明儒底发展与弘扬，其造诣与境界何以早超过了康德"①。

我们不知道牟氏是如何判断得出这一结论的。从常理来说，康德岂是如此浅薄无知，他能不知道道德认识与道德主体要统一吗？他能不知道道德践履活动要与道德法则相一致吗？康德非常清楚人类社会发展的现实，任何一种道德法则之普遍必然性的实现决非如牟氏所言那样简单，所谓"言语道断，心行路绝"，当下彻悟，自立本性。历史和现实都表明，道德法则的义务体系需要通过一系列制度的保障才能得以实现，而非一蹴而就地当下呈现得了。故而康德有《道德形而上学》②《实用人类学》和《论永久和平》等著作，专论人类制度体系对于实现人类理想的保证。③此种思考的作用和意义已经远远超出了宋明儒者的自我体贴之法了。

针对儒家人性论的特征，有学者曾经指出由于儒家没有足够的罪责意识，所以基本上是不需要任何道德奠基。儒家从忧世之心出发，而不是从原罪意识出发，责任心在中国思想当中无需寻找形而上的根据。但在康德那里必不可少的罪责问题，在中国这里就充分分解了。按照康德的观点，人对于责任的意识是在摆脱了自然因果性的束缚之后才有的，是在自由因

---

① 牟宗三著：《心体与性体》上册，上海：上海古籍出版社1999年版，第138页。

② 康德在《道德形而上学》一著中，认真梳理了义务的两种体系，从法权和德性的角度对义务的实现作了详细的论证，前文已论。

③ 对牟宗三的偏颇学界很早就有意识。如有学者指出：既然中国儒家早就有了"理智的直观"，有了"智的直觉"，又何必从康德那里借用这一概念和方法呢？康德的"实践理性"仅只限于"道德理性"吗？显然，牟宗三想以儒学的智慧来"提升"康德，只能把康德的实践理性局限于道德理性上，而恰恰掩盖了康德思想中所包含的新儒家竭力想"开出"的自由民主科学之价值得以落实的"法理"、"政理"和"信理"的维度。以纯粹道德理性之玄思显然"提升"不了康德，只不过仅显现出要拯救儒学的生命，必须更全面地理解和吸纳康德之理性精神而已（杨河、邓安庆著：《康德黑格尔哲学在中国》，北京：首都师范大学出版社2002年版，第143页）。

果性的关系中建立的，于是需要确立其形而上学的根据。正是这一思想才
是西方道德思考中的精妙见长所在，中国的人性论是没有达到这一深度
的。所以尼采也反对中国人喜爱的主体性思想。① 这种观点与牟氏的看法
是正相反对的。依照笔者的理解，牟氏对康德的误解恰恰就是由于他所主
张的某种"主体性"思想比之康德是无法落实的，实际上是一种无明确
主体性的"主体性"。

其次意志自由如何能真实地呈现。

牟氏此问辟空而来，在康德可能这是一种非法的提问。康德提出的问
题是：我能知道什么？我应当做什么？我可以期待什么？人是什么？照牟
氏的问法，这些问题便要变成人现实的是什么？人所希望的如何能够真实
地呈现出来？这反映了两种哲学理论发问方式的不同，也是两种哲学根本
路向的不同。

在康德的哲学中，对于实践的理解始终是与理论相对应的。而牟氏似
乎专就实践论实践。"此所谓'实践'就是说能起用而有实效，能指导着
我们人而我们人亦能承受之尊顺之去行动而造成或表现出一种道德的结
果。"② 基于此，牟氏指出，康德不去追问意志自由是如何真实地呈现的，
而只知去剖析"纯粹理性如何就其自身就能是实践的"，这是王顾左右而
言他，不知道从根本上去挺立心体之道德必然性。因而康德不懂得儒家所
说的觌面相当的"亲证"，实践的"亲证"，更不知道儒家所说的实践理
性在真实生命之真实化、充实化中获得本身的绝对必然性。因为在牟氏看
来，西方哲学把道德的形而上学只当作纯哲学问题，不知这也是实践的
问题。③

牟氏用词已经极矣！殊不知，他所言之实践实在是非常狭隘的，不仅
没有脱出墨子式的经验主义立场，甚至还退向纯粹感性主义的层次。所以
他竟然说"是非过来人，未可轻议"。这句话完全抹去了其所论证的理论
之必然性的油彩。的确，康德以及我们现代人都不可能知道牟氏（作为
一个完整的生化不已的人）是如何过来的，因而我们也就不能妄加评
议了。

最后康德道德的形上学难以完成。

牟宗三把康德之"意志因果性"归结为他的原初问题，即实现之理

---

① ［法］弗朗索瓦·于连著：《道德奠基》，宋刚译，北京：北京大学出版社 2002 年版，
　　第 87—89 页。

② 牟宗三著：《心体与性体》上册，上海：上海古籍出版社 1999 年版，第 139 页。

③ 同上书，第 7 页。

与自然实现者之契合的问题。牟氏指出这是一种特种因果性。依照儒者的看法，这种特种因果性就是"承体起用"的因果性。"自由、自主、自律的意志是体，由它直接所指导，不掺杂以任何感性的成分，而生的行为、德业或事业便是用。"① 这种承体起用融洽了一切情感、兴趣、义理，将之纳入到本体宇宙论上的体用因果。这就完整地建立起一套道德的形上学。

由于康德未能参透彻悟这一层，而分别了自由、灵魂不朽、上帝三种公设，所以他需要在自由之外设定另一套道德的神学，终究没有完成其道德的形上学。尽管康德试图通过审美获得的自由合目的性来加以弥合，但从根本上也是于事无补的。对此牟氏所论繁而混杂，我们概括其大旨为见性成德的道德哲学。为此我们可以把他关于心体性体在个人的道德实践方面的作用加以总结：（1）消化生命中一切非理性的成分，不让感性力量支配我们。（2）积极地生色践形、四肢百体为性体所润，由自然生命而成圣贤气象。（3）更积极地圣功神化，表现为圣贤的德业。（4）与天地合德，与日月合明，与四时合序，与鬼神合吉凶，性体遍润一切而不遗。② 牟氏挥舞着心体性体的"双节棍"，彻底打翻了康德的道德哲学。牟氏认为只有打通康德道德神学之限隔，才有可能成就其道德形上学的建构。这是儒家"人而神"的套路的实现。

牟氏殚精竭虑所建立的圆熟的道德形上学并没有在现代社会收到他指望的实效，人类对道德生活的反思进入了更为活跃而深刻的时代。现代道德哲学面临的已不再是寻求一种确定不移的道德法则体系，道德哲学的多元化思考成了理论发展的主流。道德思考的进路可能包括：理性、直觉、信念、情感、习惯、对赏罚的期待、因果的观念、对上帝的爱，或者以上进路的某种综合。③ 尤其以实践哲学形态出现的道德哲学在现实社会生活中发挥着越来越大的作用。

（三）对牟宗三批判的反思

从牟宗三的批判来看，他几乎用了一种不容任何反驳的姿态对康德的道德哲学进行了解构。不过细致看来，牟氏自己也是有犹疑的。他一方面说康德只有道德的神学，没有道德的形上学之实，但却有此名存在。后又

---

① 牟宗三著：《心体与性体》上册，上海：上海古籍出版社1999年版，第148页。

② 同上书，第154页。

③ 何怀宏著：《道德哲学的可能性与限度》，《复旦学报》（社会科学版）2006年第4期。

说康德有一套道德的形而上的规划，只是未能充分做得成而已。① 撇开牟氏的具体批判，我们不妨在大的时空框架里对不同哲学，尤其是中西哲学如何交流、对话、融通作几点反思。

1. 中西哲学之融通比较要有类似相关的立场和问题意识。

掩卷沉思，牟氏之批判不可谓不激烈，其所渴望显发儒家之道德形上学之用心不可谓不良苦。然而康德依然是康德，其理论的光彩仍然启示着所有追寻哲学的人。在牟宗三气势猛烈的批判之后，我们再也难以发现类似的后继者，倒是牟宗三的学生，李明辉有《儒家与康德》之作②，其言语辞气缓和已非牟氏所能比，李氏对康德哲学之真正领悟和解读也非牟氏所能及。在此基础上，李氏所作的分析论证对于理解和把握孟子和康德都是有意义的。这就不得不使我们想起这样的问题，中国哲学之真生命何在？中西哲学如何开展合理而有意义的对话？这也许既是牟氏所失，也是牟氏所得。因为即使牟宗三也承认德国理想主义传统虽无儒家之高明圆熟之境，但却有严整而系统的概念架构。我们的确难以设想，用摩尔的分析伦理学以及现代实践伦理学的立场和方法，对中国儒家传统伦理做出较为合理而准确的判断是否行得通。为此就只有着眼于不同哲学理论系统之间的共同的哲学问题，才有可能建立起对话的桥梁和途径。

因此，在中西哲学的比较对话中，我们就必须面对事实本身，寻找真正哲学问题之所在。进而通过认真的概念分疏，理论的疏解，在清晰的条理之下，以现代哲学的语言，寻求尽可能普遍的、客观的交通方式，获得对各自哲学理论的公允的理解。

2. 传统之判教、护教立场不适于推进哲学的思考。

邓晓芒曾经对牟宗三误解康德的地方做过很多辨析，特别是他分析了牟宗三对康德智性直观概念的误解之后，对牟氏的哲学立场做了较为全面的总结。邓晓芒认为，牟宗三的全部哲学思考都是立足于中国哲学而去思考西方哲学、康德哲学的。他之所以把康德强行解释为一个独断论者，就是要撇开或者淡化康德的批判精神，把问题简化为两个不同的独断体系之间的冲突和选择问题。这样，他对康德在"智性直观"上的态度的批评就不是从学理的角度指出康德的自相矛盾，而是把康德的"人不能有智

---

① 牟宗三著：《心体与性体》上册，上海：上海古籍出版社 1999 年版，第 8 页。

② 李明辉后来还有《康德伦理学与孟子道德思考之重建》一著，试图运用西方哲学的默会知识理论来解释孟子的哲学，富有新意。李氏之思考在很大程度上是对传统新儒家理论的一种纠偏，应当是一种健康的学术之路（《康德伦理学与孟子道德思考之重建》，台湾："中央研究院"中国文哲研究所 1994 年版）。

性直观"的观点视为整个西方哲学的传统固定下来，再用一个中国哲学
传统去与之相比较，从而显示中国哲学的传统优越于西方传统。至于康德
的观点究竟对不对，在理论上是否站得住脚，倒不是牟宗三所主要关注
的。以康德哲学为代表的批判精神，是整个西方哲学历史发展过程中不断
更新和发展的内在动力。可是在牟宗三这里，这种批判精神是不存在的，
在他心中，关键的不是学理上是否能够站得住脚，而是情感是否"能安"
的问题。他可以为了对中国哲学的感情而牺牲掉学理，所以他自觉维护的
并不是学者和哲学家的身份，而是宣道者和道学家的身份。① 邓晓芒的分
析是公允而恰当的，牟宗三对康德道德形而上学的批判，不仅没有真正触
及到康德道德形而上学的核心问题，而且对康德哲学的问题方式也是隔膜
的。而牟宗三对于中国传统圣人伦理的护教立场恰恰是康德所批判的一种
"道德的狂热"，而非实践理性的合理之意向性表现。

　　邓氏所言诚然，牟宗三本来也不是一种道德狂热的立场，在其《圆
善论》中就曾经指出，不知敬领身受，而徒以圆融话头混漫之，此亦
"不知类"之谓也。并认为康德有真感、真明与真智。② 可惜的是牟氏的
立场没有一贯下来，这也是他批评康德无道德的形上学所失的缘由所
在吧。

　　3. 直面文化发展的历史和现实，重建宽容的哲学心态。

　　任何民族的哲学理论和思想的发展都不是自本自根的，而且随着人类
文明对话和交流的深入，以宽容的心态构建哲学理论就显得非常重要。牟
宗三的哲学体系不可谓不大，不可谓不全。可是随着现代社会的发展和时
空的推移，其理论的局限性便越发暴露出来。其中一个重要的原因，就是
他不愿正视他种哲学和文化的成就，特别是不愿意接受他种文化和哲学对
于中国哲学的影响，一味固执于中国传统的优越性、圆熟性不放。如他判
断宋明时期的儒学与佛教无关时就说：宋明儒之智慧和生命与佛老有何关
哉？"若谓因受佛教之刺激而豁醒可，若谓其所讲之内容乃阳儒阴释，或
儒、释混杂，非先秦经典所固有，则大诬枉。"③ 虽然牟宗三承认了佛教
对中国文化产生过刺激的作用，但其根本立场还是否定不同哲学文化之间
有沟通的可能。究其本意，仍然保有一种文化自大的心态。读者也可参阅
其《道德理想主义》中的文字，其对于马克思学说的排斥更是缺少一种

---

① 参见邓晓芒著：《牟宗三对于康德之误读举要（之二）》，载《康德哲学诸问题》，北京：
　　三联书店 2006 年版。

② 牟宗三著：《圆善论》，"序言"，xvi，台湾：学生书局 1985 年版。

③ 牟宗三著：《心体与性体》上册，第 32 页。

宽容的心态。这无疑使他的哲学理论打上了一种极端的色彩，这本身与中国哲学之精神是相悖的。①

哲学作为学问的形态，应当是开放的、发展的，如果哲学仅仅成了一种学术，一种意气的纷争，就永远失去哲学的魅力，就违背哲学爱智慧的本质。

二　道德哲学的形式与实质

在道德哲学发展史上，康德的理论一直被当做形式主义的典范，备受后人批判。究竟应当从形式的进路，还是从实质的进路考察道德，成了道德哲学争论的重大问题。马克斯·舍勒从价值理论学出发，对康德道德哲学的形式方面进行了批判，建构了一种质料伦理学体系。舍勒对康德道德哲学的批判集中体现了道德哲学的形式与实质之争。②

（一）形式主义的一般性批判

在《伦理学中的形式主义与质料的价值伦理学》第三版序言中，舍勒指出亚里士多德的伦理学本质上是"善业伦理学"和"客观目的伦理学"，质料伦理学是对这种伦理学的反驳，因而属于现代伦理学。质料伦理学是以康德对这些伦理学形式的摧毁为前提的。"它并不希望成为'反康德的'或回归到康德之后，而是希望超出康德。它所具有的'历史相对主义'性质并不比康德更少，而是更多，但它却不会因此就放弃绝对的伦理学。它更多的具有相对主义性质，因为它把康德伦理学的理性人本主义也仅仅看作是人类精神史的一个瞬间。它根本不承认有任何持恒的理性组织，而只承认理性观念本身的持恒。"（F：xxviii—xxix）

按照舍勒的看法，由于康德的形式主义伦理学建立在对人类理性本质的基础上，而理性人本主义只是人类精神发展的一个阶段，这种理论对于现代

---

① 法国学者弗朗索瓦·于连著有《道德奠基——孟子与启蒙哲人的对话》，运用"迂回而进入的方法"对中西思想进行了别有意味的比较，这可以看作是宽容哲学心态的表现（弗朗索瓦·于连著：《道德奠基》，宋刚译，北京：北京大学出版社2002年版）。

② 李明辉指出康德本人并未使用过"形式伦理学"一词。首先将康德伦理学称作"形式伦理学"的是德国哲学家特洛而曲（Ernst Troeltsch，大陆译为图根哈特）1902年提出来的（李明辉著：《四端与七情：关于道德情感的比较哲学探讨》，上海：华东师范大学出版社2008年版，第41页）。

社会已经不再具有价值，因而重新建立一种更加符合人的本质存在的质料的价值伦理学显得非常重要。当然，建构的前提就是对以往形式主义伦理学的批判。舍勒从康德形式主义道德哲学的理论基础展开了自己的批判。

概括地看，其主要内容包括以下几方面：

1. 作为一种价值的善属于事物还是由人赋予事物的。

康德道德哲学理论预设的前提是：价值概念不是从独立的现象中得到，而是从善业中抽象出来。实际情况也是如此，任何价值都不可能脱离善业或一定目的而存在。那种纯粹的伦理学不可能存在，这便是舍勒批评康德的出发点。

舍勒认为善本身不可以通过概念来给出其特征，"当我们合理地说出一个价值时，只想从那些本身并不属于价值显现领域的标记和特性中得出这个价值，这总是不够的；价值必须始终是自身直观地被给予的，或者必须回溯到这样一种被给予性上。正如询问所有蓝的或红的事物的共同特性是无意义的一样，因为对此的唯一可能回答就是，这个特性就在于，它们是蓝的或是红的，与此相同，询问善的或恶的行为、志向、人等共同特征也是无意义的。"（F：14—15）

善作为一种价值特性属于事物本身还是属于赋予事物以价值的人的一种理解，这是一个始终存在争议的问题，也是事实与价值理论分立的最根本原因。一切关于人的科学；尤其是道德哲学首当其冲的必然遇到这个问题。舍勒的疑问代表价值哲学兴起之后的必然结果，与摩尔的元伦理学如出一辙。不过舍勒走向了另外的方向，不是拒斥对价值的追索与描述，而是去寻找价值存在的秩序和序列，这反映了德国哲学固有的思辨精神。

2. 为义务而义务的理论是否成立。

舍勒认为："存在着真正的和真实的价值质性，它们展示出一个具有特殊关系和联系的特有对象区域，并且作为价值质性就已经可以例如是更高的和更低的。但是，若果如此，那么在它们之间也就存在着一个秩序和一个等级秩序，它完全独立于一个它在其中显现出来的善业世界的此在，并且完全独立于在历史中这个善业世界的运动和变化，而且对它们的经验来说是'先天的'。"（F：15）

这样的价值序列或等级秩序表现为：事物（事实）、事态、善业的世界。事实事物的存在不是靠一些含糊的能力或禀赋的假设来赋予其价值色彩，事物和物体承当的是价值的载体。价值存在于事物当中，既是针对事物而言，也是针对事态而言的。事态的变化使得人们把握事物的价值发生了改变，此时价值的显现就不可能表现在各个现时欲求和感受之间的关系完全等同于事物与它的各个显现之间的关系，这是实证主义追求的价值系列，是没有根据的。在善业中，价值是客观的（它始终如此），同时是现实的。随每一个新的善业的形成，现实世界都在进行真正的价值增长。

从这种价值存在的等级序列出发，舍勒批判康德的为义务而义务的主张是一种伪装的法利赛主义。因为康德提出的出于义务的绝对命令很难在行为的具体系列中找到根据，而仅仅只有形而上学的奠基意义。为义务而义务的律令如果进入实际的道德行为中，往往很难与具体的人格相结合，有时反而会陷入一种僵化的程式，这是所有追求道德律令至上性的伦理理论的共同错误。舍勒理论的合理性就在于把善、恶纳入到一种与人格相关的价值序列当中，这是对康德道德奠基工作的一种超越。

与义务相关联的是规范，舍勒指出规范是先于任何一个人而存在的。这就使得规范或义务带有强迫性，于是，无论义务还是规范的概念，都不能够构成伦理学的出发点，也不能冒充自己是这样的标准，根据这个标准才有可能区分善恶。

舍勒从追求价值质料序列中寻求价值确立的前提，堵住了从意愿、目的角度确立道德价值的可能。按照这种理论，舍勒认为康德试图从最内在的心灵层面寻求道德的奠基是不可能的，自然会陷入一种形式主义的窠臼当中。

3. 如何理解事实与价值的关系。

舍勒反对康德致力于建立一种在各种情况下都具有道德有效性的理论，"因为伦理学并不试图说明，什么东西作为善和恶处在'社群的有效性'中，而是试图说明，什么是善和恶。在伦理学那里，问题并不在于，在善的事物与恶的事物方面的社群价值判断，而是'善'与'恶'的价值质料本身；不在于这些判断，而在于它们所意指的东西和它们所瞄向的东西。"（F：45）

事实和价值的关系问题又一次被提到了伦理学的面前，无论是理性的事实还是经验的事实，能否作为价值建基的前提，需要引入一种新的思考方式，这便是舍勒的价值现象学。舍勒认为康德不了解现象学的经验，在此经验中，被指明为是直观的实际组成的东西，乃是已经作为"形式"或"前提"而隐藏在自然经验和科学经验中的东西，因此他对这个问题也就没有答案（F：47）。这也是康德伦理学为何表现出建构主义特征的原因。现象学的经验作为直观的东西，贯穿人类认识活动的始终。把握了现象学的经验，一种质料的价值伦理学的建构就成为可能，因为"只有一门质料的伦理学才能——真正地——依据事实，而不是任意的建构"（F：47）。

现象学经验是纯粹的内在经验，它所包含的仅仅是各种经验行为本身中可直观的东西，不包含通过一个内容而被意指为外在于或分离于它的东西。

可见，舍勒认为先天具有内在的被给予性，这种被给予性依赖于对现象学经验的把握。现象学经验又具有自己的独特性，是一种直接的被给予的、内在的纯粹经验。先天被给予之物是一个直观的内涵，不是通过思维在先筹划事实或构造事实。在直观的、纯粹的、绝对的事实与通过一系列观察才被认识的事实之间有着严格的区别。由此导致的先天与后天的对立就在于纯粹的、直接的经验与依赖于对实在行为载体的自然组织之设定的并因此是间接的经验之间的不同。

按照舍勒的理论，我们无法构造事实，也不能创造事实，如果能够不毁坏事实，按照事实的面目去认识甚至是接近事实，那么所达到的就应该是直观的先天的被给予性。在这种认识论模式中，事实和价值的分立消失了。

当然要想不毁坏事实而去接近事实又是不可能的。从整体的角度看，事实本身也包括了我们认识者在内，认识活动的展现也是事实。对此进行区分是认识论的最大难题。现象学理论内在地蕴含着一种本着事实的状态去认识、把握事实的意味，是现代认识论的典型表现。近代认识论可能走的是偏离事实的道路，因而导致了科学与人文的对立，造成了人类认识的反动结果。由于对先天明见之物的把握是纯粹直观的，而对形式之物的认识是通过设定的一系列概念范畴实现的，其间的区别是绝对的。形式和质料的不同则是概念领域当中的，只具有相对的意义。

康德的错误就是把先天之物等同于形式之物，这也是伦理学形式主义的基础，甚至是整个形式的观念论的基础，也是一切普遍形式主义观念论的基础。除此之外，康德还错误地把先天之物等同于被思想之物，将先天论等同于唯理论，这种二元论的结局就是把精神的和逻辑的相混同，把纯粹意愿的东西回归为实践理性，把真正先天的质料的东西等同于形式之物。

与以上错误相关的是把质料的等同于感性的，将先天的等同于思想的或通过理性附加给感性的东西。

舍勒的反思不仅触及到所指与能指的问题，也深探至主体感性功能在认识中的作用问题。因为我们强调的感性内涵总是以某种方式被我们所附加，是我们行动的结果，是一种构形，是一种加工。类似于康德提出的各种概念、范畴，包括形态、价值、时间、空间、真理、物理、心理等，都被归结为一种构形，一种同感，一种主观的行为活动，因为这些东西不在被给予我们的感性内涵中。

4. 如何建立道德法则的普遍有效性。

　　康德追求的必然性和普遍有效性是一种深刻的先验论。必然性、普遍有效性与主观性的区别在于：必然性所指的东西仅仅存在于两个命题之间，不存在于直观的事实之间；必然性是个消极的概念，因为必然之物的对立面是那些不可能的东西。与追求必然性的先验论相比，先天明察是一种事实明察，只能在直观中被给予，是一种本质联系之存在中的纯粹积极的明察。先天明察与必然性毫无关联，即使把必然性归结为客观必然性也是错误的，"客观"这个定语已经预设了对象或对象真理（F：75）。

　　赞同康德哲学的伦理学家都预设了一个不言自明的东西，即：真正的道德明察也必须是自身习得的明察；就好像任何人都同样地"有能力"明察到道德"明晰之物"（F：80）。舍勒这一提示非常重要，任何追溯道德善的起源的努力都建立在某种预设的前提上，无论这种基础是来自传统、权威，还是来自教育、自身习得，伦理学上的形式主义、主观主义、先验主义、自发主义都对先天有自己的一套解释。舍勒承认，即使自己回到质料伦理学的立场，也要有一个预设存在，即存在着"一个根本不同于道德意愿并为善的意愿奠基的道德认识；伦理先天的位置是在道德认识领域之中，而不在意愿本身之中"（F：80）。伦理意愿、伦理认识、伦理行为是相互区别的，善存在于哪里，是根据不同的预设来确定的。即使是自律的行为，如果服从于道德意愿或道德认识，那么这种行为也是他律的。舍勒把自律行为与道德意愿、道德认识区别开来，解释了自律行为的非自律特征，这一直是伦理学的一个悖论。就像我们说他律也必然要通过自律来实现，因而也是自律，自律也要有他律的参与。

　　根据这种理论，舍勒对康德的形式原则的基础进行了分析批判。他认为康德的形式原则只是对价值认定原则特例的展示，这种展示仅仅只与道德领域相关联，不与价值认定相关联，实际上只对意欲有效。康德追求的道德法则只意味着两点：或者是要求避免在目的设定中的矛盾；或者就是要求保证意欲的一致性，在相同的条件下意欲同样的东西，这种道德法则根本上只是对意欲领域而言的同一性原理和矛盾原理（F：83）①。

　　康德寻求建立道德法则的普遍客观有效性就是试图避免质料领域中的经验成分，这种出发点是好的。舍勒的批判注意到了康德理论的不足，不过康德的伦理学兼有理想主义和德性论的色彩，因而不可避免的带有不现实的

————————————

　① 在《道德建构中的怨恨》一文中，舍勒甚至把现代道德追求的普遍必然性当作怨恨的结果，认为怨恨是推动"你应该"的原动力（刘小枫选编：《舍勒选集》上册，上海三联书店1999年版，第502页）。舍勒的这种立场看到了现代社会道德中存在的异化现象，有其理论的必然。但是把怨恨作为现代道德建构的原动力，显然有些偏激。

成分。仅仅从质料、经验的角度批判康德还是不够的。从观念事实发展的历史角度来看，康德的伦理学并没有因为舍勒运用现象学的方法加以批判而变得微不足道，恰恰相反，康德的伦理学却被后继者无穷、无限地发展着。无论这反映了人性的弱点还是优点，都证明了康德伦理学的生命力。

舍勒指出康德哲学的谬误在于其片面的出发点：一方面是数学的自然科学，一方面是因果的联想心理学。由此进一步导致了其伦理学的错误，把所有生命当作一个生命一般，生命本能又能够从感性感受领域获得质料和方向。这就把人的行为举止发动的原因简单化，对于行为后果出现的快乐体验的差别是难以说明的。这是对康德义务论的尖锐批判。舍勒认为义务是一种逼迫或强制，因为，第一，它是针对禀好的一个逼迫或强制，同时对个体愿欲本身也是一种逼迫；第二，如果义务是出自内心的权威，就是一种主观上的逼迫；第三，尽管义务是从我们出发并且在我们之中响起的指令，这有别于其他从外部而来被给予的命令，但是这些都不会影响这个指令的盲目性；第四，义务具有一个本质上否定的和有限的特征，义务禁止我们做的比它指示我们做的更多。

在这个意义上，舍勒认为道德明察更优于义务伦理学。康德的律令不仅具有循环的特征，本身也是一种悖谬，它混淆了道德价值的被昭示状况与道德价值本身。舍勒的理论瓦解了义务和规范的强制正当性，这是其价值现象学的理论旨归所在。

（二）质料的价值伦理学

批判的目的是建构，舍勒也不例外。在批判康德道德哲学形式主义倾向的同时，舍勒也对自己的质料的价值伦理学进行了详尽的阐发。我们分三个方面予以阐述。

1. 质料伦理学的纲领

舍勒指出康德之后的伦理学虽然对康德的理论提出了批判，并试图在具体道德的生命关系中阐释特殊的伦理价值，但都是失败的。这反倒使康德的伦理学显得更加伟大，只有自己确立的质料的伦理学才真正是对康德伦理学的超越。这就是他提出的质料伦理学的纲领：

（1）所有质料伦理学都必然地必定是善业伦理学和目的伦理学。

（2）所有质料伦理学都必然带有仅只是经验—归纳的和后天的有效性；惟有一门形式伦理学才是先天的，并且是不依赖于归纳经验而确然的。

（3）所有质料伦理学都必然是成效伦理学，并且惟有一门形式伦理学才能够作为善的最初价值载体来谈论志向或有志向的意欲。

（4）所有质料伦理学都必然是享乐主义，并且回归到对象上的感性快乐状态之此在上。惟有一门形式的伦理学才能在对道德价值的指明和对建基于它们之上的规范的论证过程中避免朝向感性快乐状态。

（5）所有质料伦理学都必然是他律的，惟有形式伦理学才能够论证并确定人格的自律性。

（6）所有质料伦理学都只会导向行为的合法性，惟有形式伦理学才能够论证意欲的道德性。

（7）所有质料伦理学都使人格服务于它的本己状态或它的异己善业事物；惟有形式伦理学才能够指明和论证人格的尊严。

（8）所有质料伦理学最终都必须将伦理价值评估的基础移植到人类自然组织的本能利己主义之中，惟有形式伦理学才能够论证一种不依赖于任何利己主义和任何特殊人类自然组织的、对所有理性生物一般都有效的道德法则。（F：7）

这段带有宣言性质的对比论述区分了质料伦理学和形式伦理学，交代了质料伦理学所努力的方向。① 不过，仔细分析看来，两者并非截然对立的，而是有着互补的可能。形式主义带有理想的、追求完美的、自律的等特征，质料伦理学则朝向经验、指向个体、关注现实道德、回归人的本来存在等特征，二者从人的整体存在角度表述了各自的合理性，恰好为寻求人的在世状态的整体表达提供各自的可能。二者不可偏废，交相为用。

在康德的理论中，只有形式伦理学能够将善恶价值移植到志向当中，而任何质料伦理学必然的都是成效伦理学。究竟是从行为的意向、动机当中寻找行为的价值还是从结果处判断行为的价值，是形式伦理学和质料伦理学分野的所在。

---

① 舍勒的现象学主要根源于胡塞尔的现象学。胡塞尔现象学揭示的生活世界的主要含义包括：是没有经过科学理念化之后的前科学的人生经验世界，活生生的人的知觉经验是其得以显露的基本质料；是由人的个体主体性构成，并且在人的交互主体性中展现自我综合和我们综合的意义构成；是主体的人所努力追求的具有普遍理解性和普遍目的性的人性化领域。这是舍勒强调个体价值存在意义的理论前提之一。万俊人批评舍勒伦理学的个人主义倾向，认为这是导致道德相对主义、极权主义的前因，甚至最后失去原有的人道主义（万俊人著：《现代西方伦理学史》下卷，北京大学出版社 1992 年版，第 57 页）。反观人类的道德实践，当我们在批判英雄论、精英模范论的同时，又时时刻刻以这种方式来实施现实社会的道德教化，如道德模范的树立、救灾英雄的评选，等等。真正的个人主义价值伦理学应当是与普泛大众和少数精英的引导相结合，是对传统个人主义的纠正，把原先对英雄、精英的仰视转变为平视或俯视，将英雄变为平民，把精英变成俗众，从一种平常、大众的角度引导个人价值的实现。这是消解个人主义与英雄主义、普遍价值与特殊价值对立的一种方法。舍勒的价值人格主义就具有这样鲜明的理论色彩。由此可见万氏的批评不完全正确。

为此，舍勒批评康德把志向当作不可经验的违背了志向在行为中的真实表现。倘若志向真的是不可经验的，同时又是道德价值的载体，那么一个被意识到的志向共同体的概念就是有矛盾的。"志向，即对各个更高的（或更低的）价值及其质料的意愿指向性，在自身中包含着一个不依赖于成效，甚至不依赖于意愿行为所有其他阶段的价值质料。"（F：115）志向在行动中的显现是直观的被给予。志向在作为行为的确定意图，在意图的变换中保持不变和持续。在志向—意图—意欲—行动的序列中，志向也是一种事实，志向在行动中证实自己。

舍勒举例说，一个瘫痪者对一个需要救助的人表现出救助的意欲，但是却没有能力实现的意欲。这种行动的企图和现实的救助行动是等值的。由于行为发动的复杂性①，我们很难把道德价值定格于行为的某一个阶段或层面上。这是舍勒的质料伦理学区别于其他伦理学的关键所在。

2. 质料伦理学与幸福主义的关系

康德所以反对质料的伦理学就是因为任何一门质料伦理学都是一种幸福主义的伦理学，把快乐视为最高的价值，或者以某种方式把善与恶的事实回溯到快乐与不快之上。因而康德认为只有形式的伦理学才能够避免任何一种与情感、幸福主义等相关的伦理学。舍勒认为康德错误的根源在于"对情感生活的本质与价值本质以及它们之间关系所形成的那些不充分的想象。"（F：239）

由于康德没有对快乐与价值本身进行研究，在康德那里，追求快乐的自然法则是双重的，一方面是客观的法则，另一方面是追求的一个意向法则。舍勒认为康德没有区分实际的快乐与追求的快乐二者的不同。根据康德的立场，"人就是不依赖于理性形式的道德法则的一个绝对利己主义者和一个绝对的感性快乐的享乐主义者；而且这在他的任何一个［感受］萌动中都是没有区别的。因此，对他来说，任何一门通向情感的生活—亲历之回溯而建立起来的伦理学自然都必定是享乐主义。对他来说，享乐主义中根本不可能有一个先天性的领域。"（F：241）

价值总是容易与快乐或不快乐相联系，但是快乐本身是什么又容易被混同于价值的东西。价值存在的方式总是抽象的，被概念化了，快乐则是

_____

① 舍勒区分了行为中的七种状态：1. 处境的当下与行动的对象；2. 通过它们所要实现的内容；3. 对这个内容的意欲和它的阶段：从志向穿过意图、思索、打算一直导向决断；4. 指向身体的动作组，它们导致肢体的运动（"意欲做"）；5. 与它相联结的感觉和感受状态；6. 被体验到的内容本身的实现；7. 由被实现的内容所设定的感受状态。（F：121）

直接与感性相关，尽管有些快乐是非感性的。人们注意到的多数是感性的快乐，对于非感性的快乐则注意不多。这是价值与快乐关系的复杂性的表现，也是康德没有充分考虑到的。

舍勒批评了那种把价值与快乐直接相连的理论，这些理论都是由于缺少现象学的检验产生的。为此舍勒补充了自己对于价值的观点：（1）价值不是"关系"，不是附加给像"相同"、"相似"、"不同"这些关系上的关系。价值可以构成一个关系的基础，但不是关系，就像红和蓝不是关系一样。自然语言中有明确的区分，即一个事物究竟是自在地还是仅仅为我地具有价值。把事物的价值与对事物价值感受的相关性混同于事物的价值，这是一切价值欺罔、价值错觉的根源。（2）因而如果人们想把价值完全归入到一个范畴之中，那么他们就必须把价值标识为质性，却不能将它们标识为关系。这种质性是原初的被给予性。（3）这样一些论断也是错误的：人首先追求快乐，而价值是处在事物中的唤起快乐或不快的能力与力量；人首先追求的是善，而不是善所引起的快乐；快乐是与感受相关的，价值则未必；价值和善对于人的感受性来说是不同的体验。

由此可见，舍勒区分了价值、价值感受、价值感受状态，三者分属于情感领域的不同阶段。但现实情况是，人们总是把价值回溯到快乐体验之上，混淆三者的关系，这也是康德道德哲学所犯的错误之一。

有鉴于此，舍勒认为，伦理学作为道德谱系学具有这样的任务，需要将这种体验类型以及它的起源回溯到某些具体的历史原因上，舍勒认为这产生于某个阶层对于缺乏某种价值的奢侈文明的最深怨恨之中。因而，在快乐和对象之间设置任何关系，都不可能从这种关系中推导出有价值这个事实。舍勒对道德价值的历史发生学起源的追溯有助于澄清价值的本质，同时也为其价值序列理论做好了铺垫。

3. 价值相对性和价值序列理论

舍勒认为以往的价值理论缺少对价值相对性的认识，也就不可能提出价值级序的理论。康德伦理学的错误根源即在于此。如康德提出的任何一门质料的价值伦理学都是享乐主义就是一个谬误的命题。

这一错误依赖的思维方式是将理性与情感加以分离，但这并不符合精神结构，将许多不是理性的东西都划归为感性。因此，我们的总体情感生活只被算作感性的，在精神、直观、感受、追求、爱、恨中的所有非逻辑的东西，都被当作依赖于人的心理物理组织。但是"是否存在着一种纯粹的直观和感受、一种纯粹的爱和恨、一种纯粹的追求和意愿，它们与纯粹思维一样，都不依赖于我们人种的心理物理组织，同时它们具有一种原初的合规律性，这种合规律性根本无法被回溯到经验的心灵生活的规则上去——基于那种成见，人们根本没有提出这方面的问题"（F：254）。由此导致的对于伦理学的结果是：它在历史上被构建为一门绝对先天的伦理学，而后是理性的伦理学，或者被构建为相对经验的和情感的伦理学。但是就是没有人问过：是否就不存在一门绝对的和情感的伦理学。

对此只有奥古斯丁和帕斯卡尔做出过构建的工作。如帕斯卡尔提出的心的秩序、心的逻辑、心有其理，强调心灵所具情感的作用。在此基础上，舍勒区分了以下几类概念：意向的对某物的感受活动与单纯的感受状态、意向感受活动与在其中被感受到的东西。

在意向感受中，精神感受、心灵感受、生命感受都具有清晰的突出的意向特征，而单纯的情感状态在严格意义上只是感性感受。由此导致了价值的主体性和相对性的问题。

舍勒提出道德价值一般的相对性维度有五个主要的层次：

（1）对价值本身的感受和认识的变更，以及对价值的偏好与爱和恨的变更。这是总的伦理的变更。（2）在对这些功能和行为中被给予的价值与价值等级关系的判断和评价规则中发生的变更，这是最宽泛意义上的伦理学的变更。（3）制度统一类型、善业统一类型和行动统一类型的变更，就是制度之总和、善业之总和与行动之总和的变更，它们在道德价值状况的基础上具有它们各自的统一。（4）实践道德性的变更，这涉及到人的实际行为举止的价值，而且是在各种规范的基础上，这些规范属于为它们所承认的、与它们的偏好结构相符的价值等级关系。这种实践的行为举止完全是相对于各个伦理的，并且永远不能以另一个时代的伦理或另一个民族的伦理来衡量。（5）最后是发生在道德与习俗领域中的变更。

康德认为所有质料的伦理学都必定是幸福主义，并且是享乐主义。实际上，无论是感性的还是非感性的感受状态，都不可能改造出乃至创造出价值。但是舍勒认为在道德主体的感受意向以及感受状态与人格价值以及人格的行为、愿欲和行为的价值都有一种本质的联系，对这些价值的认识，可以使幸福和道德的问题获得不同于康德的解答。这就是舍勒提出的情感生活的感受性理论。

在情感感受深度的现象学标记本质上是与四个特征鲜明的感受阶段联结在一起，它们与我们整个人类的实存结构相符合，因而造成了价值存在的级序：

（1）先是感性的适意与不适意的价值序列。在此之中有一个实事价值、功能价值、状况价值，后继价值中的技术价值与象征价值。

（2）作为第二价值样式，生命感受的价值之总和凸显自身。舍勒认为这种价值既不能被归结到适意与有用的价值上，也不能被归结到精神价值上，"'生命'是一个真正的本质性，而不是一个仅仅把所有地球上生物体的'共同标记'聚合在一起的'经验的属概念'。"（F：107）

（3）精神价值。美与丑以及纯粹审美价值的整个区域；正当与不正当的价值；纯粹真理认识的价值；特殊的回答反应，如中意与不中意、同意与不同意、敬重与不敬重、回报的追求、精神同情等。

（4）最终的价值样式，神圣与不神圣的价值，这是不再能定义的特定价值质性。它们只是在那些于意向中作为绝对对象而被给予的对象上显现出来。与之相关的感受是绝望和极乐。

至此，舍勒全面展示了其质料伦理学的主要理论构成，代表了现代伦理学回归事实本身，回归生活世界的理论诉求。这一理论体系的建构离不开现象学方法和哲学人类学的基础。

（三）现象学方法和哲学人类学

作为现象学运动的中坚人物，舍勒始终坚持把价值现象学作为自己的理论方法，质料的价值伦理学也不例外。同时，舍勒还试图重建一种新的哲学人类学，以此来为其价值伦理学指明实践的方向，这也是舍勒伦理学与康德伦理学的重要区别所在。

1. 现象学方法

舍勒指出他的价值现象学和情感生活现象学必须是独立于、不依赖于逻辑学的对象领域和研究领域。

"现象学分析的本质在于，撇开行为载体的特殊组织以及对象的现实不论，而去把握出建立在这些行为种类及其质料之本质中的东西；而对感受活动、爱、恨的现象学分析区别于所有心理学和人类学，就像现象学的思维分析不同于人类思维心理学一样。"（F：65）现象学的精神层次独立于感觉层面，在现象学的精神活动中，存在着对行为本质及其质料的本质直观，存在着对它们的奠基和联系的本质直观。在这里和在那里一样存在着现象学确定的"明见性"和最严格的精确性。

康德的错误就是试图从知性上阐明先天的事实，不顾及先天的本质性独立于归纳的联系的事实。这表现在康德的思维自发性的学说中，康德认为现象中的联结都是知性的产物，是实践理性的产物。这是自休谟的感觉主义开始所犯下的错误，他们把感觉的各种经验用种种形式的方式加以构形、综合，最后导致的是感觉的混乱。"简言之：休谟的本性需要有康德

的知性才能生存；而霍布斯的人则需要康德的实践理性才能生存，只要这两者与自然经验的事实相符。"（F：66）

康德使用的义务意识就是一种错误的范例。在康德那里，禀好是缺乏明见性的。因而，建立一门哲学的伦理学显得尤为重要。

舍勒提出应当拒绝康德从精神的"综合活动"出发对先天进行解释。与此种解释相关的一方面是对先天的先验（transzendental/transcendental）理解，另一方面是主观主义理解。

舍勒对现象学研究领域中的三种本质联系进行了概括：（1）在行为中被给予的质性和其他实事状态的本质性（及其联系）（实事现象学）；（2）行为本身的本质性以及在它们之间存在的联系和奠基（行为现象学或起源现象学）；（3）行为本质性和实事本质性之间的本质联系（例如价值只能在感受活动中被给予；颜色只能在看的行为中被给予；声音只能在听的行为中被给予，以及如此等等）。

形式伦理学把人格标识为理性人格，把人格当作某个理性活动的 X，因而道德的人格就是符合道德法则的意愿活动的 X。本来理性是人格的某种表现，结果却被当作说明人格的前提性的东西。这是一种把人格观念化的做法，这种人格的观念化就是去人格化。实际的情况则是，"每一个有限的人格都是一个个体，并且是作为人格本身是这样的个体——而不是通过它的特殊的（外部的和内部的）体验内容才是个体，既不是通过它所思考、所意愿、所感受的东西等才是个体，也不是通过它所须占有的身体（它的空间充实等等）才是个体。"（F：372）忽视个体的人格存在，就会堕入到道德的形式主义当中，康德也不例外。"在康德本人那里，人格观念显然还包含着一个假象，即一个还超越出一个理性意愿的 X 的实际生存与血肉之躯的假象，这乃是因为康德也将这个 X 等同于本体人，即作为'物自体'的人，并将它对立于现象人。"（F：373）这是对人的存在的割裂。

根据康德的理论，对象的先验统一的原条件，以及对象一般的观念就在于，每一个感知、表象等行为都必定伴随着一个"我思"，"我"的统一性和同一性是对象的统一性和同一性的条件。舍勒认为这种观点的不足之处就是把自我和认识对象割裂开来，但是一个行为永远不会也是对象，因为行为的本质就在于，只能在进行本身中被体验到并且只能在反思中被给予。因而一个行为永远不可能通过一个次生的行为、例如一个回顾的行为而重又成为一个对象（F：372）。

笔者认为，自我的同一性是认识对象的前提条件，但是这并不排除自我也可以作为对象被自我认识，这并非矛盾之事，因为这是自我的一种反思功能，也是自我所以存在的本质属性。至于是否存在一个独立的可以反思的自我，这倒是需要进一步追问的。

对于现象学的直观来说，有抽象直观和具体直观，二者对于本质的直观是有所区别的。对人格的直观应当是具体的直观。人格不是一个空泛的行为出发点，而是具体的存在，没有这种存在，所有关于行为的说法都永远不会切中某个行为的完整而相即的本质，只会切中一个抽象的本质性。只有通过对这个或那个个体人格之本质的所属性，行为才从抽象的本质性具体化为具体的本质性。人格不是生活在现象学的时间内，也不是生活在物理学的时间内，它是以变异的方式将它的行为进行到时间之中。"正是人格本身，它生活在它的每一个行为中，并且用它的特性完全贯穿了每一个行为"（F：386）。对人格世界的认识立即会给每一个行为附上人格的内容。就是我们不去认识人格，任何行为也已经烙上了人格的痕迹，这是具有人格特征的行为的本质。

人格的东西是不能被离析为某种存在，因为，我们用人格所指的是某种相对于"我—你"、"心理—物理"、"自我—外部世界"的对立完全中性的东西（F：388）。精神和意识一类的词的运用也不能代替人格的概念。

康德和尼采就是站在人格存在的自身价值一边，康德那里是在每个人之中的理性人格的存在，尼采那里是最有价值的人格的存在、伟大的人格性存在。社会主义和共产主义思潮则把人格价值说成是派生的、依赖于人格对一个非人格的共同体或一个非人格的历史过程。在康德和尼采的理论中都带有明显的主体主义倾向，康德是先验主体主义，尼采则是经验主体主义，康德的人格主义是理性的单元论，尼采的则是经验的单元论。他们都否认凝聚原则。尼采的理论基础是价值集体主义，难以为价值等级序列提供合理的根据，因为为伦理学提供的是一种谬误的生物学的奠基。

舍勒认为他提出的价值等级法则协调了这两种学说，即物事价值高于状态价值，但人格价值却高于物事价值。常常出现的错误看法是：认为一个价值人格主义始终必定会有一个因果人格主义与之相符，一个集体主义也始终会有一个价值集体主义与之相符。但是实际情况并非如此。舍勒坚决反对价值集体主义，坚持价值人格主义。"在价值人格主义看来，所有共同体与历史都只是在各个人格的存在与作用中才找到它们的目标。"（F：505）"在人身上是真实人格的和精神的东西，在历史的进程中它会在一个无限的过程中越来越深入地摆脱权力以及由历史造成的束缚；它在时间的进程中就越会是无时间的；它在历史的进程中就越会是超历史的；就越会从历史因果性以内的单纯原因和结果的这个角色中解脱出来。"（F：505）

价值集体主义、价值因果人格主义都是历史的产物，都不是对人格本性的真正揭示。舍勒的立场探及人性的最底层，把价值人格主义放置到价值等级的序列中，正确解决了关于人格价值的各种混乱的局面。这种理论对于唤醒人们对人格价值的追求具有积极意义，是对人的个体人格主体性的弘扬。

2. 哲学人类学

价值现象学是对人性存在状态的深层探摸，哲学人类学则是对人的社会存在的实践标示。舍勒指出欧洲人对于人的观念有三种主要的观点：犹太基督教的创世的思想；古希腊提出的人是理性的生物；现代自然科学和遗传心理学的进化理论。与此相关的是三种互不相干的人类学：神学的人类学、哲学的人类学、自然科学的人类学。

重建新的哲学人类学要依据最宽泛的基础，舍勒主要从人与动物、植物相比的角度，以及人的形而上学的特殊地位出发论述了自己的理论。

在植物的感情冲动中，只有一般的生长和繁殖冲动。在植物的生存中，出现了表达的原始现象，作为其生命内在存在的感情冲动状态的一定外观，如茂盛、凋零、虚弱、强壮等。人与动物的根本区别是精神。一个精神生物的基本规定是：对机体的生存性摆脱，自由，脱离（或者说同它的存在中心脱离）吸引、压制、对机体的依赖性。生命和属于生命的一切，包括自己的欲动性智能。因此，精神的生物不再受欲动和环境的束缚，而是独立于环境之外的，而且，即如我们要说的是向世界开放的这种生物拥有世界。①

动物与环境的关系表达为：

动物⇄环境

二者是相互依存共生于同一环境。人的行为不同于动物的地方有三点：行为由上升为对象的直观整体和表象整体的纯粹如此存在所推动，并在原则上不依赖其机体的生理职能和心理职能，不依赖欲望冲动和正好在

---

① 舍勒著：《人在宇宙中的地位》，陈泽环、沈国庆译，上海：上海文化出版社1989年版，第26页。

其中闪现的、在方式上始终确定的环境感性外观；自由地、从人格中心出发抑制欲望冲动，或者释放已先被抑制的欲望冲动；改变事实的对象性。其关系可以表达为：

人 ⇄ 世界 → → ……

这表明人就是能无限制向世界开放的 X。人的生成就是依据精神上升为世界开放性。动物始终是恍惚的，没有对象。人则是很少时候处在恍惚之中。动物到达的地方，总是不同于它本来要去的地方。

人的精神特征在于它是唯一无力自我对象化的存在；它是纯粹的活动性，并只能存在于它的自由实行的活动中。从而，精神的中心——"人格"，既不是对象的存在，也不是事物的存在，而只是一种始终自生的（本质上被规定的）活动秩序结构。人格只有在它的活动中并通过它的活动而存在。心灵不是"自生"的：它是时间"中"的一系列事件；从我们的精神中心出发，我们不仅能在原则上直观它，而且能在内在的知觉和观察中使它对象化。这就是说，一切心灵的东西是能对象化的；而精神活动、意向、对心灵过程本身的直观则不能对象化。①

笔者认为这是现代哲学参透的人所具有的精神特征。人的精神活动本身不是作为对象被意识的，它本身就是人格的组成部分。人的存在是与世界一体的，不是分裂的。世界因人而在，人因世界而活动。世界是人存在、活动的空间与时间的展开。因为人的存在，世界变得可以理解、可以被关照。人不是世界的中心，人可以让世界变得热闹起来。

这种建立在精神—人格理论之上的哲学人类学不同于"否定"人论和"古典"人论。古典人论是指希腊的理论，认为精神不仅具有特殊的本质和自律，而且还有动力和作用，甚至具有最高程度的冲力和动力；否定人论是指精神本身，乃至一切的人类文化创造活动，一切逻辑的、道德的、审美艺术的活动，只有通过否定才能够产生。这是舍勒所不赞同的两种理论。

佛陀的否定理论，实行了非现实化的方法，通过内心对肉欲、对那些他称之为欲念的抛弃，感性的现实世界和身心过程消失了，存在之感性的性质、形象、关系、空间和时间剥落了。叔本华认为人能够对生命意志施

---

① 舍勒著：《人在宇宙中的地位》，陈泽环、沈国庆译，上海：上海文化出版社 1989 年版，第 35 页。

行解脱的否定，这是形而上学、艺术、同情理论的高级形式的源泉。弗洛伊德后期理论也是如此。①

古典理论表现为两种主要形式，人的精神的心灵实体论和唯一的精神存在论。这两种学说都把宇宙论范畴误用于人的中心存在。实际上，精神的活动中心，人的人格并不是实体，而是一种活动的等级秩序。这些活动中的任何活动都是领导和引导，都集中于人与人之"同一"的那些价值和观念。

舍勒指出整个古典理论的基本错误是一种深层的、根本性的并和其全部世界观相联系的错误。这就是说，它们假定，我们生存于其中的世界并永远是这样安排的，越是高级的存在形式不仅具有越高的意义和价值，而且（错误由此开始）具有更大的动力和冲力。②

这是一种目的论的世界观，带有先在的预设和假定。但实际的情况则是："较高级的存在和价值范畴天生就是较孱弱的。"这是哈特曼在《伦理学》中阐述的观点。

人的精神特质决定人是一种形而上学的存在。因为只要人一旦从整个自然中脱颖而出并把自然当作自己的对象（人的本质正是人的生成活动本身），他必然会这样战栗地反躬自问："我栖身何处，我立足何方？""这样一来，人在反躬自问时便直观透视于虚无之中：在这一刹那他立即发现了'绝对虚无'的可能性——这又促使他追问：世界存在的根据何在？为什么会有'我'，'我'是怎样来的？"③

舍勒认为，人和世界根据的基本关系毋宁是：由于人既是精神存在物又是生命存在物，从而他既是"自因存在者"的精神部分的中心，又是其冲动部分的中心。

人的自我实现之地同时就是自我神化之乡。"根据我们的看法人的生成和上帝的生成从来就是相互依赖的，如果人不把自己当作这最高存在两个特性中的一项，如果他不懂得使自身去习惯这一存在的话，那么他便不符合人的规定，同样，离开了人的共同参与，自因存在便不成其为自因存

---

① 否定人论中还有许多问题没有解决，最为核心的有：是人的什么东西在否定？升华的方向何在？否定的最终价值和目的是什么？
② 舍勒著：《人在宇宙中的地位》，陈泽环、沈国庆译，上海：上海文化出版社1989年版，第52页。
③ 同上书，第74—75页。

在了。"① 人只有通过他的发展过程和自我认识过程才能意识到：他是神的"战友"，他参与了神性。人只有通过"参与做"，通过投入和实际认同活动才享有他的生命和精神的现实性。②

舍勒把人的生命和精神过程当作追求神性的过程，参与神性的过程，提出人之形而上学性的终极存在性是神性的表现，这是西方宗教文化的深厚影响所在。但是何来这样一个神呢？这样的神属于人还是属于世界，又是谁创造的呢？人固然有神性的一面，但是其凡俗的一面更是其生命和精神的本质所在。

我们可以这样说，人的世俗性与人的神性，人与动物的分离不是人与世界的分离，而是从人的存在角度去领悟世界的意义和价值。舍勒的理论为我们开掘了一条透视人的价值存在之谜的路径。无论是他对康德道德哲学的形式主义的批判，还是他所建构的质料的价值现象学体系，以及他所使用的现象学方法和重建的哲学人类学，都代表了现代人对自身存在价值和意义追索的一种努力。舍勒所建构的价值序列理论对于解决传统道德哲学的理论奠基、理论指向、实践落实等都是富有助益的。

三　实践理性与经验情感

康德有无道德形上学，以及康德道德哲学是形式的还是实质的，这类批判集中于康德道德哲学的性质。在康德的道德哲学中，实践理性无疑是一核心概念，对实践理性以及围绕实践理性展开的一系列理论，也遇到了来自各方面的挑战。其中叔本华对康德道德哲学基础和实践理性作出了批判，并由此建构起一套以同情为基础的道德理论。分析这一理论批判过程可以加深我们对康德道德哲学的理解和认识。

（一）批判道德基础

叔本华对康德道德哲学的基础和内容作了比较全面的批判，为了论述的方便，我们把这些批判做了如下归结。

批判一：实践理性的定言命令是伦理学的软垫

叔本华认为对伦理学基础这一问题的探讨必然要涉及到形而上学的问

---

① 舍勒著：《人在宇宙中的地位》，陈泽环、沈国庆译，上海：上海文化出版社1989年版，第78页。
② 同上书，第79页。

题。对自然、道德、美的基础的探讨都是如此。道德的基础不是高浮在云中的脱离现实世界的抽象公式，而是在客观宇宙中，在人的意识中可以被发现的某一事物。"自然的形而上学，道德的形而上学，以及美的形而上学，彼此互为前提，仅当把它们视为互相联系时，它们对事物之真正所是，以及对一般实在的解释才能完整无缺。"（S：131）

道德的基础是很小的基础。人类大多数值得称赞的行为少数来源于纯粹的道德动机，大多数归诸于其他根源。反对者们为伦理学建立宽阔的基础是不太可能的。

"康德对道德科学的伟大贡献是，他清除了这门科学中的一切幸福论。"（S：139）把伦理学归结幸福论的学说，或救世学说，要么是想证明德行与幸福是等同的，要么是想证明二者之间存在因果关系，这都是不可能的。

叔本华指出康德为伦理学布置的软垫——实践理性的定言命令本身是有问题的，事实上是否存在一个道德法则铭刻于我们头脑和心灵之中，仍然是值得疑问的。所以康德伦理学的基础仍然需要进行反驳批评，由此才能真正建立人类本性的道德原则。

批判二：道德学概念——形容词和形容物结合的矛盾

叔本华认为康德想找出纵然从未发生的，仍然应当发生的事例的法则。这是窃取命题的错误。

康德假定纯粹道德法则的存在，并以此为基础形成他的整个理论体系的基础，这是有问题的。叔本华指出法则不仅有自然的法则，也有人类意志的法则。一切法则都是可以用因果律加以证明的，对于意志法则而言："所有行为没有充分的动机便不能发生。"（S：143）康德却毫不犹豫地认为道德法则和义务都是给定的，而没有做进一步的论证和检验。康德不过是用绝对的责任和无条件的义务取代了神学伦理学的戒律的假设，同样是有矛盾的，是一种形容词与其形容物结合的矛盾。

叔本华还对康德的绝对责任和无条件的义务概念提出批评，认为这也是有矛盾的概念，是一种形容词和形容物相结合的矛盾。这一批评抓住了康德对道德概念抽象的弊端，类似于摩尔指出的自然主义谬误，内在的隐含着事实与价值关系的判断。

在叔本华看来，"一切责任的观念和意义，纯粹、完全来自于它对威胁性惩罚和允诺的奖赏的关系"（S：144）。在这个意义上，绝对的责任、纯粹的义务都只是形容词和形容物结合的矛盾。康德的这种伦理学奠基不过是把神学伦理学改换面目而已。他在其责任背后设定了许多条件：一位受奖者，一种报偿，以及受奖者个人的不朽。这是对康德三个公设的讽刺。① 所以康德的道德学体系不过是建立在隐秘的神学种种假设之上。"他使那应该是他的第一原则或假定的东西（即神学）成为结论，而把那应该推演为结论的东西（即定言命令）当做他的假定。"（S：147）最后连"你应该"、"那是你的义务"的命令形式也失去了其正当的理由，变得毫无意义了。

叔本华的这种立场代表了经验伦理学的取向，我们可以看到，在下文的论述中他直接把同情作为道德理论的经验基础，以此来建立自己的道德哲学的基础。

批判三：对"对我们自己的义务"概念的批驳

叔本华认为"对我们自己的义务，正如所有其他的义务一样，必须是建立在正当或建立在爱的基础上"（S：148）。但康德认为我们自己的义务建立在正当之上却是不可能的，因为有一条不证自明的原则：意志所准，所为无害，即我决定对我自己做的事情，决不是我不愿意做的事情，所以它不能是不公正的。

论到建立在爱的基础上对我们自己的义务，对伦理学来说已经无事可做了。基督教道德学的第一条法则就是"爱人如己"，但却没有"爱己如爱人"。

把不自杀等作为对我们自己的义务，忽视了人不同于动物生命的本质。其他的关于处世本领、卫生保健规定，也不能算作伦理学要关心的范围。

康德把对我们自己的义务分成两类，即确定的、完全的义务和不确定的、不完全的义务。完全的、确定的义务都是有明确对象的、是客观的，不完全的、不确定性的义务则是受限制的、人自己无法直接决定的。这种区分贯彻了康德的理性分析精神，反映了一种健全的伦理态度，既有现实的义务之规定，也有对义务超越层面的反思，是理想与现实的统一。这大概是叔本华所忽略的方面。

批判四：对康德道德学基础的批判

---

① 黑格尔也把康德关于上帝的公设比喻成是一个稻草人，说："意识承认上帝是为了寻求和谐，这正如儿童任意制成一个稻草人，并且彼此相约他们要装作对这个稻草人表示恐惧。"这就带来了神圣的立法者与纯粹尊重道德法则之间的矛盾。（［德］黑格尔著：《哲学史讲演录》第四卷，贺麟、王太庆译，北京：商务印书馆1997年版，第293页）。不过，康德设定上帝主要还不是为了把上帝当作一个立法者，这是康德所反对的，因而这样的矛盾并不是非常突出的。

这一部分叔本华的批判分为三点：

（1）对康德道德命令形式的批驳

康德采用道德学的命令形式，与他把先天的知识和后天的东西分开的做法是相关的。道德学也分为纯粹的先天可知部分和经验的后天部分。先天的、可知的、不依靠任何内在或外在经验为转移的法则，完全建立在纯粹理性的概念之上，这是一个先天综合命题。康德还认为这一形式法则只能是形式的，与行为的本质无关。

叔本华认为这种拒绝接受一切经验，包括内在经验的做法是错误的，同样把人当成一个唯一有理性的存在物也是违背逻辑的。叔本华认为理性在人那里不是本质的东西，"理性，确实就智能整个的来说，是次要的，是现象的一种特性，实际上是由有机体所制约的；其实人之中的意志才是他的真正自我，是他的唯一的属于形而上学、因而是不可毁灭的部分。"（S：154）叔本华从出发点批判了康德的理性哲学。

先天与后天的区分在理论方面获得了成功，但当应用于实践时，康德也希望把纯粹先天知识和经验的后天知识分开，把道德的价值仅仅赋予单纯的义务，这种道德便成了违反真实的道德情操的、成了奴性的只服从绝对命令的道德！道德价值仅仅在于行为的格律（准则），而不在于行为的意向，这种观点也是叔本华所不同意的。叔本华对后者采取了更加认同的态度，认为行为的意向是决定道德价值的有无。其实，叔本华对康德命令式存在一定的误解，康德强调行为服从道德法则、准则，只是从行为发动的意向上来说的，前文对此已经作了详细的阐述。可以说，在对行为的道德价值的判断根据上，叔本华和康德是没有原则区别的。

（2）对康德义务概念的批驳

康德定义义务为："义务是出于对法则的敬畏的一个行为之必然性。"从必然性的角度来说，很难找到纯粹出于义务的行为，为此，这个定义只能解释成一个出于义务的行为客观上是必然的，但主观上是偶然的。其表达式中行为的必然性只不过是对"应该"一词的强行隐藏和不自然的释义。"敬畏"不过是"服从"一词的替代。如此一来，这一义务的定义就变成了"义务意谓出于服从法则而应该做的一个行为"。这才是康德哲学的真正基础。

对此，叔本华从两个方面加以驳斥：

一是与原则有关。义务的定义作为道德的原则是德行之所是，但所是与所以然是有区别的，这是以往道德学说所混淆的。也是摩尔提出的自然主义谬误理论的实质内容。

二是与道德基础相关。作为道德的原则只能是所是，而道德学的基础则是所以然，这两者不能等同。如果这样追问康德，义务是出于对法则的遵从，这法则的内容是什么？建立在什么基础之上？康德是无法回答的，他不过把道德原则和道德基础紧密地结合在一起，这是康德不得不面临的困难。

面对这一困难，康德的后继者们错误地直接地把他的定言命令表明为一种意识的事实，如费希特就把纯粹的自我意识活动作为一切知识学的基础，试图以此来克服康德哲学的困难。如此一来，就要寻找其人类学的根源，乃至内在的、经验的基础，但康德恰恰拒绝这样做。康德本人则把他的法则的内容和实质剥落得干干净净，仅仅剩下它的形式，于是这只能是合法则性的抽象概念，这才是康德道德学的真正基础。

（3）批驳康德的实践理性以及理性观念

叔本华认为康德的实践理性就是理论理性本身。对于人来说，唯一实在的事物是经验的事物，否则就是可能具有经验的实存的事物，所以道德的激励不能不是经验的。

康德的道德法则的两个缺点在于：第一，纯粹的抽象的先天概念没有任何实在的内容，没有任何种类的经验根据，因而无法激动人。第二，缺乏真正的实体，因此缺乏可能的功效，是一个飘浮的结构。以至于到了《实践理性批判》中，康德又提出道德法则是一个纯粹理性的事实的判断，这是与他的前提相矛盾的。① 所以自律概念与他的道德哲学是不相容的，最后实践理性及其定言命令，"似乎越来越像一个超自然的事实，像一座人的灵魂中的特尔斐神庙，虽然由它的幽暗神殿所发出的神谕，可惜！未宣告将要发生的事，但却确实宣告应当发生的事。"（S：168）理性被赋予一种理解感觉之物的纯然的理智直观。

叔本华认为，如果理性真的能够以理解为基础，并成为人的能力的本质部分，为什么还存在人类的各种恶行以及各种宗教学说之间的对立和斗争。把理性拔高为一切德行源泉的说法，有两个断言予以支持：（1）把它说成是实践理性，是个神谕一样，发布纯粹先天的命令。（2）与理论理性一样，被当成与绝对相关的某种能力，正如康德的三个理念一样。对康德而言，他还知道为理性设定界限，但他的后继者们则全然不知，将理性夸大到了极限，成了不可思议的绝对，毒害着青年的思想。

---

① "理性事实"的提法是康德对自己理论的一种自我修正，是对《道德形而上学基础》中人类普通理性的一种更为科学的说明和补充，前文有详细的分析。

批判五：批判实践理性的假设

叔本华分析了实践理性假设的起源，并且明确反对心身二元论的理论。从柏拉图开始到笛卡尔的理性心理学，把人当成由两类完全不同的实体组成——实质的躯体与非实质的灵魂。斯宾诺莎证明这是错误的，洛克和康德也证明这是错误的。这种错误的学说把灵魂的能力分成低级和高级，有形式的动机和实质的动机。这种模糊的区分产生出康德意志自律的学说。意志自律就是灵魂的高级能力、形式动机对低级能力、实质动机的某种控制。

叔本华认为抽象的作用是为了概括，概括个体与一般、特殊的差异，"通过这种操作方法，这些观念便失掉其直观性，并且仅仅作为抽象的，非直观的观念或概念"（S：176），用言语文字把他们牢置于意志之中，容许其适当的运用。康德提倡的实践理性乃其命令的时候，仍然受着他所批判的学说的影响。

的确如此，康德的体系可谓整全完备，但其理论的软弱和无力又是非常明显的。这不仅与传统理性心理学的二元分立观是相应的，而且还深深地影响了后来人的各种观念。这是叔本华在《论意志自由》中提出的观念与实在之间关系的另一种表现。

从理论的角度看，身与心、躯体与灵魂、实践理性与理论理性、实践与理论、低级欲望与高级欲望、感性与理性、思维与广延，等等，一切都在分析之列。在哲学的分析中，这都离析为两个方面，人们追求着他们之间的关系，将之作为一种津津乐道的话题。但在理论之外，或者在无须此种二分的理论的思想家那里，何者为何者，本是没有分别的。正因为没有分别，人才能很好地存在、生活。人一旦意识到、陷入到这种二分或区分，人便不再是真正的完整的人了。这种哲学使人类走上了非人的道路，二分的哲学不过是让人类走上自我疯狂之路的催命鬼。没有哲学，这个世界照常安然无恙。但人却寻求哲学，这就是人的自我偏执的二元本性。矛盾，确是事实。

批判六：对康德道德学主要原则的批驳

（1）叔本华对康德的行为原则公式进行了批驳

康德提出："只有按照你能够同时意愿也能成为一切有理性者的普遍法则的那项准则去行动。"

这一戒命被当成定言命令式的一种表达，实际上却暗含了一种假设的前提，即我做什么的法则也将是一个人们对我做什么的法则。因为我也同样要求公正与同情（爱）。叔本华认为这一假定的指向实际上是一种利己主义。不过从康德的上下文来看，即使我们承认叔本华的批评，定言命令包含着假言的前提，但在康德那里，"我"作为主词是一个复称，而不是单称、特指，泛指一切行动的人。从总体上看，这的确也是康德理论的一个弱环，易受攻击和批判。

在叔本华看来康德道德学的另一个缺点是："这一原则的隐蔽的假言的本质，在于它的根据原来不过是利己主义，后者是它所包含的指向的秘密解释者。"（S：180）对于正义和邪恶、爱与恨之间的较量，仍然是道德学的任务，康德没有提供真正的解决办法。

（2）批驳康德关于两种义务的分类

康德所提出的义务并没有真正改变人类自身的现实状况，如不自杀的义务，并没有阻止自杀的发生。所以叔本华提出不如把这两种义务称作公正与仁爱，就足够了，其自身就有着非常鲜明的界限。不过，在我们看来，康德的义务分类有其更为复杂的意义和特征，想用公正和仁爱简单的加以取代是有困难的。

批判七：对康德道德学主要原则的推论形式的批驳

（1）第一种形式是间接的，不过是表明如何寻找这个原则的指示而已。这是对康德第二个公式的批驳，即"人作为理性存在者，均作为目的自身而存在"。叔本华认为作为目的自身而存在是一个自相矛盾的表述，意志的目的就是意志的直接动机，自身在此是多余的。即使把绝对价值加到"目的自身"之上，也会有问题，因为价值是比较而言的，是有相对性的。这是一种伪装的圣经伦理学的表达，因为其他的一切的非人的动物存在就无法被当成目的来对待了，这也是神学道德所忽视的。

（2）为此康德进入了第二个形式，即"你要如此行动，即无论在你的人格还是其他每个人的人格中的人，你始终同时当作目的，决不只是当作工具来使用"。事实上，人们根本无法避免把他人当作工具，"当我们交一位新相识，我们第一个想法通常是，这人是否多少对我们有用"（S：185）。这不过是对利己主义的一种掩饰。从康德的立场来看，考虑是否对我有用才去交朋友，本身是无法纳入到道德领域的。因为这种事实的情形不仅千差万别，而且无法找到一种价值判断的根据。在事实的层面上是不能进行价值判断的。道德则是属于价值判断的领域，不能够把事实的与价值的相混淆。这是叔本华的一种误解。

（3）第三也是最后的形式："每一个有理性者的意志对一切有理性者是普遍的有立法权的。"这一形式要求定言命令式要排除一切兴趣的干扰。

叔本华认为，兴趣和动机是不可区分的相似的观念，任何行为都带有意志的动机，这其实也就是兴趣，一切公正和仁爱的行为都无法排除动机和兴趣。为此康德引入了"人的尊严"来确保其意志立法的可能性，并赋予"尊严"以绝对的价值。叔本华指出"绝对的价值"违背了价值的比较性和相对性特征。这又是一个形容词与其形容物结合中的矛盾。正如最高的数字和最大的空洞一样是无法理解的。

这种为道德奠基的原则推论方法不过是制造了一条木制的假腿，是一种神学道德的倒置。叔本华讽刺地说："我想把康德在他的自我迷惑中，比作这样一个人：他在一个舞台上整晚和一个戴面具的美人调情，希望赢得爱慕；直到最后，她匆匆脱下她的伪装，显示身份——原来是他的妻子。"（S：191）

康德纠缠于目的、尊严、绝对价值，确实带有非常理想主义的色彩，叔本华的有些批评是有道理的。但叔本华只是从经验的立场来批评康德理性的观点，显然也有其不合理处。二者理论的基础不同，其理论的指向和路径自然有别。

批判八：批驳康德关于良心的学说

叔本华认为实践理性及其定言命令与良心有两点不同：（1）定言命令起命令作用是在行动之前说出来，而良心直到最后才有所表示。Gewissen（良心）的词源以此为依据，即已经发生的事情才是确实的（gewiss），拉丁字 conscientia（意识到做错了事，想到犯罪而脸变得苍白）与希腊文（意识到行为之正当与错误＝consciousness）的意义相同，"因此良心就是一个对于他已做之事的知识"（S：192）。（2）良心永远从经验中取得材料，定言命令做不到，它是纯粹先天的。

康德对于良心的解释给人异乎寻常的强迫作用，而且康德使用了拉丁法律词汇来解释良心，使良心变成了一种迷信。剥去这一法律词汇的外衣，用良心来思考对自己行为的不满就变成自私自利，"因为在这些情况下，我们不满意的原因，恰恰是因为我们已经是太自私自利，因为我们已太为我们自己着想，为我们的邻居着想得不够；或者也许甚至因为，我们已经把别人的痛苦不幸本身当作一种目的，却没有得到由此产生的任何好处。"（S：197）

叔本华如此贬损康德的良心，可以激起我们的警醒。是啊！如果从事后的良心行为来判断良心的作用，真的会出现叔本华所说的那种情况。而且谁敢保证，内在的良心法庭是否会公正呢？这无法得到经验事实和理性推证的证明。或者从根本上说，良心不过是利己主义者用来为之开脱的一个借口呢！从这个意义上说，良心显然难以构成道德的基础。

不过从上文的分析来看，康德是在功能意义上使用良心概念的。叔本华试图从道德基础上来批判康德良心概念，是有问题的。从本质上看，良心在道德哲学的使用中，可以有本体、实体、功能的集中表现。① 基于不同的使用方法，良心也就显现出不同的理论内容，这是叔本华所忽略的。

（二）反思道德基础

为了完整把握叔本华的观点，我们再来分析他对于道德基础的理论反思，从另一个角度探询道德奠基的可能性。这是理论自身丰富的必要。叔本华的阐述可以分为以下几部分。

1. 对以往观点的批驳

（1）认为有独立于人类制度的天然的道德。这是不可能的，连所谓的人类自然权利的理论都是错误的，"财产是真正辛苦劳动的果实的事例，实属罕见"（S：213）。一切对道德动机的探讨，不管是间接的，还是直接的，都是利己主义的。人们对于真正道德行为的惊讶、崇敬，恰恰证明它们是出人意料，非常例外。

（2）良心的证明。良心本身要受到非难，其自然起源也值得怀疑。事实上，还存在真良心与假良心的相混。良心的内容是这样的混合物：大约有五分之一是对人的恐惧；五分之一迷信；五分之一成见；五分之一虚荣；以及五分之一习惯。良心的强制和良心的自由只在宗教的意义上被使用，"良心的概念，正如其他概念一样，由其本身的对象决定的，是多么少；不同的人对良心概念的见解是多么不同；在书籍中它显得是多么摇摆不定。"（S：217）

（3）道德学研究的不是事实情况，而是讨论人的行为应该如何的科学。这种应该的概念，道德学的定言命令只有在神学的道德观念中才有效用，在它以外便丧失一切意义与意思。但是除去经验的方法之外，找不到任何发现道德基础的其他方法。自愿的公正行为，纯粹的仁爱行为，真正的高尚行为，只有通过经验才能得到说明。

叔本华的怀疑论立场揭示了以往道德理论的软弱和不彻底性。但人类真的有能力构建起一个能满足自身使用的道德理论吗？这本身也是值得怀疑的，或者说人类需要一个统一的完整的道德理论体系吗？且不说人类文明发展过程中实际的道德和法的状况，有些时候就连道德学家都难以按道

---

① 何怀宏著：《良心论》，上海：上海三联书店1994年版，第35—36页。

德而生活，更不用说道德理论本身的作用了。这就是康德指出的人类理性的僭妄，是人类自我能力的一种僭妄。康德为实践理性设定界限是有道理的，这也说明现代道德哲学为何转而研究普世伦理和全球伦理，重建道德的一般基础。

2. 对道德动机的分析

叔本华指出："人的主要的与基本的动机和动物的一样，是利己主义（Egoismus），亦即迫切要生存，而且要在最好环境中生存的冲动。""利己主义，从其本质来说是无限制的。个人充满维护个人生命以及使之避免包括一切匮乏与穷困在内的一切痛苦之无限欲望。"（S：221）"一切为自己，无物为他人"是利己主义的座右铭。

在利己主义的驱动下，一切礼貌都不过是遮羞布，礼貌是对每天交往小事中利己主义的一种习惯的、有规则的否认，并且自然是一套公认的虚伪。利己主义是道德动机必须与之斗争的第一的主要的力量，其第一个战斗者就是公正，其次是仁爱。由于利己主义的存在，从审美的观点看，人世是一个讽刺画展览馆，从理性的立场看是一个疯人院，从道德的观点看是一个骗人的赌徒窝（S：224）。利己主义导致恶意和犯罪，导致兽性和魔鬼性，宗教的方法根本不能解决这一问题。哲学需要借助于经验从外部予以论证和说明。

叔本华的反思是有意义的，但却是不完全的。我们可以这样问，道德是从动机处就要证明其善呢？还是从行动过程或行动的结果来加以判断？如果行为能够被分成这样的几个部分，那么，谈论行为的道德就有些困难。至少不能简单地判断一个行为是道德还是不道德。

道德的判断属于价值的领域，对于行为来说，可以有纯粹的人的本能的行为，特别是从生存实践的角度看，人的行为基本上没有必要进行道德的判断，也很难进行道德的判断。个体的任何生存行为都有其存在的根据和必然性。

一旦行为超出了生存实践的范围，进入到社会实践当中，行为则必须要进行道德的评价，无论是合乎道德还是不合乎道德，每一种社会实践范围内的行为都要尽可能朝着道德的方向，而不能背离道德的方向。合乎道德的就要得到提倡和表扬，不合乎道德的就要加以谴责和惩罚，背离道德底线就要受到法律的制裁。

在人类精神实践范围内，判断人类行为的道德性相当复杂。纯粹的个人的精神活动只要不表现出来，就无法判定其是否合乎道德，特别对于情感的活动而言。个体情感是否具有价值只相对于情感主体而言，对他人没有任何意义。进入交往活动中的情感的价值相对于活动中的主体进行取舍，没有绝对性。个人精神实践进入到审美、信仰领域，需要进行道德基础的分析，审美的道德基础在于审美活动及其结果的价值，信仰的道德基础在于信仰活动及其结果的价值。

进入人类历史领域的实践活动和行为，其道德性质的判断具有超越性，因为这类活动的价值也是超越的。因而这类行为的道德性只具有相对性，没有任何实在性。这些活动本身也很难通过道德标准来进行调整和取舍，只要进入历史的时空当中，某种行为的价值意义就成了相对的，无法在历史的无限宽阔边界里判断其是否合乎道德，是否具有某种价值。

对于人的行为的道德判断和道德的基础的确立，必须结合价值的概念才有可能。而价值又与意义是相关的。纯粹抽象地谈论道德问题是以往道德哲学所犯的主要错误，也是道德哲学问题丛生的根源所在。结合价值谈道德才是一个合理的理论取向。仅仅从经验或者理性或者语言分析出发都不是讨论的恰当进路。

3．有道德行为的标准

叔本华认为自发的公正和无我的仁爱行动，这些高尚与宽宏大量的行为，在经验中实际存在。对此不能完全凭借经验加以决定，因为这些行为的动机无法通过经验得知。经验当中存在的公正和仁爱的行为使我们确信它们是具有道德价值的。"真正的道德价值只能归诸于上述那种行为。它的特殊标志是：它完全排除那种激起一切人类行为的另外的动机：我的意思是说各种利己的动机，使用利己这个词的最广泛的意义。"（S：229）另外，它完全是内在的，因此不太明显，这种行为会赢得无私的目击者的赞同和尊敬，恶行则招致反对与蔑视。

叔本华从经验的角度证明有道德行为的存在，并认为衡量这种道德行为的标准没有任何利己动机。但这种判断纯然是一种直觉，并没有任何真正的让人信服的证据予以证实，而且内在的标准也很难把握。

4．对唯一真正道德动机的陈述与证明

叔本华对行为道德动机作了一系列推证：任何行为没有动机便不能发生→有一个充分的动机，行为就不会中途停止→每一个动机与祸和福相关，祸和福是表示与意志相反或一致的事物→行动以祸福为终极目标→行动者自身是被动的→任何行动以自身的祸福为目标，是自私自利的→动机与相反动机都起作用→动机的利己主义与其道德价值相反对，行为的道德价值在于无任何自私自利的目标→行为的道德意义仅仅在于对其他人产生的影响，并构成公正、仁爱的行为。

"道德价值特征完全依赖于个人之所以采取或不采取某一行为，纯粹是为了另一个人的利益。"（S：233）但是他人的祸福为什么会与我发生关系呢？这就是每天都可见到的同情的现象。同情是"不以一切隐秘不明的考虑为转移，直接分担另一个人的患难痛苦，遂为努力阻止或排除这些痛苦而给予同情支援"（S：234）。这种同情是一切自发的公正和一切真诚的仁爱之基础。只有发自同情的行为才有道德价值，源于其他任何动机的行为都无道德价值。

在叔本华看来，人类行为有三个基本源头：

（1）利己主义：意欲自己的福利，而且是无限的。

（2）邪恶：意欲别人的灾祸，而且可能发展成极度残忍。

（3）同情：意欲别人的福利，而且可能提高到高尚和宽宏大量的程度。

同情之所以可能，是因为我们与那些不幸的人融为一体，只有另一个人的痛苦、匮乏、危险、无助，才唤起我们的同情，并且确实唤起的是同情。这是一切道德力量和价值的源头。伦理学的指导原则便是：不要损害任何人，相反，要就你能力所及，帮助所有的人。

但是，我们从伦理学的理论来看，同情与恻隐之情一样，是因为心之同然的缘故才在人与人之间发生作用。如果同情只是为了摆脱自己在他人不幸面前的不安、恐惧和紧张，这样的同情仍然是利己的。同样，如果意欲别人得灾祸仅仅是为了消除自己内心的不安、紧张，那同样是利己的。所以叔本华的三种动机来源是无法严格并立的。①

康德认为"一个出于义务的行为具有自己的道德价值，不在于由此应实现的目的，而在于该行为被决定时所遵循的准则，因而不依赖于行为对象的现实性，而仅仅依赖该行为不考虑欲求的任何对象而发生所遵循的意欲的原则"（4：399—400）。

就是说，行为的意图，意志的目的，动机的结果，都不可能给行为带来道德价值。行为的道德价值只能归结为行为所遵循的意欲原则，这才是判断行为道德价值可能性的前提。根据康德的这一理论，可以发现叔本华的观点不过是一种心理主义的表现，并没有真正触及道德价值评断的根本。反过来，我们也可以看到，叔本华仅仅把道德限制在对他人的关系中，虽然看到道德价值存在的相对性，却没有揭示在人与自我关

---

① 施里克认为叔本华的三种动机论是极其简单的机械论，是自相矛盾的理论（［德］施里克著：《伦理学问题》，张国珍、赵又春译，李步楼校，北京：商务印书馆1997年版，第58页）。

系中的价值事实。这是叔本华理论的不足，对此康德则有明确的论述。这也是叔本华难以驳倒康德理论的所在。经验只能证明事情的一个方面，不能证明全部。而且同情也可以面对作恶者，这不仅不是不幸的，倒是更伟大的同情。以同情为道德价值的基础，便只会承认道德价值的他者性，对于客观的道德价值，不以同情如否而产生的道德价值就会视而不见。

实际上这个问题不仅涉及到对道德基础的确立，而且还关系到对人的主体性存在状态和性质的考量。在存在主义那里，主体性存在总是与时间相提并论的。在不断消逝的瞬间中，人的主体性以其特有的存在方式得到显现。主体在面对他者的过程中，不是单方面与他者对立而言，单独与他者进行交往，而是在与他者一起面对他者的过程中产生各种行为的意义和价值。所以"社会关系最初不是与某种在个体之外的东西的关系，也不是某种比个体的总和更多的东西。"① 就是说作为他人的他者不仅是一个可以变动的自我，而且就是我所不是的东西，在我与他者之间也不是完全对称的一种关系。

除此之外，我在面对世界时呈现的是双重关系。马丁·布伯就曾经指出这种二重性是："你"之世界与"它"之世界的对立，"我－你"人生与"我－它"人生的对立。就是说我与世界的关系不是单纯的对称关系，而是一种在时空框架和因果序列中不断展开、呈现出来的一种过程。人是"伫立在真理之一切庄严中且聆听这样的昭示：人无'它'不可生存，但仅靠'它'则生存者不复为人。"② 撇开马丁·布伯的宗教立场，其理论本身的合理性是不容置疑的。由此看来，试图从单方面主体对待他人的关系中寻求道德的基础是不可靠的，同情作为道德的基础还应当包括人的自我悲悯意识。这种意识在康德那里表现得很强烈，康德处处围绕人性的事实寻求义务法则的普遍性和客观性，就代表了一种相对健全的思考路向，这是叔本华所忽视的。

5. 两种基本德行：公正和仁爱

叔本华把公正和仁爱当作两个元德。其根源在于自然的同情，"这种同情是不可否认的人类意识的事实，是人类意识的本质部分，并且不依假设、概念、宗教、神话、训练与教育为转移。与此相反，它是原初的与直

---

① [法] 列维那斯著：《生存及生存者》，顾建光、张乐天译，杭州：浙江人民出版社 1987年版，第99页。

② [德] 马丁·布伯著：《我与你》，陈维刚译，台湾：久大文化股份有限公司 桂冠图书股份有限公司 1991年版，第26页。

觉的，存在于人性自身。"（S：239）在任何情况下保持不变，没有同情心的人就可以被称为无人性，人性是同情的同义词。

同情的初级程度是消极的，其规定则是：不要损害任何人，这是公正的基本原则。公正多是男性的美德，仁爱多是女性的美德。相比较公正是消极的而言，不义则是更为积极的。法律的大厦只为积极的权利做保证。

公正和不义存在量上的差别。义务行为是与非义相对而言的，即对于该做的事而忽略了其中的行为便构成非义，这种行为就是义务。"因此一切义务是依由一种缔结约定的责任决定的"（S：247）。因此，每项义务都包含一项权利。

仁爱属于积极的同情，行为也具有积极的特征。其行为规则是：尽你力之所能帮助一切人。基督教的道德对于仁爱的宣扬是大有功绩的。

但对于同情产生的过程是无法说明的，这一过程是神秘的，因为这一过程理性不能给以直接解释，而且它的起因在经验范围以外。根据公正和仁爱的原则，叔本华认为伦理学是一切科学中最容易的科学。

叔本华说伦理学是最容易的科学，有其道理。至少我们可以这样分析伦理学这门科学，从形而上学角度论证的道德理论是一种推证的体系，包含着严密的理论逻辑。而一般的道德原则是依靠人类共同生活的准则和秩序来确立的，未必有体系的需要。到个别的经验的人的行为，其伦理道德事实的存在可能建基于个人的品性、人格力量以及自然的禀赋等因素之上。至于内在于人的良知、良心等要素，则难以找到一种理论的普遍说明，叔本华的同情也属于此类。对此上文已经做过论述。

6. 道德只能由经验证实

同情是唯一真正的道德动机，是由经验和普遍的人类感情的证据证实的。

（1）事例的验证，同情、怜悯、悲伤之情使人无法下手去打一个人。

（2）残酷无情是同情的对立物，残酷无情只能引起道德感更多的厌恶。

（3）同情作为原初的道德刺激，是唯一实在的、范围广泛的有效影响的基础，连宗教都无法企及于此。

（4）对一切有生命物的无限同情，乃是纯粹道德行为最确实、最可靠的保证，不需要任何诡辩。

（5）真正道德的最初刺激就是同情。

（6）同情不仅是公正的根源，也是仁爱的根源。

（7）同情的对象包括动物，哲学家夸大人和动物的差别是有问题的。

（8）可以寻找同情的形而上学的基础，但从经验的角度看，这是一种自然的安排。因为同情不需要抽象的知识，仅仅需要直观的知觉，对一些具体事例的简单理解。（同情的形而上学基础是什么，叔本华没有交代。）

（9）斯宾诺莎、康德注意到同情，但却抛弃了它，只有卢梭在《论人类不平等的起源》中给予了充分的论证，即同情是一种自然情感，可以通过意识之间的结合达到对他人的理解。

叔本华指出中国人承认仁、义、礼、智、信的存在，印度人重视人对人和动物的同情，认为"同情乃德行之首"。但是同情是一种情感，还是一种意志能力，还是人性之本能，叔本华没有明确作答。

7．人的道德行为差异的根源

在解决伦理学基础之前，还有一个问题，即：人们道德行为的巨大差异建立在什么基础之上？伦理学能培养一个人的同情心，使他向善吗？叔本华认为不能。"性格的差异是固有的，而且是根深蒂固的。恶人生来就有他的邪恶，和蛇生来就有它的毒牙和毒腺一样，前者像后者一样，一点儿也不能改变他的本性。"（S：278）德性是不可教的，智力无法改变德性的事实。"人类行为的三个基本源泉——自利心或利己主义、邪恶、同情——是每个人与生俱来，以不同而且奇异的不等比例存在的因素。它们在任何既定情况下的组合决定出现的诸动机的分量，并且形成最后采取的行为路线。"（S：281）

动机的改变只促成行为的合法性，但不能促成道德性，因为"能够改正一个人的行为，但不能改正一个人想做什么的意志；而真正的道德价值仅仅属于意志。意志奋力以求的目标不可能改变，只能改变所期盼达到该目标的途径"（S：284）。叔本华自信地宣称，他的观点与经验事实完全一致，是一致的真理的体系，并且有外部经验证据加以证明，而无自相矛盾。

8．伦理学的形而上学解释

叔本华认为对道德行为除去事实的经验说明，人们发现"人的行为不但有伦理道德的，而且也有形而上学的意义，这一意义远远超过事物的纯粹显现，超出所有经验的可能性，因而具有和人类命运以及整个宇宙过程最密切的关系"（S：290）。

对于临终的人的忏悔，对于人世间英雄行为的存在，各种宗教也是靠伦理学的形而上学来奠定基础。但是确立伦理的形而上学基础对于人的智力来说却是非常困难的。叔本华表示他的探求仅仅限于很小的一部分。在此叔本华也回到了康德为实践理性设限的立场之上。

叔本华指出康德对于现象和自在之物的区分对于伦理学的形而上学原理是非常重要的。在古代印度的《奥义书》中，这种形而上学的智慧早已存在，在个体生命的无限系列中，生命无穷，生生延续，其中存在的实体永远在场。时空以外的永恒实在与现象宇宙是人类思维的对象。"道德高尚的人，虽然智力不能够敏锐，但却以其行为揭示最深刻的洞见，最真的智慧。"（S：300）这是生命的形而上学的统一性的表现。

利己主义和利他主义不过是对生命之实在存在的两种不同认识而导致的不同伦理生活现象。一切真理都是与时间永在的。

叔本华这种对伦理学的形而上学基础的说明有点东方哲学的韵味。既肯定了康德伦理学的积极因素，又对东方伦理精神的反思取肯定的态度，显示出叔本华理论的多重性和丰富性。但形而上学基础仅仅以生命实在的统一性尚难以彻底说明之。

总结来看，叔本华对自己的理论显得过于自信了，他对康德道德哲学的批判并非同一理论层面的较量。他所提出的一系列问题并没有得到真正的解决，同时还引起了一大堆更为复杂的问题。如：

（1）他并没有确认道德的价值是什么？同情何以成为道德的基础，同情是人的情感能力还是意志能力，他也没有交代清楚。至少意志在他那里是人的本质的东西，意志和同情二者之间又是什么关系？

（2）天生恶的人既然无法向善，但又如何通过三种动机（利己、邪恶、同情）来加以调适呢？同情作为动机与作为道德的基础是什么关系，是否一样？如果不一样，又该如何区分？

（3）德行不可教，同情之心又如何培养呢？良心不可用，良知之能又如何生成呢？等等。

叔本华的伦理学至多只是从经验伦理学的层面提供了一些道德事实的思考，并没有给道德学（伦理学）提供真正的基础。以至于尼采在批评叔本华的时候，说道："哲学家们称之为'道德的建立'并且从自己那里所要求的东西，恰当地看，只是对流行的道德的好的一个学术的形式，它的表达的一个新的手段，因此在一种一定的道德的范围内的事实情况本身，甚至归结结底是一种否认，即否认这道德作为问题可以被把握住——而且，在任何情况下，恰恰是这个信仰的检验、分析、怀疑、活体解剖的对立物。"① 尼采认为由于道德学家对道德事实不完全的了解，对于自己

---

① ［德］尼采著：《善恶之彼岸》，程志民译，北京：华夏出版社2000年版，第91页。

时代的道德状况也缺乏足够的认识，所以他们提供的各种证明的道德命题很难发挥作用。所有道德中存在的基本东西都表明道德是一种长久的强制。尼采的批评在一定程度上看到了道德奠基工作的困难。但是人类发展的历史表明，道德不仅是一种理性的事实，也是一种实践的事实。否定道德有其基础并不能取消道德事实的存在。反过来说，叔本华所提出的意志自由、观念与现实之间关系、道德的基础等问题，都是道德哲学需要解决的关键问题，有很大的讨论价值，这也是他的伦理学的意义所在。

"形而上学是伦理学的唯一基础，即形而上学为证明某些事物是善的，不仅提供了一个必要条件，而且提供了全部的必要条件。"（PE：173）

"道德既是人存在的方式，同时也为人自身的存在提供了某种担保。"①

第六章　康德道德哲学的现代启示

康德试图为道德哲学寻求科学的奠基，从而建构起一门能够成为未来科学的伦理学。康德的苦心孤诣虽然遇到了后人的多重批判，但是为科学伦理学奠基的工作始终没有离开思想家的视野。如何建立科学的伦理学成为现代道德哲学思考的主题之一。为此，我们以元伦理学特别是摩尔的伦理学为中心展开对这一问题的思考，探寻康德道德哲学的理论价值和现代启示。在此基础上，反思康德道德哲学的理论特征，揭示中西道德哲学融通的可能。

一　道德哲学建构的科学之路

摩尔通过对伦理学基础的反思，提出了著名的"自然主义谬误"理论。摩尔试图开辟现代伦理学科学建构的路径，这一做法不仅是对传统伦理学的极大挑战，也是对哲学史上试图追求科学伦理学理想的一种延续。

（一）问题的提出——科学伦理学能否建立

早在康德那里，就试图探寻任何一种能够作为科学出现的未来形而上学。康德认为各种科学的不同之点可以有对象的不同，或者是知识源泉的

---

① 杨国荣著：《伦理与存在——道德哲学研究》，北京：北京大学出版社 2011 年版，第 26 页。

不同，或者是知识种类的不同，或者不止一种，甚至是全部不同都兼而有之（4：265）。康德的目的是为形而上学知识找到先天的基础，所以他否认物理的外部经验和心理学的内部经验能够作为形而上学知识的来源。这与康德追寻科学形而上学的立场是相关的。

摩尔则采取了另外一种立场。他认为哲学上或伦理学上的争论是由于没有精确地发现你所希望回答的是什么问题，就试图作答。很多问题不能用"是"或"不"来解答，因为提问的人心里想的问题不是一个，而是几个。按照摩尔的理解，哲学和伦理学的问题在思考之前要加以分别，因为对问题的回答取决于问题本身。如果没有把要提的问题弄清楚，就做出回答，实际上没有意义。针对伦理学，摩尔区分了两类问题：第一类可以这样表达：哪种事物应该为它自身目的而实存？第二类可以这样表达：我们应该采取哪些行为？前一类是探讨事物本身的，后一类则是探讨行为的。"很清楚，对于第一类问题的答案，没有任何相应的证据能被推出：除了仅仅从它们自身之外，不可能从任何其它真理推论出它们是正确或错误。"（P：34）对于第二类问题，其任何答案都是能够证明或反证的。

简单地说，摩尔认为一类问题是不能证明或反证的，另一类问题能够证明或反证，只有第一类问题是伦理学论证的基本原理。用摩尔自己的话说，只要将康德命题的主旨修改一下，其理论的目的就是写作"任何能够成为科学的未来伦理学导论"。这样就把康德的追问加以延伸，从而得出"任何科学的未来伦理学何以可能"这一问题。所不同的是，康德追问科学的形而上学如何可能，目的是为了对人类理性进行系统的批判反思，检视理性曾经误入的歧途。康德通过追问纯粹数学、纯粹自然科学、一般形而上学如何可能，最后才到作为科学的形而上学如何可能。其目的是寻求一种普遍性的、带有根基性的人类知识体系的基础，以此来改变以往科学和形而上学的混乱局面。

但是这样一种追问在近代哲学产生以来已经成为不可能了。所以摩尔首揭的分析伦理学采取了一种非常现实的姿态，提出伦理学所讨论处理的问题既有普遍性又有特殊性。摩尔的立场不同于康德，他是把伦理学作为严格意义的、系统的科学来讨论的。可以说摩尔的知识论立场极为鲜明，他并不认为伦理生活本身是伦理学讨论的对象。伦理学不是研究人类行为之各断言，而是研究表示事物善的或恶的性质的各断言及其真理性。这样一来，摩尔就从根本上拒斥了各种关于道德规范的讨论，以及对于道德形而上学的讨论，甚至于实践的德性也不在考虑之内。"善是什么"的问题便成了其未来科学伦理学的基本问题。进而，摩尔对伦理学的目的做了这样的说明，"伦理学的直接目的是知识，而不是实践"（P：71）。

伦理学知识是为确立正确的伦理学原理服务的，但其全部目的则不仅仅是知识。由此他提出了自己的著名的"自然主义谬误"的观点，**即错把不是事物的某些性质当作善本身，将"善的"和"善的事物"相混淆**。在前文的论述中，叔本华在对康德伦理学进行批判时，就指出过康德提到的"绝对的责任、纯粹的义务都只是形容词和形容物结合的矛盾"，这一批评接近摩尔此处所说的"自然主义谬误"。① 摩尔的这种观点显然是对**休谟问题**的进一步引申，在"应当"和"是"之间确乎难以建立一种必然的联系。但是在现代哲学的发展过程中，对于自然主义谬误的反驳也逐渐获得了很多的理论支持。如罗尔斯的关于善的窄理论就阐明了一切社会成员不论其他人欲求什么自己都会有需要的事物，从而为其正义论提供了基础。吉奇则指出了归属性形容词和断定性形容词之间的区别。像"一幢红房子"这个短语，能够被分析成"这是一幢房子并且它是红的"，但是像"一位好母亲"这样的短语就不能被分析成"她是一位母亲并且她是好的"。因为她作为母亲可能是好的，但在另外的方面未必如此。可见，"好的"这个形容词是断定性的，"善的"则是归属性的。在"一个善的 X"这个短语中，"善的"含义与它所修饰的名词有着内在的关系，至少部分地由后者决定。②

彭加勒也认为伦理科学只能是描述性的，不存在科学的道德，也不存在不道德的科学。因此一切教条的伦理学，一切论证的伦理学，预先注定要遭受失败。科学不能自行创造道德，也不能自行削弱或消灭传统道德。在伦理一词的严格意义上，现在没有，将来也不会有科学的伦理。"伦理科学乍看起来将纯粹是描述性的；它将教导我们做人的道德，它将告诉我们道德是什么，而不说道德应当是什么。其次，它将是比较性的；它将携带我们跨越空间，去比较各种人的道德——野蛮人的道德和文明人的道德；它也将带领我们跨越时间，让我们把昨天的道德和今天的道德加以比较。它最终将力求变成解释性的；描述、比较、解释——这是每一门科学

---

① 对此，持不同观点的人认为，康德所定义的善，尤其是在《道德形而上学基础》中不是善的类，而是道德善的具体差别，道德善的概念规定是从无限善开始的。因而在康德和摩尔之间不存在矛盾（［德］奥特弗里德·赫费著：《康德生平著作与影响》，郑伊倩译，北京：人民出版社 2007 年版，第 188—189 页）。

② 尼古拉斯·布宁、余纪元编著：《西方哲学英汉对照辞典》，北京：人民出版社 2001 年版，第 417 页。

的自然进化过程。"①

　　艾耶尔则认为"善"是与善良意志相关的概念。举例来说，我们可能认为既然"善"这个词不意味着什么，康德关于善良意志的判断也就不意味什么。"实际上，我们可以把它们（指伦理命题或判断）分为四个主要的类。第一，有一些是表达伦理学的词的定义的命题，或者关于某些定义的正当性或可能性的判断；第二，有一些是描写道德经验现象和这些现象的原因的命题；第三，有一些是要求人们在道德上行善的劝告；最后，有一些实际的伦理判断。……仅仅是四类中的第一类，即是包括一些关于伦理学的词的定义的命题，才能被认为构成伦理哲学。"②

　　施里克也强调哲学的任务只在于澄清科学命题内容。确定定义的活动构成了哲学的本质，所以不存在哲学命题，只存在哲学的活动。因此"伦理学不是别的，而是一个知识系统；它唯一的目标是追求真理。……伦理学在本质上是理论或者知识，它的任务就不能是产生道德，或者建立道德，或者用道德去指导生活。"③ 尽管施里克认为摩尔不过是从语言科学角度探讨"善"的问题，但其科学主义立场则一览无余。

　　对于善的概念的分析在元伦理学的发展过程中得到了极为详尽的阐释。如艾温就列举了"善"④ 和"恶"的九种不同意义：

　　（1）纯自然、心理学意义上的"好"。意思是"愉快的"，如说"这个布丁是好的"，就意味着包括我在内的人都喜欢，或者找到它很高兴。——相反，"恶"就是"不愉快的"。

　　（2）当我们谈到一个人的"好"，我可能仅仅是指什么满足了他的欲望。这种意思也常常与说什么东西真正好相混淆。——"恶"就相反于我的欲望。

　　（3）作为手段（工具）的善，对于特定种类的事物产生效果，无论其本身是好还是坏，还是与此无关。——"恶"就是对于特定的目的无法达到效果。

---

① ［法］彭加勒著：《最后的沉思》，李醒民译，范岱年校，北京：商务印书馆1999年版，第128页。

② ［英］艾耶尔著：《语言，真理和逻辑》，尹大贻译，上海：上海译文出版社1980年版，第117页。

③ ［德］施里克著：《伦理学问题》，张国珍、赵又春译，李步楼校，北京：商务印书馆1997年版，第11—12页。

④ "good"对应于汉语可以有"好"和"善"两种含义，英语对此并不作区分。但是在汉语中，似乎难以直接将"好"和"善"等同起来，如说"布丁是好的"，但却不能说"布丁是善的"。这种语言的差异值得深究。

（4）作为手段的善也可意指"一些内在善的事物的结果"，在这个意义上我们可以说：一杯纯净水是好的，一杯不纯净的水是坏的，前者更有利于健康。不过不纯净的水本身则无所谓好坏。——"恶"就是内在恶的东西的产物。

（5）有效地产生，如一本好的书，一次好的板球击打等。——"恶"就是无效的产生。

（6）内在善，自身就是善的，作为目的的善。自身善是相对于作为手段的善而言的。这需要在上下文和语境中加以判断，如拨火棒放在火旁边是热的，放在其他地方就不是热的。——内在的恶，作为摩尔所指的在特殊的运用中体现出来的。

（7）终极的善，在特殊的运用上。——在特殊运用上是终极的恶。

（8）在宽泛的意义上指"善的运用"（Good－making），如说快乐是好的就意味着快乐的质能够使拥有快乐是好的。——在第6和第7种意义上，运用到质上是坏的运用。

（9）道德上的善，既包括行为上的，也包括人的善。——用在行为和人身上的恶。

恶的同义词是坏。含义6和7是最基本的，也是对于哲学最重要的，含义9则是根据另外一种自然主义的伦理学概念来定义的，即应当。

而应当也有三种不同的用法：（1）我们应当去做的行为可能意指真正可取的，毫无疑问要去做的行为。（2）在哲学和通常的讨论中，一直是道德上的应受责备的意思，这既在一个人应当而没有去做的意义上，也在一个人应当不去而去做的意义上使用。（3）我应当去做的行为可能指一种更值得去选择的行为，对任何人来说可能这样，即使在事实上不是必然地被证明是最好的。这是应当最常使用的意思。[1]

以上这些对于"善"的含义的分析实质上都代表了一种元伦理学的立场，与摩尔的自然主义谬误理论是大体一致的。

由于自然主义谬误不能为伦理学提供合适的理论基础和正确判断的理由，因而是需要加以拒斥的。从伦理学的终极意义上说，对"善的"根本性质的说明，无疑决定着伦理学发展的方向。这一问题并非在元伦理学产生之前就不存在，实际上，在东西方伦理学思想史上，对这一问题的追究始终是存在的，不过没有如此凸显地表达出来。如庄子对善、伪的辨别，苏格拉底对善的生活的追问，尽管他们如此强烈地意识到此问题，就

---

[1]　A. C. Ewing, *The Definition of Good*, Hyperion Press. INC, 1979, pp. 112－121.

连日常生活中的人也存在这样的追问意识，但是这一问题依然存在着，这可能是对"自然主义谬误"的一种无奈的认同和隐默的接受。

不过按照规范主义伦理学的立场，什么是善的问题并非代表了伦理学研究的必然方向。如罗尔斯通过对现代道德哲学的研究，提出了现代道德哲学需要区分的三个问题：

（1）道德秩序要求我们摆脱一个外在的来源吗？或者它以某种方式产生于（作为理性，作为情感，或作为两者都是）人类本质自身吗？它产生于我们在社会中一起生活的需要吗？

（2）是只有一些人或极少数人（如神职人员）能够直接地掌握"我们将如何行动"的知识或达到那种意识，还是凡是具有正常理性能力和良知的每个人都能够做到这一点呢？

（3）我们究竟是通过某个外在动机才能被说服，被迫使我们自身与道德要求保持一致，还是我们是如此地善于约束自身，以至从本质上我们具有充分的动机引导我们去做我们应该做的行为，而不需要外在的引导？①

概括这三个问题，实际就是（1）道德规范的来源问题；（2）人的道德认识能力的根本的依据何在？（3）道德实践是如何贯彻的？在对这些问题的探讨中，显然也昭示了另外一种探寻科学伦理学的方向，对此下文也将做出具体讨论。②

依照笔者的观点，这些对于道德哲学或伦理学问题的反思都有各自的理论立场。尤其对于康德的伦理学来说，道德知识的普遍性问题一直是一种潜在的挑战。或者说，内在于康德道德哲学中的问题不仅是科学伦理学何以可能的问题，更为重要而直接的问题则是在普通的社会环境之下，道德何以能够成为一切或者多数人遵守的生活方式。在前文我们曾经讨论过康德命令公式中包含的他者意识，就是隐含而内在的他者意识昭示了这个问题的重要性（首要性）。因为在现代文明社会里，关于道德法则的认识已经不是问题，人人都有这样的能力。问题仅仅出现在有了这样的道德法

---

① ［美］罗尔斯著：《道德哲学史讲义》，张国清译，上海：上海三联书店2003年版，第14—15页。

② 也有学者把道德哲学或伦理学的问题归结为三类：1. 道德与生活的关系问题，即道德是为了更加美好的生活，还是生活是为了更加高尚的道德？2. 道德与独立人格的关系问题，即对于一个人来说，道德是建立在其独立人格的基础上，还是以"服从"为根本要求？3. 个人与社会的关系问题（崔宜明著：《道德哲学引论》，上海：上海人民出版社2006年版，第12—13页）。比较起来，罗尔斯的概括当更为准确。

则，或者社会的普遍的道德要求，实现它可能吗？或者说，我（如康德或伦理学家）能够遵守这些道德法则，其他和我一样的人也会遵守吗？如果能够遵守，又能够一直遵守吗？即使不能始终遵守，至少在主要的时间和地点，在不对社会构成大的影响的情况下，社会的大多数人能够真正地遵守。也许这种问题的解决方案在罗尔斯的制度原则和个人原则的词序系列中能得到部分的答案。但是作为问题，即如何有可能保证社会的大多数人都愿意遵守道德法则？这仍然是一个最棘手的问题。

按照摩尔的逻辑，既然"善是什么"决定了未来科学伦理学讨论的方向，最容易对此问题做出断定的就是自然主义伦理学，那么自然主义伦理学能够成为未来的科学伦理学吗？

（二）自然主义伦理学

前文已经介绍过康德区分了自然概念的两种意义，人的认识只能考虑与经验相关的自然知识，其实在性由经验证实，它是先天可能的，并且先于一切经验而存在，因而自然的本质也就决定了认识自然的方式。康德的目的是想沟通经验对象的合乎法则性与人的认识能力，从而为其建立未来科学的形而上学奠定基础。这种对自然特性的揭示带有非常明显的理性主义色彩。

恰恰是康德提出的这种对自然的理解构成了一切自然主义的基本内容，自然主义伦理学也不例外。在摩尔看来，自然主义伦理学讨论所使用的一种特殊方法，"就是用一个自然客体的或自然客体集合的某一性质来代替'善的'，于是，就用某种自然科学来代替伦理学。"（P：92）由于"自然"是指包括一切或曾经存在，或者现正存在，或者将会存在一定时间的东西。"善的"应当是某种客体的性质。"因此，那些宣称唯一善的东西就是事物在时间上实存的某一性质之伦理理论，是'自然主义的理论'。"（P：93）由于自然主义伦理学把"善的"参照一种自然事物的性质来下定义，所以包括很多种理论，如宣传"按照自然生活"准则的斯多葛派伦理学和卢梭的理论，进化论伦理学，快乐主义（包括利己的快乐主义和普遍的快乐主义）。对此，摩尔做了逐一的分析和批判。

1. 对于按照自然生活的观点，存在这样的反驳：（1）我们不能说任何自然事物都是善的。（2）认为存在自然善这样的东西，由自然规定和确定什么是善的，正像由它规定和确定什么将实存一样。如对于健康的分析，健康是身体的自然状态，应当是正常的，但疾病也是如此。如果追求健康的正常状态，那么正常的就是善的吗？异常的东西往往都是出类拔萃的。所以"善的"不能按照定义意味着任何自然事物；因此，任何自然的事物是否是善的始终是一个有待于探讨的问题。其批驳的核心是自然的不等于善的。

2. 对进化论伦理学的批驳。进化论认为"快乐"的目的跟"增加生命"的目的在程度上是相符的，增加生命的量是善的行为，生命的增加是自然所指出的我们应该追求的一个目的。但这些表达都存在着矛盾。进化论只是表明最适于生存者生存较长，并不意味着最适宜于善的结局者生存较长。其批驳的核心是最适于生存的不等于善的。

3. 对快乐主义的批驳。快乐（幸福）主义作为自然主义伦理学的形态出现，是由于人们把快乐包含在"善的"定义之中，快乐似乎就是该词的意义。但这却没有认识到"善的"具有独一无二的不能下定义的性质，因而快乐（幸福）主义犯了自然主义谬误。按照摩尔的批评，我们可以总结得出这样一种逻辑推论：趋乐避苦是人们唯一值得想望的事物，而值得想望的与令人愉快是一回事情，因而幸福和快乐是值得想望的。在此推论中，快乐主义混淆了值得想望的、所想望的与实际想望的三者的不同，与之相应的三种快乐也就被混淆了，即观念的快乐、预期的快乐与现实的快乐。如西季威克就把快乐的目的和快乐的意识相混淆。其结论就是快乐的不等于善的。

借助摩尔对自然主义伦理学所做的批判，我们可以回顾孟子的伦理学，显然也犯了自然主义谬误。无论是就孟子和告子对人性的论辩，还是孟子提出的"可欲之谓善"，都隐含了自然主义谬误。但是历史的事实却是，犯有自然主义谬误的孟子性善论占据着中国传统伦理思想的主流，而非其他。按照自然主义谬误，告子的理论无疑更具有合理性，可是这种更为合理的、更为科学的理论为何却湮没不传呢？① 这无疑是对未来科学伦理学提出的非常要害的挑战。

按照摩尔的立场，自然主义伦理学显然难以成为未来的科学伦理学，

① "子墨子曰：今瞽曰：'钜者白也，黔者黑也。'虽明目者无以易之。兼白黑，使瞽取焉，不能知也。故我曰瞽不知白黑者，非以其名也，以其取也。今天下之君子之名仁也，虽禹汤无以易之。兼仁与不仁，而使天下之君子取焉，不能知也。故我曰天下之君子不知仁者，非以其名也，亦以其取也。"这是《墨子·贵义》篇的一段话。墨子通过对颜色的区分来类比君子对仁与不仁的区分，其讨论的核心是取实予名的问题。仁与不仁不在于概念本身，而是概念的所指。因为人们难以把握仁与不仁的具体内容，所以即使君子也不可能分清二者的区别。从墨子的逻辑看，将颜色之取与仁义之取相类比，显然也犯了自然主义谬误。但是，墨子的论述却深刻揭示了名如何取实的思想，与自然主义谬误还是有区别的。

那么形而上学伦理学呢？

（三）形而上学伦理学

在摩尔看来，形而上学伦理学真理"是从形而上学真理按逻辑推导出来的——伦理学应该以形而上学为基础。结果它们全都用形而上学的术语来描写至善（Supreme Good）"（P：161）。形而上学者主张不要把我们的认识局限于我们能触觉、能看见、能感到的事物范围之内，其研究的对象不仅包括精神事实所组成的另一类自然客体，也研究不在时间上实存，并非自然的部分，事实上根本不存在的一类客体，或客体性质。"我说过，我们说'善的'这个形容词所意指的，就属于这一类。"（P：161）能在时间上实存、停止、开始，并作为知觉对象的，不是善性，而仅仅是善的事物或善的质。

历史上各种形而上学最突出的特征就是自称致力于证实关于各种非自然实存者的真理。"虽然形而上学成功地得到了关于一些确非自然客体的真理，但这些客体是根本不实存的。"（P：163）由于形而上学家处理的不是单纯自然事实的真理，所以分辨其错误要比处理自然主义困难得多，也就需要单独加以论证。

首先摩尔指出了形而上学伦理学暗含的一个前提性错误。

形而上学伦理学好做这样的断言："某种确实实存但并非自然事物的东西，即某种具有超感觉实在之某个特征的东西必定是全善的。"（P：164）斯多葛派的合乎自然的生活，斯宾诺莎的实体，康德的目的王国，现代著作家们的真正的自我，都是这一类断言。同时，这类命题还暗指"什么是善的"与"什么是实存的"这个问题之间有某种逻辑联系。这一点恰恰又是自然主义谬误之表现。因为形而上学试图给至善下定义，有一个暗示或公开的断言，即关于什么是实存的知识是说明为什么某些事物本身就是善的前提。关于超感觉实在的某种知识，是正确断定什么应当实存的前提。但是这种假定或前提是荒谬的。

其次的问题就是"能把伦理学建立在形而上学之上吗？"

摩尔认为宣布"这个永恒实在这样的某种东西必定就是至善"只能意指"像这个永恒实在这样的某种东西必定就是至善"。也就是应该把它们理解为一种将来应当实在，我们应该力求造成的事物。

那么即使这样的实存事物是一种虚构的乌托邦，其所暗指的和真理所暗指的是一类东西，对于实现伦理目的来说，将同样有用。"形而上学可以暗示各种可能的理想，这一用处也许就是人们主张伦理学应以形而上学为基础所意指的。"（P：172）但这本身却混淆了暗示—真理的东西与—真理所必须依赖的东西。

摩尔作了让步的推论。他指出"什么就其本身是善的"其主语并不是实在的东西，我们认知—真理的原因与—真理之所以为真理的理由应当区分开来。

形而上学与伦理学的关联在于这样的假定：一事物的实在性是其善性的必要条件。而且在形而上学为伦理学奠基时，往往超过了这一假定，即"形而上学是伦理学的唯一基础，即形而上学为证明某些事物是善的，不仅提供了一个必要条件，而且提供了全部的必要条件"（P：173）。这种观点意味着只要证明一事物在超感觉上是实在的，就证明它是善的，真实而实在的事物仅仅因此而是善的。进而推论出，实在的事物必定是善的，因为它具有某些特性。

这一假定错误的原因何在呢？

摩尔认为主要在于人们混淆了道德法则的命题、自然法则和法律的命题，三者的相同仅仅在于它们都包含一个普遍的命题。但人们容易将三者等同起来，认为"这在一切情况下都是善的"这一断言同"这在一切情况下都会发生"这一断言，或者同"这是命令在一切情况下都必须做的"这一断言是相等的（P：177）。

以康德为例，康德把道德法则看做与自然法则相似，这是一种错误。康德把应该存在的东西，与自由意志或纯粹意志所必须遵循的法则，即与它可能采取的仅仅一种行为视为同一。其结果是，不仅断言自由意志受到它应做的事情的必然性支配，而且也意味着它所应做的无非是它自己的法则，它必须遵循的法则。这种自律没有任何独立的标准可以评判它，因此说这个意志所遵循的是一条好的法则就毫无意义。

同样，康德把"这是应该做的"当作"这是被命令的"，也是一种错误。两者之间的关系只能是一种假定。义务的强制应当来源于它本身非常善，它只命令和实施善的事物。不管曾经命令和强制实施与否，它所命令和实施的都必定是善的。构成法律命令的则仅仅是被某种权威所命令，这与道德义务完全不同。

总结摩尔的批判，其主要观点包括以下三点：

（1）形而上学伦理学把一切以某种方式被意愿的事物都是善的当作一个不证自明的前提。

（2）"什么是善的"与"什么是以什么方式被意愿着的"是不同的问题。把"是善的"等同于"满足愿望"，这是自然主义谬误。

（3）科学的伦理学必须证明某些事物是真正善的，不能靠假定作为前提。

形而上学伦理学在分析的伦理学看来，所以具有自然主义谬误的特征，全在于形而上学伦理学试图确立的那个基础是不能被分析的。例如上帝的存在，善良意志以及各种先验的心理状态，还有中国传统哲学中的道理、良知、恻隐之心等，都只是一种形而上学的预设，或者至多只是一种理论可能性的前提。这些预设的前提不具有任何被实证分析的因素。

既然以往的形而上学伦理学违背了逻辑和认识的原理，不可能为未来的科学伦理学提供正确的基础，那么实践伦理学呢？

（四）实践伦理学

自然主义伦理学和形而上学伦理学都企图寻找一种确定不变的善的事物作为伦理学可能的基础，这两种做法都没有充分考虑人的实践行为本身在伦理学反思中的地位，于是我们转入到实践伦理学的讨论。实践伦理学关注的核心问题是：我们应该怎么办？这一问题又可以分为以下三个问题：什么是正当的？什么是我的义务？我应当怎么做？

作为对这些问题的回答，实践伦理学不仅要包括规范伦理学，也要包括德性伦理学。那么，我们能够由此出发寻找到科学伦理学吗？对此，摩尔也进行了批驳。

1. 对规范伦理学的批驳。

摩尔的批评集中围绕两点展开：一是对义务本身及其实施的可能性的分析。规范伦理学的核心概念是义务。摩尔指出为了证明一行为是一义务，一方面必须知道其效果是什么，另一方面必须知道在整个无限的将来此行为对全部事件的影响，亦即这一行为本身的价值，以及它将怎样影响全人类作为一个有机整体的价值。

显然，伦理学无法给出一张义务一览表，让人们安排自己的行为。所以，其次要的任务就是可能去证明，在一个人大抵会想到的各种选择中，哪个行为会产生最大的总善。这是一件有益的工作。

但是在对义务做这样的界定时，就会对"可能的"一词产生歧解。"可能的"并不等于他所想到的。所以"我们说一个人的义务，仅仅意指他可以想到的那些行为中的最好行为"（P：200）。在可以完成的与他可以想到要做的之间存在一种区别，我们可以对他没有采取某种行为感到遗憾。但我们无法说一个人履行其义务是一种遗憾，这是用语的自相矛盾。

我们可以把摩尔区分"可能的行为"与"可以想到的行为"做进一步的引申，就会发现这一区分的意义。因为就选择而言，无论选择什么，都只有一种可能性，选择本身是被决定的。这对实践伦理学来说是一种困难。一旦做出某种选择，行为一旦发生，在已经发生的行为过程中，所有的一切都无可挽回地发生了。可能性对于已经发生的行为来说不再具有任何意义。故而摩尔会认为说，履行一项义务是一件憾事，在用语上陷于矛盾。不仅在用语上陷入矛盾，在实际行为过程中也是如此。不能说这一发生过的行为一定是义务的，或不是义务的，所以摩尔最后说：如果实践伦理学能够在各个选择中，决定作哪个选择是最好的，它就足以充当实践的向导。但是最好的断言同样也是一种矛盾的用语，不知摩尔是否意识到了。因为所谓最好的一定是有区分的，但我们又何以知道在该情况下何种行为是最好的呢，事实上只发生了一种行为，不存在任何比较的可能性，也就没有得出最好断言的根据了。对于任何已经发生的行为，我们只能说这一行为可能是最好的。

这一讨论必然涉及到意志自由问题①。对此摩尔进行了专门的论证。一种正确或错误的行为取决于这个行为的结果与行为者本来能采取的任何其他行为所可能产生的结果的相互比较。可见在判断行为正确与错误的过程中不可避免地涉及到意志自由的问题。一个行为必须是在被自由的完成的意义上才能够予以价值判断，也就是一种本来能或本来不能。所以，如果说一个行为所产生的结果与任何我们实际本来能做的、取代这个行为的行为所产生的结果一样善，那么这个行为就永远是正确的。但是由此也可以推论出那些被我们称作错误的行为也是正确的，因为这些行为实际是我们本来能够做的行为当中最好的，尽管它们不是如果我们事先进行他种选择本来能够做的最好行为。② 如此一来，就出现了两个困难，一是要想确定行为正确、错误的问题，实际上取决于我们能做什么，而不仅仅取决于我们如果进行选择的话能做什么。二是如果说我们本来能做出的事情与我们实际已经做出的事情是不同的，要想确定在什么意义上说它们不同是非常难的。这种困难直接给意志自由的问题带来了挑战。

---

① 意志自由的问题不仅是近代哲学的重大问题，也是一切时代哲学的问题，而在现代社会更加显发其重要性。一切自由的发生都与意志自由相关。寻找现实自由的根据最后都会追问意志的自由。哲学的千古之思指向的意志自由是哲学本身生命力的一种表现。由意志自由导引的他种自由则在更多的方面规定了人作为一种哲学存在物的意义。

② ［英］摩尔著：《伦理学》，戴杨毅译，北京：中国人民大学出版社1985年版，第99—100页。

摩尔试图通过对本来能和本来不能的含义分析对意志自由进行界定。所谓本来能是指"如果事先进行了如此这般的选择，便会……"本来不能则是指"即使他事先的意志是避免某一事物，他仍不能……"于是，"自由意志的问题就被阐述为纯粹是关于我们是否本来能选择那些实际并未选择的行为的问题，或被阐述为我们是否能选择事实上将不选择的行为的问题。"① 在这两种意义上，我们可以把摩尔关于意志自由的理论归结为两点：（1）在力所能及的范围内，如果我们在履行某一行为之前所做的选择是要进行某种选择的话，我们便会选择某一特定行为加以履行，这无疑经常是真实的。（2）在实践的意义上，每当面临几种不同的行为，且它们都在自己的考虑之中时，我们能选择其中任何一种行为。可见摩尔更多的还是关注实践领域的意志自由。②

实际上，意志自由还必然涉及到行为的动机考虑。叔本华曾经用了两个相仿的事例来说明论证意志自由的谬误，晚上六点钟，一个人可以做以下选择：散步、去俱乐部、看落日、到剧场、访问一个朋友、出城永不回来，还可以自由地回家，或什么都不做。这仿佛像水一样：起风浪、下流、泡沫飞溅，像自由的光线能煮干消失，但又可以自由地停在水池中。叔本华认为这种对于自由判断的错误在于"他能同时做那一件"的错误想法上。意志凭借着想"我能做我想要做的"，断定自己是自由的，不承认任何动机的存在，是一种谬误。因为"我能想要这一个"只是一种假设，同时还伴随着"如果我不爱要别的话"的副句（S：69—71）。

叔本华也许走得远了一点，撇开对行为动机的考虑，对规范依赖的法则的理解仍然有着很大的讨论空间。

二是对义务法则的质疑。摩尔区分了两种法则，一类是社会效用依赖于多少可能变化的条件之实存，另一类是其社会效果在一切可能条件下都是确定无疑的。

在现实社会中，大部分通常的道德告诫和社会舆论却提倡一些并不加

---

① ［英］摩尔著：《伦理学》，戴杨毅译，北京：中国人民大学出版社1985年版，第109页。

② 从日常语言和生活的角度看，自由意志和决定论之间的难题包含着很多语言的误用和混乱，斯蒂文森在《伦理学和语言》中对此作了专门的分析和论证。在斯蒂文森看来，把决定论和不可避免性相混淆，把向后看的判断与向前看的判断相混淆，把表达上的虚构与事实相混淆，这些混淆造成了一种心理结构，这种心理结构影响到人们的道德判断（详见［美］斯蒂文森著：《伦理学与语言》第14章，姚新中等译，北京：中国社会科学出版社1991年版）。

以实行的法则，这类法则有三个缺点：（1）它所提倡的行为，往往是大多数人凭任何意志都不能实行的。（2）行为本身尽管是可能的，但其预期的效果则不可能，因为这些效果必需的条件并不常见。（3）一条法则依赖的条件多半是会变化的，甚至遵守法则本身会破坏其依赖的条件。由于伦理学很难确定除实际实行的法则以外的任何法则的效用，所以对于是否遵守一条法则，并不直接影响一个人应当如何行动。

总的来说，义务的行为"不仅是存在于一些强烈的自然倾向阻碍人们加以实行的行为，而且其最显著的通常看作善的效果是对别人而产生的效果。在另一方面，有利的行为是强烈的自然倾向（禀性）极其普遍地怂恿我们采取的行为，其全部最显著的通常看作善的效果是对行为者而产生的效果"（P：218）。义务的行为是被引诱着逃避，实际上就是人们看到自然禀性的影响，难以实现的对他人有利的行为，而有利的行为则只是强调对自己有利。可见规范伦理学难以承当起作为未来科学伦理学的基础。

2. 对德性伦理学的批驳。

摩尔认为德性本身是否就是善的，无疑与快乐本身是否是善的是同一个意思。德性与义务一样，德性所以不同于其他品质，不在于德性具有任何优越的效用，而在于对德性这样的气质加以赞扬和认可是非常有益的。同义务一样，也存在各种诱惑使人们忽视这些品质所引导的行为。"因此，德性是实行义务的行为或应成为义务的行为的习惯性品质。并且是建立在一种意志作用足以保证大多数人实行这种行为。"（P：221）

我们能够证明的只是，对于德性和义务来说，作为手段，通常比大抵会出现的其他可能的选择会好一些，而且这只能就特定的社会状态能证明这一点，因为在一种社会状态下是德性或义务，但在另一种社会状态下则可能不是。

对于德性还有一个问题，即德性或义务的品质和行为是否就其本身而言是善的？是否具有内在价值。对于断言德性或义务具有内在价值的伦理学来说，与快乐主义一样，犯了自然主义谬误。因为人们并没有把一事物应当被完成或立即实存的理由，归于它本身具有内在价值，或它具有内在价值的事物的手段价值，对此一直是含混不清的。

摩尔区分了三种德性的不同心理状态：

（a）一个人具有习惯性地履行某些义务的特征，在履行时，既没有想到它们是义务，也没有想到它会产生任何善。摩尔认为，这仅仅是一种手段的善，所以亚里士多德的伦理学是荒唐的。其错误在于把德性运用的实例仅具有的外在正当性当作具有内在价值的东西来宣扬。

（b）好的动机在习惯上引起义务的履行。这里一些德性的实例，其中包含着某种就它本身而言的善的东西，但其善的程度会因动机与其对象的真正性质不同而有差别。就其强调正当行为内心的品质之重要性而言，对伦理学是有贡献的，如基督教伦理学。

（c）一种抽象的正当性及其所激发的不同程度的特殊情感，即道德感或良心。摩尔指出，拥有良心的动机也可以做出极其有害的行为，良心也不能告诉我们：什么行为是真正正当的，甚至不能认为它比其他动机更加有益。能够承认的仅仅是，它是普遍有益的事物之一。如康德伦理学就是如此。

由此可见，义务所倡导的不见得在行为的无穷序列中是值得做的，而德性又常常只具有手段的价值，可见义务和德性都很难作为科学伦理学的基础。也就是说，实践伦理学也难以成为未来的科学伦理学，那么科学伦理学的建立有否可能呢？

（五）哲学伦理学的反思

由摩尔开启的元伦理学思潮是对整个近代以来哲学转向的回应。伦理学集中反映的是对人类整体生活的一种安排，元伦理学的转向表明人类对自身生活的反思已经摆脱了传统的路线，拒斥形而上学伦理学表明的是人类对道德理想主义信念的动摇，对自然主义伦理学的批判则是困扰人类自身的事实与价值二分理论的再次复活，而实践伦理学的困境凸显出人类生活世界的多元化追求。① 这是一个从现代向后现代转换的时代，在这样的时代里，探讨任何一种作为未来科学伦理学何以可能的问题就转换为科学伦理学的可能性与限度何在？这不仅是现时代伦理学的问题，也是一切时代人类生活所面临的问题。

不过，在传统向现代的实际转化过程中，虽然有理论的和实践的双重转向，但都是一个单一的转化。正如麦金太尔指出的那样，政治和社会变化的历史与哲学史的分离完全是我们现代学院课程的思想习惯造成的，这

---

① 希尔普在《伦理学问题的本质》一文中曾经提到人的理性首先包括以唯理论方法为基础的推理理性，运用三段论的推论方式从已经被给定的或被接受的一般前提出发进行的推理；其次是反思的创造性的理性，这是道德存在物的实践理性。伦理学的问题就是通过反思的、创造性的实践理性得到解决的。（ "On the Natural of the Ethical Problem", Kant's Pre - Critical Ethics, Second Edition, by Paul Arthur Schilpp, Garland Publishing, Inc., New York & London.）这种观点虽然类似于康德对于理论理性和实践理性的划分，但更加突出了实践理性的创造性品格，有一定的理论价值。

种习惯一方面赋予思想观念一种虚假的自身独立性，另一方面把政治和社会行为表现为一种独特的、毫无思想内容的东西。① 据此，麦金太尔认为现代道德理论的问题是由启蒙运动的失败造成的，并且产生了一种必须证明道德规则的正确性的压力：要么为之发明某种新的目的论，要么为之寻找某种新的绝对地位。前者使功利主义成为现代的重要理论，后者则使所有试图追随康德，把寻找道德规则的权威性建筑在实践理性基础上的理论变得突出。② 麦金太尔认为这两者都是失败的。摩尔的伦理学在他看来也是拙劣的。撇开麦氏的历史主义立场，我们认为这些理论努力虽然没有获得明确的进展，但对于我们思考正确的理论建构方向无疑是非常有益的。

摩尔虽然没有建立起一套科学伦理学的理论，但他提出的"自然主义谬误"问题，以及对先前各种伦理学理论的批判，却指出了伦理学发展的一种可能方向。其实，被摩尔所批判的各种伦理学显然都难以作为科学伦理学的基础出现，但却都在人类思想史上发挥了自己的作用，并且对现实的人类社会生活产生了影响。就此而言，每一种历史上曾经出现过的，或者存在过的，或者还将存在的伦理学理论都是未来科学伦理学所需要的。换言之，任何未来的科学伦理学都无法回避人类对自身伦理生活反思的成果，这是未来科学伦理学健康发展的前提。为此，就需要对各种伦理学理论进行综合性的反思，才有可能达到科学伦理学建立的要求。

在此，我们可以引入伽达默尔对哲学伦理学的讨论来展示一种思路。伽达默尔在《论一门哲学伦理学的可能性》中提出了一种综合性的方法，试图把康德和亚里士多德的伦理学理论加以结合。伽达默尔说："康德探究的约束性方式，是通过它的无条件的普遍性来满足伦理概念的。他看出了伦理约束性的模型，仅仅在此模型上就能把一门伦理学建立起来。在义务无条件的约束性中，义务坚持戒命而反对兴趣和禀好。它的定言命令要被理解为每种道德的原则，正是因为它除了是应该的约束性形式之外，不作任何别的事情，这就表达出伦理法则的无条件性。只要存在一种伦理上善良的意志，那么它就不得不满足这种形式。"③ 不过对于康德的理论存在以下的问题，即对于例外来说，义务和禀性的对照又将以何种方式加以解决呢？以及对于缺乏理性的人来说，他又如何去遵循义务呢？

伽达默尔认为舍勒的价值伦理学在某种程度上解决了这些问题，是

---

① Alasdail MacIntyre, *After Virtue*, University of Notre Dame Press, 1981, p. 58.

② Ibid., p. 60.

③ ［德］伽达默尔著：《论一门哲学伦理学的可能性》，邓安庆译，《世界哲学》2007年第3期，第58页。

对康德理论的一种补救和完善。但是实质的价值伦理学同样也有自己的问题，即不能解决先天的价值如何可能，为此需要一种无限的主体，因而在历史性的、有限的道德体系面前其方法仍然是有局限的。伽达默尔认为可以转向亚里士多德的观点。在亚里士多德这里，"没有价值概念，而只有'德性'和各种'好'的概念"①。亚里士多德消除了苏格拉底—柏拉图的理智主义的片面性，却又没有抛弃他们的一些本质洞见，将知识与德性统一起来，可行的东西，不只是正当的东西，而且也是有用的东西，合目的的东西，并且在此限度内是正确的东西。伽达默尔认为亚里士多德的伦理学确立了哲学伦理学的人学和人性基础，是对人性的一种有效提升。

最后伽达默尔总结认为，各种伦理学皆有自己的不足，因为人的存在本身充满各种不同的秩序系列，可疑性不是消除哲学伦理学的理论，而是确证和满足哲学伦理学的无条件性。我们可以看出伽达默尔的方法不仅与其实践哲学的立场有关，而且也是在现代哲学的背景之下提出的一种哲学伦理学的思路，有非常重要的意义。现代社会的技术统治造成人类实践活动的全面异化，使得以实践为根本依托的伦理学也出现了种种危机和理论分歧。按照伽达默尔的解释学理论，理论也是实践活动重要部分②，人类就是在人类生存共同体中拥有社会理性致使人们相互之间能够通过理解、对话和交流，而趋于相互的认同，达到真实的一致。③

由此可见，科学的伦理学不仅是一种理论的体系构成，也是实践活动中向善行为系列的实现。这就需要我们深入到人的存在的本性当中，寻求一种可能的综合性的反思方法去把握未来的科学伦理学。为此我们需要重

---

① ［德］伽达默尔著：《论一门哲学伦理学的可能性》，邓安庆译，《世界哲学》2007年第3期，第61页。

② 伽达默尔所批判的是把实践仅仅理解为技术的实践，对于人类来说更为重要的实践则是道德的实践。汉娜·阿伦特也曾经对实践的本质做过深刻的揭示，她是通过把实践和生产、工作区开来加以论述的。她认为：工作或生产的过程是确定性的，有着明确的计划和目的，与工作的单义性不同，实践则是模糊不定的，它处在一个先在的关系网络中和语言交往中，有许多不确定的多样化的各种观点的交互作用和影响；个人生命行为在人的必死性面前是不可重复的，无法还原的，工作或生产失败之后可以重复再来；在工作或生产中，行为者不是一种个人行为，而是一个种属或一般能力的代表，工作是匿名的活动，实践则是个体化的，取决于个人生命对行为的理性反思，并加以选择和决定（［美］汉娜·阿伦特著：《人的条件》，竺乾威译，上海：上海人民出版社1999年版）。

③ 叶秀山，王树人总主编：《西方哲学史》第七卷，谢地坤主编：《现代欧洲大陆哲学》，南京：凤凰出版社、江苏人民出版社2005年版，第725页。

新返回到康德的道德哲学，并从中西道德哲学融通互补的角度探寻其时代价值。

二　康德道德哲学之价值

哲学的反思不只是回复历史，更不只是为了揭明人类理性之思的进程，更重要的是为当下的人类精神提供某种资粮。康德终其一生对道德哲学的几乎所有方面都进行了反思。虽然康德道德哲学被当做义务论的典型遭到了来自各个方面的挑战，但是这一理论体系却始终没有被击垮。不仅如此，随着时间的推移，康德思想的魅力却与日俱增①，尤其在中国传统道德哲学向现代的转变中扮演着不可替代的作用。新儒家将康德哲学看作是中国传统哲学向现代迈进的主要枢纽，认为只有将传统的儒家哲学与康德哲学结合在一起，才能够真正实现中国哲学的创造性转化。当然由于新儒家的文化立场过于偏激，康德道德哲学的理论价值并没有完全得以展现。为此，我们以一种综合性的反思方法，从中西道德哲学融通互补的角度，揭示康德道德哲学的主要特征及其含蕴的时代价值。

（一）理性伦理学达明理之境

西方道德哲学在长期的演变过程中，出现了德性论、规范论、元伦理学等多种伦理学流派。德性论的中心问题是"我应该怎样生活？"如何建构人的品格成为道德的主要目的。柏拉图在《国家篇》中就探讨了四种主要的德性，并将之与灵魂的不同部分连接在一起。亚里士多德在《尼各马可伦理学》中把德性与人的功能和目的联系起来，认为德性有理智德性与伦理德性之分，真正的德性是人在行为中保持中道的品质。斯多亚学派则主张有德性的生活是自然而自足的。随着功利主义和义务论的兴起，德性伦理逐渐衰落。功利主义强调道德行为要关注行为后果的功利计算，义务论则将道德行为遵循的原则作为思考的重点。

德性论、功利主义和义务论基本上可以归为规范伦理学的范畴，与研究实质性问题的规范伦理不同，元伦理学则是对伦理学性质的研究，对道

---

① "康德不仅是一位伟大的思想家，是西方传统中少数真正伟大的思想家之一，而且也是一个自身就产生了深远影响的人物，其见解经常以决定性的方式继续冲击后来的争论。"（［美］汤姆·洛克摩尔：《20世纪西方哲学在康德的唤醒下》，徐向东译，北京：北京大学出版社2010年版，第22页）

德哲学的关键词汇，以及回答道德问题的方法进行研究。元伦理学的出现与摩尔提出的"自然主义谬误"理论直接相关。不过，元伦理学的发展并没有解决道德哲学的根本问题。相反，康德的道德哲学倒是一再被哲学家提起，并得到了广泛的关注。

从前文的考察来看，康德道德哲学遭受的批判来自各个方面。无论是情感主义，还是质料的价值伦理学，以及摩尔的自然主义谬误理论，都是从某一个方面对康德进行批判。根据本著的系统考察，我们发现康德道德哲学所提供的智性资源是全面的。可以说，康德在终其一生的哲学反思中，道德问题占据了核心的位置。即使在晚期著作《判断力批判》中，康德也没有放弃对道德的关注，甚至于在解释自然目的性时，康德认为"作为目的论体系的自然，其最终目的在于形成某种人类文化，亦即'规范人际关系的宪法，以围绕着一个整体或即公民社会的法律权威，去制约个人自由对他人的滥用'。而这个社会也应该植入世界公民的整体里。但我们凭什么可以说人类是自然的目的？答案是'道德'。只有人类是自律的存在者，只有人类才有能力无条件地立法，而它便是'所有自然目的都臣服其下的'终极目的。"① 难怪尼采要把康德称为哥尼斯堡的中国人，"在尼采看来，康德的道德哲学要求人从善良意志出发，遵循自我法则，最后造就的就是像中国人那样循规蹈矩唯命是从的奴才，阉割自己的超人品质。"② 尼采可能发现了康德道德哲学在现实中难以落实的原因，并希望以自己的超人哲学解决这一问题。但是尼采可能走得更远，他将善恶寄托于超现实的彼岸，寄托于人的自我力量的超越，则离现实的道德生活更远，更难以实现。

众所周知，康德哲学的最高问题是"人是什么"，"我能知道什么？""我可以希望什么？""我应该做什么？"三个问题都围绕着人本身展开。可以说人的问题是康德一生乾乾终日追思不已的，确立人的理性本质、倡言人的理性能力是康德哲学，特别是其道德哲学努力的主要方向。正是在这一方面，我们提出康德的道德哲学是一种理性伦理学。康德的理性伦理学不仅有其纯粹理性批判所奠定的知识论基石，也有其人性和理性的基石。通过对理性事实的阐发，康德将善良意志论、实践理性优先论、理性宗教论建构在一起，构成了严整的理性伦理学。中国传统道德哲学的人性善论、实践工夫论、在世修养论与这种理性伦理学有着内在的一致性。康

---

① ［美］曼弗雷德·库恩著：《康德传》，黄添盛译，上海：上海世纪出版集团、上海人民出版社 2010 年版，第 397 页。

② 同上书，第 13 页。

德道德哲学在理性事实基础上追求至善与中国传统道德哲学的明理而至善的理论相通相接，因而都是属于能够达致明理之境的道德哲学。

前文已经论及康德的理性事实理论属于一种道德建构主义。罗尔斯认为这种道德建构主义就是在人类的生活实践中，人类作为理性存在物，不断确立一种适合人类生存发展的法则。道德的理性事实就是基于人类作为理性存在的必然性出现的。理性事实不同于经验事实，理性事实是应然的事实。但是这种应然事实并非现实中不存在的处在企望中的事实。从康德试图为道德奠定形而上学基础的努力开始，人的理性存在就为人类的道德自觉提供了保障。康德建立道德形而上学，并非要提出一套独特的伦理系统，以与其他伦理学系统相竞争，而是要说明道德的本质。所以康德建构道德哲学系统的努力属于人类的理性自觉在康德身上的具体表现，是哲学家的具体醒悟或解悟。"孔子修春秋，寄道于史，依事显理，亦是具体性解悟之表现。在具体性解悟中所显事理即宋明儒所谓的'实事实理'，亦即康德所谓的'理性底事实'。"①

可见，为道德奠定形而上学的基础，并非康德为了满足思辨的需要，实则是其追求道德实践可能性的前提所在。作为一个理性存在的人，为何需要道德，如何践行道德，这些问题当然不是依靠某种完备的道德理论所能够解决的。实际上，没有一个哲学家可以为人类的发展制定一种道德行为的蓝图，更不存在一种绝对完备的道德理论体系一劳永逸地帮助人类通向至善之路。在《道德形而上学基础》正文开篇，康德说"在世界之内，甚至根本在它之外，除了一个善的意志之外，我们不能设想任何事物，它能无限制地被视为善的。"（4：393）罗尔斯认为康德提出的善良意志是以实践理性能力和道德感性能力为基础的一种能力，由于善良意志的存在，人就能够成为遵从道德法则的存在。这是人作为理性存在者的根本前提。

与此相关，儒家道德哲学把人存在的道德本质归结为人性之善，实际上就是承认人作为道德存在的事实有其必然性。儒家的性善论本质上也是对人的实践理性能力和道德情感能力的认肯，是在道德实践功夫和在世修养过程中不断展开的结果。孟子与告子在人性善恶上有过激烈的争论，其争辩的核心是对人性的认识。从理性伦理学的立场出发，我们可以发现告子没有认识到道德的理性事实，因为告子是从人的自然存在的事实出发辩论人的本性，故而其结论是无所谓善与不善。孟子则是从人的社会本性出

---

① 李明辉著：《儒家与康德》，台北：联经出版事业公司 1990 年版，第 4 页。

发来论辩人的本性。自然的人性千差万别，可善可不善，但是从人性的社会历史发展角度看，人性选择的基础，人性趋于善的方向发展是确定的，因为道德性是人性无所逃的本质内容。孟子对人性的论辩基于理性事实的立场，将人性置于人类理性把握的过程中加以认识，这与康德的理论是一致的。那种将儒家人性善归于先天论或心善论，或者说成是神秘主义等等，都没有很好地理解儒家性善论的用意。①

同样，康德的实践理性优先论也体现了理性伦理学的内在逻辑。实践理性优先是指理性的实践运用的优先权，这种优先体现出人是完整的存在。在现实的人的活动中，实践理性不是单纯主体的行为，而是在主客体互融互摄的过程中展示其理性本色的。所以说，实践理性优先不是仅仅相对于理论理性的运用来说的，而是指人作为整体存在的能力。这也是理性事实的表现。如果我们认为实践理性区别于认知理性，或者将之归结为理性的一种能力之一，那么就会对实践理性产生误解。如有学者认为，康德的实践理性与儒家的实践理性最大的区别有两点：第一，康德的实践理性是纯粹理性的，是纯形式的，没有内容，而儒家的义理、性理则是有内容的，是有内容的具体理性。第二，康德的实践理性是完全超越的，儒家的义理、性理虽然有超越性一面，但又存在于生命之中，是心灵的本质，是道德理性与人的生命活动的一致。② 这种观点缺少对理性事实的认识，没有看到实践理性是人的整体能力的体现。因而不可能真正理解理性伦理学的实质。

从本质上说，实践理性优先与儒家的实践功夫论可以相通。儒家道德哲学强调人性善的事实是一种生成的过程，与之相应，人的实践功夫才得以展开。在儒家那里，功夫与本体是一致的，体用一源、体用不二、即体即用。道德之本体与道德之功用不能隔限，有人性善之本体，就有人性善之用，也就是习与性成，性日生日成。在本体与功夫的统一中，人性之理展现于实践功夫的运用之中。从理性伦理学的角度看，儒家道德哲学确认普通的理性存在者都能够自觉朝着向善的目标践行功夫，人的道德性本质保证了人的道德性行为能够自然发动。不存在先有一个理性明觉的道德

---

① 有学者从人的存在的有限性和无限性角度论述人性善，"我们说性善也不是指事实上每个人出生伊始都赋予了一颗善良的心，或者说都能够达于至善，而是说从总体来看，人类的善端超过恶端，人类向善的可能性要超过其向恶的可能性。"（何怀宏著：《良心论》，上海：上海三联书店 1994 年版，第 243 页）这种思路关照到人性存在的张力，对于理解人性善的理论大有帮助。

② 蒙培元著：《情感与理性》，北京：中国社会科学出版社 2002 年版，第 70 页。

心，然后才有理性自觉的道德行为。所以儒家道德始终不去悬设某种终极的道德力量，反对用来世的观念引导人们的道德行为。这与康德道德哲学中的理性神学又是一致的。康德反对用宗教关切为道德行为提供保障，道德不应该导致宗教。上帝只是在实践理性之中的认识，属于一种道德的世界统治者的理念。我们并不需要知道上帝本身是什么，而是知道他对于作为道德存在物的我们而言是什么。

如果说，康德的理性神学多少还带着对宗教的眷念，那么儒家反对用来世、神的力量为现世道德提供保障，则更加显示儒家道德哲学的理性色彩。儒家追求将道德实践功夫落实在现世的修养中，通过平常的庸言庸行，不断提高自我的道德修养水平，提升自我成就道德的能力。一切道德行为都是现世的，都是人的整体性功能的体现，这也是儒家道德刚健特征的一种表现。

由此可见，理性伦理学依靠对理性事实的认识和把握，坚持人性本质的生成与发展伴随着人类自身理性能力的成长。道德起源于人类对现世生活的不断反思，历史证明，没有任何天启的道德，也不存在先验的道德，道德永远是现世的，永远处在流变过程中。"道德是理性的最高贵产物，但理性却并非任何理性存在者都可以充分利用的、现成上手的能力。在每个个体身上，在作为整体的人类那里，理性一直在发展。"① 人类正是在理性能力不断成长的过程中，不断提升自身的道德素质，使人类的道德之路不断趋向完善。道德素质的提升反过来又会促进理性能力的成长，人类由此变得更加理性，促使人类更加成熟而富有智慧。德性与智慧一起闪动，照亮人类不断前行。这是一切理性伦理学应该采取的立场，也是人生在世明理而至善的理论前提。

（二）义务至上论致敬义之功

理性伦理学是康德道德哲学体现的一个重要特征，对于接续中国传统伦理的现代转换具有重要作用。除此之外，康德提出的义务至上论是其道德理论的另一个重要特征，揭示义务至上论的本质可以明确道德的敬义功能。由此可以将康德的绝对命令与中国传统伦理的天理良心论很好的融通在一起。

康德对义务的认识与善良意志相关，义务概念属于善良意志的范围。由于善良意志是一种道德的理性事实，因而义务的本质不只是指向应然的层

---

① ［美］涛慕思·博格著：《康德、罗尔斯与全球正义》，刘莘、徐向东等译，上海：上海译文出版社 2010 年版，第 122 页。

面，也带有理性事实的色彩。人的道德行为处在不断的流变过程中，康德认为在义务和行为之间，只有出于义务的行为才是道德的。合乎义务的行为总是包含着各种爱好和感性的追求，难以称得上是道德的行为。就人们对义务的敬重心来看，可以区分为两个层面，一是从理性出发，因为人具有理性功能，能够对义务产生某种主观的认识，由此认同义务的存在；二是从情感出发，人所具备的自然情感在社会化的过程中，逐渐引生出对义务的情感态度，将义务感作为道德情感融入到人的行为之中，最终生成强烈的义务感。康德提出的善良意志似乎偏向于前者，当然对后者也有所触及。

康德在《道德形而上学》中区分了自由意志的两种状态：一是消极方面，二是积极方面。前者是指意志在决定行为时不受感官冲动的影响，其潜在的含义显然承认感官冲动是存在的，后者则是指纯粹理性的实践能力，这是善良意志在普遍法则支配之下的确定性的抉择能力。康德强调意志的积极方面是道德主体履行义务的主要方面。但是，由于积极的意志自由能力必须建立在普遍的法则之上，这就产生了道德行为的目的性问题。从康德的论证来看，如果目的是内在的，或者说目的是为道德主体的，那么人的道德行为也必然属于人性内在品质的表现，伦理学就是一种德性论。这样一来，人们对待义务的态度不可避免地涉及到目的与手段的关系。这就不可避免地遇到对目的本性的讨论。前文已经论及，按照康德的理论，目的本身是不能强制的，在强制之下，目的就会变成手段。如此一来，我们对于义务的敬重就不应该变成手段。在这样的理论安排下，康德的绝对命令就显得非常自然而且必要。或者说，我们为何敬重义务、向往义务、直至践行义务都是由于绝对命令本身所具有的道德力量，以及绝对命令展现过程中所凸显的人性能力、实践理性实施过程中的建构性力量。义务至上就是绝对命令至上，敬重义务的心因为绝对命令的自我完善而趋于现实。

在《道德形而上学基础》和《实践理性批判》中，康德对命令式分别作出过两种论证。一是从道德奠基的角度来划分的，强调人作为理性存在者对普遍法则强制性的遵从。二是从道德命令实现的途径入手进行划分，是对人的行为如何践行道德命令的程式予以论述。绝对命令是实践理性能力自我演绎的结果，命令式的划分形式体现了人自身实践理性能力的结构。

第一种划分形式揭示的是主体与命令之间的不同关系。技术的命令式尚未进入价值领域，属于理性存在者的可能选择。明智的命令式则反映了主体的现实意愿，是实然的实践原则。道德的命令式是对行为价值指向的肯定，只有道德的命令式才是理性行为者价值选择的证明。在这种奠基之上，道德命令本身的三种形式划分说明了主体在执行绝对命令过程中所应当采取的程式，命令式的执行过程也反映了意志遵从、敬畏绝对命令的实质意涵。

从道德的绝对命令式所表现的程式来看，三条主要命令式所含蕴的理论指向均能够与中国传统道德的主要精神相互融通。普遍法则的公式强调道德法则的普遍性、必然性，这与儒家道德追求的仁、义、礼、智规范的同然性、天理法则的必然性相一致。自身就是目的的公式反对将人在任何情况下当做手段，是对人性存在的最高关切，这与中国传统道德对人的生命存在的重视如出一辙。自律的公式对道德主体性的高扬，非常契合中国哲学对道德主体性的阐发。康德提出的三种道德命令式的程式对于我们更好的架构和转化中国传统道德的积极因素具有重要的借鉴作用。为此，我们分别展开论述。

道德法则的普遍性、必然性是其有效性的基础。"仅依据你同时能够愿意它成为一个普遍法则的那个准则去行动!"（4：421）绝对命令的最鲜明特征就是普遍性、必然性，这是将人的理性存在普遍化的结果。我们所以能够敬重道德法则首先因为其是普遍的、必然的，特殊的、偶然的法则不可能成为道德法则，也不可能获得人们的敬重。"对道德法则的敬重心乃是唯一的，无可怀疑的道德动机，正是通过敬重，客观的道德法则才成为我们内心主观的行为准则、成为直接的行为动机。"① 《孟子·告子上》曰："口之于味也，有同耆焉；耳之于声也，有同听焉；目之于色也，有同美焉，至于心，独无所同然乎？心之所同然者何也？谓理也，义也。"孟子此种论述虽然带有逻辑上的跳跃，但其理论的指向仍然是希望求得理义的普遍性证明。如果人们对于理义有着普遍性的要求，那么实现理义道德就是一件自然的事情了。在此，我们又可以联系康德普遍法则的附加公式，即"如此行动，就好像你的行为的准则会因你的意志而成为普遍的自然法则似的"（4：421）。人因其善良意志的普遍性，促使人们对道德法则的遵从进入自然法则的境地。在这一点上，儒家似乎作出了更为深刻的论述。如《中庸》指出："自诚明，谓之性。自明诚，谓之教。诚则明矣，明则诚矣。"根据《中庸》的理论逻辑，"自诚明"是由内而外的，是由天道之诚达致明善，这是由"天命之谓性"所决定的，是本体的道路；"自明诚"是由外而内的，是由修道之教化而得来的，这是"修道之谓教"所指示的，是功夫的进路。从至诚之道来看，二者又是一

---

① 何怀宏著：《良心论》，上海：上海三联书店 1994 年版，第 227 页。

体互动的，是"诚则明矣，明则诚矣"，诚明与明诚之间又无滞无碍。分析地看，自明而诚是先有对法则的认识和把握，然后进至人性修为的完善，这是从法则而至德性的进路，但这不是儒家认可的德性修为的目标。真正的德性修为是自诚而明。类比康德的理论，自诚而明就是从人的善良意志出发，将对普遍必然的道德法则的认识化作人的德性品质，法则因人的善良意志而成为自然法则。法则本身的普遍必然性，不仅体现了法则的本性，实质上也反映了遵从法则的主体的内在本性，这就是诚。诚就是通过仁、义、礼、智法则的普遍必然性得到落实的，无论仁、义、礼、智作为庸常的法则还是天理纲常，都离不开诚的本性要求。

普遍法则的公式体现了人性在道德追求过程中自我完善的基本要求，揭示了人性演变所希冀的诚明之性。从某种意义上说，康德对善良意志的肯定就是对人所具有的诚明本性的揭示，因为存在人的善良意志，才有对绝对命令法则普遍性的追求，并进而产生敬重绝对命令法则的程式。

只有从普遍必然法则出发，人性完善的自我目的才能够得到实现。康德提出的目的公式是普遍法则公式的逻辑推演，敬畏普遍法则并不是其最终的目的，"你要如此行动，去对待人性，无论是你自己的人格中的还是其他任何人的人格中的人性，你要在任何场合都当作目的，绝不仅仅当作手段。"（4：429）这种自身就是目的的公式将公式—要求的法则的普遍性化约为法则实施的两个方向，一是道德主体对法则的自觉遵从，以实现自我；一是在自我与他者之间遵从普遍法则，从而实现所有人的提升。也就是说，敬畏普遍法则不是命令式本身的目的，对绝对命令的遵从和敬畏还有更为重要和长远的目的，也就是人的自我实现，以及所有人的发展，这就是目的公式的最终意义所在。

与此相应，儒家道德哲学将人性的高贵作为一种事实，并由此认为人的完善是人生的最终目的。《孝经》就曾指出："天地之性人为贵。"宋代的理学也认为人是天地万物中"得其秀最灵"者，人因为其中正仁义的德性成为天地之一极。这种对待人的态度不只是高扬人的道德主体性，而是将人自身的存在归于一种目的，这种目的就是不断提升人的德性品质。人作为目的性存在不同于功能和手段性的存在，人的一切活动都是为了自我的完善和成就。儒家提倡的为己之学包含着成人的目标，以及成人的规定。"子路问成人。子曰：'若臧武仲之知，公绰之不欲，卞庄子之勇，冉求之艺，文之以礼乐，亦可以为成人矣。'"（《论语·宪问》）智、仁、勇是儒家倡导的三达德，是对仁道原则的最好贯彻，体现了儒家道德哲学对道德法则普遍性的要求。除此之外，儒家希冀的成人是整体的，对艺与礼乐的要求也是成人的目的。置言之，成人不仅仅是为了遵从道德法则，更为重要的是成就人的整体德性，提升人的整体生存状态。这集中体现了儒家以人为目的，以实现人整体提升为成人目标的鲜明特征。这样一来，对道德法则普遍性的遵从和敬畏就导出了对人本身的敬畏，对人的整体存在德性的敬畏。可以说，这样一种生命态度就是将人的存在作为目的予以看待，那种将人作为手段的做法是儒家道德哲学坚决反对的。所以儒家主张"不义而富且贵，于我如浮云"，真正的大丈夫人格要做到"富贵不能淫，贫贱不能移，威武不能屈"。与此同时，儒家道德哲学的他者向度也保证了成人目标的广泛性和普遍性，这体现在儒家道德强调穷则独善其身，达则兼济天下。儒家道德哲学要求"君子莫大乎与人为善"，"圣人与天地合其德"。主体的道德成就不应该只是自身的，还应该推向他人，推向社会，这样的道德才有生命力，才有持续的可能。①

当然，成人的目的还需要主体的自我修为，这种修为也是以道德法则普遍性为前提，在此基础上，需要实际的践行仁义的要求。康德提出绝对命令的公式三强烈地昭示了这种要求。公式三：要按照能够同时将自己视为普遍法则的那些准则去行动。（4：437）对道德法则普遍性的敬畏可以通过人类理性自觉的力量不断获得，将人作为目的对待也是显发道德法则普遍性的生命力所在，但是任何道德法则并不因为其普遍性能够使人们去遵从，这就涉及到如何将道德法则转化为道德主体的行为。康德提出的自律的公式以及目的王国的公式很好地解决了遵从普遍道德法则的最为关键的程式，即所有的道德行为都应该是自律的，都能够在所有人的行为中得以体现。应当说，康德的自律公式显示了超越法则普遍性的单一追求，内在蕴含着对道德主体德性品质的诉求，在这一点上，儒家道德哲学倡导了与康德绝对命令公式三相通的内容。

儒家道德哲学强调人的行为需要慎独。《中庸》指出："君子戒慎乎其所不睹，恐惧乎其所不闻。莫见乎隐，莫显乎微，故君子慎其独也。"君子时刻要以自己的行为为念，并保持一颗戒慎恐惧之心，提醒自己要遵从道德法则的约束，从而不断地提升自己的道德能力。儒家强调的慎独往往被误解为人们独处时要遵从道德的状态，其真正的含义是指人们无论在何种情况下，都抱有一颗敬重道德法则的心，使道德主体能够明觉而自律。从这种慎独出发，儒家认为道德行为中的自律和他律有着明显的区别，这就是由仁义行与行仁义。孟子曰："人之所以异于禽兽者几希，庶民去之，君

---

① 这一点在前文论述公式二时已经做过详细阐述。

子存之。舜明于庶物，察于人伦，由仁义行，非行仁义也。"（《孟子·离娄下》）君子在对人伦道德法则认识的基础上，根据仁义的要求去行为。人之行为所以符合人伦道德的要求是人性使然，行为不是为了仁义的法则，而是出于仁义的法则。由仁义行就是自律，行仁义则是他律。这种论点几乎与康德表达的出于义务与合乎义务完全一致，显示了儒家道德与康德道德哲学理论的相通性。自律达到的境界就是居仁由义。孟子指出："居恶在？仁是也；路恶在？义是也。居仁由义，大人之事备矣。"（《孟子·尽心上》）人们居住在德性的居所中，行走在德性的道路上，人就能够与仁义道德统一在一起，康德所指认的道德目的王国就在居仁由义之中。

绝对命令的公式三不仅是对践行普遍道德法则程式的完善，同时还揭示了敬畏义务的道德良知之所以存在的必要性。康德认为良知属于实践理性的一种能力，培养良知需要敬畏义务。儒家也认为良心需要存养，需要不断地追求，这个追求的过程就是居仁由义，就是由仁义行，就是自诚而明。在这个意义上说，作为实践理性能力的良知与作为道德活动存养基础的良知，两者有着理论的相通性。这是完善绝对命令程式的必然结果。"绝对命令不能被看作用以精确解决所有道德问题的算术公式。绝对命令只是大大削减了道德的不确定性。……以这种方式，绝对命令通过把自我的狭窄决定转变成与整个世界相关的决定而扩展了我们的良知，也通过阻挡可能影响准则选择的个人考虑（它们与通过立法明确目的世界的决定没有关系）而保护了我们的良知。"① 绝对命令依赖的命令式并不是人的行为的指南，康德通过对绝对命令式的阐发奠定了我们不断加强的敬畏义务之心所蕴涵的能量。通过对绝对命令程式的理解，使我们加深了对道德义务的认同感，激发了我们良知的能力，为道德主体走向道德的完善乃至整体德性的提升作出了最好的论证。

康德道德哲学的理性伦理学和义务至上论色彩闪耀着思辨的光辉，其内在理路与儒家道德哲学相通相融。康德的理论对于指示现代人道德生活的方向，具有形而上的终极价值。同样，对于正在迈向现代社会的中国人来说，康德的道德哲学为我们提供了极为有益的智性资源。我们需要强化对理性伦理学的领悟，确立敬畏义务的心，提升德性的力量，为中国道德哲学的现代性建构准备理论基础。

人永远行走在善的道路上……

---

① ［美］涛慕思·博格著：《康德、罗尔斯与全球正义》，刘莘、徐向东等译，上海：上海译文出版社 2010 年版，第 30—31 页。

康德道德哲学研究综述

伴随着 19 世纪末 20 世纪初西学东渐的发展，康德哲学也开始传到中国。根据贺麟先生的划分，康德黑格尔哲学在中国的传播分为三个时期，前期是从变法运动到"五四"运动时期，这是启蒙介绍时期。中期是从"五四"运动到全国解放时期，是融会传播和草创时期。后期就是中华人民共和国成立之后到现在，是运用辩证唯物主义观点系统研究时期①。

这种划分大体展现了康德哲学在中国传播、发展的线索。"五四"运动之前，由于救亡图存的任务压倒一切，人们对康德哲学的介绍多数是停留于附会式的演绎，从而服务于当时的启蒙思潮的发展，因而对康德哲学的实质性内容缺乏应有的研究。"五四"运动之后，康德哲学的传播达到一个高潮时期，不仅其批判哲学的理论体系得到了大力的介绍，而且康德关于自然哲学、宗教哲学、法律哲学、教育哲学的理论也都得到了专门的研究。这一时期除了各种杂志发表介绍康德哲学的文章，康德著作也开始得到翻译和出版，在大学哲学系的课堂上康德哲学也开始得到宣传，同时中国学者撰写的研究康德的专著也开始出现。新中国成立以后，德国古典哲学作为马克思主义哲学的来源其研究和传播成为社会主义新文化运动重要组成部分。康德哲学的研究得到了大大拓展，无论是康德著作的翻译，还是康德哲学思想的研究和教学都获得了全方位的开展。尽管"左"的思想曾经一度干扰过康德哲学的研究，但是改革开放之后的三十多年间，康德哲学研究还是取得了丰硕的成果。

与此同时，国外哲学界关于康德道德哲学的成果也大量涌现，出现了大批的康德哲学研究专家。康德哲学研究呈现出一派繁荣的景象。

可以说，近一百多年来康德的哲学理论得到了各国哲学家的广泛而深入的研究，积累的文献资料极其丰富。以下我们根据能够掌握到的文献材料，以中国康德哲学研究为主，就康德道德哲学的研究分四个主要方面进

---

① 贺麟：《五十年来的中国哲学》，商务印书馆 2002 年版，第 79 页。

行综述。(此处所提的道德哲学作为部门哲学的概念涵盖了以往伦理学所讨论的内容,只是对现代伦理学当中的应用伦理学相对关注较少而已。因而在具体行文过程中,道德哲学和伦理学这两个概念并不做严格的区分。)

一　康德道德哲学专题研究

由于康德哲学涉及问题广泛,著作繁复,内容精深,对其哲学的理解和把握需要经历很长的时期,其道德哲学也不例外。就康德道德哲学专题研究来看,主要有两种研究进路,一是在讨论康德哲学理论传播和发展的过程中,道德哲学被当作一个部分予以介绍和分析,二是专门就康德道德哲学的某个问题、道德命题等进行撰述。

(一)　康德哲学传播史的研究

这一研究是立足于康德哲学在中国传播的整个过程,分析中国人接受、理解和把握康德哲学的进程,其中也包括对康德道德哲学研究过程的整体阐述。其代表是杨河、邓安庆合著的《康德黑格尔哲学在中国》(首都师范大学出版社 2002 年版,以下简称杨著)。

这一著作将近百年的康德哲学在中国的传播分为五个时期,在这些不同时期发展过程中康德哲学的传播也体现出不同的特点,其中伴随着中国人对康德道德哲学理论的理解和把握的历程。

该著认为在启蒙介绍时期(戊戌变法—"五四"运动),中国学者对康德道德哲学的理解和把握还是相当肤浅的,有些则是不准确的。如章太炎以佛学伦理学的思想来解释康德的伦理学,将之归结为"修德以期成圣","以善业以期福果"(杨著,第 28 页)。梁启超则用王阳明的心学糅合康德的《纯粹理性批判》,提出康德伦理学认为道德责任生于真我良心之自由,"实兼佛教真如说,王阳明之良知说,而会通之也"(杨著,第31 页)。这种早期的传播介绍明显带有中国学者自己取舍的主观立场,属于稗贩的阶段。

传播和融会时期("五四"运动—1949 年)中国学者对康德哲学的理解开始进入对其特征的把握阶段,但主要集中于康德《纯粹理性批判》的研究,停留于对康德形而上学、知识论、本体论思想的探讨上,专门介绍道德哲学的内容不属主流,主要的人物有张铭鼎、翟菊农、吕澂、周辅成、洪谦、牟宗三、范寿康、郑昕等。对于康德道德哲学的研究主要包含在这些学者一些文章或著述当中。如张铭鼎于 1925 年出版的《民铎》（第 6 卷第 5 期）上发表了《康德批判哲学之形式说》，张铭鼎认为形式主义贯穿于康德哲学之中，张氏将康德哲学的影响分为认识论的和价值论的影响，价值论就包括了康德的道德哲学。张氏还将康德的永久和平思想与马克思的共产主义思想相提并论，认为二者没有太大的区别（杨著，第 55 页）。1936 年张氏出版了康德的《实践理性批判》译作，由上海商务印书馆出版。在范寿康所著的《康德》一书当中，列有康德的道德论、康德的宗教论、康德的法治论等节，对康德的道德哲学多有绍述。范寿康认为康德在他的道德上所欲攻究的问题是，在我们意志的活动上面怎样的综合判断能够被我们先天地树立？康德伦理学的目的就是先天地树立意志的法则。实践理性就是树立意志法则的主体。范寿康把康德的道德法分成三种，即意志的普遍立法、服从意志目的的立法、社会理性意志的道德立法。范寿康还把康德的宗教论归结为道德神学，从而认为康德的实践理性具有宗教的色彩，将康德归之于泛神论（杨著，第 76—78 页）。这些理解和分析都带有时代的痕迹，反映了当时中国人对康德哲学所达到的认识水平还属于平面的把握阶段。

反思与重新认识时期（1949—1957 年），这一时期中国哲学深受苏联哲学界思想的影响，日丹诺夫等将德国古典哲学归结为唯心主义的观点被当作指导性的意见，这对中国学者开展康德哲学研究起到了非常大的限制作用。对于康德哲学的研究主要停留于对其唯心主义、二元论思想的批判上，对于康德哲学的专门或专题问题研究尚付阙如。

曲折发展时期（1957—1976 年），哲学和政治的关系问题在这一时期被极"左"思想干扰，正常的学术研究几乎难以开展。"左"的、"右"的思想路线对康德学术研究一直没有停止干涉，致使一段时间学术研究几乎陷入了停止的状况。只是在 20 世纪 60 年代初期，康德的一些著作、国外研究康德的专著得以出版，以及少数研究康德哲学的文章发表在刊物上。国内学者的研究成果大多是以批判的面目出现的，主要针对的还是康德二元论、唯心主义，通过批判揭示康德哲学的阶级本质和社会作用，同时运用马克思主义的观点批判康德理论的具体错误所在。涉及到专门研究康德道德哲学的文章很少，只有叶秀山写的《康德的道德哲学》一文，发表在 1965 年《新建设》杂志上。但是限于时代和局势的需要，这一研究不可能摆脱对康德哲学的简单的批判立场。叶秀山指出，康德提出的义务、道德律和绝对命令由于脱离了社会历史，因而只是空洞的形式，这是与康德排除了一切经验内容的先验主义相关的。这说明康德的错误结果具有阶级性，康德道德哲学的"欺骗性"是资产阶级的道德观念的结果。由于这一时期康德哲学研究的方向不可能由学者个人决定，时代的政治气氛和意识形态的要求无法让学者们作出公正的判断和结论，可以说这一时期的康德道德哲学基本没有获得全面而客观的把握。

走向新的百家争鸣时期（1977—现在），这个时期也可以称之为学术研究的健康发展时期。随着"文化大革命"的结束和思想解放运动的开展，学术研究重新迈上了健康发展的轨道。1978 年 10 月，在芜湖召开了一次规模盛大的"西方哲学讨论会"，这是西方哲学史研究的一次拨乱反正的大会。会议对日丹诺夫定义和唯心主义进行了重新认识，随后西方哲学的研究开始进入了健康发展的时期。康德哲学也不例外，康德哲学的研究人员、研究刊物、译著和研究专著迅速增加，其中关于康德道德哲学的专题研究也开始出现。在这一研究领域，康德的主体性思想开始得到关注，并在一些研究著作中得到体现。为了行文的方便，这一时期专门的康德道德哲学研究成果我们将纳入到后文的综述中一一解析。

与杨著类似，贺麟先生曾经专门写过《康德、黑格尔哲学在中国的传播——简论我对介绍康德、黑格尔的回顾》，此文现收录在贺麟所著《五十年来的中国哲学》（商务印书馆 2002 年版）。此篇长文介绍了变法运动到 1949 年之间的康德、黑格尔哲学传播的大致线索，其撰述是按照不同时期人物对康德哲学的介绍和理解这一体例进行的。鉴于其主要观点都已经被杨著采纳或收录，此处就不再赘述了。

此外，黄见德所著的《西方哲学东渐史》（人民出版社 2006 年版，以下简称黄著）对康德哲学在中国的传播过程进行了分析论述，其中也包括康德道德哲学的研究。概括起来，早期的康德道德哲学研究主要包括梁启超、王国维、蔡元培，以及 1924 年为纪念康德诞辰 200 周年所作的介绍和研究。

梁启超在《新民丛报》发表的《近世第一大哲康德之学说》对《实践理性批判》做了介绍，不过仅仅论述了其中的自由学说。梁启超"借助康德的道德学说，鼓吹'自由'必须以'服从'为前提，其目的在于为他的改良主义进行辩护"（黄著，第 237 页）。

王国维 1901 年自日本回国后，潜心研究西方哲学和美学，发表了不少关于康德道德哲学的论文，如《汗德像赞》《汗德之伦理学及宗教论》。同时王国维还介绍了《实践理性批判》与《理性范围内之宗教》。"王国维对康德哲学的研究与传播，不但接触到了其哲学体系的主要部分，而且在评述康德的哲学观点时，概括准确，重点突出，论述深入，在当时传播康德哲学的文章中，可称佼佼者。"（黄著，第263页）蔡元培在1912年之后也发表了一系列研究康德的文章，概括介绍了康德的批判哲学体系，对《实践理性批判》也进行了界说（黄著，第298页）。

　　1924年，康德诞辰200周年，《学灯》和《晨报》均刊登了许多纪念康德的文章，《学艺》和1925年的《民铎》杂志用"康德专号"发表了许多著名学者的文章，其中也包括一些简要介绍康德伦理学思想的文章。如《学艺》第六卷第五号的文章中就有《康德伦理学说略述》《康德道德哲学概要》《康德之永久和平论》等，《民铎》第六卷第四号的文章中有《〈实践理性批判〉梗概》《康德的和平论》等（黄著，第336—337页）。

　　以上这些研究是对康德道德哲学研究过程的介绍，所以不涉及康德道德哲学的实际问题，因而其研究结果往往只专注于康德道德哲学对中国人文化发展心态的总体影响，不会纠缠于具体的道德哲学问题，不过其对康德哲学研究的走向性判断对于后继者如何更好的开展康德哲学研究却具有重要的参考价值和借鉴意义。

（二）康德道德哲学问题研究与专题研究

　　在康德哲学的传播与宣传过程中，一些具体哲学问题也开始浮现出来，并得到专门的研究。就康德道德哲学而言，其权利与正义、永久和平、自由等问题得到了比较深入的展开，这方面的研究成果主要包括《权利与正义：康德政治哲学研究》（李梅著，社会科学文献出版社2000年版）、《康德论〈永久和平〉的法哲学基础》（赵明著，华东师范大学出版社、上海三联书店2006年版）、《康德哲学诸问题》（邓晓芒著，生活·读书·新知三联书店2006年版）、《道德哲学与实践理性》（徐向东著，商务印书馆2006年版）等。

　　《权利与正义：康德政治哲学研究》虽然是以政治哲学作为研究的重点，但作者在论述的过程中采取的是实践哲学的立场，即将康德的政治哲学看作康德实践哲学的组成部分。其中第三章"政治世界与道德世界"以《道德形而上学原理》一著为中心分析了康德道德哲学的基础以及道德法则的形式，第四章"权利与正义的形而上学"以《道德形而上学》的权利论部分阐述了道德与正义的关系问题，第八章"走向永久和平"则对《永久和平论》等康德的历史哲学著作进行了分析论述，将康德的政治理想与道德神学结合在一起予以讨论，所有这些内容都是围绕康德道德哲学的主题展开的。在这本著作中，作者直接将康德的道德哲学归结为狭义的实践哲学，"康德的实践哲学内容比较广泛，它不仅包括道德哲学，还包括政治哲学、历史哲学、道德神学和实践人类学等。其中道德哲学构成了实践哲学的主体，实践哲学的其他部分或者是从道德哲学中引申出来的，或者是道德哲学的补充。因而康德有时将道德哲学直接称为实践哲学，这是就实践哲学的狭义而言。"（李梅：《权利与正义：康德政治哲学研究》，社会科学文献出版社 2000 年版，第 6 页）而整个康德广义实践哲学的核心就是实践理性的自我立法，通过实践理性的自我立法理论，康德为实践哲学中的正当性提供了一种全新的理论基础（同上，第 7 页）。作者在阐述的过程中，基本上将康德的政治哲学归结为自由主义，康德为人类能够过上自由、平等的生活提供了自己独特的思考成果。"康德政治哲学对于我们的最大启示，不在于他得出的具体结论，而在于他执着于寻求人类共同遵守的普遍原则的态度。"（同上，第 326 页）借此，我们可以说，这本著作虽然是以康德的政治哲学为研究的中心，但是其所展示的多方面内容无一不关乎康德道德哲学的立场、观点和方法，对于我们研究康德的道德哲学有着重要的借鉴作用。

《康德论〈永久和平〉的法哲学基础》是专门就康德的"永久和平"思想阐发康德的政治和法律哲学，以及历史哲学的主要观点。但是"政治哲学和法哲学从本质上说并不是一种有关自然规律（自然法）的实证科学，而是一门有关人的本性的哲学学说，对于康德而言则属于从先验意义上来理解的人类学。"（《康德论〈永久和平〉的法哲学基础》，华东师范大学出版社、上海三联书店 2006 年版，"序言"）鉴于这种立场，这本著作阐释了康德对人类历史和社会政治关系的一个基本哲学构想，即人类社会政治生活的基础是法权（或者叫做"权利"、"公正"），而法权的基础是道德。道德作为纯粹实践理性的法则是自由意志的内在规律，法权则是自由意志的外在规律。康德就是希望以实践理性的道德法则为根基和标准，来建立现实社会生活的权利法则体系，最终实现人类社会永久和平的理想。这本著作虽然仅仅围绕康德如何为人类未来社会发展的方向这一问题展开论述，但行文之中总是离不开对康德道德哲学理论的关注和运用。作者在结论性部分指出："康德的永久和平之道德基础在于'自然'与'自由'两个王国的形而上学区分，'永久和平'意味着人类政治从'自然'的野蛮状态走向'自由'的文明状态。……自由法权论力图将服从于自然法则的人与服从于道德绝对命令的自由主体贯通起来，以在政治共同体中实现德福一致的和平之境。"（同上，第 262 页）这本小中见大的著作从一个侧面揭示了康德道德哲学的历史意义，为我们进一步把握康德道德的内在精神提供了根据。

《康德哲学诸问题》包括五个部分，讨论了康德的认识论、道德与宗教、审美与目的论、康德哲学总论以及康德哲学研究的介绍等方面的问题，其中道德与宗教部分专门讨论了康德道德哲学的主要构成以及道德与宗教的关系。该著根据康德的《道德形而上学基础》和《实践理性批判》的主要内容将康德道德哲学分为三个层次，即通俗的道德哲学、道德形而上学和实践理性批判。该著认为人们对康德道德哲学的形式主义进行的责难并不完全正确，形式化本身就是道德的最为基本的因素。康德对道德哲学的贡献是把道德完全建立在自由意志的基础上（邓晓芒著：《康德哲学诸问题》，生活·读书·新知三联书店 2006 年版，第 90—91 页）。除此之外，作者还论及了康德道德宗教的本质，并围绕着《单纯理性限度内的宗教》一著对康德提出的四个问题进行了阐述，即人性与原罪、因信得救、道德性宗教与历史性教会的关系、良心与善功的关系等。尽管作者的讨论针对康德的宗教思想，但是由于康德论及宗教时，总是将道德问题作为讨论的出发点，因而这里的解析对于我们很好的把握康德道德与宗教关系的理论也是有很大的帮助的。《康德哲学诸问题》虽然是以问题式的方式分领域探讨了康德哲学的各种问题，但是在讨论审美与目的论的问题当中，作者对康德的自由概念也进行了分析。作者指出康德的自由概念可以分为先验的自由、实践的自由和自由感三个层次。这一类分析对于我们加深对康德道德哲学的理解也是大有助益的，值得研究者予以关注。

《道德哲学与实践理性》以阐述道德义务的本质及其动机基础为核心，集中讨论了现代道德哲学对休谟主义和康德主义的不同态度，其论述所涉及的方面很多，在行文的过程中对康德道德哲学的具体观点及其对现代道德哲学的影响也多有评述。尽管该著作没有设专门的章节讨论康德的道德哲学，但是其总体的思路和开阔的视野对于我们在现代哲学的背景下理解康德的道德哲学还是大有帮助的。

国外哲学界对于康德道德哲学做专题式的研究非常多，成果也极为丰富，为了简略起见，我们暂以《康德的自由理论》（亨利·E. 阿列森著，陈虎平译，辽宁教育出版社 2001 年版）为例加以阐述。

这本著作出版于 1990 年，是现代康德哲学研究的一本重要著作，在国际康德哲学学界享有很高的声誉。这本著作的特点是在一大批当代著名康德诠释者和研究者的丰硕成果基础上，就康德的自由理论研究取得了重大的突破。"作者以深邃的眼光洞察到康德的自由概念和道德律之间的循环论证和不可调和的矛盾，指出了康德对道德律的'演绎'之不成功，推翻了各种企图打通双方来为康德自圆其说的努力，并且把康德关于人的双重品格，即'经验性品格'和'智性的品格'的说法解释为在理性行为者的两种模式和概念之间保持平衡，从而提出了他自己独创的'结合论'（Incorporation Thesis）或者说'交互论'（Reciprocity）的解读方式，认为这一观点'提供了理解康德的许多道德心理学观点的线索'。"（亨利·E. 阿列森：《康德的自由理论》，陈虎平译，辽宁教育出版社 2001 年版，中译本序）该著作共分为三个部分，第一部分处理康德在《纯粹理性批判》和他的一些早期著作中表达出来的自由和理性行为者的观点。第二部分研究康德在自《道德形而上学基础》以来的主要道德哲学著作中所提出的道德行为者概念及其道德心理学的中心特征。第三部分则关注康德在《道德形而上学》和《实践理性批判》中致力于为道德律和自由做出辩护的种种努力。这一部分阐述了康德的交互论思想，即道德性和自由以交互的方式相互暗含，交互论的重要性来自于这样一个事实，即它表明，无论是好还是坏，康德道德理论最终依赖于一个深厚的自由观念而不是一个单薄的、相对说来没有疑义的理性行为能力的观念（同上，"导言"）。

康德道德哲学的专题研究无论是立足于传播史，还是就某个专门问题的研究，都是对康德道德哲学某一方面的解释和把握，这一研究是从广度和深度两个方面拓展和加深对康德道德哲学思想的理解，对于系统研究康德的道德思想具有前提性的作用。

二　康德道德哲学系统研究

对于康德道德哲学的系统研究我们可以分成三个方面加以阐述，一是研究者从道德哲学思想发展史的角度对康德道德哲学或伦理学进行解析、评价，这一研究关注康德道德哲学在哲学史发展过程中的作用及其对后来道德思想发展的影响，对于整体把握康德道德哲学具有直接意义；二是从康德哲学体系出发，在阐述康德认识论、本体论、历史观等方面思想的同时，对道德哲学做整体的概括和分析，这一研究有助于深化对康德哲学思想的理解和认识，对于整体理解康德思想是很重要的；三是以康德道德哲学为主体或主题的研究，这类研究基本上把握了康德道德哲学的全貌，对于我们理解康德道德哲学的整体特征有很大的帮助。

（一）立足于道德哲学发展史的研究

早在康德哲学的传播和融会时期，中国学者对康德道德哲学就进行过比较全面的介绍，而且是立足于整个西方道德哲学发展的过程来评价和界定康德的道德哲学，其中张东荪的《道德哲学》就是典型的代表。

张东荪《道德哲学》共七章六十四节，该著分门别类介绍了大量西方哲学家的道德哲学思想，"他在《道德哲学》这部书中所介绍的思想家之多，大大超出了同类著作，从苏格拉底到马克思，从叔本华到哈特曼，其中有许多人是今人都很少提到的"（杨河、邓安庆：《康德黑格尔哲学在中国》，首都师范大学出版社 2002 年版，第 132 页）。其中对康德道德哲学的介绍又是这本著作的重要内容。

《道德哲学》第四章第七节列有"康德"专题，讨论了康德道德哲学的六个问题，即彼之问题、彼之知识论、实践理性与无条件的训条、意志自律之格律、格律之解释、道德上之设定、道德与宗教之关系（张东荪：《道德哲学》，中华书局 1930 年版）。张东荪认为，康德哲学虽大部分在认识论，而实际上乃以道德问题为其归宿，是由科学而至哲学，由哲学而进至道德，由道德进而抵于宗教也。为此，张东荪集中探讨了康德关于道德的来源基础和三条道德律令。

张东荪认为康德的道德律，不是出于理论理性，而是出于实践理性，是理性为了实践而不能不有的要求，因此康德的道德学是自律论。根据道德和功利的关系，张东荪把道德分为三个等级，康德的自律的道德属于最高的等级，道德占大部分，功利占小部分。在此基础上，张东荪对于康德提出的意志自由、灵魂不朽和上帝存在三个悬设表示赞同，认为这种做法是在先验的本体界寻找道德的基础。至于康德最后寻求建立理性范围内的宗教，张东荪也认为这是康德道德的必然归宿。张东荪说："因为道德自身有不完全性，故必须有宗教为之补足。彼承认宗教之唯一职能即在辅佐道德，于是二者对于人生如鸟之两翼，必相待而始相成也。"（张东荪：《道德哲学》，中华书局 1930 年版，第 327 页）

康德的道德哲学思想对于张东荪建构自己的道德理论起到了很大作用，张东荪很多关于道德哲学的看法都直接来源于康德。"没有康德的伦理学，就没有张东荪的道德哲学"（杨河、邓安庆：《康德黑格尔哲学在中国》，首都师范大学出版社 2002 年版，第 135 页）。张东荪借重于道德哲学史的发展来理解康德的道德哲学，并对之做出自己的判断和把握，这是对康德道德哲学进行系统研究的很好范例。尽管这种研究还带有时代的痕迹和个人取舍的色彩，但康德道德哲学以系统的方式进入中国学者的视野并得到特别的关注，这是康德道德哲学在中国发展的重要关节点。

此外，在周辅成主编的《西方著名伦理学家评传》（上海人民出版社1987年版）中列有康德专题，也比较系统地介绍了康德的道德思想，以及其主要的道德哲学著作，文后还列出了十几种关于康德伦理学研究的西方学者的著作，以及康德著作的译本。这个评传基本上简略地反映了康德道德哲学的全貌，认为康德的整个伦理学，有着从具体（道德经验）到抽象（道德原则）再到具体（道德规范）的大致过程，与此相关，康德的伦理学可以分为形式的与实质的部分（《西方著名伦理学家评传》，上海人民出版社1987年版，第462页）。这一评传尽管简略，但是没有对康德道德思想妄下判断，这在当时的学术气氛下也是难能可贵的。

随着学术环境的改善，对康德道德哲学的介绍和理解也获得了新的方法，其中用历史唯物主义观点分析康德道德思想的著作开始大量出现，其代表作就是罗国杰、宋希仁著的《西方伦理思想史》（中国人民大学出版社1988年版）。该著第十七章德国古典伦理学第一节就是专门讨论康德的道德哲学。在这一节，该著分析了康德的理性和道德哲学方法、善良意志、绝对命令、意志自律等问题，并结合康德道德神学的影响对其进行了评价。这一教科书式的介绍和评价运用了历史唯物主义关于道德的理论，将康德哲学归结为德国唯心主义思辨哲学的代表，其伦理思想也是理性主义登峰造极的表现。由于康德强调理性的至上作用，因而在其具体阐述道德理论的过程中，其伦理学便表现出先验主义、形式主义的致命弱点。康德提出的绝对命令、善良意志、意志自律的理论都是其先验哲学的产物，最终在道德与利益的关系上，康德陷入了二律背反，其道德哲学体系也就变成了一种软弱无力、空洞抽象的概念体系，是德国资产阶级软弱性的表现（《西方伦理思想史》，中国人民大学出版社1988年版，第440页）。与此类教科书相类似，中国学界出版的大量西方哲学史的著作，也对康德的道德思想均有涉及，总体来看，基本都是坚持运用历史唯物主义的方法将康德的道德哲学归结为其唯心主义的产物，因而带有无法解决的矛盾。

所不同的是，赵敦华在其《西方哲学简史》（北京大学出版社2001年版）第十七章康德的批判哲学当中专门以"实践哲学"的节目讨论了康德的道德哲学。作者基本上沿着康德的思路对其道德哲学的主要问题进行了论述，行文当中作者没有采取任何先入的立场，而是以康德道德哲学概念的含义为基础，分析了其道德思想的本质。作者分别从自由、善良意志、绝对命令、道德公设和理性宗教几个方面扼要地阐述了康德的道德哲学，最后得出结论认为"康德的批判哲学集中体现了启蒙时代的理性主义和人道主义精神，他不但是终生在书斋里格物穷理的集大成的学者，而且是站在时代前列的进步思想家"（《西方哲学简史》，北京大学出版社2001年版，第327页）。将康德的道德哲学归结为实践哲学予以探讨是对康德道德思想实质的把握，这一研究不是空谷回音，而是反映了现代哲学对康德哲学精神的一种判断，后文我们还将专门对此加以综述。

国外学界从哲学史和道德哲学发展史的角度阐述康德道德思想的不在少数，其中罗尔斯《道德哲学史讲义》是现代国外哲学界对康德道德哲学做出合理解释的较为突出的代表。我们就以这本著作为例综述国外哲学界对康德道德哲学把握所达到的水平。

《道德哲学史讲义》是2000年由哈佛大学出版社出版的，中译本由上海三联书店2003年出版。康德道德哲学是罗尔斯《道德哲学史讲义》的主体部分，其篇幅占了整本著作的一半。作为康德讲座的附录，罗尔斯先后加进了休谟、莱布尼茨和黑格尔讲座的内容。关于康德的讲座共有10讲，第一讲以《道德形而上学原理》为中心，并结合康德其他著作，集中研究了善良意志的问题。"善良意志有两个特点：它总是惟一地无条件地善的事物；它的价值远远高于本身是善的所有其他事物。"（罗尔斯：《道德哲学史讲义》，张国清译，上海三联书店2003年版，第211页）第二、三、四讲分别对康德提出的绝对命令的第一、二、三个公式进行了阐述，在第二讲提出了关于绝对命令程序的四个步骤，在第三讲罗尔斯论述了康德对正义职责和道义职责的区分，第四讲则讨论了道德主体的自律性、目的王国和理性的至上性。第五讲讨论了权利的优先性和道德法则的对象，第六讲阐述了康德的道德建构主义，第七讲对康德的理性事实学说进行了论述，罗尔斯认为理性事实是康德道德哲学的核心观念之一。第八讲对作为自由法则的道德法则进行了论述，第九讲阐述了《单纯理性限度内的宗教》中的道德心理学，对人的道德行为的动机进行了说明。最后一讲罗尔斯论述了康德的三种理性的统一，即理论领域内的、实践领域内的、理论理性和实践理性统一的理性体制内的统一。尽管罗尔斯对康德道德哲学进行了全面的分析和解读，但是作者本人并不认为自己能够对康德道德哲学做出任何批评。罗尔斯说："我对康德几乎没有提出任何批评。我所作出的所有努力在于千方百计地理解他，以便向学生描述他的观念。"（罗尔斯：《道德哲学史讲义》，张国清译，上海三联书店2003年版，"编者的话"）罗尔斯的这一立场应当是我们需要汲取的，对康德的哲学首先是理解，然后才是批判，简单的缺少足够理解和分析的批判实际上是不着边际的批判，尤其是对康德这样一个人类无法忽视的伟大思想家而言。

（二）立足于康德哲学体系的研究

　　除了从道德哲学发展史的角度研究康德道德哲学以外，立足于康德哲学体系，将道德哲学的研究作为其整个哲学的一部分加以研究的也不在少数，或者说，只要想整体把握康德哲学就无法离开对其道德哲学的阐述和分析。

　　郑昕先生的《康德学述》尽管是以阐述康德玄学和知识论为目的，但是其行文当中也时常关注到康德的道德学说。如在论述理论理性与实践理性之对立的假定时，就对利害与善恶的关系作出了阐述，并提出"康德即以意志的自由为他哲学的中心问题，以'理论的理性'与'实践的理性'比较，后者优越；因为道德是人类的故乡，真理之实在性所表现于自由者，实较表现于自然者，明显，亲切，多多也。"（郑昕：《康德学述》，商务印书馆1984年版，第66页）

　　与《康德学述》类似，《康德黑格尔哲学研究》虽然也是以研究《纯粹理性批判》研究为重点，但对于《实践理性批判》的思想并没有完全忽视。在对批判哲学的体系进行阐述的过程中，作者就对《实践理性批判》的作用进行了论述，指出《实践理性批判》的任务是"完整地确定实践理性（即理性的实践使用）的先天原理的可能性、范围和界限"。实践理性的先天原理是："应该这样地行动，使得你的意志的主观准则任何时候都能同时被看做一个普遍立法的客观原理。"（杨祖陶：《康德黑格尔哲学研究》，武汉大学出版社2001年版，第180—181页）

　　以上著作是在阐述康德纯粹理性批判的理论的同时，对康德道德哲学进行必要的介绍和分析，因而缺少全景式的解释和判断。在整体阐述康德哲学的同时，专门研究其道德思想的著作也不在少数，其中《批判哲学的批判》就是一个典型。

　　《批判哲学的批判》全书共十章，第八、九章专论康德的伦理学。该书著者李泽厚基本围绕着康德认识论和伦理学的不同来阐述康德的道德理论。他把康德道德理论的发展过程与康德道德哲学的著述相联系进行了深入的考察，他提出在康德哲学中，从《道德形而上学基础》到《实践理性批判》，再到《道德形而上学》和《实用人类学》，反映了康德道德哲学由抽象到具体的行程。这一过程就是确立普遍理性的道德律令的基础，然后提出这些道德律令，最后将这些道德律令运用于现实生活当中。以此为基础，作者分列了十二节内容具体讨论了康德道德理论的所有方面。在论述的过程中，李泽厚充分运用了现代道德哲学的理论以及历史唯物主义的观点对康德道德理论进行了剖析。最后李泽厚提出："康德伦理学提出具有普遍性、崇高性、绝对性的理性凝聚的文化心理的'先验'形式，值得大书特书。康德伦理学落实在现实历史中却出现了复杂的图景。一方面，本书强调了上述主观主义、伦理主义、意志主义带来的灾祸（至少在中国），应予足够估计。另一方面，本节一开头又提出了要康德还是要黑格尔的问题，认为在排除上述主观主义思潮之后，在今日中国仍需高扬普遍性和理想性的康德伦理学。这种普遍性和理想性具有经验依据的可操作性和可认识性，而不是先验幻象即理念推演的乌托邦信仰。"（李泽厚：《批判哲学的批判：康德述评》，生活·读书·新知三联书店 2007 年版，第 380—381 页。这本著作初版于 1976 年，现有多个版本，本文依据最近一版）

　　尽管《批判哲学的批判》对康德伦理学做出了很高的评价，但是由于作者思考的整体背景停留于中国改革开放初期或早期，其时代的痕迹仍然是难以祛除的。康德哲学总体上还是被当成"落后的德国现实中还不成型的、非常软弱的市民—资产阶级的要求、利益和愿望"（同上，第 4 页）。作为唯心主义思想路线的代表，康德哲学很难在高扬唯物主义的哲学声浪中得到客观的理解和公允的评价，因而对康德哲学的批判是一项需要不断持续的工作。

　　吴康的《康德哲学》（台湾商务印书馆 1963 年初版，1970 年二版）也是一本系统研究康德哲学的著作，其正编部分九章，其中第八章为"实践理性批判——道德哲学"。文中讨论道德哲学内容不多，而且还附有宗教哲学、历史哲学、法律哲学及国家论、永久和平论。该著认为康德的道德哲学是以阐发意志作用为目的的。"实践理性之根本原理分二类：一曰主观的原理，即行为之主体，以条件适用于其一己意志者，即所谓格言 die Maximen（现一般译为'格律'或'准则'——引者注），即规定个人自己日常动作之原理也；二曰客观的原理，即认为其条件适用于任何有理性的生物之意志者，则其原理成为之一般法则，是曰实践律或道德律也。"（吴康：《康德哲学》，台湾商务印书馆 1970 年版，第 196 页）由实践理性确立的意志自由是康德宗教哲学、历史哲学建构的根基。从这种论述方式可以看出相当一段时间的康德研究者关注的主要是其第一批判的研究，这也反映了中国学者认识和把握康德哲学进程的一个特点。

　　除了依靠整体理解康德来把握其道德思想之外，也有学者将康德哲学归结为一种实践哲学，从而以实践哲学的总体特征介绍康德的哲学及其道德哲学，其中《康德实践哲学》就是代表性的著作。

《康德实践哲学》是日本研究西方哲学的著名学者安倍能成的一部重要著作。该著最早于 1924 年出版，到 1958 年共出了十一版，有着很大的影响。中译本由福建人民出版社 1984 年出版。这部著作分为前后两篇，前篇重点阐述了康德道德学说的发展概况和基本内容，后篇则是对《实践理性批判》的解读。由此我们可以说这是一本以康德哲学基本特征为依据的康德道德哲学研究的专著。作者主要根据康德的《道德形而上学基础》和《实践理性批判》两本著作较为全面的考察了康德的道德哲学体系。作者首先概述了康德道德学说的建立和发展过程，以及实践哲学在康德哲学体系中的地位，然后对实践理性概念进行了详尽的分析，对经验论的幸福主义做出了批判。作者不仅完整考察了康德道德哲学涉及的主要方面，而且还对其宗教论、法律哲学、历史哲学进行了阐释，这些论述都是立足于实践哲学的立场进行的，因而作者坚持认为康德提出的理论理性与实践理性是相区别的，而不是相统一的。康德实践哲学的根本精神就是"自由，自由是理性的本质，人类的一切实践活动，实际上就在于要实现这一本质的自由。在这一意义上，一旦有自由，也就有了某种实践活动的理想。"（安倍能成：《康德实践哲学》，于凤梧、王宏文译，福建人民出版社 1984 年版，第 66 页）

将康德道德哲学归结为实践哲学予以把握在《朱高正讲康德》中也有体现，这本著作的第二讲"康德的实践哲学"就是专论康德道德哲学的。在这一讲作者重点阐述了康德的实践理性概念、道德律的断言命令、自律的道德原理和纯粹实践理性的公设。朱高正认为康德对人格的自由、自律与自主的立证缓解了资本主义片面追求个人主义发展所带来的自由主义的流弊。自由主义自律的规则就是来源于康德的苦心论证（朱高正：《朱高正讲康德》，北京大学出版社 2005 年版，第 39 页）。"惟有勇于运用实践理性，人才有真正的自由，也才配享有至高无上的尊严"（同上，第 65 页）。

以上介绍的研究成果都是这一研究领域的代表，通过这些研究可以让我们知道无论是从道德哲学发展史的角度，还是从康德哲学体系的角度，我们都可以获得对康德道德思想的理解。前人做出的这些研究，取得的成果对于我们进一步从这两个角度加深对康德道德哲学的理解都是有帮助的，值得我们借鉴。

（三）康德道德哲学的系统阐释

除去以上两个方面的研究，专门以康德道德哲学为主体或主题的研究也不在少数，为此，我们分别选择了《康德伦理学原理》《康德的道德世界观》《道德判断的实践》三本著作加以介绍。

《康德伦理学原理》（台湾文津出版社印行）是台湾学者邝芷人1992年出版的研究康德伦理学的专著，该著围绕着《道德形而上学基础》《实践理性批判》《单纯理性限度内的宗教》《道德形而上学》四本康德道德哲学著作，对康德道德思想进行了专门论述。作者提出了解释康德道德思想的树状图，《基础》（即上述《道德形而上学基础》）一书的意志及其相关概念是整个理论的根基，有关责任的原理及其道德律的建立是其主干，其余部分则是枝节。这本著作的特点是紧紧围绕康德著作文本进行理论的阐释，对康德道德思想做了整体的介绍和解释，具有很大的学术价值。

《康德的道德世界观》虽然以道德世界观命题，但实际上作者在本著中的意图却不仅仅局限于对康德道德世界观的解释，其主要意旨是对康德形而上学的重构。"康德哲学的问题就是形而上学问题，具体说来，就是如何在森严的自然法则的统治之下说明人类理性有没有不同于一般自然存在物的价值与尊严问题，亦即自由问题。康德的解决方式是'限制知识为信仰留地盘'，也就是为道德自由留地盘，为一种可能的形而上学留地盘。"（张志伟：《康德的道德世界观》，中国人民大学出版社1995年版，第4页）作者认为康德希望建立的形而上学是区别于以往形而上学之科学世界观不同的道德世界观，而且形而上学惟有作为伦理学才是可能的。全书共有六章，导言"康德哲学的主旨"阐明重新理解康德哲学的必要性，第一章"哥白尼式的革命"，这是康德哲学的基本前提，第二章科学形而上学的导论，诠释《纯粹理性批判》的作用，第三章讨论了自由问题，即纯粹理性体系的拱心石，这是《实践理性批判》的主题，第四章定言命令，这是康德论述的先天综合实践原理，第五章理智世界，这是人区别于自然希望建构的目的王国，第六章道德世界观的完成，回到了本著的主题，即康德展示的以自由为基础的、以道德法则为形式、以至善为根本目的的道德世界观。整本著作紧扣康德建构道德世界观的思想历程，解读了康德哲学的实质。这本著作独辟蹊径，从一个独特的视角出发解读了康德哲学的秘密，虽然本著没有系统展示康德道德哲学的整体内容，但是其所开辟的研究思路值得我们进一步消化和借鉴。

《道德判断的实践》是由美国著名康德研究专家芭芭拉·赫尔曼所著，中文译本由东方出版社2006年出版。这本著作抛弃了将康德道德哲学描述为义务论的传统，认为其核心观念不是义务或职责，而是实践合理性，并在此基础上把康德伦理学重构为功利主义、德性伦理和后现代个人主义或存在主义伦理学的代表。作者提出："我主张对康德式的规划做出一种极为不同的理解，有时，这种理解的根据在于它能让我们更好地解读康德的核心文本，而有时，如果文本并未涉及某一论题，则该种理解的根据就在于它更富有意义。我的目标不仅在于对康德的伦理学提供新的见解，而且还要发展一种方法，以之解释康德伦理学作为代替伦理学中的后果论推理的理论，有着怎样的未获发掘的理论力量和丰富成果。"（芭芭拉·赫尔曼：《道德判断的实践》，陈虎平译，东方出版社 2006 年版，"前言"）作者指出这本著作收录的论文围绕着两个一般性的主题，即道德判断和道德人格。作者在第十章超越义务论部分提出"把康德式的伦理学放在义务论的范围内，这既误解了它的哲学抱负，又让它背负不合理的道德预设的重担"（同上，第 318 页）。作者提出要在尊重文本的基础上对康德道德思想做新的理解，这是康德道德哲学研究的新的方向，对于我们摆脱旧有的成见具有积极意义。

　　当然在这些研究著作之外，还有许多就康德道德哲学中的某个专题或主题进行的研究，根据对康德道德哲学的某个核心命题展开对康德道德哲学的研究，这类著作也可以看做康德道德哲学的系统阐释。这类著作中最具有代表性的就是帕通所著的《绝对命令》（H. J. Paton, *The Categorical Imperative*, A Study in Kant's Moral Philosophy, Hutchinson of London, 1958.）一书，这本著作以阐释绝对命令为中心，对绝对命令提出的方式、绝对命令的基础、绝对命令的命令形式、绝对命令的理由四个主要方面进行了详尽的论述。类似的研究在西方哲学研究中还有许多，如艾伦·伍德的《康德的伦理思想》（Allen W. Wood, *Kant's Ethical Thought*, Cambridge University Press, 1999.）、布努斯·欧勒的《康德的道德理论》（Bruce Aune, *Kant's Theory of Morals*, Princeton University Press, 1979.）、罗格·苏里文的《康德伦理学介绍》（Roger J. Sullivan, *An Introduction to Kant's Ethics*, Cambridge University Press, 1994.）、维克多·瓦克的《康德伦理学中的幸福论》（Victoria S. Wike, *Kant on Happiness in Ethics*, State University of New York Press, 1994.）等，这些著作都各有自己的特点，著者分别选取了不同的视角对康德道德哲学进行解读和分析。这些研究成果的出现对于我们更好的把握康德道德哲学的内在精神和特点有着很大的帮助，值得借鉴。

三　康德道德哲学著作解读

　　在康德道德哲学研究过程中，由于康德著作独特的风格，造成了其晦涩难懂的局面，研究者在研究过程中往往要对其著作进行具体的诠释和把握，这就形成了很多康德道德哲学著作解读的研究成果。在所有的解读中，《道德形而上学基础》《实践理性批判》是解读的主要对象。（康德道德哲学著作的翻译也是康德研究的前提，随着杨祖陶、邓晓芒合作的三大批判的出版，李秋零先生翻译的普鲁士科学院康德全集版的陆续出版，中文康德译著渐趋可信和成熟，对于康德著作的翻译问题本文就不再赘述了。）在各种解读著作中，有些是两者均进行了解读，有些则是侧重某一篇著作进行解读的。以下我们一一予以介绍。

康德于 1785 年出版了《道德形而上学基础》，这本著作是康德为自己道德哲学奠定基础，阐述了通常道德向道德哲学，再向道德形而上学最后转向实践理性批判的理论推演进程。这本著作虽然篇幅不大，但是蕴涵的道德思想却是极为丰富的，解读者对此也是相当重视的。

关于此本著作较早的解读是华特生在《康德哲学讲解》中做出的，中文译本由韦卓民先生翻译，最初是由商务印书馆 1963 年出版，华中师范大学出版社 2000 年再版。这本著作解读了三大批判和《道德形而上学基础》四本康德哲学著作。作者对《道德形而上学基础》和《实践理性批判》的解读基本上是根据原著的章节进行概述性的论说，在行文的过程中，作者有时也掺进自己的一些理解和判断，但总体上看，这一解读还是忠实于原著的，是研究者的重要参考资料。

苗力田先生在《道德形而上学原理》中译本的序言中也对这本著作进行了大致的解读，并结合康德的其他道德哲学著作提出德性就是实践理性的自主性的观点。作者最后引用了帕通的话，指出《道德形而上学原理》是一本真正伟大的小书，对西方思想的影响之深刻远在柏拉图《国家篇》和亚里士多德《伦理学》之上（《道德形而上学原理》，苗力田译，上海人民出版社 1986 年版，第 31 页）。

与华特生的解读著作类似，邓晓芒《康德哲学讲演录》（广西师范大学出版社 2005 年版）主要围绕康德三大批判进行的系列讲演，大致可以看作是对三大批判的解读性阐释。其中第二讲是对《实践理性批判》的解读性阐释。邓晓芒对《实践理性批判》的分析论和辩证论进行了详细解读。在分析论中邓晓芒重点介绍了原理分析和概念分析。在原理分析部分邓氏就纯粹实践理性的四条定理展开了论述，他提出前两条原理是消极的，后两条则是积极的、肯定的原理，第四条自律的原则是康德的最高原则，而这最高原则的根据就是道德律令，其本质是意志的自律。在概念分析中，邓氏分析了善和恶的概念以及自由的范畴表，对康德的自由理论进行了阐发。关于实践理性的辩证论，邓氏主要就道德与幸福的关系进行了论述，指出康德的几个理性公设都是为了保证德福一致提出的，灵魂不死和上帝存在是德福一致这个先天综合命题所以可能的前提，由此康德过渡到其宗教与道德关系的讨论。

上文提到的《康德的实践哲学》后篇"实践理性批判解说"也是一篇解读的文字。该著作基本上按照康德《实践理性批判》一著的体系，简要介绍和分析了纯粹实践理性的原理、对象、动机和辩证论，以此概述康德道德学说的要旨。

德国学者赫费的《康德生平著作与影响》也可以看作是对康德著作进行解读性的著作。这本著作根据康德提出的三个著名问题将康德著作划分成三类，与我能够知道什么相应的第一部分为纯粹理性批判，与我应该做什么相应为道德哲学和法哲学，与我可以希望什么为历史哲学和宗教哲学。在道德哲学部分作者对《实践理性批判》和《道德形而上学基础》两本著作进行了分析和解读，其解读的特点是将康德著作前后融会贯通，通过阐释关键词的意义揭示康德的道德思想，行文中还对后人对康德思想的各种批评进行回应。如对绝对命令的解释，作者将之分成绝对命令概念、准则、普遍化、举例来对绝对命令的思想加以分析，并对后人误解绝对命令的四种观点——做出了解释（［德］奥特弗里德·赫费：《康德生平著作与影响》，郑伊倩译，人民出版社 2007 年版，第 165—179 页）。这样的解读著作有利于我们分辨对康德道德思想的不同解释，从而更好地达到对康德思想原意的把握。

《〈实践理性批判〉通释》（［美］刘易斯·贝克著：《芝加哥1960》，中译本，黄涛译，华东师范大学出版社 2011 年版）是对康德实践哲学的注疏。在这本著作中，贝克将《实践理性批判》一书划分为相对独立且彼此相互关联的文本群，对其中的关键概念和命题进行详尽的解释，借以表现康德道德哲学的主题和思想。著作开篇还对《实践理性批判》写作的缘起和过程作出了学术史的分析，为读者展示了康德不同时期道德哲学著作之间的关系，以及康德道德哲学思想发展的历史轨迹。在此基础上，作者肯定和强调了《实践理性批判》在康德哲学中的地位和作用。这本著作对于汉语学界加深对康德道德哲学的理解大有裨益。

除此之外，近年还有从整个西方道德哲学著作解读的角度对《道德形而上学基础》和《实践理性批判》进行释读的著作，其中《西方道德哲学著作解读》就是这一方面的代表。《西方道德哲学著作解读》

（安徽人民出版社 2008 年版）这本著作集中解读了康德、叔本华、西季威克、摩尔的代表性道德哲学著作。解读的方式是逐段、逐节、逐章地剖析和阐释文本的思想，根据著作本身理论推进的思路展开分析，适当地加入一些比较的论证穿插其间，集中阐述道德哲学的核心问题，从而尽可能全面把握著作者的道德哲学思想。该著作选取了康德的《道德形而上学基础》和《实践理性批判》两本著作进行了解读。作者提出"《道德形而上学基础》一著就是通过对人类道德活动基础的追问，一步一步地确立了道德哲学的基本原则"。实践理性批判"展示了康德对于人类实践理性能力的深刻理解，并为其道德哲学的理论体系建立了一个轴心概念，对后世伦理学产生了积极而深远的影响"（戴兆国：《西方道德哲学著作解读》，安徽人民出版社 2008 年版，第 4、70 页）。这本著作的解读方式是同类著作中力求详尽解释的一种典型，对于扎实把握著作文本的意义，帮助读者很好的理解康德道德哲学思想具有很大的帮助。

《单纯理性限度内的宗教》一著也有专门的解读性的研究，这主要体现在《康德哲学诸问题》中，其中第二部分第三节康德道德宗教精义基本上是对《单纯理性限度内的宗教》一著的解读。这本著作主体部分共有四篇文章，第一篇论恶的原则与善的原则的共居或论人性中的根本恶，第二篇论善的原则与恶的原则围绕着对人类统治权所进行的斗争，第三篇论善的原则对恶的原则的胜利与上帝的国在地上的建立，第四篇论善的原则统治下的事奉和伪事奉，或论宗教与教权制。对此，《康德哲学诸问题》分别从这四篇文章的主题出发对这本著作的主要思想进行了阐述，即人性与原罪问题、因信得救问题、道德性宗教与历史性教会的关系问题、良心与善功的关系问题。

对康德道德哲学著作进行解读不仅是研究康德思想所必需的，也是我们不断走向康德、理解康德的前提，以上这些研究成果对于我们进一步掌握康德道德哲学思想都是富有助益的，值得研究者关注。

四 康德道德哲学的比较研究

本文综述的康德道德哲学的比较研究是指中国哲学与康德哲学的比较，在此范围内，中国学者较多关注的就是将康德道德哲学与儒家哲学所进行的比较。这一领域的研究主要体现在现代新儒家和其后继者的诸多著作中。为此我们以牟宗三的《圆善论》（台湾学生书局 1985 年版）为例加以综述。

　　牟宗三是较早的从康德英译本著作系统研究康德思想的中国学者，曾经独立对康德的三大批判进行过认真、细致的阐释，以及译介的工作，对于康德哲学在中国的传播作出过贡献。在这些工作的基础上，牟氏运用比较的方法将康德道德哲学与儒家哲学相结合，提出了自己的一些道德主张，这在《圆善论》中有集中的体现。《圆善论》通篇将康德道德哲学的理论与儒家哲学相融会，得出了圆教、圆善、圆圣统一的理论。圆善体现的是实践理性与哲学系统相完善的统一，而这就是立足于康德的哲学而设的。牟氏指出："依康德，哲学系统之完成是靠两层立法而完成。在两层立法中，实践理性（理性之实践的使用）优越于思辨理性（理性之思辨的使用）。实践理性必指向于圆满的善。因此，圆满的善是哲学系统之究极完成之标识。哲学系统之究极完成必含圆善问题之解决；反过来，圆善问题之解决亦含哲学系统之究极完成。"（牟宗三：《圆善论》，台湾学生书局 1985 年版，"序言"）这本著作除了从比较的立场将康德道德哲学与儒家哲学相嫁接，阐明了作者提出的圆善理论，作者还将《单纯理性限度内的宗教》一著的第一篇从阿博特英译本译为汉语，作为第一章的附录，以增加作为论述的旁证材料。这也体现了作者试图确立一种由圆善而圆教的理论立场。总的来看，牟氏这一圆善的理论并不成功，牟氏对于康德思想的误读已经遭到了许多现代学者的批判。如邓晓芒的《康德哲学诸问题》第五部分就有专门的论述对牟氏的误读进行了解析，提出"牟宗三对于康德的解读，在一些重要问题上是不成功的，而在从康德哲学转渡到中国哲学时，他抛弃了康德的批判精神，而正好陷入了康德所批评的'以心之自发的善性来诌媚自己'的'道德狂热'。"（邓晓芒著：《康德哲学诸问题》，生活·读书·新知三联书店 2006 年版，第 318 页）除此之外，杨泽波也有多篇论文论及牟宗三对康德哲学的误解，如《牟宗三道德自律学说的困难及其出路》（《中国社会科学》2003 年第 4 期）、《先秦儒家与道德存有——牟宗三道德存有论献疑》（《云南大学学报》2004 年第 5 期）、《"康德与孟子"还是"康德与朱子"——牟宗三以康德研究孟子质疑》（《陕西师范大学学报》2009 年第 3 期）等。这些论著中对牟宗三道德自律说、存有论、三系论的批评皆有重要的理论意义，对于澄清儒家理论与康德哲学之间的关系具有借鉴意义。

　　新儒家的后继者仍然有不少沿着牟宗三的思路将康德和儒家进行比较研究，其中具有代表性的是李明辉。李明辉著有《儒家与康德》（台湾经出版事业公司 1990 年版）、《康德伦理学与孟子道德思考之重建》（"中央研究院"中国文哲研究所 1994 年版）等著作。在这些著作中，作者因其对于康德哲学的全面把握，从而在一个新的起点对康德道德哲学与儒家哲学的关系进行了较为合理的梳理和阐释。如在《儒家与康德》中，作者就将康德哲学归结为实践哲学，这样的立场显然把握到了现代哲学对康德哲学精神的领会，因而区别于早期的新儒家学者，显得公允而有说服力。作者提出传统儒家哲学是偏于实践哲学的，而"康德建立道德底形上学，并非要提出一套独特的伦理学系统，以与其他的伦理学系统相竞争，而是要说明道德底本质"（《儒家与康德》，台湾联经出版事业公司 1990 年版，第 2 页）。在《康德伦理学与孟子道德思考之重建》一著中，作者不仅对康德的理性事实进行了详尽的阐发，认为这是康德道德哲学可能提供的最好的解释孟子道德思想的理论工具，同时作者还借助现代哲学家波兰尼的隐默之知的理论解释了儒家道德与康德道德之间的关联，这是一种清晰而明智的诠释，是康德道德哲学与中国哲学比较研究的成功范例。这些研究突破了传统比较研究的门户之见，以及哲学家本人的政治立场，并充分吸收了中西康德哲学研究的最新成果，因而其研究对于真正推进康德哲学与中国哲学的比较研究具有很大的帮助。

除此之外，大陆学者对于康德道德哲学与中国哲学的比较研究也很重视，除了上文提到的一些学者对牟宗三工作的批判之外，他们也从正面展开了这一方面的研究，其中主要以邓晓芒为代表。在其《康德哲学诸问题》中就有"从康德的道德哲学看儒家的'乡愿'"一文，该文从谭嗣同批判儒家道德的乡愿出发，比较了儒家和康德对于人性本质的不同看法。作者指出"如果说，儒家伦理的结构性伪善还只是使乡愿成为一种永远摆脱不了的嫌疑，而并不实指每一个儒家信徒都是乡愿之徒的话，那么康德伦理学则从基督教'原罪'思想的背景出发，把'赤诚'的道德理想借助于'灵魂不死'的'悬设'而推至遥远的彼岸来世，从而使乡愿不仅仅是儒家伦理的结构性伪善，而且成了一般人性的结构性伪善"。"比较一下康德和儒家对待人类伪善的态度，可以看出，儒家对伪善的深恶痛绝后面的思想基础是人性本善，即认为人人都可以通过'诛心'而将伪善从内心深处根除干净；康德虽然也痛恨伪善，但很注意对人性的理解保持低调的谦虚，认为人不可能由自己的力量清除伪善，人的伪善表演是很正常的事，应当抱一种宽容的态度；却又并不陷入悲观，而是相信可以在历史进程中通过'天意'从这种根本恶中锻炼出善来"（邓晓芒著：《康德哲学诸问题》，生活·读书·新知三联书店 2006 年版，第 97、104 页）。

由于儒家对人性采取的乐观态度以及后天设防的不合理性，恰恰导致了乡愿的无法根除，并致使乡愿成为人性恶膨胀的某种借口。而以康德为代表的西方道德哲学却能够正视人性中的恶，通过自由意志的自我立法使人性得到启蒙，最终能够在人的社会关系中建立一种健康的政治、法律秩序，使人类的文化进程不断得到推进。作者关于儒家和康德人性论的比较反思触及到了中西道德哲学的根本性分野，为我们在更深的层次理解儒家与康德道德哲学的不同特质提供了理论基础。

康德哲学与中国哲学的比较研究尚处在起步阶段，真正深入的研究尚待时日，但是这一领域的研究对于拓展康德道德哲学研究的范围是有积极意义的。由此也可以推进康德哲学全方位的研究，从而为中国哲学的现代发展提供积极的理论资源。

以上分别从四个主要的方面综述了康德道德哲学的研究成果。由于康德哲学的研究自新康德主义兴起之后，一直是现代哲学研究领域中的显学，其所积累的研究成果和文献资料浩如烟海，我们很难全面而完整地综述所有的康德道德哲学研究的成果。本文的综述主要是立足于中国学者研究的成果，粗线条勾勒出了近百年来康德道德哲学研究的状况，对国外的研究顺带予以介绍，其所遗漏的材料还是很多的，希望在以后的研究中不断积累，并予以完善。

本书使用其他文献及其缩略代号

LE：Imanuel Kant, Lectures of Ethics, Translated by Louis Infield, Methuen & Co. Ltd, 1979.

P：G. E. Moore , Principia Ethica , Cambridge University Press, Revised Edition 1993.

S：叔本华著：《伦理学中的两个基本问题》，任立、孟庆时译，北京：商务印书馆1999年版。

F：Max Scheler, Formalism in Ethics and Non – Formal Ethics of Values, Translated by Manfred S. Frings and Roger L. Funk, Northwestern University Press Evanston, 1973.

参考文献

一

康德：《任何一种能够作为科学出现的未来形而上学导论》，庞景仁译，北京：商务印书馆1997年版。

康德：《道德底形上学之基础》，李明辉译，台北：联经出版事业股份有限公司1990年版。

康德：《道德底形上学探本》，唐钺译，上海：商务印书馆1957年版。

康德：《道德形而上学原理》，苗力田译，上海：上海人民出版社1982年版。

康德：《实践理性批判》，关文运译，桂林：广西师范大学出版社2002年版。

康德：《实践理性批判》，韩水法译，北京：商务印书馆1999年版。

康德：《实践理性批判》，邓晓芒译，杨祖陶校，北京：人民出版社2003年版。

康德：《单纯理性限度内的宗教》，李秋零译，北京：中国人民大学出版社2003年版。

康德：《逻辑学讲义》，许景行、杨一之译，北京：商务印书馆1991年版。

康德：《判断力批判》上卷，宗白华译，北京：商务印书馆1995年版。

康德：《判断力批判》下卷，韦卓民译，北京：商务印书馆1996年版。

康德：《自然科学的形而上学基础》，邓晓芒译，上海：上海人民出版社2003年版。

康德：《历史理性批判文集》，何兆武译，北京：商务印书馆1990

年版。

康德：《法的形而上学原理》，沈叔平译，北京：商务印书馆 1991年版。

康德：《实用人类学》，邓晓芒译，重庆：重庆出版社 1987 年版。

康德：《实用人类学》，邓晓芒译，上海：上海世纪出版集团 2005年版。

康德：《纯粹理性批判》，蓝公武译，北京：商务印书馆 1960 年版。

康德：《纯粹理性批判》，韦卓民译，武汉：华中师范大学出版社2000 年版。

《康德著作全集》，李秋零译，北京：中国人民大学出版社 2003—2010 年版。

《康德书信百封》，李秋零编译，上海：上海人民出版社 1992 年版。

The Metaphysics of Morals, translated and edited by Mary Gregor, Cambridge University Press, 1996.

Kant's Critique of Practical Reason and other Works on the Theory of Ethics, Translated by Thomas Kingsmill Abbott, Longmans, Green, and Co. Ltd New York, Toronto, 1927.

Immanuel Kant, *Practical Philosophy*, Translated and Edited by Mary J. Gregor, Cambridge University Press, 1996.

Immanuel Kant, *Religion within the Boundaries of Mere Reason*, Translated and Edited by Allen Wood and George Di Giovanni, Cambridge University Press, 1998.

Anthropology from a Pragmatic Point of View, translated by Mary J. Gregor, Martinus Nijhoff, The Hague, 1974.

Imanuel Kant, *Lectures of Ethics*, Translated by Louis Infield, Methuen & Co. Ltd, 1979.

Imanuel Kant, *Lectures on Ethics*, Translated by Peter Heath, Cambridge University Press, 1997.

二

［俄］别尔嘉耶夫：《末世论形而上学》，张百春译，北京：中国城市出版社 2003 年版。

［苏］谢·伊·波波夫：《康德和康德主义》，涂纪亮译，北京：人民出版社 1986 年版。

〔苏〕阿尔汉格尔斯基：《马克思主义伦理学》，郑裕人等译，北京：中国社会科学出版社 1990 年版。

〔德〕黑格尔：《哲学史讲演录》第四卷，贺麟、王太庆译，北京：商务印书馆 1997 年版。

〔德〕黑格尔：《法哲学原理》，范扬、张企泰译，北京：商务印书馆 1996 年版。

〔德〕奥特弗里德·赫费：《康德生平著作与影响》，郑伊倩译，北京：人民出版社 2007 年版。

〔德〕《海德格尔选集》，孙周兴选编，上海：上海三联书店 1996 年版。

〔德〕叔本华：《自然界中的意志》，任立、刘林译，北京：商务印书馆 1997 年版。

〔德〕叔本华：《伦理学中的两个基本问题》，任立、孟庆时译，北京：商务印书馆 1999 年版。

〔德〕马丁·布伯：《我与你》，陈维刚译，台湾：久大文化股份有限公司、桂冠图书股份有限公司 1991 年版。

〔德〕尼采：《善恶之彼岸》，程志民译，北京：华夏出版社 2000 年版。

〔德〕卡西尔：《卢梭 康德 歌德》，刘东译，北京：三联书店 2002 年版。

〔德〕卡西尔：《人论》，甘阳译，上海：上海译文出版社 1985 年版。

〔德〕李凯尔特：《文化科学与自然科学》，涂纪亮译，北京：商务印书馆 1986 年版。

〔德〕席勒：《审美教育书简》，冯至、范大灿译，上海：上海人民出版社 2003 年版。

〔德〕伽达默尔：《真理与方法》，洪汉鼎译，上海：上海译文出版社 1999 年版。

〔法〕德里达：《马克思的幽灵》，何一译，北京：中国人民大学出版社 1999 年版。

〔法〕列维那斯：《生存及生存者》，顾建光、张乐天译，杭州：浙江人民出版社 1987 年版。

〔法〕弗朗索瓦·于连：《道德奠基》，宋刚译，北京：北京大学出版社 2002 年版。

［法］卢梭：《爱弥儿》下卷，李平沤译，北京：商务印书馆 1983 年版。

［法］彭加勒：《最后的沉思》，李醒民译，范岱年校，北京：商务印书馆 1999 年版。

［加］约翰·华特生：《康德哲学讲解》，华中师范大学出版社 2000 年版。

［美］罗尔斯：《道德哲学史讲义》，张国清译，上海：上海三联书店 2003 年版。

［美］加勒特·汤姆森：《康德》，赵成文等译，北京：中华书局 2002 年版。

［美］阿利森：《康德的自由理论》，陈虎平译，沈阳：辽宁教育出版社 2001 年版。

［美］尼布尔：《道德的人和不道德的社会》，蒋庆等译，贵州：贵州人民出版社 1987 年版。

［美］弗兰克纳：《伦理学》，关键译，北京：三联书店 1987 年版。

［美］麦金太尔：《德性之后》，龚群、戴扬毅等译，北京：中国社会科学出版社 1995 年版。

［美］汤姆·L. 彼彻姆：《哲学的伦理学》，雷克勤等译，北京：中国社会科学出版社 1990 年版。

［美］涛慕思·博格：《康德、罗尔斯与全球正义》，刘莘、徐向东等译，上海：上海译文出版社 2010 年版。

［日］安倍能成：《康德的实践哲学》，于凤梧、王宏文译，福州：福建人民出版社 1984 年版。

［日］桑目严翼：《康德与现代哲学》，余又荪译，上海：上海商务印书馆 1935 年版。

［英］艾耶尔：《语言，真理和逻辑》，尹大贻译，上海：上海译文出版社 1980 年版。

［英］摩尔：《伦理学》，戴杨毅译，北京：中国人民大学出版社 1985 年版。

［英］摩尔：《伦理学原理》，长河译，北京：商务印书馆 1983 年版。

［英］玛丽·沃诺克：《一九〇〇年以来的伦理学》，陆晓禾译，北京：商务印书馆 1987 年版。

［英］亨利·西季威克：《伦理学方法》，廖申白译，北京：中国社会科学出版社 1993 年版。

［英］罗杰·斯克拉顿：《康德》，周文彰译，北京：中国社会科学出版社 1989 年版。

<h2 style="text-align:center">三</h2>

崔宜明：《道德哲学引论》，上海：上海人民出版社 2006 年版。

陈嘉明：《建构与范导——康德哲学的方法论》，北京：社会科学文献出版社 1992 年版。

陈真：《当代西方规范伦理学》，南京：南京师范大学出版社 2006 年版。

邓晓芒：《康德哲学诸问题》，北京：三联书店 2006 年版。

邓晓芒：《康德哲学讲演录》，桂林：广西师范大学出版社 2005 年版。

戴兆国：《心性与德性》，合肥：安徽人民出版社 2005 年版。

冯俊：《当代法国伦理思想》，上海：同济大学出版社 2007 年版。

何怀宏：《良心论》，上海：上海三联书店 1994 年版。

何怀宏：《底线伦理》，沈阳：辽宁人民出版社 1998 年版。

何怀宏：《伦理学是什么》，北京：北京大学出版社 2002 年版。

韩水法：《康德传》，石家庄：河北人民出版社 1997 年版。

黄裕生：《真理与自由——康德哲学的存在论阐释》，南京：江苏人民出版社 2002 年版。

金岳霖：《知识论》，北京：商务印书馆 1983 年版。

邝芷人：《康德伦理学原理》，台湾：文津出版社 1992 年版。

李明辉：《康德伦理学与孟子道德思考之重建》，台湾：中央研究院中国文哲研究所刊印 1984 年版。

李泽厚：《批判哲学的批判》，北京：人民出版社 1984 年版。

李梅：《权利与正义：康德政治哲学研究》，北京：社会科学文献出版社 2000 年版。

李鹏程：《马克思早期思想探源》，北京：人民出版社 2008 年版。

牟宗三：《心体与性体》上册，上海：上海古籍出版社 1999 年版。

牟宗三：《道德的理想主义》，台湾：学生书局 1985 年版。

牟宗三：《圆善论》，台湾：学生书局 1985 年版。

齐良骥：《康德的知识学》，北京：商务印书馆 2000 年版。

温纯如：《认知、逻辑与价值》，北京：中国社会科学出版社 2002 年版。

王兵：《康德前批判时期哲学研究》，北京：人民出版社 2006 年版。

徐向东：《自我、他人与道德——道德哲学导论》，北京：商务印书馆 2007 年版。

杨国荣：《存在之维——后形而上学时代的形上学》，北京：人民出版社 2005 年版。

杨国荣：《伦理与存在——道德哲学研究》，上海：上海人民出版社 2002 年版。

杨河、邓安庆：《康德黑格尔哲学在中国》，北京：首都师范大学出版社 2002 年版。

俞吾金：《从康德到马克思》，桂林：广西师范大学出版社 2004 年版。

杨祖陶、邓晓芒：《康德〈纯粹理性批判〉指要》，长沙：湖南教育出版社 1996 年版。

叶秀山、王树人：《西方哲学史》，张慎主编：《德国古典哲学》第六卷，南京：凤凰出版社、江苏人民出版社 2005 年版。

朱高正：《朱高正讲康德》，北京：北京大学出版社 2005 年版。

朱熹：《四书章句集注》，北京：中华书局 1983 年版。

郑昕：《康德学述》，北京：商务印书馆 1984 年版。

张志伟：《康德的道德世界观》，北京：中国人民大学出版社 1995 年版。

赵常林：《马克思早期哲学思想研究》，北京：北京大学出版社 1987 年版。

四

Alasdail MacIntyre, *After Virtue*, University of Notre Dame Press, 1981.

Allen W. Wood, *Kant's Ethical Thought*, Cambridge University Press, 1999.

A. C. Ewing, *The definition of Good*, Hyperion Press. INC, 1979.

Bruce Aune, *Kant's Theory of Morals*, Princeton University Press, 1979.

G. E. Moore, *Principia Ethica*, Cambridge University Press, Revised Edition 1993.

H. J. Paton, *The Categorical Imperative——A Study in Kant's Moral Philosophy*, Hutchinson of London, 1958.

Henry Sidgnick, *The Method of Ethics*, Macmillan. Co, Ltd, London,

1922.

Paul Arthur Schilpp , *Kant's Pre - Critical Ethics*, Second Edition, Northwestern University Press, 1960.

Paul Guyer, *The Cambridge Compainion to Kant*, Cambridge University Press, 1992. （北京：三联书店 2006 年版。）

Roger J. Sullivan, *An Introduction to Kant's Ethics*, Cambridge University Press, 1994.

Thomas E. Hill, JR. *Human Welfare and Moral Worth: Kantian Perspectives*, Oxford University Press Inc. , New York, 2002.

Thomas E. Hill, JR. *Dignity and Practical Reason in Kant's Moral Theory*, Cornell University Press, 1992.

Victoria S. Wike, *Kant on Happiness in Ethics*, State University of New York Press, 1994.

Philip J. Kain, *Marx and Ethics*, Clarendon Press Oxford, 1988.

索　引

术语索引

M

人名索引

（按汉语拼音排列，外国人名按中译名）

A

后　记

2005 年以来，我一直没有中断对康德道德哲学的关注和研读。对康德道德哲学的有些篇章，我几乎是逐字逐句慢慢咀嚼，细细推敲才得出自己的想法，也许这种笨的方法很难接近康德思想的真实。因为，我个人认为，对思想家，包括哲学家思想的把握途径很多，有些人可能未必需要读很多的原著，但是他却可能很快地通透创作者的想法。这可能契合于孟子所说的与古人友，并能够做到知人论世的统一。

康德历来被认作中国人学习西方哲学的一座高峰，攀登这样的高峰绝不是轻而易举的事情。从现在西方学界层出不穷的康德研究著作就可以看出，即使是西方文化背景下成长起来的学者，对于康德的研究也在不断翻新，创意迭出，康德的研究几乎一直是世界哲学研究中的显学。对于中国的学人，我们本身不仅缺乏西方文化的理解背景，而且还有各种语言的障碍，因而对康德以及一些重量级的哲学家的理解自然存在诸多困难。面对这样的困难，我们不应该选择退缩，在一个文化高度交流和交融的时代，不同的民族需要相互学习、借鉴，乃至达到某种程度的融合与一致，为此必须学习彼此的文化，其中对彼此哲学思想的理解和把握尤为关键。

康德道德哲学所代表的理性主义传统对于中国的道德传统来说是比较缺乏的，儒家道德虽然讲天理，但是其对于理的理解与康德的差异还是较大的。虽然我在这本书中阐述了二者之间的关联，甚至某些一致的方面。但是回望历史，瞻顾现实，我还是不能释然地说，二者能够很方便地融通。因为康德坚持的道德的普遍主义立场其根基与儒家的差异甚大。简单地说，儒家更重视亲亲尊尊的自然主义立场，这种理论在现代性越来越凸显的时代，似乎遇到了不少困难，以至于我们的道德舆论还希望借助叙事伦理学的方式来激励社会大众的道德心。传统社会道德楷模所以能够发挥重大作用，是与其集权的社会结构相适应的。当今时代社会的权力结构已经发生很大的改变，或者说正在改变当中。如果我们固守传统的道德思维，希望借传统的道德示范方式来拯救失落的道德秩序，从根本上讲难以得到彻底的成功。当然，这种方式借助民族文化心理的惯性在一定范围发挥作用也是可能的，但至多也只是补救的方式，而不是治本之要。这可能是我研读康德的最为深层的思想动机。

我在《心性与德性》中也表达过这样的观点，或者说问题意识。因为在孟子乃至于传统儒家那里，的确存在众多的可供我们现代人使用的道德资源，我们就生活在传统里，我们需要传统思想的滋养。但是这却并不意味着，我们可以直接拿来，就像我们对待康德一样，也不可能直接拿来。因为孔孟创造的儒家传统在历史的流变中，自身就已经发生了各种改变，有时甚至包括方向的改变，这些都深深影响了我们的传统。在我看来，文化传统与传统文化是不同的。文化传统是活的因素，传统文化则未必都是活的。只有传统文化中活的一部分才构成我们的文化传统，那样的文化传统才是有生命力的，才值得我们继承和发扬，并能够以之为基础不断推进和创造。

对于康德道德哲学也是如此，广而言之，对待从古希腊以来的西方道德传统也不可直接拿来，而是需要经过充分的消化和吸收之后，方能在我们的精神生活中加以调适和运用。根据上文的说法，我们也需要寻求西方传统文化中的文化传统，将其焕发生命力的思想资源吸收利用，充实进我们的精神生活当中。这是我研读、揣摩康德道德哲学的直接动因。

在学习、研读的过程中，我并没有把自己当做研究某种学问的人，我只是关注某种问题并不断作出反思的人。对于这种不坚守某一领域的阅读和研究方式，可能会招致各种诟病，其直接结果就是大家可能不知道我是做什么的，既不是研究中国哲学的，也不是研究西方哲学的。在现代学科分治的时代，我的这种做法似乎南辕北辙。不过好在我学习的途程中遇到了良师益友。硕士时期我的导师们有研究马克思主义哲学的方永祥教授、德国哲学的文秉模教授、中国哲学的臧宏教授，其余几位老师汤文曙教授、张传开教授、潘德荣教授也是分别研究马克思主义哲学、西方哲学的专家。博士时期的导师杨国荣教授其研究的视域更为宽广，在我做完孟子的研究后，我想对康德做一番研读。为此我征询他的意见，出乎我的预料，他竟然非常赞同我的选择，认为这样的研究或者说储备非常必要。这促使我选定了康德作为自己的研究对象。在日后阅读康德的过程中，杨国荣老师的《伦理与存在》《道论》等著作，对我产生了直接的影响。其道德哲学思考的理路我虽然没有全部消化和汲取，但是这些著作对我潜在的启发作用非常大。在北京大学的两年里，何怀宏老师对我也是勉励有加。何老师的《良心论》以及他的作为一种普遍主义的底线伦理主张，对于我把握西方道德哲学的主要方向和精神起到了实质的引导作用。本书的主标题我原先定为"明善与至善",就是在何老师的建议下,才改成"明理与敬义",因为我觉得后者更准确地概括了康德道德哲学的实质与精神。正是老师们的鼓励和鞭策,使我沉醉于康德的著作,慢慢品味其绵长而又细密的思维进程,默默诵念其理性而又悠远的话语表述,细细推敲其严整而又华彩的命令程式。

阅读康德的日子惊奇而又快乐,因为期间我遇到了人民大学的汤忠刚博士、李丕洋博士、李永乐博士、李芳泽博士,北京大学的邱忠善博士、张立波博士、周木村博士、贾旗博士,还有共同生活学习两年的朱人求博士。彼此的砥砺切磋帮助我甚大。本书的索引由章伟同学编排。

多年来我一直过着简单的读书、教书生活,青灯古卷,墨香四散,春去秋来,岁月轮回,这一切让我渐渐领悟到时间的真理。小女已经开始学写作文了,内子胡宏昇更是我书房里的伴侣,读书、交谈让我们共同进步。

要感谢的自然很多很多……

本书的出版得到国家社科基金后期项目的资助。出版过程中得到了中国社会科学出版社冯春凤老师、喻苗同志的关心和帮助,在此表示感谢。

戴兆国

2011 年 10 月 1 日